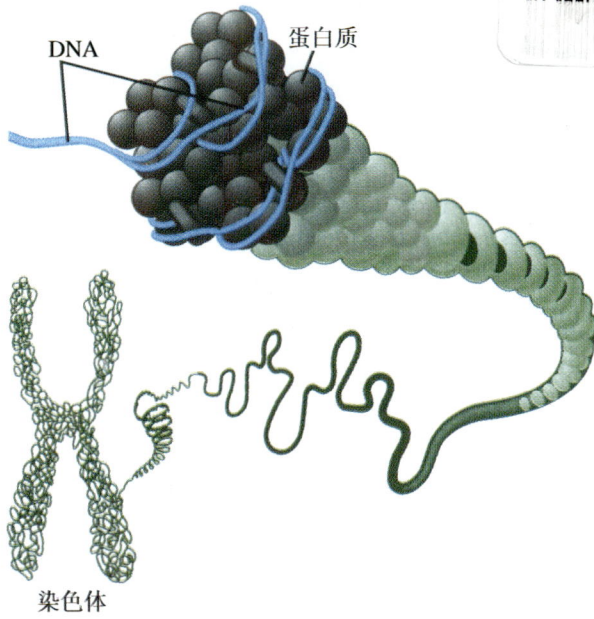

彩图1　一条染色体的结构示意

彩图2　依恋：男孩的行为和表情显示他遇到了令其害怕的刺激，而女孩尚无同样的遭遇

左图：女孩看到两个同样大小的杯子里的红色液体一样多。

右图：当把其中一个杯子里的液体倒入一个细长杯子里后，女孩认为细长杯子里的水多而愿意挑选它，这反映出女孩还不懂守恒定律。

彩图 3　液体守恒作业

彩图 4　小鹅跟随洛伦茨的印刻现象

彩图5　男孩、女孩模仿成人攻击充气玩偶（请注意动作的相似性）

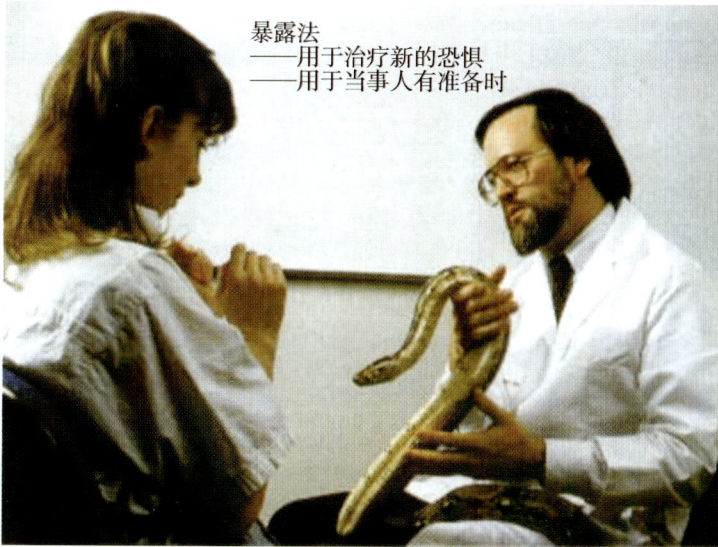

暴露法
——用于治疗新的恐惧
——用于当事人有准备时

彩图6　用暴露法消除当事人对蛇的恐惧

彩图7 延迟模仿一例

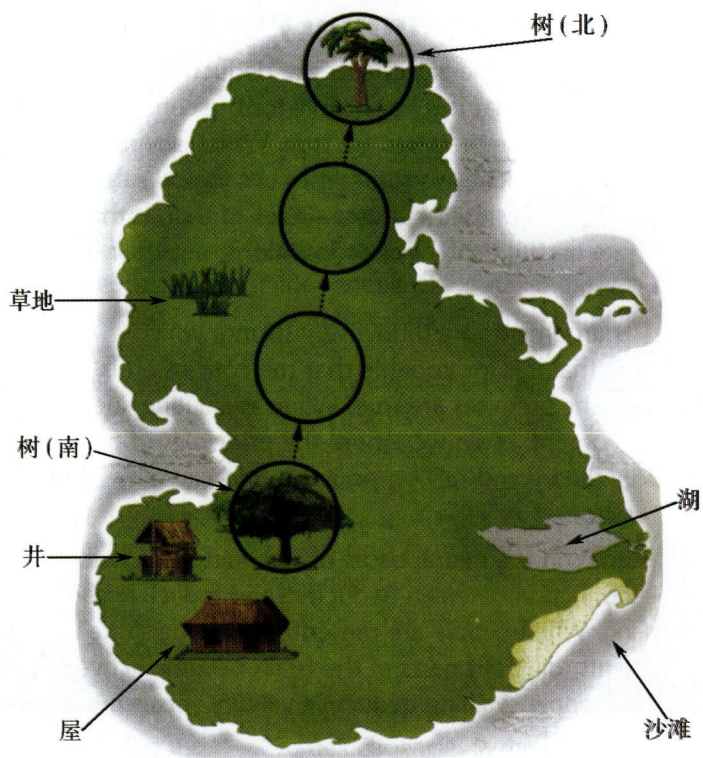

彩图8 柯斯林实验用的虚构地图

教育心理专题（第二版）

JIAOYU XINLI ZHUANTI

袁军　主编

国家开放大学出版社·北京

图书在版编目（CIP）数据

教育心理专题／袁军主编. —2版. —北京：国家开放大学出版社，2021.1

ISBN 978-7-304-10672-0

Ⅰ.①教… Ⅱ.①袁… Ⅲ.①教育心理学–开放教育–教材 Ⅳ.①G44

中国版本图书馆 CIP 数据核字（2020）第 272598 号

教育心理专题（第二版）

JIAOYU XINLI ZHUANTI

袁军 主编

出版·发行：国家开放大学出版社

电话：营销中心 010 - 68180820 　　　总编室 010 - 68182524

网址：http://www.crtvup.com.cn

地址：北京市海淀区西四环中路 45 号 　　　邮编：100039

经销：新华书店北京发行所

策划编辑：陈 蕊 　　　版式设计：何智杰

责任编辑：王 屹 　　　责任校对：冯 欢

责任印制：赵连生

印刷：北京银祥印刷有限公司

版本：2021 年 1 月第 2 版 　　　2021 年 1 月第 1 次印刷

开本：787mm×1092mm　1/16　插页：2 页　印张：21.5　字数：479 千字

书号：ISBN 978 - 7 - 304 - 10672 - 0

定价：43.00 元

意见及建议：OUCP_KFJY@ ouchn.edu.cn

Preface | 第二版前言

　　《教育心理专题》（第一版）于 2004 年出版。经过多年的使用，本书在 2020 年进行了修订。《教育心理专题》（第二版）只对旧版的内容稍做修订，本书的体例框架、结构布局乃至基本教学要求都没有大的变化，因为它们应该在教学和研习的过程中，紧密联系实际，做"微调"或"精校"。倒是全书的逻辑联系需要认真地说一说，以为前言的主体。

一

　　本书不是为研习者去考教育心理学等专业的研究生而编撰的，这样的人士应该再研习更加适合的教科书。但是本书讲的有关内容，无论是经典实验，还是关于实验含义的阐发，甚至是观点的陈述和用语，都可以为应考者所用。本书是为了帮助全国城乡的小学教师预备者、进修者有计划地进行教学而编撰的，目标是帮助他们理解普通学校的教育教学的若干基本方面的心理学原理。这里说"基本方面"，就是想表明本书是根据我国小学教育教学的普通实际而编写的。教育心理学的国际研究百花齐放，与时俱进。在我国，教育心理学的很多理论和实践，作为课题而研究和实施，是很有价值的。然而并不是每篇合格的、优秀的科研论文都能够立即应用于实际的。因此，是为促进研究，还是为指导普通的教学，在这两者之间，我们要有分寸恰当的区别，然后据以编撰教科书。本书是属于指导普通教学的。

　　在我国，"教育心理学"是从事幼儿园、小学、中学的学校教学教育人士必修的一门课程；在国外，它往往属于教育专业的而非心理专业的课程，这都反映了这门课程与教育事业的密切关系。这个关系定义性地说，它是教育专业的必修课。一门专业必修课，一定是一门具有理论性的课程。理论课程就是讲基本原理的，然后由此出发，引导我们根据实际去推想这些原理可能的应用。这就是原理的"含义""含意""涵义"之谓。因此，本书的阅读者千万不要以为教育心理学教科书"应该"

像中医药的"千金方"或普及健康卫生知识的"家用医药手册"，似乎你在日常的教育教学过程中遇到的具体问题可以像有病看门诊似的，医生开出化验项目、配置具体药物，然后三天两日地吃药就改善情况了，堪称立竿见影。作为基础理论课，重要的是首先搞通理论，然后去联系实际做推想，最后通过实践来检验学到的理论管用不管用，从而决定取舍，还有可能形成创新。本书只能做到讲清理论、有限提示的地步。

本书的书名有"专题"这个字眼，它的意思是说：虽然全书是浑然一体的系统，但是其中的各部分是可以相对单独看待的。研读者自觉在哪个部分欠缺较多，或一时有所疏忽，就可以临时专攻那个方面而不必涉及其余。因此，本书从结构上看，以"专题"命名，也是为了研读者的实用而做的考虑。下面说说本书的逻辑。

二

本书分为四编，它们的逻辑如下。

第一编，儿童发展。这是认定每个教师接收的学生都是经过了一定的发展、具有了某种发展成果的个体。教师必须承认这一点，又必须承认你未曾干预过这个学生的这一段发展过程，他的发展成果你也没有资格分享。可是你要利用或修正这样的成果，为此必须了解他的发展过程。第一编的撰写目标就是说清楚一个小学一年级的教师接收的一年级新生，他可能已经怎样了，即一般正常的是怎样的，有所反常的是怎样的，而有所超常的话，那又会是怎样的。教师对一个班级或年级的学生有这样的估计和具体区分，这是努力搞好对他们的教育教学工作的基点。

第二编，学习的理论。这里的"学习"，主旨是"行为学习"。因为年龄小，儿童有时听不懂道理，教师对他们一时也说不通道理。这时候只能采取行为规定的方式保障团体活动的统一性，为后续的教学打好行为基础。在教育领域，我们有一个术语叫"养成教育"，基本的意思是"养成好习惯"在先，哪怕学生并不真正懂得"所以然"，可只要暂且做到"知其然"就行了。"知其所以然"可以在"知其然"的生活实践中，由学生随着有计划的持续教学而慢慢地先后领悟到。假如我们把小学教育教学看作中学教育教学的必然台阶，那么行为学习对小学教育是十分重要的。我们在网上可以看到不少学校里发生师生矛盾、生生冲突，甚至教师和家长、家长和孩子、家长和家长之间的矛盾与冲突，有的甚至引发严重事件，成为不可收拾的悲剧。这些事件在本书的编者们看来，有很多是只要一开始就注意掌握好行为学习的原理就可以"润物细无声"地化解的。关于行为学习的理论，就本书介绍的内容而言，虽然在心理学里都属于"老一套"了，但是正像不论数学研究迄今获得了如何大的发展，儿童的数学教学还是要从十以内加减法开始，而教师的工作无非是如何以更好的教学方法来加快促成这个教学过程，推动学生走向新的高坡。

第三编，知识的学习。学生在学校的行为学习实现统一性，是为知识学习服务的。这里说的"知识"，主旨是"思想观念"。比如，小学的知识学习要破掉"太阳东升西落"的非科学自然观，树立"地球围着太阳转"的科学自然观；形成"记叙文至少要有哪几个'要素'"的操作观念,等等。这样的知识学习不会使学生跑得更快、跳得更高,却能使他们增长了解世界、处理社会关系的更加有力的本领,而这是人之为人的更重要的能力。随着学生年龄的增长,显然,这种知识学习的比重会越来越大。

第四编,测量与测验。小学教育和幼儿园教育一个明显不同的地方是:前者必定有常规的、严格的、追求规范的考试和测验。前面三编讲的发展和学习,在必要的时候都要通过这一编的关口。这个"通关"的结果往往又成为评价教师个体和学校整体的一个重要指针,影响其未来发展。但是在这个问题上,教育领域内外都散布着很多似是而非的谬论,很多人不理解教育心理学里很多"似非而是"的科学道理。本书采取"任凭风浪起,稳坐钓鱼船"的态度而秉笔直书。所书者,都是最基本的道理,完全可以对照实际来检验。我们的教师按照科学道理去做,那么从总体上说,是对全体小学生有利的。这一编有的内容可能让研习者觉得"难"。但是如果我们想到"学啥都会有困难",那么"有点儿难"不正是学习的常态吗?何况,一者,本书不过是要求研习者在观念上形成知识,仅仅是"懂得",这要比"做得出"容易多了。二者,假如有"教育测量学"的专门课程,研习者可以将这门课程和本书的这部分内容对照地学习,这样可以收到相得益彰的效果。

总体来说,本书的四编体现了一条清晰的逻辑脉络。下面再分编说其中的逻辑。

三

本书每编都分为3讲,因此全书12讲。每编的3讲并非削足适履地硬凑而成,而是偶然、恰巧。

第一编的第1讲是"遗传与环境"。它要说一个自然人是怎么来的,而教师接收的一个小学生,他同时又是一个社会人,那又是怎么来的。这一讲的遗传部分是传递遗传科学的知识,这些都属于自然科学的基本的"硬"知识,普通研习者没有可以置喙的地方,只有认真接受。但是本书这里讲遗传,最后是想说明遗传是怎样导致广大的个体差异的,目的是想让教师树立这样的观点:虽然你在实行团体的教育教学,但是不要忘记学生是有个体差异的。关于这一讲的"环境"部分,我们突出学校教育教学这个环境是怎样既缩小学生之间个体差异的,又更大幅度地扩大他们之间的个体差异的。这显然是一个辩证的关系,教师要掌握好这个关系。为掌握好这个关系,本书特别指出从教师职业的角度看,在"结构与机能"两者之间应该侧重哪一方面。

第一编的后两讲分别讲儿童认知发展的理论和儿童社会性发展的理论。其中第2讲"儿童的认知发展"分述三家理论,它们之间也有递进的关系。请研习者注意,这里的递进关系不仅是时间上的,而且也是逻辑上的。一些更高级的思想会提前提出来,于是编者在编写原理性的教科书的时候就不得不打破时间序列而按照逻辑来编排。这就是马克思主义讲究的"逻辑与历史的统一"的叙述方法。至于"儿童的社会性发展"一讲,编者注重的是皮亚杰和柯尔伯格强调的"道德认知"和"道德推理",他们突出的方面很简洁,也很朴素,不花里胡哨,这也许堪供我国学校的德育工作借鉴。

四

第二编的3讲可能是最有直线性、逻辑性递进关系的。第4讲的经典条件反应理论突出的是在绝对被动的行为学习里，进步的过程可能会是怎样的。其实甭谈人以外的动物，即便说人，不论说婴儿，还是说富有阅历的成人，要他们学习一项全新的行为，比如要不喜习武的人学打枪，而且获得成功，都会发生这一讲里说的各种学习效应。因此，这样的学习是最具有动物学习的普遍性的。第5讲，"操作性条件作用学习理论"则进一步体现了人的行为学习的主动性和反馈式的调节共同导致逐渐的进步性。而教师或训练者的主要作用就是操纵好强化的程序。因此，正确地采用强化程序和妥善地应用惩罚是这一讲的重点。在中小学日常教学中，很多师生之间的矛盾冲突酿成悲剧的，往往是强化和惩罚的使用出错了，其中最重要的是分辨是非的因果关系。比如，小学生默写英文单词时错了若干，教师罚他做深蹲起立。我们不论后来怎么了，但造成"英文单词默写错了"的"原因"是"没有下蹲过"或"下蹲次数少"吗？下蹲次数多了，英文单词默写的正确率就提高了吗？当我们根据教育心理学的一些原理，把学校中的一些实际问题这样抽象化了之后再提出来，我们立马看出这样的"教育惩戒"何其荒唐！荒唐的做法就免不了造成悲剧。因此，第5讲就说教师为纠正学生在学习过程中屡屡犯的行为而可以怎么做。但是人的行为学习的最高境界是自己的思想指导自己的行为、进行自我修正，因此，第6讲的"认知—社会学习理论"就弥足珍贵了。这是因为人的很多行为学习是难以通过重复而逐步端正的。所以我们需要通过观察或模仿别人的行为来确定自己是否做出第一次这样的行为，或者第一次做到什么程度。于是观察—模仿学习就把行为学习从单纯的行为重复—反馈调节过渡到思想观念的指导上来了。小学生在每一年级都有适合其一般年龄发展的观察—模仿学习的项目，这些项目构成了小学阶段许多生动、活泼的德育的具体教程。

五

无论幼儿园，还是小学、中学、大学，学校教育都是首先端正学生的行为，然后督促他们学好思想观念性的知识。这些知识和他们的日常生活几乎或完全没有关系。小学生在家里有多少机会需要计算一件家庭用品的三角形面积？他们有必要对多份账单实施简便运算以得出付款总额？从这个角度看，我们说学校学习最重要的是学习这类"脱离实际的"知识。因为它们"脱离实际"，所以学习的成果仅仅以观念（idea）的形态存在着。然而正是这种观念性知识是人类掌控大自然和人类社会的最强大的利器，比如量子力学和各种"主义"。因此第三编的"知识的学习"就有其新鲜的面貌了。知识不等于字词、话语，因此实质上是看不见、摸不着的。观念知识尤其是靠思想观念去学习的，而学习需要工具，由此第7讲就讲了三种观念工具，即命题、产生式和意象，它们对于小学生是绝对必要的，好比最初始的锤子、钳子、螺丝刀。更高级的逻辑推理、辩证法、微积分、统计分析、实验设计等，就本质上而言，不过是初始的三种观念工具的复杂组合，好比各种高端的物理的加计算机技术的机械。因此讲清这三种观念工具极为重要。之后的第8讲、第9讲是把一切观念知识一分为二。第8讲的"陈述性知识的学习"讲的是从观念到观念的知识增长，实际上涉及了从死记硬背，经过联想，到逻辑推理的学习，可以俗称为"书本学习"；第9讲的"程序性知识的学习"讲的是从观念到"做成"的知识增长，实际上涉及了从模式识别的概念学习，直到程序化与合成的学习，可以俗称为"应用学习"。实际上，每个人的知识学习如果要有效、管用，那么基本上都要走这两条路。

六

第四编"测量与测验"，其中的第10讲"个体差异"是与第1讲"遗传与环境"相掩映的。差别在于第10讲展现了更多的个体差异图像，它们都与学校的教育教学有关，并且任何一个教师都可以用本校的资料来核查是否符合这样的图像，如果不符合，那就请说出"何以然者"来。"要注意学生的个体差异"，这是普通学校里的教师常说的话，那么如何不让这句话变成仅仅是"口头禅"呢？这是一个问题。解决这个问题的根本出路是着眼于群体，以及个体在群体里的分布，以做系统的比较。然而我们的教师习惯做零碎的两两比较，比如张三和李四、张三和王五……这样的比较效率低，误差也大，缺乏科学性。相对于中学而言，小学的教学更是一门技术活儿。毛泽东同志教导我们学习白求恩大夫，要"精益求精"。因此研习教育心理学，是不能不涉及应用统计学的最基本的道理的。本书只要求研习者"懂道理"，不奢望"会做"，因为懂得道理而不会做的话，那可以请专家来帮忙。可要是不懂道理，那就会有眼不识金镶玉，专家在旁不知利用之。最后的两讲都是把统计学应用到学校教学的测验与评定工作上去的，应该是学校教师最实用的技术，甚至每个学校都可以有一两个这方面的专家教师，他们会专门处理测验、考试、评定的工作。这个工作的可靠性和有效性还涉及家长，社会影响比较大，因此本书认为在理论上重视它是十分必要的。至于实践，本书还是坚持"懂道理"的要求，然后在有实际需要的时候，在有技术力量支援的条件下，去切实地做好这方面的工作。测验、考试、评定的问题不能受社会舆论左右，正像尺寸、斤两、钟点等度量工具不能随人妄议指摘，必须是国家认可的专业标准。总体来说，第四编是应合第一编的。我们从个体差异讲起，复以个体差异结束，而中间是统一的教育教学过程。这样正反映了学校教学的实际，即在统一的模式下关注个体差异。

七

本教材的特点已经在第一版前言中写明，这里不赘述。

书不尽言，言不尽意，人们只有在实践中才能彻底地掌握世界和思想。国家开放大学乐与本教科书的研习者共同走过教与学的里程。

编者

2020年10月

一

我国小学教师培训的形势发展得真快!

仅以个人的经历而言,1995 年,我参加由上海市教委师资处组织的《小学儿童教育心理学》(高等教育出版社,1996)的编写工作,供上海地区的小学教师进修大专学历用,此教材在 1999 年转为由教育部师范司组织编写并向全国推荐,供同类大专培训使用;2000 年,我主持与教育部小学教育本科课程方案配套系列教材中的《心理学概论》(广西教育出版社,2001)的编写工作,同时,上海地区小学教师大专层次的培训进入了围棋里说的"收官"阶段。于是我在所编的那本概论的前言里写下了"在我国发达地区启动了小学教师高等师范教育本科化的计划"的字样。这看起来颇为意气风发,可是在我心里实际产生的意象是:通过高考,招进高中毕业生,修完师范本科,入小学执教。于是出现了一个问题:这要经过多少年,才能使上海小学里的本科教师占到多数啊?遑论全国!

如今,中央广播电视大学已经面向全国,包括上海,生气勃勃地投入对在职小学教师做本科层次培训的事业。一定是因为它有完备的信息技术系统,所以我在上海也听到很多打算接受本科培训的在职小学教师说到属于这家"空中大学"的系统或组织;在上海的郊区,我也看到这样的系统或组织凌空悬下一组长长的红幅,宣传这家"空中大学"的革新计划,在风中猎猎作响。

这就是说,若从 1995 年算起,不到 10 年,我国就从上海这样的发达地区普遍兴办在职小学教师的大专培训转成在全国范围培训本科层次的在职小学教师。这表明我国政府决心由知识结构更完备的成年人为天真烂漫的儿童开蒙,以促进我国少年儿童更加茁壮地成长。实际上,培训本科层次的小学教师还有多方力量,因此漫说上海,即使全国,小学里本科教师占多数的日子之到来,也比我先前想象的快得多。正是为了适应这样的形势需要，中央广播电视大学决定再编一部属于教育心理学的教材，于是就有了眼前这本《教育心理专题》。

二

《教育心理专题》的编撰基础是郭德俊教授主编的《小学儿童教育心理学》（中央广播电视大学出版社，2002）。编撰前者时预定的研读者是修读过后者的人士，尤其是中央广播电视大学大专课程的学员，因此本教材具有提高或加深的性质。

郭德俊教授主编的《小学儿童教育心理学》体系完备、要言不烦，而本教材因为有篇幅限制，加上教育心理学各专题的学术发展本身不平衡，因此难以对应着郭教授主编的那部教材而做全面的提高或加深的讲解。这样，本教材的编撰方针就是优先选择国际教育心理学研究中理论完整且坚实、证据丰富而确凿的若干题目为内容。由于考虑到内容之间并不是严密衔接的，故以"专题"形式做系统讲解，讲解中适当增加基础理论部分，展现从理论走向应用的逻辑过程，揭示具有代表性研究成果的教育、教学含义，而所谓"专题"形式，意味着各讲的内容相对独立，这便于读者根据自己修读了郭德俊教授主编的教材后所形成的知识结构的圆缺，恰当地分配力量，去研读本教材的各讲。当然，本教材并不能满足读者被郭德俊教授的教材所诱发的一切求知欲。

然而上面的话绝不意味着没有修读过郭德俊教授教材的人们就读不了本教材。读过教育心理学的其他教材的人们也可以读本教材；人们甚至可以把本教材作为他首次参观教育心理学的"入场券"。进场以后，不论是驻足细看还是走马观花，都可以，因为教育和教学从某种意义上说，是每个人都要做的事情，不独是教师的事业。而如果本教材说的哪一点惹得读者心根痒痒，决意去读其他的教材，试图更全面地掌握有关知识，那就更符合本教材"做好知识介绍者"的期望了。

要言之，通过教材学习知识，学习者既可以走由面而点的一路，也可以走由点而面的一路。从读得下去的地方开始最好，这对于只能在工作之余来求知的人是很重要的。

三

为了帮助人们读得下去，本教材在编撰时做了几项努力，略述如下：

第一，图多，可以分为三类。一类是肖像，主人公都是对教育心理学的发展做出贡献的人士。他们的学说全球传播，他们的形象也该被大家知道。吃水不忘挖井人，我们以这样的方式纪念他们，也是彰显科学的一种辅助做法。二类是示意，为读者理解文字所述而增添感性认识，以更好地支撑对意思的理解。三类是图解，最为重要，它们以形象的方式化解文字说明，本教材对这样的图都努力做到有关文字所述在图中均一一落实。因此，读者熟读了图，就等于把握了意思，而图像有一优点，那就是比文字更容易保留在脑中，需要时，让图浮上心头，甚至落在笔下，就可以看着图像慢慢地用自己的话来表达意思了。这比死记硬背好得多。希望读者特别重视这一类图。

第二，文也有三个特点。一是少宣称，多描述，两者的区别在于后者叙述过程。或用过程的叙述来支撑一个论断；或从过程的叙述中引出一个论断，目的是想让读者进行奥苏伯尔说的那种有意义的而不是机械的学习①，因此读者不要只记忆论断而轻视过程描述。其实，当你熟悉了过程，往往能自行推出恰当的论断来，而且能长久保持不忘。在科学里，过程描述有两个特殊表现，一个是讲实验，另一个是列方程。这两个特殊表现本书都有，而以讲实验为多，它比方程更具体，何况很多实验在本书里都配了图解。希望读者文图参照，共辅理解。二是少定义，多指称。这是专门用来处理概念的。少定义是说本书对一个概念采取"A是……"的定义形式并不多。这是因为如此严整的定义只在纯粹的理论推论中是必要的，而纯粹的理论推论是相当高级的专家们做的事情。广大教师掌握心理学的概念主要是为了理解和应用，因此知道这个概念指怎样的行为、怎样的情景和现象才是最重要的，因为知道了这些，才能在现实中分辨出来，于是才有可能去做恰当的处理。所以本书对很多概念采取的乃是"（如此一种情况）是A"的格式。我们希望读者能把如此这般的情况记在脑子里，然后同一个特定的概念——词语——联结起来，不要搭配错误，这就算掌握了这个概念。当然，既然是记忆"情况"，就可以而且也便于举一反三，所以本书的这种做法也能丰富对这一概念的认识。三是少独断，多推论，两者的区别在于本书很少说"应该"怎样、"必须"如何之类的话，倒是比较多地根据前文的叙述而得出我们可以怎么做的尝试性结论。这就是说，我们的很多做法都是有条件的，不是千篇一律的；是这样做还是那样做，以出现这种还是那种情况为转移。心理学是一门科学，而科学重在讲理性，讲理智，也就是重在分析了情况后才做决断。为了贯彻这一点，本书视论题的具体情况而相机插入带有"教育含义"或"教学含义"字眼的文段。每当这时，已为教师的读者就要注意联系自己的实践，从某个教育心理学的理论出发，做实际应用的思考。这样的思考，就是总结经验教训，它既可以是自己的，也可以是他人的；既可以是亲历目睹的，也可以是道听途说的。要之，最终仍以掌握教育心理学的理论为学习的目标。我们要相信，有血有肉的理论比皮包骨头的理论更能指导实际，更具有启发作用。

第三，宣称仍然有，不过不是宣称结论，而是规定起点。这样的规定有两种情况，一是以其他科学确定的无可怀疑的事实为论述的起点，这样的起点不能像上面说的那样再描述、再论证了，否则就变成讲其他科学的东西了。二是纯粹的假设，好比数学里说的"已知……"、其他科学里说的"假定"等等。在使用的这类假定的文句里，我们真正要关心的不是那被假定的东西是真还是假，而是关心顺着这样的假定走下去，得出的结论是否有意义。不论规定上述哪一种起点，这些起点倒是需要强记住的，因为它们仿佛是线头、线索，抓住了它，就可以"牵"出一串东西来，而忘记了它们，则逻辑推理也无法开始。因此读者要十分注意这样的逻辑起点，把有关的知识打成一个个"小包"，因为真正尝试应用的时候，多是这样的小包知识在运作。

---

① 郭德俊. 小学儿童教育心理学. 北京：中央广播电视大学出版社，2002：72-73.

四

本教材虽由我主编，却离不开更多人士的支持，我应该顺着时间次序，一一表示衷心感谢。

首先感谢张民选教授，是他率先举荐我。接着要感谢惠中教授，他接受了这一举荐。感谢华东师范大学的吴庆麟教授和我的同事卢家楣教授，他们认真审阅了本课程的教学大纲，并给予我极大的信任。感谢首都师范大学的郭德俊教授、北京师范大学的乌美娜教授和许燕教授，他们参加了本课程的一体化方案审定工作，并提出许多具有建设性的意见，为最终完成本课程的建设打下了良好的基础。

在教材编撰过程中，金一、童春生、康杰、叶峰、王为民、王翌芳、李莉、杨茜同志为我输入了一部分文本，因为我有时心血来潮，喜欢手写文稿，而写成后就懒得输入计算机。李莉、杨茜同志还连夜为我赶做了全书的目录。我感谢他们。

我特地请了老同学竺培梁副教授审看第11讲，因为他善于运用规范的测量学理论去解决不规范的实际问题，而学校教学过程偏就是既离不开测量理论，又每每桀骜不驯，难以笼络。他真地发现了一些可以改善的表述问题，谢谢他！

我要再次感谢由郭德俊教授、许燕教授和首都师范大学的雷雳教授组成的文字教材终审专家组。由于时间紧迫，他们真的是在百忙之中审读整部书稿的，却依然心如镜、眼如炬。他们提出的中肯意见，惜我不能备述，唯有心知。特别是专家组还说了这样的话：各人心思不同，意见是提起来容易，照着改有时颇难。这种学术上知无不言、言无不尽又宽宏大量的行为尤其令我敬佩。

现在要感谢中央广播电视大学出版社的编辑来继文与钟和，因为我还喜欢在校样上做修改，这一放手就给他们带来很大的麻烦，不仅使他们在这里和那里白费了劳动，而且还得额外地付出劳动。但是时间是没有弹性的。

我把中央广播电视大学的罗洪兰副教授放在最后来感谢，这不是因为她是最不重要的，而是因为她的支持和帮助贯穿着整个课程建设的全过程。她作为"教育心理专题"课程的组长，在本教材的编撰过程中做了很多的斡旋工作，为我提供了很大的方便。此外，她还承担了本书第一编全部3讲的撰写工作，减轻了我的负担，辛苦了！

袁军

2004 年 11 月

Contents | 目　录

第三编　知识的学习

第四编 测量与测验

引言 为何与如何学习教育心理学

每年的 9 月 1 日，各地小学都会迎来一批新生入学。学生们相貌各异、个性不同，却要几十人为一群，从此在一个教室里学习，这就是至今通行的班级教学制度的普通情景。有人把这样的情景比作工厂的流水线，在后者那里，虽然最初输入的原料可能不同，但是通过加工处理，原料之间本来的差异被消除，按预定的程序被赋形；最后，工厂大批地输出同样规格的产品，再将产品上市。

不错，今日学校的班级教学仍与工厂的流水线生产有相似之处。比如，无论学生如何不同，我们都会要求他们在一年级结束或者小学毕业时，具备某种程度的知识和能力。这一切，是在学生并不知晓的情况下确定的，好比原材料是在不知道自己会变成什么产品的情况下被加工处理的。这个过程中，校长和教师们说的话往往也和工厂管理人员说的话相似，后者说要做出"合格的产品"，前者说要培养出"合格的学生"。

很多工厂的生产流程和管理内容只涉及物理学。如果学校的教育教学真像工厂生产产品的过程一样，那就省事多了，因为我们的教师只需要学习物理学。虽然学习物理学也不容易，可是哪一行都有这样的情况，因此我们要做相对的比较。

让儿童上学，一定比让他们游戏更困难，否则，怎么会有相当一部分儿童厌学而沉溺于电子游戏中呢？从事学校的教育教学是不容易的，因为儿童的教育教学问题比物理学问题更难研究透彻，所以，教育心理学的理论至今还不能像物理学的理论那样坚定地确立起来。

那么，学校和工厂，教育和生产，它们之间最关键的区别在哪里呢？就在于儿童或学生不只是一个物理学、化学或生物学的实体，他们还有精神世界，而在一般的、正常的或者说吃穿不成问题的社会里，精神世界的建构和修饰是更加重要的。因此，我们的教师就需要学习心理学，尤其需要学习与教育、教学有关的心理学。

在今天，把学校的班级教学体制比作工厂流水线，也有不太恰当的地方。因为，如今很多工厂生产产品时已经不再简单地使用千篇一律的标准，它们的产品越来越多样化，越来越具有不重复性；而且，为了追求独特性，工厂在生产、销售过程中也开始应用心理学了，为的是琢磨消费者或用户的心理。工厂的生产尚且如此，难道学校教育不该更加重视研习心理学，尤其重视研习与教育教学和学习有关的心理学吗？学校研习心理学的目标，意在培养千姿百态的祖国花朵。钱锺书先生曾经说，"百花齐放"可能两种情况：一种百花齐放是这一百朵花都是一个颜色，只有深浅不同，像杜甫诗所说"可爱深红映浅红"，而另一种不是花开一百朵，而是一百种花，桃花红，梨花白。[①] 这同样适用于学校的教育教学。学校教育和教学，首先要做到标准化，然后在标准化的基础上去实现个体独特化。学校的教师要重视学生的个体差异，为此需要学习教育心理学。

有的教师认为，不学教育心理学也能搞好教育、教学。他们的理由是：过去有很多令人尊敬和佩服的教师其实也没有研习过"中等师范专科级""高等师范专科级""大学本科级"甚至"硕士研究生级"的教育心理学。这真是关于"教育心理学无用论"一条不错的理由。是的，教育心理学是一门专业基础理论，它的教科书自然是主要讲理论的，而理论的基本用处是指导人们做事情。某教师既然已把事情做成，甚至做得很好，那么他是否知道那个理论的本身就的确不重要了。不过我们要知道，如此"不学而能"的、"天然自成"的，乃至"天才"的教师是极少的。心理学愿意承认他们的"禀赋"。可是，中国有那么多的儿童需要接受教育，需要好好地接受教育，需要好好地接受良好的教育，那么假如只靠少数"天才"教师的话，他们会忙不过来的。譬如孔子，他扎扎实实教过的学生，据传说，也不过七十多一点儿吧？如此，则教育之为"事业"，其"成就"又从何谈起呢？于是我们需要一代又一代的成千上万的教师。他们中的大多数，恐怕都来自不敢自命为有"教师天赋"的人群。其中的一部分人可能"喜爱"当教师。可是有"喜爱"不等于有"能力"或有"才干"，好心却办坏了事情的情况经常发生。因此，在教育领域，对职前和在职的教师进行教育心理学的培训就是不可少的。何况更有人士是从别的角度考虑来当教师的，比如"学校不会倒闭""社会声誉好""不冒风险"，甚至只考虑"寒暑两假而全薪"等。由此可见，国家教育部门对于这样"志愿"加入教师队伍的人们进行教育心理学的系统培训就更是不可少了。再说一句实话，你别看人家忽悠忽悠地挑担好像不吃力，眼见未必实，我们耳闻更多的是那些看来"不学而能"的优秀教师自述其刻苦修研教育心理学。青灯孤影，日积月累，寒暑循环。当他们说"我没有上过正规的教育心理学课程"时，那是他们的谦虚美德，而言下的真意是"要是我上过正规的教育心理学课程，那就更好了"。所以，优秀的教师是不会轻视教育心理学的。说得更加一般些，没有教育教学成功经验的人士自然应该先按着教育心理学的理论去试着做，以避免盲干或蛮干；即使有了非常多成功经验的优秀教师，也不妨研读教育心理学的理论。一方面，教育心理学需要更多的教师为它输以经验之"血"，使之气韵生动起来；另一方面，教育心理学的一条理论可以是许多具体经验的总结，使多样的表现具有内在的统一性。因此掌握了教育心理学理论的教师，仿佛日常生活里拎一只篮子便装上了许多零散物，这是一个方便的做法。又好比一线穿珠，既有整体的亮丽，又不失个别的光泽。如此的两全其美，又何乐而不为呢？

还有的教师认为，学了教育心理学（的理论）没有用。不过对于他们的看法，尤其值得我们更加细心地分析：怎么会这样想的呢？推测起来，第一个原因可能是有的理论的确不

---

① 钱锺书. 我对文学现状的一点的感想 1980 年 11 月在日本爱知大学文学部的讲演. 书城，1999（05）：19.

管用。不过这一点在任何一门科学学问里都是有过的①，现在依然有，将来还会有，因此不稀奇。换言之，只有科学学说才允许、才欢迎、才坦然宣布这条或那条理论"没有用"。但是我们怎么才能最终宣布一条科学理论真的没用呢？那只有当这条科学理论暴露出它的致命缺陷的时候我们才能下判决。而为使一条被估计为"没用"的科学理论暴露它的致命缺陷来，正需要我们不懈地研习它、应用它。因此任何一名怀疑某条教育心理学理论不管用的教师更应该去学习教育心理学。这样的教师进行这样的学习，其意义超出了他的工作范围，因为他在为确立一条科学理论的真伪而做贡献了。许多这样的人士其实是科学理论建树历程中的"无名英雄"。他们虽然不是科学家，却理当得到来自科学家的敬礼。第二个原因是教科书没有编撰好，或者没有把一条有用的科学理论讲准确；或者虽然讲准确了，却没能讲得使人明白；或者虽然文句上讲明白了，却未能使读者感觉到有用。比如寥寥二三行，语焉不详；又比如是高谈阔论，成为正确的空话②。这样的情况应该避免，而实际上难以尽免，因为教科书的编撰者有时来不及把一个题目想透、把一个表达方式想妥帖。克服这种欠缺的一个办法是修订教科书。而为使这样的修订后来居上，一方面要追溯和追踪科学研究的历史与新进，另一方面需要静候读者或学习者的反馈意见。所以本书也需要大家做认真的研读，以便积极地反映情况、提意见，以利于本教科书在使用中完善其编撰。第三个原因是学习者没学好。我们知道，学习科学既是有趣的，也是辛苦的。不论有趣还是辛苦，都需要学习者投入足够的精力、耗费足够的时间，还要有恰当的学习心向。如果学习者只是为了应付考试，甚至只为得到一个标志"通过培训"的分数，那就很可能不去做切实的理解、扎实的应用。如果由此而不能使实际状况获得改善，又怎能说某条科学理论甚至整个一门科学学科"没用"呢？这是一方面。另一方面，教育心理学的理论很可能在你不知不觉中发挥了作用。比如，理论 A 可能告诉你如何去处置事件 E，理论 B 却告诉你怎样就不会出现事件 E。如果你按照理论 B 去做，很成功，那就没有机会使用理论 A，可是这不能说理论 A 没有用。

　　综上所述，首先是因为教育教学的工作涉及学生的心理世界，所以教师需要不断地学习教育心理学。其次是因为要发展和完善教育心理学这门科学，需要广大教师做贡献，所以教师要学习教育心理学。当然，如果教育教学工作从本质上说是需要教育心理学的，那么为了有更好的教科书和教学方法以培训教师，就需要现在的教师学习教育心理学。

　　一旦我们的教师因为上述的理由而决心认真学习教育心理学，那么该怎么学呢？这是一个大问题，牵涉方方面面的细节。我们在此不说具体的，只说原则的。这就是：教育心理学及其课程，理当算教师培训体系中的一门专业基础课。此课阐述的理论参与构成一切具体的课程教学论的基础。正是在这个意义上，教育心理学相对于其他课程教学论而言，是一门更加具有理论性的课程。

　　理论不能脱离实际，所以教育心理学会提到其他课程教学的例子。这就要求我们的教师

---

①　例如物理学里的"以太"概念，化学里的"燃素说"，生物学里的"生力"等。它们曾经都是堂而皇之的科学概念和学说，但是后来终于被检验为"的的确无用"，变成在今天看来是"不科学的"东西。

②　任何空话都是听上去正确的话，错误的话从来不空洞。因此，警惕正确的空话比防范错误的实话更重要。

善于参照其他的或采择自己所教的课程里的经验来理解教育心理学理论。可是理论毕竟不同于实践。前者应该比后者更有普适性。所以就不会全面涉及某一课程教学里哪怕稍微多一点儿的细节。这就要求我们的教师在做了上述的参照和采择后，最终要将之归结为理论的逻辑。这样的逻辑可以改说成"框架"之类。

框架是大体的结构，它只是表明一座房子存在了，理论上是可以有人住进去了。可无论住户是张三还是李四，为了住得更舒适，一律是要装潢的。虽然我们可以规定这样的装潢不能破坏房子结构的承重部分，却不能禁止改动非承重部分，而张三或李四，两个人想要改动的部分很可能不一样。因此我们的教师要明白，教育心理学提供的大体框架是内秉着弹性的，仿佛橡皮筋儿，在一定的范围内是可以伸缩的，以符合具体学科教学的特征。而且，这条"橡皮筋"的伸缩程度也会依不同的学科而发生变化。譬如在教育心理学框架的 A 点，语文课可以大加改动，而数学课可能完全接受。可是在教育心理学框架的 B 点，语文和数学两门课对此的处理可能正好反过来。

要言之，说教育心理学是教育教学工作的专业基础课程，这是说此学只是一个大体框架。那也就是说，教师们千万别把一部教育心理学的教科书当作自己工作的事务手册，好像实际工作中的一切具体问题都可以在这样的教科书里找到现成的答案。一部教育心理学的教科书对任何一位教师来说都不过是一个具有启发性的思想体系，它只负责提供一个或几个视角，并且就你看待某一具体事物时站在哪一个视角上更好而提出具有原则性的意见。比如你要拍奥黛丽·赫本的端庄清纯，我建议你取正面而不是侧面的视角，更不能拍她的后脑勺。意见不是真理①，你有取舍的自由。

一部教育心理学的教科书必须提及教育教学里的实际例子。但是当我们这么做的时候，相对于各科教师而言，算是班门弄斧，顶多只是抛砖引玉。因此希望研读这部教育心理学教科书的教师们解放思想，勇于检验；尊重自己，敢于品评。一句话，既参照理论来审视自己的实践，又根据自己的实践来批判理论。

---

① 古希腊哲学家苏格拉底说："勿把意见当真理。"

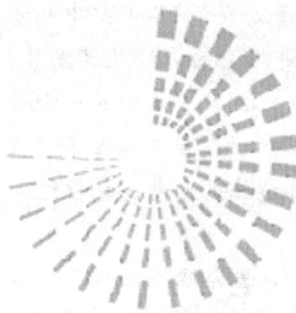

第一编　儿童发展

教育心理学的教科书有两种体系，差别在于是否包含"儿童发展"的内容。包含"儿童发展"内容的教科书更通行，主要给那些需要应用教育心理学知识而非专门研究这门学问的人使用。需要应用教育心理学知识的人，不是准备去读教育心理学研究生的人，而是准备去从事中小幼学校教育教学的人。本书的体系适用于这类人群。

这种体系的意思很明显：对儿童的教育和教学要以儿童的身心发展水平为根据。因此，我们需要了解儿童成长或发展的各个方面，在了解这些内容后，教育和教学就要因势利导，以促进儿童的成长或发展。但是，我们要注意以下两点：

（1）儿童的发展虽有年龄阶段的差异，可是哪个年龄阶段的儿童只能接受怎样的教育和教学，并不是完全对应的。譬如，我们很难想象孔子去解一元一次方程，可是要今天的初中生因写出"鹅鹅鹅"一样的诗作而留名，这也很困难。这是因为，时代对学子的要求不一样，于是教学的重点就不同。因此，适应不同年龄阶段儿童的教学方式，总要依据时代而调整。

（2）仅仅是儿童心理的发展，就有很多方面必须谈。儿童心理的发展自成一个体系，可以命名为"儿童发展心理学"，而本书无法全部包括，因此，本书涉及的儿童心理发展内容很少。本书谈及儿童心理发展的相关内容，主要是为实施教育、教学奠定一个大致的框架。

这个框架很重要，主要是为了突出儿童的特殊性。承认儿童的特殊性，这在全世界也不过是数百年里的事。我们看右图①，这是一幅 1656 年的绘画作品。图中，小女孩的衣着样式和成年女性的没什么两

---

① 西班牙画家委拉斯凯兹作品《宫娥》（局部）。

样，就是尺寸小一些。这种着装方式，折射出当时成人的观念，他们否认儿童有独特的精神世界，因此儿童不需要不同于成人的服装作为外在标志。这表明，西方直到 17 世纪中叶还继承着一种旧观念，即儿童不过是"小大人"，因此也不必单独地讲儿童的心理及其发展，只要讲成人的心理发展就行了，正像把成人衣着样式套用于儿童那样。因此，本编的一个重要意图，是希望我们的教师知道，我们的学生有独特的心灵世界，这个世界与成人世界迥然不同。那么，学校应如何对待儿童的心灵世界？这是一个教育心理学提出的问题。记住这一点，可以说是搞好小学教育和教学的根本基础。

本编的第一讲在我国的儿童发展心理学中属于一个基本理论问题。基本理论的说明很容易哲学化。由于哲学往往是最终的概括，因此也容易套语化。但是本书努力朝着具体科学化的方向走。哲学与科学的基本区别在于前者重视在概念层面上做逻辑推演，而后者考究在实际层面上做过程描述。如果后者的描述基本准确，而前者的推演不仅在逻辑上不错，并且是建立在科学资料基础上的，那么我们可以在科学的具体描述中"看出"或领悟到哲学的概括，因此两者从根本上说是统一的。然而科学的具体描述仍然具有基础的重要性。掌握了它而不走向哲学，问题并不大。可如果只记得哲学的概括而不知科学的描述，则形成的认识很容易空洞，虽然仍可以是正确的。请读者注意这一点。

1 遗传与环境

📖 研读目标

● 理解遗传如何造成个体之间的相似与差异；
● 理解环境的概念和分类、环境对儿童心理发展的影响；
● 领会遗传和环境的具体关系；
● 理解结构性与机能性特征这一对概念的教育含义。

遗传与环境是影响儿童个体发展的两大因素。遗传有精细的内部过程，环境有丰富的类型。当一名教师迎来一名学生的时候，后者经过了上述的精细过程，也经过了类型丰富的环境塑造，因此是一个具有特定遗传结构，也受到特定环境影响的个体。正是在这个意义上，这名学生已经不是"一块白板"，不能任意涂抹。这是一条原则，因为有这条原则，所以教师为了搞好教育教学，就需要了解一些遗传因素和环境因素的基本知识，并且在此基础上，形成看待学生的基本观点。

1-1 个体的遗传

谈到遗传，人们会想到"种瓜得瓜，种豆得豆""龙生龙，凤生凤"之类的说法。就列举的这两个说法而言，它们虽然字面上都在说"遗传造成相似性"，可我们在生活里使用这两个说法时，其意思往往有差别：瓜豆之说几乎完全表示遗传本身造成家族内生物性状的相似性，而龙凤之说主要表示遗传本身造成社会地位或文化品质的家族成员相似性。我们否定这样的龙凤说，只承认遗传在亲子之间和家族成员之间造成某些生物性状的相似性。在这里，"亲"指生身父母，"子"指亲生子女，而"家族成员"既包括一母同胞，也包括家族里隔了几代或旁支的人们。

人们谈遗传，往往只看到遗传造成相似性的一面，比如前面提及的两种说法。其实，我们还要看到"遗传造成差异性"，这种差异的重要性一点儿也不亚于相似性。正因为遗传也造成亲子间和家族成员间的生物性状的差异，所以才会从根本上出现独特的个体、多样的个体。那么从根本上说，独特的个体是怎么来的呢？下面，我们就从细胞开始，做一个简略的描述。

1-1-1 细胞、染色体、基因

1. 若干概念

我们的身体由细胞构成。细胞可以粗分为两种，即"体细胞"和"性细胞"（或"生殖细胞"），后者表现为精子和卵子。细胞内有细胞核，核内有一种条状物质叫"染色体"（如彩图1所示）。

染色体是成对的（参见图1-1），对数随物种而不同。人类的染色体总共为23对，其中22对是常染色体，剩下1对为性染色体，因为它决定个体的性别。女子一对性染色体的每一条都像字母X，故标记为XX，而男子有一条性染色体像字母Y，故标记为XY（参见图1-1）。这一切在所有正常的人类个体里是一样的。但是要注意：体细胞里确有23对染色体，可成熟的性细胞里只有每一对染色体中的一条，即总共23"条"染色体。于是不难推想，在所有成熟的卵子里，性染色体一律是X；可是在成熟的精子里，有的带X染色体，有的带Y染色体。

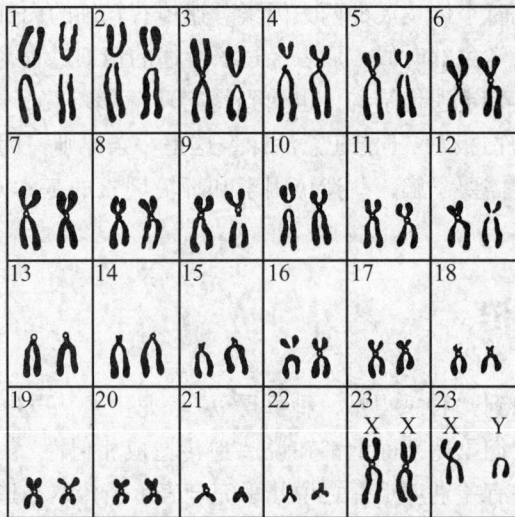

图1-1 正常人的染色体[1]

一对里的两条染色体在外观和机能上是相似的（参见图1-1），称为"同源染色体"。每条染色体里都有许许多多的基因，它们呈直线排列，彼此的位置是固定的，这可以比拟为一行顺序排列的字母（参见图1-2）。于是，在同源染色体的同一座位（loci）[2]上就有一对基因，称为"等位基因"。它们控制着同样的生物机能，不过控制的方式可以不

---

① 注意：两个23分别表示女性和男性的一对性染色体。
② 座位（loci），遗传学术语，也可以说成"基因座位"。

同，好比电灯的开关，"开"使灯亮，"关"使灯灭。不同的控制方式用同名字母的大小写表示（参见图1-2）。其实，一个基因是一条长长的大分子链上的一小段，这个大分子链叫"脱氧核糖核酸"（Deoxyribonucleic acid），缩写为DNA；这一小段是一个具有遗传功能的单元。

一对同源	A	b	c	d	E	F	G	h	I	j	k	L	…
染色体	a	b	C	D	e	F	g	H	I	J	k	l	…
基因座位	·	·	·	·	·	·	·	·	·	·	·	·	

图 1-2　等位基因示意（同名字母表示等位基因）

至此，以图1-2为模型，我们有了细胞核内结构的两个话题：一个是染色体——DNA话题，这体现为图中的一排字母序列，它代表一条染色体或DNA分子链，涉及个体的生长；另一个是基因话题，这体现为图中一对对同名字母，它代表基因，涉及个体差异的最初形成。我们分两个话题来讲，先讲第一个话题。

2. 细胞分裂

DNA主要由四种物质组成，分别标记为A、C、G、T。其中A总与T联结，表达为A-T或T-A；而C总与G联结，表达为G-C或C-G。这四种联结随机地纵向排列起来，好像一架绳梯，呈螺旋形（参见图1-3的"DNA螺旋"）。这架"绳梯"总要自动地从中间断开，而断开的两边会生成和原来一样的对边（参见图1-3），这就复制成两条DNA分子链。由于一条DNA分子链就等于一条染色体（参见彩图1），因此DNA分子链复制成两条，也就等于一条染色体复制成两条。

现在我们要分体细胞和性细胞来说了。体细胞经过DNA的一轮复制后，便有了46对染色体，于是分裂成两个细胞，恢复每个体细胞只含23对染色体的状态。这样，随着DNA一轮又一轮的复制，体细胞也就一而二、二而四、四而八……地成倍分裂，这叫细胞的"有丝分裂"（参见图1-4）。有丝分裂的结果表现为一个人的身体长大了。可是性细胞成熟后经过DNA的复制，有了23对染色体，于是也分裂成两个，变成每个成熟的性细胞只有23"个"染色体的状态，这叫细胞的"减数分裂"（参见图1-4）。当然，减数分裂是性细胞在个体进入性发育期时才开始的，这时，个体的性生理成熟，表现为女子排卵、男子射精。

人类通过男女交媾而实现遗传。在一次生物和生理上成功的交媾中，母亲一般准备好一个成熟的卵子，父亲则释放出大量精子，但是其中只有一个精子能与卵子结合，形成一个受精卵。因为精子和卵子各只有23"条"染色体，所以它们形成的受精卵就恢复成完整一套的即23"对"染色体；又因为卵子里的性染色体总是X，而精子里的性染色体可能是X，也可能是Y，所以受精卵里的性染色体可能是XX组合——这决定生出女孩，也可能是XY组合——这决定生出男孩。偶尔，一个受精卵又分裂成两个，由此发育而成的双胞胎叫"同

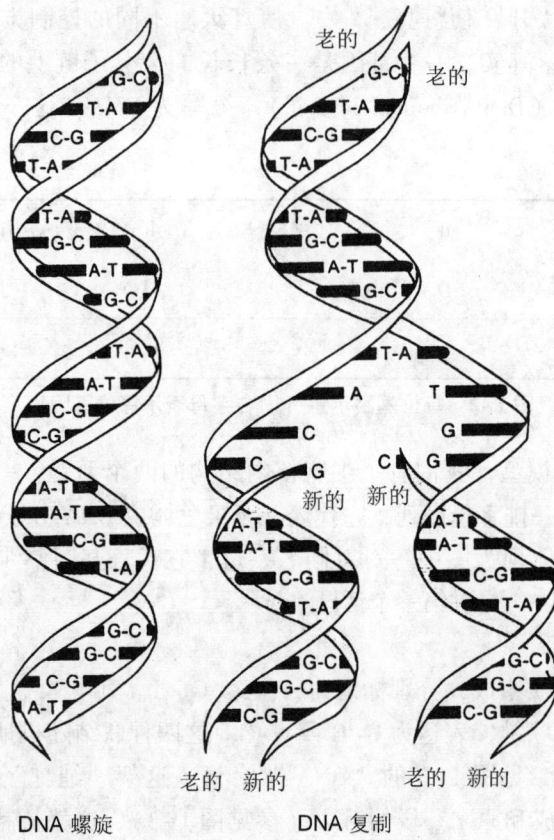

老的　老的

新的　新的

老的　新的　　老的　新的

DNA 螺旋　　　　　DNA 复制

图1-3　DNA 分子链及其复制

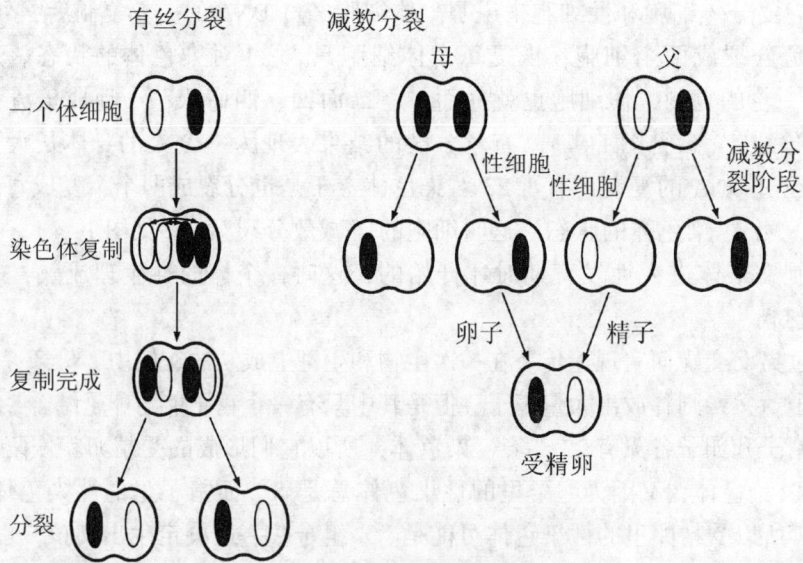

图1-4　有丝分裂与减数分裂对比示意

卵孪生儿"。由于这两个受精卵来自同一个卵子和精子，因此同卵孪生儿一定是同性别的，并且具有相同的遗传构成。有时，母亲同时排出了两个成熟的卵子，如果它们都成了受精卵，那一定是两个精子分别造成的，由此发育而成的双胞胎叫"异卵孪生儿"。由于两个精子的性染色体可以都是 X，也可以都是 Y，还可以分别是 X 和 Y，因此异卵孪生儿可以是同性别的，也可以是异性别的，并且它们的遗传构成不同，和普通的兄弟姐妹之间的遗传构成差异没什么两样。

在合适的条件下，受精卵将发育，进行有丝分裂，形为一个胎儿并出生、成长。有幸的话，出生 6 年后，他会成为你的学生。待到这名儿童进入青春期（比如升入初中前后），性细胞作减数分裂，于是在此后相当长的岁月里，这名儿童就从原来单纯的被遗传者成为遗传者。他可以把自己的一些生物学性状遗传给子女，而他的子女又可能成为你的学生。

这是怎样的学生呢？我们且从基因的角度看一看。

1–1–2　基因的运作

回看图 1–2 的同名字母。它们是等位基因，控制同一项生物学机能，但方式可以一样，也可以不一样。假定机能是色觉，而等位基因的控制方式有两种：一种是使个体看得出颜色，这用大写字母比如 A 表示，我们称之为"显性基因"；另一种是使个体成为色盲，这用小写字母比如 a 表示，我们称之为"隐性基因"。那么一个人的两个等位基因可以都是显性的（如图中的 FF），也可以都是隐性的（如图中的 bb），还可以一个是显性的，另一个是隐性的（如图中的 Aa 和 Dd）。我们就从这里出发，谈谈基因的几种基本运作。

1. 显性基因和隐性基因

这一对概念有什么用处呢？以色觉为例：一个人的一对等位基因里只要有一个是显性的，即 AA 或 Aa，那就有正常色觉；如果两个都是隐性的，即 aa，那一定是色盲。为什么 Aa 不造成色盲呢？这就是基因的显性效应，即显性基因具有完全压制隐性基因起作用的机能。所以，当等位基因由显性和隐性基因组成时，总归表现出显性基因的作用、影响或效果。表 1–1 是已经鉴定的具有显性效应的若干人类性状。

表 1–1　具有显性效应的若干人类性状

显性性状	隐性性状
褐色眼睛	蓝色眼睛
黑色或深色的头发	浅色、金色或红色的头发
有雀斑的	无雀斑的
头发正常生长	秃顶

显性性状	隐性性状
有酒窝的	无酒窝的
有耳垂的	无耳垂的
正常色觉	红–绿色盲
正常视力	近视
正常听力	先天聋
正常体色	体色白化（缺少色素）
正常血液	血友病（缺少血凝物质）
正常新陈代谢	苯丙酮尿症

上述的显性基因效应对我们认识一个个体具有基本的思想意义，即遗传既可以造成相似性，也会造成差异性。前者如父母都不色盲，子女也不色盲；后者如父母虽然都不色盲，但是由于他们都带有色盲的隐性基因，因此有可能遗传给子女，造成子女色盲，色盲的子女就与父母不像了。父母通过同样的过程也造成同胞子女之间的相似和差异，比如在多子女家庭里，可能其他孩子都不色盲，唯有一个孩子例外。值得注意的是，这里所说的"差异"，表现为"截然不同的两种表现"，如不色盲和色盲。

2. 不完全显性的效应

上面讲的显性和隐性作用，表现出一种"全或无"的效应，即要么色盲，要么不色盲，没有如50%那样的"半"色盲；要么"聪"，要么"聋"，没有半聪半聋的；或者说，只要"有D"就聪或不色盲，只要"无D"就聋或色盲，Dd不会是"半聪半聋"或"半色盲"这样的中间程度。

可是人类的有些生物性状是有中间程度的，典型例子是一个黑人与一个白人生育的子女，其肤色就是显得比白人黑而比黑人白的中间色。这是不完全显性，它意味深长，具有另一项基本的思想意义，即表明遗传不仅可以造成"有—无"某种性状的截然二分差异，还可以造成在两个极端之间的各种中间程度的差异。

3. 基因型和表现型

基因型指基因的特定组合，比如D是等位基因之一，d也是配对的等位基因之一。但是它们组合成Dd，那就是一种基因型。它可以笼统地称为"遗传结构"或"遗传构成"，是我们一般看不见的。表现型指我们身体的和行为的特征，比如两眼一鼻、直立行走、是否色盲，以及智力水平、个性特点等，它们都是可以观察和测量到的。

基因型和表现型的关系按显性—隐性作用可以写成以下几种，如AA→正常色觉，Aa→正常色觉，aa→色盲。箭头右边的文字都表示表现型，左边的字母组合都表示基因型，箭头表示"导致"的意思。因此，我们可以从"根本"上说，基因型是表现型的原因；或者说，表现型"归根结底"是由基因型决定的①。但我们要注意的是：在上述基因型里，大写和小写的字母都表示基因，也都属于我们日常生活里说的"遗传因子"或"遗传因素"，于是我们看到，就"AA→正常色觉"和"aa→色盲"而言，都可以说"有什么遗传因子就有什么表现"；但是对"Aa→正常色觉"不能这样说，因为这里有色盲的遗传因子（a），而没有色盲的表现。之所以要注意这一点，是为了明白一个重要的道理，那就是一个人的遗传因子并不都表现出来；换言之，当一个人没有表现出某种性状时，这并不表明她（他）就一定没有可以使这种性状表现出来的遗传因子。一个人有某种遗传因子而自身没有表现的话，却可以把这种遗传因子传递给子女，使子女表现出这种遗传因子的效果。比如父母虽然都不是近视，却可能都带有造成近视的隐性基因（如 Cc 父和 Cc 母），并且可以通过遗传而造成一种基因型（如 cc 子），使孩子成为近视这种表现型。因此我们说，遗传可以使子女在基因型上有点儿像父母（如都有 c），同时又在表现型上不像父母中的任何一个。这怎么可能呢？原来，遗传在基因水平上表现为等位基因的组合，而这样的组合又形成两种基本的遗传方式：一种叫单基因遗传，另一种叫多基因遗传。

4. 单基因遗传

如果一项性状是由一个基因座位上的一对等位基因决定的，那么这项性状是单基因遗传的。举个简单的例子：假定听力正常和遗传性耳聋是由一个基因座位上的一对等位基因决定的，其中 D 决定听力正常，而 d 造成遗传性耳聋，那么父亲和母亲各自在这一性状上的基因型就是 DD、Dd、dd 三种之一（参见图 1-5）。如果在父母两方穷尽这三种基因型的组合，那可以产生 9 对父母（参见图 1-5），彼此的基因型可以相同，也可以不同（参见图 1-5）。

为了穷尽每对父母的基因型组合，我们再假定每对父母生 4 个子女，那么总共有 36 名子女的所有基因型，以及每种基因型的比例（参见图 1-5）。图 1-5 中可以看到两个基本情况：① 子女基因型和父母两人完全一样的是少数（10/36），其余都是与父或与母不一样的，甚至是与父母两人完全不一样的（10/36），这表明遗传造成更多的基因型差异。② 如果显性基因决定着从进化上说是更有适应性的性状，并且如果我们把这些性状说成是"好的"或"正常的"，那么可以看到遗传造成更多的表现型相似。比如在图 1-5 中的 9 对父母里，遗传性耳聋者（dd）是少数，在 36 名子女中，遗传性耳聋者（dd）也是少数，特别是很多基因型与父和（或）母不同的子女，在表现型上仍然与其父和（或）母相同，即为听力正常者。这表明就造成正常个体而言，遗传造成大量的相似性。这两点在多基因遗传中可以看得更清楚。

5. 多基因遗传

上面讲的内容可能会使人们产生一个误解，以为一项可以遗传的性状是由仅仅一个基因

---

① 表现型有一部分是受到环境影响而成的，例如锻炼使肌肉发达，所以文中强调的是"根本"。

母　亲　的　基　因　型

父母对子编号→	1	2	3
	D　　D	D　　d	d　　d
父亲的基因型　D 　　　　　　　D	DD　DD DD　DD	DD　Dd DD　Dd	Dd　Dd Dd　Dd
子代基因型	全 DD	1/2DD；1/2Dd	全 Dd
子代表现型	全聪	全聪	全聪

母　亲　的　基　因　型

父母对子编号→	4	5	6
	D　　D	D　　d	d　　d
父亲的基因型　D 　　　　　　　d	DD　DD Dd　Dd	DD　Dd Dd　dd	Dd　Dd dd　dd
子代基因型	1/2DD；1/2Dd	1/4DD；1/2Dd；1/4dd	1/2Dd；1/2dd
子代表现型	全聪	3/4 聪；1/4 聋	1/2 聪；1/2 聋

母　亲　的　基　因　型

父母对子编号→	7	8	9
	D　　D	D　　d	d　　d
父亲的基因型　d 　　　　　　　d	Dd　Dd Dd　Dd	Dd　dd Dd　dd	dd　dd dd　dd
子代基因型	全 Dd	1/2Dd；1/2dd	全 dd
子代表现型	全聪	1/2 聪；1/2 聋	全聋

图 1-5　单基因遗传中父母与子女基因型和表现型的关系

座位上的两个等位基因的相互作用决定的。其实不然，很多身体和心理的性状，比如身高和智力等，是由两个或更多个基因座位上的基因决定的。每个等位基因对促成或压制某一性状的表现贡献了一点儿作用。这些作用联合起来，决定了该性状的表现程度，这就是多基因遗传。下面，我们举一个简单的例子。

首先，假设一项性状是由两个基因座位上的各一对等位基因决定的。在这里，两个基因座位可以用不同名的字母标记，而每个座位的两个等位基因可以用同名字母的大小写来标记显性和隐性。其次，假定一对父母的基因型都是 AaBb（参见图 1-6），即父母的每对等位基因都带有隐性基因。最后，为穷尽这对父母基因型的组合，我们假定这对父母生育了 16 名子女，那么子女的全部不重复的可能的基因型便如图 1-6 所示有 16 种。

我们从图 1-6 中可以看到：① 多基因遗传造成了亲子间和同胞间的更多基因型差异。我们将图 1-6 与图 1-5 的编号 5 进行比较。在那里，4 名子女中，两人（1/2）的基因型是与父母相同的，而在图 1-6 里，基因型与父母相同的子女只占 1/4（参见阴影格子）。由此进行推想，当一项性状是由 2 个以上的基因座位决定时，一对父母的 1 种基因型组合

		母亲基因型=AaBb		
		AB	Ab	aB	ab
父亲	AB	AABB	AABb	AaBB	AaBb
基因	Ab	AABb	AAbb	AaBb	Aabb
型=	aB	AaBB	AaBb	aaBB	aaBb
AaBb	ab	AaBb	Aabb	aaBb	aabb

图 1-6　当一性状由两个基因座位决定，且父母亲均为隐性基因携带者时，子代基因型的组合

往往会产生子女的更多种基因型。② 图中只有一种基因型（1/16）是全部由隐性基因组成的（aabb）。我们于是可以假定它的表现型从适应性上说是绝对糟糕的。于是，其余的表现型也就可以假定从适应性上说都多少属于"正常的"。这也就是说，多基因遗传造成了亲子间和同胞间更多的表现型相似。这两点从性质上说，与关于图 1-5 的两点说明是一样的。③ 如此，则多基因型遗传的特点在哪里呢？这就是说，如果我们根据基因型里大写字母的多少来假定表现型的正常程度，即大写字母越多，则听力越好，那么可以看到，在正常的个体之间也有很多的差异，这一点在图 1-5 的例子里是没有的。因此我们可以说，遗传在造成大量表现型的质的相似的同时（听力正常），也造成很多的表现型的量的差异。

由此可见，随着遗传过程中涉及的基因座位越多，各种基因型及其表现型的差异也越多。图 1-7 表明，当遗传涉及的等位基因由 2 个增加到 16 个时，图中的长方条也就多起来，它们互为差异，这些差异的分布就会渐渐显示出平滑的正态曲线。

1-1-3　教育含义

以上两节谈了不少遗传过程的内容。我们可以做个小结，从而引申出基本的教育含义。

1-1-1 节最终要说明的是：由于不同的卵子和精子所含的遗传构成是不同的，并且由于一个受精卵是由仅仅一个精子参与形成的，因此除了同卵孪生儿可以认为具有完全相同的遗传构成外，其余个体的遗传构成都是彼此不同的。正是在这个意义上，我们说，每个教师遇到的学生，从遗传上讲都是一个独特的个体。

1-1-2 节最终要说明的是：既然连教师也不关心的儿童身高这种身体性状都是多基因遗传的，那么教师更加关心的儿童的智力、气质、性格和某些特殊才艺的生物学基础就更是多基因遗传的。多基因遗传造成这些生理和生物学基础展现出最大可能的多样性或差异性。这些生理和生物学基础的多样性或差异性将表现为儿童对环境里的特定刺激（比如数量、语词、色彩、乐音、节奏、身体运动等）有"自发敏感性"方面的差异。儿童基于自发敏感性而投入特定的活动，并在经常的活动中形成相对于其他儿童而言的"特长"，在教师看来，就成为"兴趣""爱好""才能"。这种自发显露出来的"兴趣""爱好""才能"是最值得培养的，教师要善于发现之。

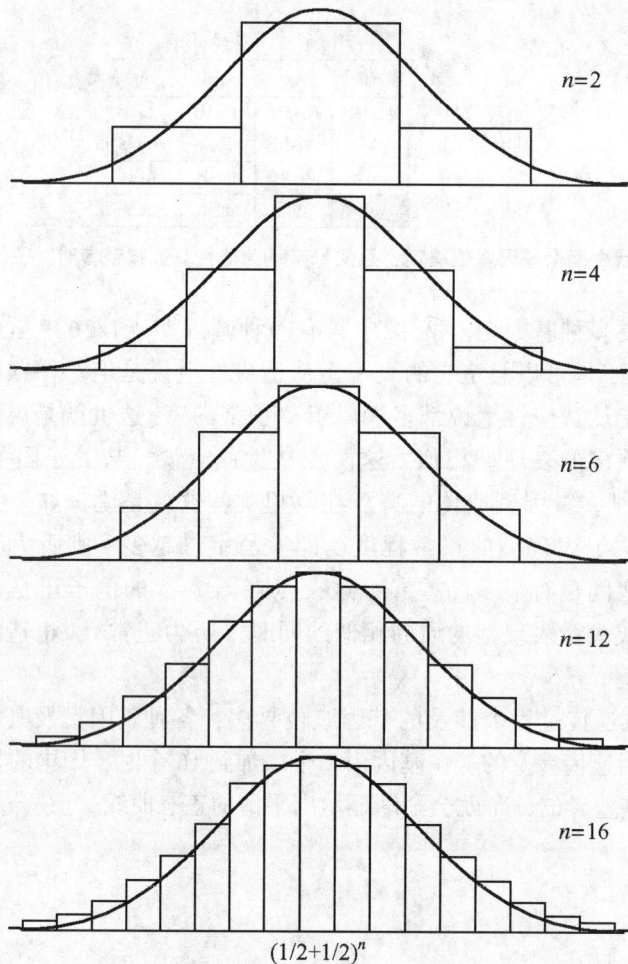

图 1-7　当遗传涉及的等位基因（n）由 2 个增加到 16 个时，则遗传造成的个体之间的差异就渐渐地成为正态分布的曲线

　　多基因遗传的另一个重要特点是：如果隐性基因决定个体的某一表现型（比如智力）出现糟糕的表达（比如成为智力障碍者），那么多基因遗传可以将这样的情况降低到尽可能少的地步。例如，智力是一对等位基因决定的，I 决定正常，i 决定一个人可能成为智力障碍者，那么一对各为 Ii 基因型的父母生出智力障碍子女的概率将是 1/4；而如果智力是两对等位基因（Ii 和 Ww）决定的，那么一对各为 IiWw 基因型的父母生出智力障碍子女的概率就降低到 1/16。然而智力的遗传基础显然不只是由 2 对等位基因决定的。于是我们可以想到，在现代的文明社会里，极少数的糟糕表现型儿童将得到社会专门机构的养护，因此留给广大教师的就是表现型正常的儿童，他们具有相似性、差异性和多样性，正需要我们的教师给予相似的、差异的和多样的教育与教学。因此，普通小学的教师接收到的学生，从遗传学上说都是正常的。教师应该树立这样的观念。

1-1-2 节还讲基因的运作是等位基因的组合。这样的组合具有随机性。它在绝大多数的人类繁育事件里，既不受自然环境因素的影响，也不受人力的控制，更超越一对父母制订生育计划时的"精心计算"之外。因此，决定表现型及其表达程度的基因型组合是服从大自然随机法则的。这就意味着，即使决定某种"绝好的"表现型的基因型组合比例是一样的，它们的绝对数量仍可以有显著差别，依人口而定。这好比 100 人里的 1% 和 10 000 人里的1%，虽然比例相同，可是绝对数量不同。我国现在大多数人口仍然分布在农村，农村虽然相对落后，但农村里的儿童在遗传素质上并不比城市儿童差；相反，就遗传上潜在地具有各类才能的人的绝对数量而言，农村要比城市多。因此，搞好广大农村人口的教育、搞好广大农村儿童的教育，这对于我国的发展是具有重要战略意义的。广大教师特别是农村教师肩负着重要的使命，任重而道远。

1-2　个体的环境

我们在讲"遗传"与"环境"的时候，都是讲它们对个体的影响。这两种影响实际上是不可分割的。一个简单的事实是：受精卵在子宫里着床并继续发育，后者就是前者的环境，并且持续地影响前者的发育。一个比较复杂的事实是：人类的基因一定也是在漫长的生物进化过程中成为现在这个样子的，在这里，地球这个生态系统影响着基因的进化。因此教师没有必要问什么才能或成就"究竟"是遗传、先天决定的，还是黄金、教育造成的。之所以这么说，最起码的原因是今天的心理学无法考察这个问题。

但是我们可以在思想上分别思考遗传和环境这两个因素。这里的逻辑是：当我们单独地思考遗传时，我们就假定有了一个一般正常的环境；而当我们思考环境的时候，我们同样假定有了一个一般正常的遗传。这样的思考表现为我们先后地讲这两个题目。我们已经按照这样的思想方式讲了遗传，现在，我们以同样的思想方式讲环境，其起点是：假定一个受精卵刚刚正常地形成。

1-2-1　环境的概念

1. 一个想法和一种说法

提到环境，人们会很自然地想到地理环境，比如中国的北方与南方、山区与平原、内陆与沿海等；想到社会生活，比如社会制度、生产关系、生产力发展水平等；还会想到"文化"这个词在日常生活的使用上，偏重指风俗习惯，如对山歌；指闲暇生活，如听音乐会之类。人们普遍认为，这些环境因素影响着人们的思想和行为，塑造着智慧和个性。我们没理由说这样的看法是错误的，却有理由嫌它们太泛泛而不具体，因为这样的看法只是指出了一些结局性的差异（比如我国各地民歌的风情不同），却没有说明什么过程（比如同为辽阔地域，为什么藏族和蒙古族的民歌就那么不同），或者虽然能够猜想一些过程，却难以检验以证实。

所以，在教育心理学里有一种说法，即把环境指为发生在个体周围的并对个体发生影响的事件之总和。这个说法在界定影响儿童发展的环境因素时，一般强调两点：① "发生影响"，这个说法强调我们所说的 "环境因素" 应该是显然作用于儿童个体的，于是一般就不去考虑山川草木等自然风光了①，因为它们不是为了影响人而存在的；但是广告媒体得算，因为它们就是为了影响人们而存在的。② "周围"，这个说法强调环境因素及其作用方式要具体，于是社会制度、生产关系、生产力发展水平等概念一般也不在教育心理学里使用。这是因为，相对于儿童个体来说，它们及其影响的方式也太抽象了。但是学校教育、家庭教养、儿童同侪之类的作用要讲，因为它们使我们一下子就能想象到场所、人员、行为、话语，以及可能的人际相互作用。然而关于环境的这个说法有一个地方不明确，即什么叫 "在个体周围"？譬如以个体为中心，则所谓的周围是多大的半径？

2. 本书的解说

本书把环境定义为能引起个体反应的外部刺激之总称，然后有三点说明：① 这里说的 "个体"，从受精卵形成算起。显然，同是受精卵，在不同生活水平的家庭里，通过母体接收到的 "营养" 等是不同的。② 这里说的 "刺激" 和 "反应"，是定义 "环境" 的核心要义。其中，"刺激" 的要义是：我们讲环境，指的是除了遗传以外的因素对个体的影响，这些因素不仅要存在而且还要起作用。比如，对于少年儿童而言，社会上好的和坏的环境因子都存在。只要我们觉得好的因子没有起到应有的刺激作用，就可以说好的因子没有发挥足够的影响作用。于是，我们要加大力度，比如加强对未成年人的思想道德教育。但是，一个环境因子究竟起没起到刺激的作用，甚至一个被我们有意加强力度的环境因子究竟起没起到刺激的作用，这又不能只根据这个因子本身的运作来判断，不能只根据我们的意愿来判断，而要根据我们意欲刺激的那个个体的反应来判断。比如，学校组织学生看电影，电影在放映，这个环境影响因子就在自行运作了。可是如果一些学生在电影院里趁黑捣蛋，你能说这部影片对他们起到影响作用了吗？又比如，教师在课堂上批评张三，说 "我已经对你使过两次眼色了②，你还不明白，非要我点你的名不可！"在这个例子里，教师使眼色，意在刺激张三。可是张三不领悟，教师就觉得 "使眼色" 这个环境因子没起到影响作用，于是就改用 "点名" 的方式来影响张三，非要他做出 "反应" 来不可。③ 在 "刺激" 和 "反应" 里，我们更强调 "反应"，这就突破了关于环境的前一种说法里的 "周围" 一词的局限性。例如我们可以说：在非洲丛林深处的一名土著儿童的生活可以成为影响中国一名同龄儿童的环境因素。但反过来不行，因为两人之间有一个差别是：中国儿童有电视机或图书，而非洲土著儿童可能没有。自从有了计算机网络以后，"周围" 的概念就更加模糊了：一名小学生完全可能对隔壁邻居一无

---

① 迄今从心理学上看，所谓 "人杰地灵" "钟灵毓秀" 之类的说法仍可归在文学上的颂辞之列。

② "使眼色" 就表明双方对视过。

所知，却与"远在天边海外"的另一个各种属性都难以确定的人热情地交流，并且因此而改变自己的思想和行为。本书以为，"环境影响"应该这样来理解。

3. 教育含义

本书关于环境的解说有着基本的教育含义。

第一，这个定义启示我们的教师去估计，哪些因素是能影响学生的，并且判断"我们希望这样的影响吗？"如果希望，我们就设置这个因素，这既包括在教室里设一个"生物角"①，也包括带学生去参观博物馆。如果我们不希望有这一影响，那就设法撤除这个环境因子。这既包括限制某个因子的存在范围，比如规定在距离学校的一定范围内不得设摊买卖，不得开设游戏、娱乐场所，也包括在校园里禁止打架行为，等等。

第二，这个定义启示我们的教师去判断，当我们期望的因素已经存在时，它实际上发挥了刺激作用吗？或它的刺激作用发挥到我们期望的程度了吗？如果回答是否定的，那么我们就去加强它。同样的判断也可以用于我们不期望的因素。如果不期望的因素存在，并且发挥着显著的刺激作用，我们就要消除之、压制之；如果不期望的因素存在，却没对我们的学生起着显著的作用，我们就监控之，不掉以轻心。这是因为，在一个思想解放的现代社会里，对全体人民而言合法、有益的，或只是无害的环境影响因子，对儿童而言可能并非如此。可是教育工作者既不可能消除这些因子，也不可能把学校封闭起来，所以只能在监控中对学生因势利导。

第三，这个定义启示我们的教师去确认那些不在教师估计的范围内，实际上却影响了特定学生的环境因子，然后根据这个因子及其影响方式是否符合我们的教育理想而区别对待它们。要做到这一点，教师就需要去观察学生的反应。

1-2-2 环境的分类

环境因素的样态形形色色，可以按不同的标准做不同的分类。本书按个体生长的不同时间段，将环境因素划分为胎儿环境、家庭环境和学校环境三类。至于人们一般说的社会风气或社会历史文化之类的环境影响，本书把它们看作内秉于家庭环境和学校环境的因子，所以不做单独的一般论述。

1. 胎儿环境

如果我们不再考虑某种医学过程，那么胎儿环境应该从一颗受精卵的形成算起，适当地延伸到母亲的生产过程，最终以一个婴儿呱呱坠地为结束的标志。当然，胎儿环境的主要代表是母亲的子宫。于是我们可以这样想：有什么因子"跑"到这个环境里去刺激胚胎，使

---

① 上海某些小学班级设立了"生物角"，培植了一些植物。这样做的目的，一是诱导学生学习观察事物的发展变化过程；二是借此培养学生学会关怀他人和负责任的品质，比如轮流浇水；三是借此增进师生情感，植物的生长过程成为师生交流的一条纽带。

之做出反应，产生变化？

这样的因子有很多，影响方式有显有隐，影响结果有好有坏。我们对胎儿的发育，最关心的是正常、健康和期望的表现。为落实这一关心，我们会引进和选择大量的环境因子，从妊娠检查，到挑选母乳替代品。它们只要被确认为无害就可以，至于它们是否具有促进作用以及促进作用有多大，我们很少去考究。因此，面对一个正常、健康的胎儿，我们很难具体地确定究竟是我们引进的哪一个（些）环境因子促进了胎儿的哪一点正常和健康，造成了哪一点成人期望的表现。因此，我们遵循"显而易见"或"足以推断因果关系"的准则，一般都是通过讲不良的后果来说明胎儿环境影响的。这样的不良影响有很多是人们已经普遍知道的，比如母亲摄入饮食的不足或者营养不良会影响胎儿的正常发育，因为胎儿需要的营养是通过脐带从母体输送过来的；再比如母亲如果服药、吸毒、酗酒、吸烟到一定程度时，也会影响胎儿的正常发育，因为这些摄入物质里的某些化学成分也会通过脐带进入胎儿体内；其中有些成分虽然是成人身体可以消解、抵抗的，但胎儿的身体不行，因此会给胎儿造成伤害。又比如，母亲的不良情绪也会影响胎儿的正常发育。这是因为母亲的不良情绪会导致母体里生物化学环境发生异常变化，直接影响胎儿的正常发育；母亲的不良情绪还会导致母亲体质和行为发生异常变化，母亲可能会通过饮食、药物，刺激或麻醉精神的其他摄入物，间接地影响胎儿的正常发育。最后，分娩过程也有可能对胎儿造成外伤，甚至伤在头部。

因此，即使一个遗传上正常的受精卵，也可能由于胎儿发育环境的差异，成为异常的个体。扩展而言，我们有理由相信，胎儿的环境也是各不相同的，起影响作用的因素特别是它们的组合、作用强度也不尽相同，这就造成了个体差异。

承认胎儿环境也造成个体差异，这具有基本的理论意义：我们中国人有"先天—后天"之说，以出生为界而分指。在很多人的观念里，"后天"指环境影响，而"先天"指遗传影响。这样一来，"先天"一词的使用就发生了严重的错误，因为我们现在已经知道，"先天"至少包括遗传和胎儿环境两个成分。为使我们的概念体系明确，我们可以专把"先天的影响"用来指"胎儿环境的影响"，以与遗传的影响明确区分开来。

2. 家庭环境

在发展心理学中，胎儿出生后称婴儿，2 岁以后称幼儿。在实行小学义务教育的社会里，一名儿童一般有不少于 6 年的时间在以生身父母为代表的家庭里成长；或者可以说，儿童是在以法定监护人为主的生活环境里成长。这个时期，父母对儿童进行养育的目标，首先是促进儿童身体成长，其次是促进儿童社会交往，最后是促进儿童认知发展。

即使在遗传和胎儿环境都正常的健康儿童，这样的家庭教育也会使其造成个体差异。我们可以这样看：① 促进儿童身体成长的养育受家庭的社会、经济地位和条件制约。比如，生在经济条件不同的家庭，这种差异无疑会在成年前的子女身上体现出来。② 促进儿童达成最初社会化的教养，既受到父母或监护人对传统与新风的选择和认可程度的影响，也受到家族内足以刺激儿童做出反应的其他教养人士之间力量对比的制约。比如，现在有的家庭会注重给儿童进行"国学"熏陶，如背诵《三字经》《弟子规》《论语》等，而有的家庭会更加强调数学和科学的教育。又比如，儿童会向父母一方求援，以减轻或化解对自己的处罚，这表明他知道被求援的一方对另一方多少有制约力。在有的家族里，儿童会向祖辈告父母的"状"，这表明小孩明确知道谁可以控制谁。这样，即使在三代俱全的同龄儿童之间，他们的行为方式也会表现出令教师意想不到的多样性。③ 促进儿童认知发展的教育受父母或家庭内主要的教育承担人的知识水平和类型的制约。所谓"兵家儿早识刀枪"，说的就是不同家庭的认知教育造成儿童之间认知发展的类型差异。而有些父母对子女的认知教育在方式上会比通常的教师更高明，例如，美国的诺贝尔物理学奖得主费曼（Feynman，1918—1988）就回忆说：其父使他从小懂得一个道理，即两样东西分别被叫为"蝴蝶"和"蛾子"时，这并不重要。重要的是，要学会明辨和描述这两个一眼看上去不同的东西实际上有什么差异和相同。然后，当你为了强调"同"的时候，用一个名称来称呼两者也可以；而当你要强调"异"的时候，任何两种不同的称呼都可以——只要与他人交流沟通时不造成思想混乱。然而，当时美国的小学教师还只知道教学生：这个非得叫"蝴蝶"，那个非得叫"蛾子"，否则就算"错"。此外，除自己之外而足以刺激自己有所反应的人际关系（比如父母之间的）和社会氛围（比如长辈之间交往的亲密性），都会影响到个体，造成心理与行为表现的差异，比如是紧张还是坦然，是进取还是退缩，是尝试还是回避，等等。

　　家庭环境影响的上述三个方面还可以交互作用，逻辑上形成"方面①×方面②""方面①×方面③""方面②×方面③""方面①×方面②×方面③"四种组合。其中，前三种都是两个方面交互作用，而最后一种是三个方面交互作用。此外，这些交互作用还可以有奇异的变式，比如"方面①"仍然由生身父母或者由血缘意义上的长辈，或者由法律意义上的父母完全承担，而把"方面②"和"方面③"全权委托给家庭（族）外的人士，其典型代表就是家庭教师。家庭教师采取的教育方式本来是不属于这个家庭的，但是只要被这个家庭所认可，就可以将家庭教师的教育转为这个家庭"自己的"教育。美国有一部著名电影叫《音乐之声》，就是这种变式家庭教育的生动写照：外姓人家庭教师寄居于海军上校的府第，也带来了全新的儿童教养方式；家庭教师又通过纠正上校——学生的生身父亲——的教育观念，使之心悦诚服地认可了她的教育模式；最后，家庭教师教养出在行为操守、爱国主义和知识才艺诸方面俱佳的七个孩子。特别意味深长的是：身为鳏夫的上校最终赢得家庭教师的芳心，娶其为妻；而家庭教师也赢得上校前妻子女的喜爱，得以成为在心理上而不仅仅是在身份上被认可的"母亲"，于是，她的教育方式及其成果就名副其实地成为"这一家"的独特教育方式和成果了。我们参照这部电影可以知道，有的家庭教育在儿童身心发展的若干主要方面所取得的业绩并不亚于学校给予的。

　　家庭教育作为一种环境影响，究竟对儿童发展起什么作用呢？简而言之，它在扩大儿童个体之间差异的同时，也在缩小个体差异。这一点可以借改革开放时期浙江省温州地区一度流行的家庭教育模式来进行阐述，虽然这个模式只在局部流行，却不失为说明这个问题的一个典型。当年，温州地区一些有足够财富的家庭把子女寄托在学校教师的家里，这虽与《音乐之声》正相反，但就委托家庭外人士对自己的子女实施"全天候培育"这一点而言，二者仍然是一致的。受委托的教师往往既是这名儿童的"学校教师"，又是他的"家庭教师"。这样的教师对这样的学生虽然承担家庭教育"方面①"的部分职能，主要是食、睡、个人卫生的护理和小毛病的纠正，但主要职能仍是上述家庭教育的"方面②"和"方面③"的统一。

受托儿童的家庭之所以主动倡导这样的模式，一个重要的原因，是父母为做生意而忙不过来，因此信任子女的学校教师来关心子女的社会性发展；同时，这些父母也因为有感于自身的文化知识素养比较差，生怕因此打断学校对自己子女教育的连续性，故而通过子女寄托的模式来维持学校教育的连续性。我们设想三个家庭 A、B、C，其中，A 家庭的父母每天有常规时间和子女交往，比如有固定的上下班时间，而 B、C 两个家庭的父母都长年累月不分昼夜地工作；我们再设想，这三个家庭的子女在品德行为上都处在依靠家庭教育的阶段；我们还设想，B 家庭有财力决定在子女教育上是否采取上述的"温州模式"。这样，我们就可以公式化地推论出：B 家庭假如不采用"温州模式"，那么其子女在品德操行上将与 A 家庭子女产生较大差距；如果采用"温州模式"，那么在上面提到的范围内，其子女将缩小与 A 家庭子女的差距，但同时也拉大了与 C 家庭子女的差距。在通常认为的、关于子女的"智育"方面，也可以按上述模式来理解家庭教育是如何既拉大又缩小儿童间个体差异的。这样，家庭环境对儿童的影响就与胎儿环境的影响产生一个基本的不同，那就是前者在儿童的知识、能力、才艺、行为格调、精神风貌诸方面更会形成多样的差异。

那么学校环境的影响又有什么不可替代的特殊性呢？

3. 学校环境

按照《中华人民共和国义务教育法》，学校教育对儿童的影响与家庭教育对儿童的影响，存在三个不同。

第一个不同是，学校教育更加普遍。最初，为了适应机器大工业生产的要求，义务教育的目标是使儿童少年具备起码的知识和技能。之后，随着世界范围内殖民地、半殖民地国家争取到民族独立和自由，学校教育又在价值观上普遍重视对儿童少年进行意识形态教育。比如，我国的小学就普遍重视爱国主义和集体主义的教育，重视以中国共产党诞生以来形成的革命传统教育，以"中国少年先锋队"为组织，对少年儿童进行社会主义和共产主义的思想教育。再后来，随着思想解放和改革开放的不断深化，我国的学校教育又与时俱进，普遍重视对儿童少年进行"人类命运共同体"的教育，期待学生长大成人后，为推进世界和平与发展做出贡献。学校教育的上述三方面，在我国是叠加而融合的，这是因为很少有家庭可以独立地完成这样的教导。学校教育不可替代，它在这些方面起着缩小个体差异的作用；如果没有义务教育，而是由家庭对子女任意实施教育，那么不同儿童之间在上述三个方面就会有更大的个体差异。

第二个不同是，学校教育能够达到平均意义的高水平。不同家庭的社会、经济地位有很大差异，父母的受教育程度也有很大差异。虽然有的家庭教育水准会高于普通学校，但是极少数，全社会家庭教育的平均水准仍然低于学校教育。通过义务教育，学校帮助大部分无力承担子女教育的家庭实施对下一代的教育，这就提高了全社会基础教育的水准，缩小了个体差异。中华人民共和国成立后开展的大规模"扫盲"运动，是在成人教育方面缩小个体差异的一个典型；之后，我们又建立了义务教育制度，并且逐步提高义务教育的年限，甚至逐渐开始高等教育普及化，这些举措都缩小了个体在教育方面的差异。

第三个不同是，学校教育在新的水平上造就更加多姿多彩的个体差异。这主要表现在学校以各方面的专业教师、各种设备器材来满足志趣不同学生的需要，从而对个体差异分布进行调整，实现相对于学生个体志趣而言的公平教育。例如，我们已经知道，子女的基因型会与父母的不同，于是可能存在这样的情况，即父母并无音乐天赋，而子女可能有。我们可以模式化地推论：如果没有普及学校教育，该家庭的子女将因为没有音乐教育的刺激而不能发展其音乐天赋并研习成才。有了规范的学校教育后，这名学生就可能脱颖而出，学校就在音乐方面拉大了他与其他家庭条件相似同学之间的个体差异。学校教育在这方面可以做得非常系统，一是校内会开设常规课程，二是校内会开办"兴趣课"，三是学校会向校外才艺辅导机构推送有天赋的孩子，四是校外才艺辅导机构向更专业的机构推送优秀的孩子。通过这些步骤，我们的学校教育就能使才艺潜能不同的儿童个体得到更充分的发展。

1-3　遗传与环境的关系

在分别谈了遗传与环境各自所起的作用后，接着该谈它们的关系了。但是"关系"这个词本身是多义的，单看这个词，我们很难确切地知道它究竟是什么意思。此外，表述遗传和环境之间关系的名称也很多，它们多以"××论"的形式出现。但知道"××论"是"如何论"的并不很重要，真正重要的是，展开一个思想的进程，最后从学校教师的工作角度来确定自己对待遗传与环境关系问题的基本观点与做法。

1-3-1　决定论

"决定论"就是"重要论"，它们讨论的问题可以概述为：就个体的发展而言，或者就个体的某一性状（比如智力）的表现程度而言，究竟是遗传更重要，还是环境更重要？如果相信或有证据表明是遗传更重要，那就可以说是遗传决定的；如果相信或有证据表明是环境更重要，那就可以说是环境决定的。当然，如此则在逻辑上就可以有"平分秋色论"。在心理学发展历史上，有的人说话比较坚决，或者比较过激，或者比较幽默，结果给我们的印象是：这两种理论是"绝对的"，即前者完全否定环境的作用，而后者完全否定遗传的作用。其实，心理学家的观点没有这样绝对，我们不应做错误的解读。

被誉为"美国儿童心理学之父"的霍尔（Hall，1844—1924）说："一两的遗传胜过一吨的教育。"这被认为是典型的遗传决定论。有趣的是，霍尔既然提出了比值问题，那么从逻辑上说，就有可能是"两吨教育"抵得上"一两遗传"，而只要确定了相抵的量，那就无所谓谁比谁更重要了，就看谁的量大。于是，遗传决定论就会变成环境决定论。不过因为这句话采用了比喻的修辞方法，所以它当不得正规的理论，只能表明霍尔更看重遗传的作用而已。

美国"行为主义心理学的旗手"华生（Watson，1878—1958）说："给我一打健全的婴儿，我可以保证，在其中随机选出一个，就可以将他训练成为我所选定的任何类型的人物——医生、律师、艺术家、商人、或者乞丐、窃贼，不用考虑他的天赋、倾向、能力、祖先的职业与种族。"[1] 这种说法被认为是典型的环境决定论。有趣的是，华生既然指明了要"健全的"婴儿，那么从实际上说，他也就承认了对于遗传上不健全的婴儿，环境影响是无能为力的。于是，环境决定论就会转向遗传决定论。不过由于华生的话是不可检验的，因此也当不得科学的理论，它只不过表明华生更看重环境的作用而已。

霍尔和华生，说话都偏于极端。当有人把话说得婉转一些时，就显得更"全面"，这就是所谓的"共同决定论"，其代表人物是德国心理学家斯腾（Stern，1871—1938）和鲁克森伯格（Luxenburg，1894—1976），他们的观点可以参见图1-8。图中性状1的发展是环境起的作用大，而性状2的发展则相反；至于对角线的两点，那就分别是霍尔和华生的说法了。所以，共同决定论的观点和霍尔、华生两人的观点没有实质的差别。

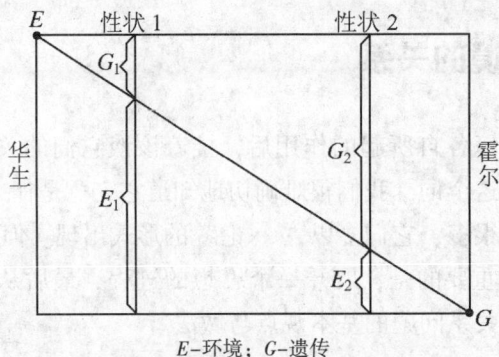

E-环境；G-遗传

图1-8　遗传和环境共同决定，但相对作用不同

我们的评论是：认为发展是遗传和环境共同决定的，这总归是正确的，而且是不需要科学研究就可以确定的，因此坚持这种观点，科学价值并不大。比较起来倒是霍尔和华生两人看上去显得错误的说法就更有科学价值，因为沿着霍尔的思想走，人们可以集中精力把遗传的作用搞得更清楚；而沿着华生的思想走，人们可以集中精力把环境的作用搞得更清楚。事实也正是

---

[1]　华生. 行为心理学. 刘霞，译. 北京：现代出版社，2016：220.

这样，例如医学的发展较多地验证了霍尔的观点，而教育的发展较多地验证了华生的观点。

1-3-2　抵抗与互补

所谓"共同决定"，从逻辑上说，就是遗传和环境哪一方都"不同意"另一方"包打天下"；哪一方"想"这样做，就会遭到另一方的"抵抗"。于是"抵抗"这个观念就显得重要了，我们分别举两个例子。

1. 遗传抵抗环境

这是发生在第二次世界大战时的真实事件。从1944年4月中旬到1945年5月中旬，纳粹德军为了报复荷兰抵抗者，割断了后者与盟军的联系，把荷兰西部死死地包围起来，实行严酷的粮食限量供应，导致包围圈里发生饥荒，居民口粮能够提供的热量只及最低营养需要的1/3左右，这给胎儿和初生婴儿的发育生长造成了严重的营养缺乏。

第二次世界大战结束后，由于荷兰规定年满19岁的男子都要服兵役，因此心理学家斯坦因（Stein）等利用兵役登记之机，找到了在19年前的包围圈里属于胎儿和初生婴儿的人士，以研究营养对智力的影响问题。[①]

这项研究规模宏大，涉及12万荷兰男子，且设计得相当严密。研究结果表明：在包围时属于胎儿或初生婴儿的青年中，包围圈内组和包围圈外组的平均智商没有差异。这表明一年左右严重的营养不良对儿童的智力发展并没有产生长期的不良影响。可见，儿童智力发展所需依赖的生物学基础对恶劣的环境有强大的抵抗力。

2. 环境抵抗遗传

有一种遗传病叫苯丙酮尿症（phenylketonuria，PKU），它的临床表现是：个体出生时毛发正常，以后毛发逐渐从黑色转为黄色，皮肤的颜色也比较淡；婴儿在2岁之内就会表现出神经的与精神的症状，其中25%的患者有反复发作的惊厥；患者的智力在新生儿阶段没有明显的差别，但以后就逐渐落后，85%的患者智力低下，寿命很短，能活到30岁的只有25%。

PKU是一种隐性基因遗传疾病，图1-9显示了此病的遗传过程。P代表显性基因，p代表隐性基因。如果个体的基因型为PP，那么个体正常；如果基因型为Pp，那么个体不会发病，但携带发病基因；如果个体的基因型为pp，那么他就会罹患PKU。图中的父母均为隐性基因携带者，其后代成为正常人的可能性为25%，成为正常人但携带发病基因的可能性为50%，成为PKU患者的可能性为25%。

现在的研究表明：导致此病的原因是一对染色体里的隐性基因阻碍一种酶的生成，致使病患者的肝脏里缺乏这种酶，因此蛋白质里的苯丙氨酸无法氧化成酪氨酸而只能变成酮酸。大量的苯丙氨酸和酮酸积储在血液和脑脊液里，会损害婴儿的神经系统，所以虽然婴儿出生

---

① STEIN Z, et al. Nutrition and mental performance. Science，1972，178（4062）：708-713.

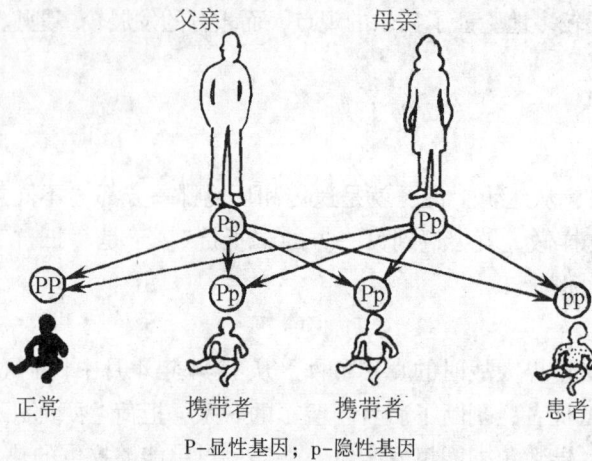

图1-9 苯丙酮尿症遗传方式

时的表现是正常的，但随着他的进食，苯丙氨酸和酮酸的积储就越来越多，对中枢神经系统的损害也越来越严重，表现为智力越来越低。现在，医院对出生后二三天的新生儿采集一滴血，就可以查明新生儿是否患此病，如是，则喂患儿一种代乳品，即里面不含有苯丙氨酸的食物，这就阻止了苯丙氨酸进入体内，婴儿的神经系统也就不至于受损了。婴儿摄入这样的食品直到儿童中期，由于大脑已经完全发育，因此不会被积储的苯丙氨酸伤害，智力的表现也就正常了。换言之，我们现在已经可以对作为遗传病的PKU早发现、早治疗。可见，医疗技术作为环境影响因子强有力地抵抗了一种遗传影响。

3. 成熟

上面的两个例子其实有相同的模式，即当遗传或环境中的一方对儿童发展带来不利影响时，另一方有顽强的独立性，表现为或可以弥补（前一例），或可以施加反影响（后一例）。如果换个模式，假定遗传和环境都正常，那么它们之间的关系就是互补的，这一点特别明显地体现在所谓"成熟"的论题上。

成熟的论题可以这样地表述：如果一项机能的"方有"或"绝无"是遗传决定的，那么在这项机能虽然有了，却未相当成熟时，你要它做出充分的表现，就得加大环境的影响力度；如果这项机能相当成熟了，那么要它做出充分的表现，就不需要很大的环境影响力度。这个关系倒是可以参见图1-8来说明：图中除了对角线的两点外，中间都可以说是遗传和环境的互补关系，我们如果从遗传出发，那么随着成熟的程度不同，为达到某个机能固定的表现水平，则需要环境的影响力度是不同的。

关于成熟的心理学实验例子有很多，比较容易理解的是美国心理学家格塞尔（Gesell，1880—1961）的爬梯实验。实验通过一对双胞胎（T和C）来进行对比，因为是同卵双胞胎，所以他们的遗传结构相同；又因为被一同抚养，所以他们的初始环境影响也相同。实验让T从第48周起学习爬梯，而延迟到第53周才开始让C学习，两者每天的训练时间一样。结果，C只经过两周练习，爬梯成绩就和T一样了；相比之下，为了达到指定的标准，T花了半年多的时间。正所谓事倍功半（T）与事半功倍（C）。

1-3-3 结构与机能

遗传和环境的关系是多样的，上面不过讲了几种，而且分析也不细致；遗传和环境的关系也很复杂，复杂到难以做通俗描述的地步。为了从教师的角度看遗传与环境的作用，我们需要知道"结构性特征"和"机能性特征"的概念。

1. 概念

我们围绕一个例子来讲就比较容易让人理解。譬如，人有语言能力。如果我们问：人是怎么有这种能力的？那么可以回答：人有人的脑和人的发声器官，包括声带、喉头，还有口腔构造。这些都是由物质构成的，我们称其为"结构"，而语言能力是这些物质或结构的一种机能。显然，没有这些结构，就没有特定的机能。

那么就个体而言，这些结构是怎么来的？我们可以说是遗传来的，即只要有人类进行生育，则在受精卵形成后，一般就会发育出说话的结构（器官）；之后，只要胎儿环境有起码限度的正常，就会实际地发育出用来说话的结构（器官）；再之后，在一个人的一生中，只要这些结构没有遭到损坏，他就总可以说出话来。在上面三种情况里，后两者都说到了环境影响。于是我们看到，就结构性特征而言，它也是遗传和环境两者共同作用所造成的。

人们曾在印度发现由狼哺育的两个女孩。她们被带回人类社会后，年龄小一些的"阿玛拉"不久就死了，年龄大一些的"卡玛拉"又活了近 10 年。卡玛拉被发现时估计有 8 岁，虽然她的发声器官是正常的，即遗传和胎儿发育是正常的，但她不会说话。这又是怎么一回事呢？答案也很简单：因为在狼窝里生活，不需要使用人类语言，所以卡玛拉没机会练习她作为人而潜在具有的语言能力。换言之，她之所以不会说话，是因为她不曾使用语言这一机能，长久过后，她的语言机能变得极端落后。

现在考虑一个问题：假如你初见卡玛拉，很快，你发现她不会说话，即她的语言能力有缺陷，那么你知道这个缺陷是什么性质的吗？比如是结构性的，即器官本身的缺陷？还是机能性的，即器官因缺乏使用而丧失机能？如果你知道她的这种缺陷是结构性的，那么你能否知道这是遗传造成的，还是胚胎发育或出生后的身体创伤造成的？当然，彻底的医学检查可以准确地回答这些问题，但是作为普通的教师，你除了知道她的语言能力很差，差到几乎没有的地步之外，你是难以断定原因的。

2. 教育含义

卡玛拉这个极端的例子，可以用来理解理论，不能用来指导实际。现在为了后者，我们换一个例子。

譬如，有两名小学儿童，假定他们都是一般正常的，包括语言能力。但是，甲善言，乙反之，那么两人之间的语言能力差异的成因是什么？是练习或学习差异造成的机能表现程度差异，还是某种结构性的原因——比如两人在有关的基因型上有差别（生物学差别），抑或是两人之间在与说话能力有关的某个器官上有差别（生理学差别）？从理论上说，这三种原因都有可能。但是，教师很难去查实，尤其难以查实的是结构性原因。

此时，教师怎么办？一种做法是，把差别归结为结构性原因。这将表现为：教师认为语言能力差的儿童可能是"营养不良""受过创伤""生过疾病""有过产伤"，直至追溯到其母亲妊娠时，也可能怀疑是儿童个体遗传的原因。另一种做法是，在没有确切的医学证据之前，教师宁可归结为机能性原因，即归结为是学习、练习的差异造成的，归结为有关器官接受刺激与做出反应的机会过少造成的。这两种归因方式，将导致教师不同的后续行为。

如果归结为结构性原因，那么从根本上讲，结构决定机能，而"决定"一词在这里若理解为"无之（前者）必不成（后者）"，那是彻底成立的，既可以适用于物种之间，也可以适用于物种之内。比如，猩猩也不能说人话，因为它没有人类的发声器官；天生没有大脑的婴儿注定无法思想；肢体伤残后，机能就会显著削弱甚至丧失。于是，我们如果把学生"不好"的表现都做结构性归因，那么教师就无所作为了，这么一来，肯定无助于儿童通过教学而获得发展。在日常的学校教育活动中，当教师说一个学生的表现之所以不佳，是因为他"素质差"之类时，就是在做这种"结构性归因"，从某种意义上说，就是在推卸教师的教导、教学责任。

如果归结为机能性原因，那就等于假定结构是正常或基本正常的，是在一般正常人中来谈论问题了，于是就要用"有之（前者）未必成（后者）"的逻辑来思考问题。这就是说，有了必要的结构之后，这个结构潜在的机能要表现出来，这个结构还需要获得接受刺激和练习反应的机会。于是，教育和教学就显得十分重要，在这个意义上说，教师就大有作为了。显然，从教育的立场上看，后一种归因是更加积极的，因为普通小学里的学生一般都是正常的，那就尤其应采用"机能归因"的视角。

小结

个体的遗传是亲代向子代传递生物性状的过程，它不仅造成亲子相似性，而且也造成相异性，这两种功能同样重要。遗传是通过染色体复制和父母亲的等位基因随机组合的方式实现的。遗传通过基因的一系列运作过程，造成广大的个体差异。个体的遗传是一个短暂的过程。

环境是除遗传因素以外刺激个体有所反应的因素。就小学儿童而言，多样的环境因素可以划分为胎儿环境、家庭环境和学校环境三大类。它们以各自的方式影响着个体。社会历史文化主要通过家庭和学校教育而影响儿童。

儿童要发展，遗传与环境哪个也少不了。它们之间有着相对的独立性，这保证每一方都可以在相当的范围内抵抗另一方带来的危害；但是在促进个体发展方面，两者是相互补充的。遗传与环境的关系可以转换成结构和机能之间的关系来看待，这更有教育意义。

研读建议

1. 由于遗传学的研究已经非常细致、准确，很细小的环节都已确定，可以娓娓道来，因此建议读者像读故事似地研读"1-1　个体的遗传"，然后尝试讲给他人听，以此来检验你是否全部掌握了。

2. 为了有效理解基因运作的方式，建议读者按图1-5和图1-6所示对字母进行组合以促进理解。

3. 建议读者以图1-8为"基地"，把书中提到的美国和德国的4位心理学家的论点统一起来去理解。

4. 在"1-3　遗传与环境"一节，请读者注意：书中讲的"抵抗"，主要是指遗传或环境对个体发展造成不良的一方面时发生的情况；书中讲的"互补"，主要指正常发展时的情况。

5. 是"遗传决定"还是"环境决定"，这样的说法由来已久，在西方被归结为"天性—教养"之争。不过鉴于遗传科学是1900年才被科学界确认和传播的，在这之前的30年里，遗传科学家正忙于研究遗传的具体过程，并没工夫来谈这种"决定论"，而其他人对"遗传"概念的理解肯定是不正确的，由此连带着不可能正确理解"环境"概念，因此我们仅引霍尔和华生这两位著名心理学家的代表性言论，并对其稍做分析，因为他们是观点最鲜明的。请读者注意这一点。

6. 建议读者观看两部影片：一部是《音乐之声》，另一部是《三毛流浪记》。请读者主要关注两部影片中的家庭教育，其共同点是两部影片中的家庭教育都是由与受教育者无血缘关系的人士实施的，而区别在于前者是成功的，后者是失败的。我们还建议读者去观看反映自中国共产党成立以后发生的中国人民革命的若干影片，那里也有虽由非血缘人士实施的，但也是成功的家庭教育样例，如《自有后来人》。

难点解析

1. 有丝分裂和减数分裂。

体细胞作有丝分裂，而成熟的性细胞作减数分裂。为了不产生概念混淆，读者可以着重记住"减数分裂"，因为一个性细胞完成染色体复制时正好有完整的一套染色体，可是它得通过分裂来减少半数，这正是"减数分裂"一词的由来。

2. 关于遗传和环境的双重作用图。

在斯腾说明遗传和环境双重作用的示意图（图1-8）中，性状1、性状2可看作坐标系中的两点，纵坐标代表环境，横坐标代表遗传。那么从图中可以看出：性状1点所对应的纵坐标值要大于横坐标所对应的值，即E_1大于E_2，所以性状1受环境的影响较大，由此能推出性状2受环境的影响较小。

思考

有关遗传决定与环境影响的知识对一名小学教师而言究竟有什么作用？

2 儿童的认知发展

研读目标

- 能比喻性地解说儿童认知发展中的"图式""同化""顺应"和"平衡"等概念；
- 根据实验理解皮亚杰关于儿童认知发展的四个阶段及其特点和表现；
- 理解布鲁纳关于儿童认知结构发展的三个阶段及其特点；
- 掌握布鲁纳关于"教学要重在使学生掌握学科结构"的思想，并形成你自己对这一思想的认识；
- 掌握维果茨基学说中"内化"和"最近发展区"两个概念，并且形成你自己的认识。

儿童除了身体成长，就数认知发展为最先了。这里说的"认知"（cognition），是心理学里通用的一个术语，指我们通常说的"认识"。认知发展是其他心智发展的基础。比如儿童虽然生来就有情绪，但是这种情绪只有在充实了认知内容后，才能超越单纯的生物性机体反应而成为具有社会内容的情感；又比如对于儿童的品德发展，也是要先懂得道理。

儿童的认知是怎样发展的呢？长期以来，人们普遍接受英国哲学家洛克（Locke，1632—1704）的一个说法，他认为儿童生来是一块"白板"，可以任意涂抹。这个著名比喻的教育含义恰像我国的人们一提到"填鸭式"教学时会想到的那样：把儿童的头脑当成"空匣子"，只管往里塞知识就成了。然而到了 20 世纪 20 年代，皮亚杰刷新了关于儿童认知发展的基本解说，这些理论直到今天还是一个基础性的解释。

2-1 皮亚杰的认知发展理论

让·皮亚杰（Jean Piaget，1896—1980）是瑞士心理学家，起先研习生物学，后来转向于研究儿童思维的发展，形成了独特的系统理论——发生认识论（genetic epistemology），它被公认为儿童教育心理学的一种基础理论。本节就做个概要的表述。

2-1-1　认知发展的机制

如果你教婴儿算术，那么可能会很失望，因为他既不能理解，也不能记住，更缺乏起码的兴趣。这表明，一方面，婴儿的头脑不是"空匣子"，可以任由你"塞"知识；也不是"白板"，你爱怎么涂抹就可以涂抹得上去的。总之，不是你要对他做什么就能做得成的。另一方面，婴儿自己会做一些你没有要求他做的事情，而且你还阻止不了他，渐渐地，他做够了，也就自然地不做了。把这两个方面结合起来看，你会想到婴儿有一种内部的机制决定着他接受什么，拒绝什么；什么时候拒绝什么，什么时候又接受曾经拒绝的什么。这样的一套机制在皮亚杰那里被提炼成几个基本概念，它们串联起来，就成了当今发展与教育心理学里被公认的一种基本理论。

1. 图式

一个新生儿，他一出生就会吸吮（参见图 2-1），这是一个天生的或物种的遗传行为，它虽然简单，却有统一的结构，比如嘴唇的一种特殊动作，而结构里可以"容纳"不同的对象，表现为婴儿不仅吸吮母亲的奶头或奶瓶的奶嘴，也吸吮自己的手指、围在脖子上吸收涎水的布头，以及一切能挨近嘴巴或嘴巴能碰到的物体。于是我们看到婴儿的吸吮动作没有改变，但是吸吮的对象在变化，好比往一个篮子（结构）里装各种菜（对象），又好比婴儿用一个固定的框架来套可以触及的对象，仿佛小学生对着不同的题目都试着用同一个公式去套解一样。这样的"套"就是"组织"。皮亚杰把这种自身有结构，又用于组织其他不同对象的动作称为"图式"（scheme）。

新生儿有不止一个的图式，除吸吮外，还有抓握和哭叫等。比如同是哭叫，其原因是多样的，可能是饥饿，也可能是困乏，还可能是需要清理身体……这些不同的原因引起他们向成人发出统一的信号，以达到同一个直接的目的："来人!"这也属于用同一个结构去"套"不同的情境，所以哭叫也是一个图式。

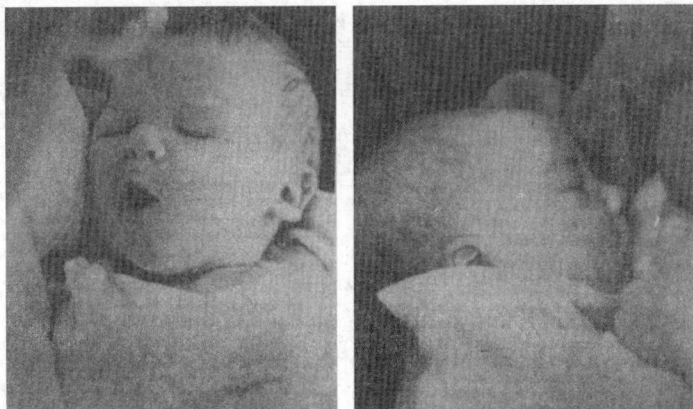

图 2-1　吸吮的图式

随着儿童成长，图式也会增多，不仅有各种动作图式，而且有多样的观念图式。比如，当幼儿对故事里的角色总爱问是"好人"还是"坏人"的时候，就表明他已经形成一种观念图式，其结构就是"好—坏"。幼儿把他见到的任何一个人或角色都纳入"好"或"坏"的一个类别中去，而当他问是"好的"还是"坏的"时，正表明他发生了"套"的困难，希冀成人给一个非此即彼的回答，以便他将之纳入一个类别。

2. 同化

如果个体把一个新对象纳入已有的某个图式而且成功了，这被皮亚杰称为"同化"（assimilation）。因此，如果婴儿吃奶后又第一次吸吮了自己的指头，那么他就做成了第一次动作的同化。类似地，生活在原始环境中的儿童把第一次看到的飞机呼为"大白鸟"，这也是一种观念的同化。由于同化增添了一个图式能够"套用"的对象，所以我们说同化造成图式的一种生长性的变化；又因为同化没有使图式的结构发生变化，所以我们说同化只造成图式的量变，图式里对象的数量在增多。要言之，图式好比一个气球，同化好比不断充气；充气使气球变大，却不改变气球的形状（结构）。

3. 顺应

现在考虑一名儿童吃零食。以往他是这样的：拿住食物→送入嘴巴→咀嚼下咽→拿住食物，然后再次循环。这可以描绘成一个"三角形"图式。现在他对一颗核桃也采用上面的图式，结果发现咬不动，这表明同化失败。于是他用重器把核桃砸开，得之食之，这可以称为"四边形"图式。在这里，从三角形图式到四边形图式，可以这样描述：当同化（套用三角形图式）发生障碍（咬不动核桃）时，便改造原图式（增加砸核桃的环节），从而可以吃到一种新食物（把三角形图式改造成四边形图式）。这是一种情况。另一种情况是，假定某人很喜欢吃核桃，但是再也得不到现成的核桃了，于是自己种植核桃树，终于吃到核桃。这个例子表明，个体为满足愿望而创建了一个新图式（种植）。这两种情况也表示图式的生长，一是长出新环节，二是生出另一个图式，它们都与原图式不同，所以属于原图式的"质变"，皮亚杰称之为"顺应"。

4. 适应

从概念上说，同化和顺应是不同的。前者好比是"对象就范于我"；"我"按自己的统一方式行为，这可以认为是在运用原理。后者好比是"我迁就对象"；"我"按对象向"我"提出的要求，以特定的方式行为，这可以认为是在探究客观规律。然而从实际上说，无论同化还是顺应，都属于"去适应"环境，而只要成功了，就属于"适应了"环境，这可以认为是认知的发展、智慧的增长。所以认知的发展最终表现为适应的范围不断扩大。

5. 平衡

皮亚杰认为，为适应环境，发展认知，同化与顺应是一个也不能少的。这是平衡的一个意思。皮亚杰指出，大部分适应环境的过程既包括同化又包括顺应，只不过有时同化成分多，有时顺应成分多，相互补短，这是平衡的又一个意思。

换言之，假如只有同化而无顺应，那么个体的认知或智慧就只有量的变化，没有质的发展。这就等于说此人在认知上"没长大"。试想一个到五六岁时还只会吸吮的儿童，人们会担心他是否智力有障碍，而智力有障碍正表明严重的不适应。反过来，假如只有顺应而无同化，那么个体就会把许多量的差别都当成质的差别，一一建立新图式。这好比对不同的加法题目死记不同的得数，认知成果缺乏组织、不成系统，一大堆互不关联的"知识"或"图式"将变成沉重的记忆负担，使此人最终也无法适应新环境。所以，所谓同化与顺应之间的平衡，就是说该同化时即同化，该顺应时即顺应。

6. 平衡的阶段

皮亚杰认为完成任何一次平衡都包含三个阶段，我们以儿童对"生命"概念的认知发展为例：一是儿童满足于现有的认知图式，处于暂时的平衡阶段，比如儿童知道动物是有生命的。二是儿童意识到已有的认知图式存在不足，因此产生不满足感，于是平衡状态被打破，比如儿童会疑惑为什么说植物也有生命，因为他一向认为生命体应该是能在空间里自主移动的。三是儿童克服既有认知图式的不足，发展出一种更有效也更成熟的新的认知图式，从而达到一种新的平衡状态，例如教师告诉儿童生命体的关键特点不在于在空间中自主地移动，而在于"自生长，自繁衍"。于是学生想通了为什么植物也是生命体。

7. 教育含义

图式、同化、顺应和平衡作为认知发展的机制，意味着哪个学生善于自主地运用这几个概念所指的过程，哪个学生就能自主地发展自己的认知能力，增强智慧。类似地，哪个教师善于对学生运用这几个概念所指的过程，哪个教师就能有效地促进学生的认知发展，增强其智慧。这是第一点。第二点，学生无论是自主地还是靠教师扶助地运用这些概念所指的过程，只要成功了，就都表明个体的知识增长了、能力提高了，它们都不是靠"填鸭"的方式被动实现的，而是靠个体主动建构起来的，很像我们常说的"实践出真知""在游泳中学会游泳"。

要言之，知识是在运用中才得以因融会贯通而被真正掌握的。这对教育教学很有启发性，因为它使我们的教师知道：今后不仅要关心是否把知识说清楚了、如何去说清楚它，更要关心"我是否为学生提供了应用知识的机会？""我该如何让学生去应用教给他们的知识？"

2-1-2 认知发展的阶段

所有的儿童都从自己现有的图式开始，在同化和顺应的过程中发展自己的认知能力。但是由于不同年龄的儿童有着不同的图式，也由于图式不同则同化和顺应的实力也不同，因此儿童的认知发展水平也就表现出年龄阶段的差异。皮亚杰最重要的一项贡献就在于揭示了儿童达到认知成熟所需要经过的四个阶段。

1. 感知运动阶段

在感知运动阶段（the sensorimotor stage，出生至两岁），儿童认知世界的基本特点是"循环反应"，即婴儿一遍遍地重复因自己的动作而形成的新经验。这个新经验虽然往往是偶然产生的，但是通过重复而成为惯常的认知结果。比如2个月的婴儿在喂奶结束时偶然地发出了咂嘴声。之后，他会不断地重复嘴巴的某种动作，几天之后就会熟练地咂嘴了。

循环反应具有试验性、探索性的意义。它们帮助婴儿形成最初的一些因果观念。我们看皮亚杰对其子劳伦特的一则观察记录，它表明婴儿通过循环反应动作认识到：器物需要相碰，才能发出声响；仅仅挥舞一物，那是没用的。

3，29①：劳伦特首次看到一把剪刀，便用右手握着挥动起来。挥动中剪刀碰到摇篮的边沿，发出一记摩擦声。于是劳伦特更使劲地挥动胳膊，想再弄出刚才听到的声音。但是不成功，因为他不知道这必须使剪刀碰到摇篮。

4，03：同样的反应动作，不过当剪刀碰巧擦到摇篮边沿时，劳伦特注意地看着。

4，05：仍是同样的反应动作，但盲目性减少了。

4，06：这一活动变得有目的、有意识了；劳伦特一旦把剪刀拿到手里就毫无例外地摩擦摇篮的边沿。后来，他又用玩具娃娃、拨浪鼓做同样的动作。

通过试验性循环反应而获得的因果观念（一个图式）会迅速扩展（同化）。例如当婴儿感知到父母对自己把奶瓶扔（一个动作图式）到地板上的行为很感兴趣时，就会试着朝不同方向"乱扔"东西（上述动作图式的同化），以引起父母的关注。从一岁至一岁半起，婴儿的循环反应特别具有实验性。例如他们能够通过反转或旋转物体，将特定的几何形状的物体通过对应形状的小洞塞进一个容器里②。这种实验性的循环反应使婴儿发现解决问题的新方法，从而表现出创造性，比如扯动桌布而取到不能直接够到的物体。

儿童在感知运动阶段获得的最重要的认知成果是皮亚杰命名的"客体永久性"（object permanence）认识，即当物体从婴儿的视野中消失时，他知道这不表明该物体不存在了，而表明该物体被藏在了某个地方。婴儿最初对周围事物（客体）的认识可以用"我见故它在，不见它不在"来刻画。一个经典的实验表明，实验者当着婴儿的面，把后者正在玩着的东西放在一道布幔后，婴儿不会撩开布幔去寻找。我们看图2-2中那婴儿茫然的神态，他没有那种"东西哪儿去了呢"的疑惑。

但是婴儿在8~12个月时会去寻找隐藏着的物体，这表明婴儿开始具有了客体永久性意识；到一岁半时，婴儿开始具有真正的客体永久性意识。此时，他若在一处找不到藏起来的物体，就会在另一处寻找。正因为有了客体永久性意识，所以一岁半左右的婴儿

---

① 读作"3个月又29天"，下同。
② 一种婴儿玩具：一个罐状容器，周围开有不同几何形状的洞孔，配有相应的几何形状块件。块件只在与洞孔形状相符时才能塞进容器里。这个玩具的设计意图是帮助婴儿辨别几何形状，并形成对几何形状的概念。

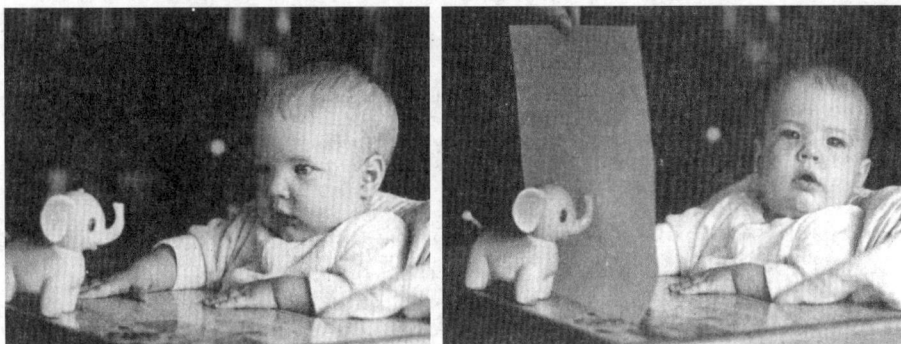

图 2-2 没有客体永久性观念的婴儿

开始喜欢玩"躲猫猫"之类的游戏，事物的忽隐忽现总能引起他的喜悦（参见图 2-3）。

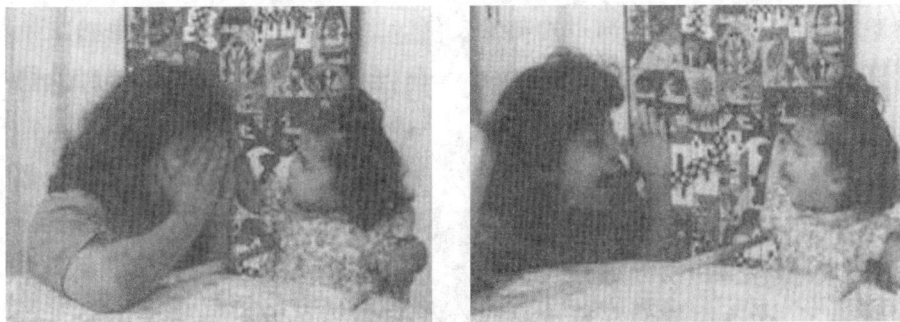

图 2-3 这个 15 个月的婴儿喜欢玩隐藏—寻找的游戏

更重要的是，忽隐的物体会忽现，这样的经验使婴儿在物体隐藏起来时形成"期望"或"预料"的心理，而在这"期望"中，包含了婴儿在头脑里保存着那物体的形象，甚至包含了婴儿对"该物体再现时会怎样的"这样一种想象。这样的想象使婴儿做出最初的模仿行为；这样的想象还可以倒过来进行，即从物体的存在"想象"它不存在，于是出现了当婴儿觉得母亲要离开时就哭起来的行为，这是儿童初进幼儿园时常有的情景。所以在一岁半至两岁期间，婴儿开始出现了"心理表象"。心理表象的本身不是客体，而是对客体的表征，它们可以理解为"表示"与"象征"之类的意思。重要的是，心理表象的运作不是肢体动作，而是可以指导肢体动作的思维活动。

一言以蔽之，在发展出客体永久性意识后，婴儿的认知可以减少对具体事物和动作的依赖，而逐渐利用表象，这使儿童从局限于当时当地的身体动作中解放出来，感知运动阶段也就结束了。

2. 前运算阶段

皮亚杰使用"运算"这个术语时有两个要点：一是指头脑里的运作，不是肢体动作；

二是这种头脑的运作是可逆的，仿佛肢体可以伸展开去，又可以收缩回来。于是我们知道了"前"运算阶段（the preoperational stage，2~7岁）的基本特点是：头脑可以运作，但运作还不可逆。

因为头脑可以运作了，所以此阶段的儿童就有很好的象征能力，它最有趣的表现是儿童按照头脑里浮现出来的表象做事，典型的表现为延迟模仿，即当被模仿的对象消失后或不在时模仿该对象。彩图7是一个生动的写照。

正因为能够延迟模仿了，所以此阶段的儿童便有了丰富多彩的模仿游戏，比如舞动双臂学飞鸟、拿一根竹竿当马骑、排几张凳子"开火车"、抱个布娃娃学习"做妈妈"，在现代幼儿园里接受学前教育的儿童在回家后还会表演好看的歌舞……也正因为具有延迟模仿的能力了，所以此阶段的儿童对很多事情会看在眼里、记在心上，背着"大人"而"偷偷地"做，结果"闯祸"了。

如果说儿童的模仿游戏是在表象的支持下，以自己的肢体动作来表征客观世界及其事件，那么儿童绘画就力图表现这种表象的本身，并且像游戏一样富有创造性。儿童可以在绘画中自由发挥自己的感受和想象而不受现实的约束（参见图2-4），正像他们在游戏里可以任意假设情节一样。

图2-4　儿童的绘画

在表象和延迟模仿能力的支撑下，儿童的语言能力迅速发展起来。比如听到"niú"的读音，儿童的大脑中可以浮现出牛的形象，于是就学会了很多事物的名称。儿童还能无师自通地进行推理：既然在游戏里可以竖起两手的食指放在头顶的两侧表示牛，那么"牛"这样的4条线为什么不可以也表示牛呢？于是识字就可能了。

这样，儿童能听懂话，就把思维与动作区分开来了，他们能用语音、话语在头脑里表示过去、现在和将来的事件，并且联系起来，在头脑里组织起复杂的现实图像。所以这个阶段的儿童特别爱听故事。

　　但是此阶段的儿童在象征地表达对世界的认知和理解时有一个突出的局限，即思维的不可逆性，这典型地体现为不能"守恒"（conservation）。一个经典的实验是这样的：向儿童呈现两个形状与大小相同的杯子，并使儿童确信它们装着同样多的水；然后当着儿童的面，把两杯水分别倒进两个玻璃器皿里，一个细而高，另一个宽而矮，然后问儿童哪个器皿里的水多。处于前运算阶段的儿童往往会认为那个细而高的器皿里的水多，因为"水面高"（参见彩图3）。

　　儿童无法完成守恒任务，这表明他们在思考问题时不能同时考虑两个互补的方面，从而暴露出他们思维的单向性。比如研究者问一名4岁儿童有兄弟吗，他答"有"；再问他的兄弟叫什么名字，他答"吉姆"；可是当问吉姆有无兄弟时，他却回答"没有"。这表明，4岁儿童可以从自身出发展开联想，也可以再从"吉姆"出发展开联想，却不能从"吉姆"出发而联想到自身。这真是思维单向性的形象表现，生动地表明了这名4岁儿童不能假设自己是"吉姆"，不能站在"吉姆"的立场上来思考问题。于是在涉及人际交往与沟通的问题上，处于前运算阶段的儿童就表现出思维的"自我中心性"（egocentrism），即不能从对方的观点来看世界、想问题，以为每个人看到的世界和想法都和自己的一样，"三山实验"（参见图2-5）专门揭示了这一点。

　　实验的内容是：实验者在桌子中央摆了三座模型山，除了大小、颜色都不同之外，第一座山的山顶画有红十字，第二座山的山顶有个小房子，第三座的山顶有积雪。实验者带儿童绕桌子观察了三座模型山之后，让儿童坐在桌子的一边，又把三个布娃娃分别放在桌子的其他三个方向，要求儿童辨别哪个娃娃看到的是哪座山。结果发现此阶段的儿童通常是从自己的而不是布娃娃的视角做选择和判断的。

图2-5　皮亚杰的"三山实验"

不守恒的局限性还令此阶段的儿童面对涉及事物变化的问题时，只注意变化的最终状态，而忽视变化或转化的过程。例如，让儿童看一根棍子垂直倒下的连续运动的画面。当把单个画面打乱次序后，年龄较大的儿童能按着棍子倒下的实际情况排出正确的顺序（参见图2-6）。但处于前运算阶段的儿童做不到这一点，他们在头脑中只保持初始和终末的状态，却不对运动中的瞬间作"定格"保持；他们似乎觉得这是矛盾的：既然在运动，怎么可能是静止的呢？

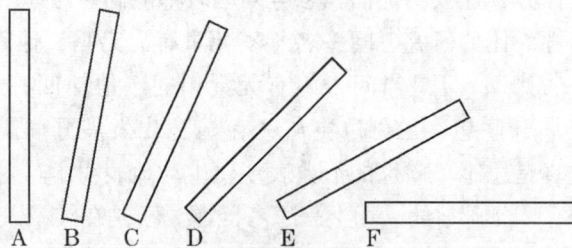

图2-6 "棍子倒下"的问题

3. 具体运算阶段

具体运算阶段（the concrete operational stage，7~11岁）相当于我国义务教育的小学阶段。儿童到达这一阶段时，一方面继承了前运算阶段所取得的所有认知方面的进步，并且发扬了这种进步；另一方面则克服了前一阶段思维不守恒的局限，并且因为他们的思维能守恒了，所以他们也克服了由不守恒连带着的其他思维局限性。

就继承和发扬前运算阶段的认知进步而言，儿童此时可以更加灵活而系统地运用表象来表征世界与未来，比如我们可以要求小学生制订一份寒假、暑假的每日常规作息计划。这一阶段的儿童不仅可以使用母语进行口语交流，而且可以系统地学习书面语和其他符号表征系统，这典型地表现为他们可以学习阅读、写作和算术、数学。语言符号系统的学习和掌握又反过来促进儿童更形象地而且更有逻辑地表征世界。只是之所以叫"具体（的）"运算阶段，是因为儿童在逻辑地表征世界时还离不开具体事物的支持，还不能或不善于单纯地根据规则或语词的含义作抽象的推理，比如初学算术时会掰手指来计算、难以理解大尺度的时间与距离单位、难以判断复杂情节里的"好人"和"坏人"等，而当具体情景的变化超出了他们日常经验能够估计的范围时又会变得不守恒。比如两个大小相同的面团，当其中的一个被搓成长条时，儿童可以守恒地认为两个面团的包含物一样多。但是当长条面团被搓拉得更长、更细时，儿童又会认为此时的这个面团包含的面"少"了，这又暂时退回到"只注意细而忽视长"的不守恒阶段。症结在哪里呢？就在于儿童不能完全从形式上考虑问题，即只要面团未经分割，不论它的形状变得多么不像平时看到的那样，它的出奇的"细"一定是由出奇的"长"来补偿的，因此包含的面量还是一样多。

就克服了前一阶段思维不守恒的局限而言，处于具体运算阶段的儿童在认知方面取得了新的进步，突出地表现在理解"类包含"和完成"传递性排序"的逻辑运算上。

关于类包含，我们可以看这样的对比：当呈现 4 朵蓝花、12 朵黄花，共 16 朵花（参见图 2-7）时，如果我们问 5 岁儿童"是黄花多还是花多"，那么他们很可能说黄花多——即使他们会数数。这表明处于前运算阶段的儿童知道做平行类别（如黄花与蓝花）的比较，却难以作层级间（如花和黄花）的比较。他们似乎觉得相比较的两物应该是绝对排斥的，怎么可能有一方居然包含了另一方呢，比如与"黄花"比较的"花"包含了"黄花"。

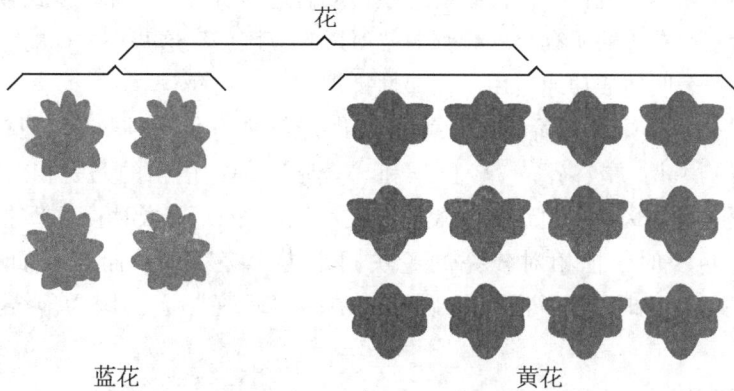

图 2-7 一个类包含问题

但是处于具体运算阶段的儿童能够正确地回答这种类包含问题，表明他们具备了建立一个甚或多个概念体系的认知能力的基础。比如，前者可以认识到橘子属于水果的类别，而水果又属于一个更大的类别如"可食物"；后者可以认识到面包既属于人工食品，又属于淀粉食品，而一个雪球既是重量轻的，又是颜色明亮的。儿童有了认识类包含的能力，就能从不同的概念体系里抽取指定的属性来确定指定的事物。比如，要他们举例说出人工的淀粉食品时，他们不说巧克力——虽然它是人工食品，也不说土豆——虽然它是淀粉食品，而是说了饼干。

关于传递性排序，我们可以看这样的对比：将 10 根小木棒杂乱地放在一起，要求儿童依序排列好（参见图 2-8）。处于前运算阶段的儿童不能完成这项任务，他们的动作会混乱起来，因为他们的思路是首先找到最长（或最短）的小木棒，然后找到次长（或次短）的小木棒，如此而行。这表现在行为上就是只能朝一个方向排列，而不能朝中间插补。这其实是把任务的结果当作任务的前提，因而是一个自相矛盾的计划，怎么可能完成任务呢？

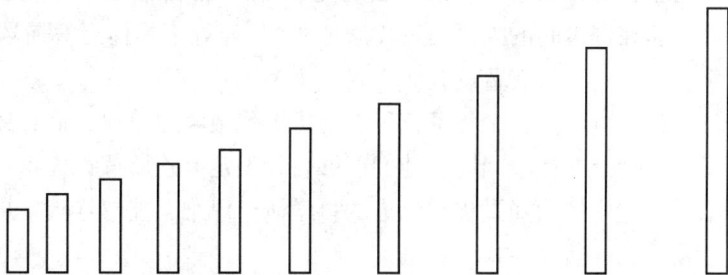

图 2-8 一个排序问题

但是处于具体运算阶段的儿童不会那样去寻找，而是任意取小木棒进行摆放，只要符合一条准则就行，比如"右边的小木棒一律比左边的长"，否则就调整，直至符合这一准则。儿童这样做，表明他认识到了两点：一是相对性，即有的小木棒在这组小木棒里是既短又长的，因此把它插在中间某个位置就行了，没必要按着长或短的序列来决定它的位置；二是传递性，即若 A>B，而 B>C，则必 A>C，因此在插入相对长（短）的小木棒时，只需要与紧邻的左右一根小木棒比较就行了，没必要与左边或右边的所有小木棒一一比较，然后得出一个结论，即因为它比右边的所有小木棒都短，所以它应该放在这些小木棒的左边。儿童能这样正确地操作，正表明他成功地运用了传递性推理。

深究起来，处于具体运算阶段的儿童之所以能够进行传递性推理，原因之一是生活经验启发他们懂得所谓"较高"、"较长"和"较暗"等词语指的乃是相对的关系而非绝对的性质。可是年龄较小的儿童在理解这些表示比较级的词语时往往误把关系当性质，于是在辨别两个色块时，把相对较亮的色块固定为"亮"的；而当人们取走较暗的色块，又补以更亮的色块时，儿童便无法确定其中的"较亮"者，因为他会认为两个都是"亮的"。

4. 形式运算阶段

形式运算阶段（the formal operational stage，12~15 岁）相当于我国义务教育的小学毕业前到初中毕业时，被皮亚杰认为是个体认知结构发展的最后阶段。换言之，在这个阶段，儿童的思维从逻辑上说变得成熟了。再换言之，我们可以说一个十三四岁儿童的思维结构其实和牛顿、爱因斯坦这样的顶级科学家是一样的。

所谓形式运算，就是指能排除个体的经验，严格地按照提供的规则和语义进行合乎逻辑的推理，并坚持推理的结果，哪怕它和自己的感觉经验不相符。例如，儿童按照"负负得正"的规则做乘法，按照"负负负更多"的规则做加法，得出正确得数就行，没必要就具体的题目去思考这在生活里分别是怎样的情况；又比如，在教师举例说地面建筑可以算"+"，地下室可以算"－"之后，若一名儿童指出也可以把一幢高楼的第 K 层以上算"+"，以下算"－"，那么这名儿童比起其他只按教师的举例来理解数轴的同学来说，更具有形式运算的思维特征。正是在这样的意义上，我们说形式运算阶段的思维特点是"抽象的"而非"具体的"，是"可能性的"而非"亲历性的"，是"逻辑的"而非"经验的"。于是处于形式运算阶段的儿童会觉得回答这样的问题是理所当然的："假如所有蓝皮肤的人都住在红色房间里，那么，住在红房间的人都是蓝皮肤的吗？"而处于具体运算阶段的儿童会认为这样的问题很可笑，因为世上没有蓝皮肤的人。

于是，处于形式运算阶段的青少年不仅很容易进入代数学习阶段，而且还能开始思考诸如公正、真理及道德等抽象的社会问题；他们能够自行设定并检验假设，再根据检验的结果反思自己的思维活动。这样的认知过程是标准的科学研究思维，能够导致发现原理。皮亚杰曾用钟摆实验来考察儿童的假设—检验思维。

在钟摆实验中，一根横梁上系着不同长度的绳子，绳子末端可以拴上不同重量的物体（参见图2-9），由此构成摆。实验者向儿童演示将拴有重物的摆绳拉紧，并提至一定的高度，再放下，如此造成摆动。儿童的任务是确定什么因素决定摆动的速度。实验提供甄别的因素有四个，即重物的重量、摆绳被提起的高度、推动摆绳的力量、摆绳的长度；每种因素又有不同的级别，比如摆绳的长度分三种、重物的重量有四种……于是需要检验的项目总数就是各因素级别数的连乘积，比如若每个因素只分两个级别，则检验的项目就有 $2×2×2×2=16$ 种组合。这个实验的正确答案是：摆绳的长度决定摆动的速度，摆绳越短，则摆动速度越快。正确解题的途径是：先提出假设，只要能检验就行；再对假设做系统的检验，即每次检验只能改变一个因素的一个级别，其余因素的级别均保持不变。实验结果表明，虽然处于具体运算阶段与形式运算阶段的儿童在提出假设方面没有区别，但在检验假设方面差别很大，后者能像科学家一样有条不紊地按照顺序检验各因素各级别的每种组合，但是前者做不到这一点。

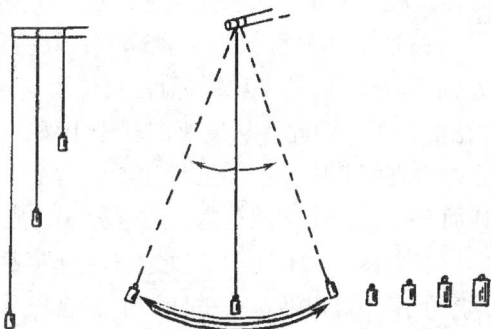

图2-9　皮亚杰的钟摆实验装置

的确，一个处于形式运算阶段的儿童在思维结构上可以与科学家相比。上述钟摆实验的变量及其组合若不断扩大，可能就会成为屠呦呦团队发现的"青蒿素"。虽然如此，可皮亚杰并不认为所有的儿童个体都能达到或都能在十几岁时达到形式运算阶段。有人可能在更大的年龄上达到，而有人可能一辈子都没达到，这取决于是否接受了和在什么年龄阶段接受了系统的科学教育。

2-1-3　教学含义

上述的皮亚杰理论有着丰富而深刻的教学含义，这里略陈三点：

第一，皮亚杰有意独立于学校教学来考察儿童的认知发展。这就是说，他无意于考察比如最好的学校教学可以促进儿童的认知能力获得怎样的发展。他考察的是，在瑞士这样的国家里，儿童的认知能力一般是怎样发展的。于是，如果我们认为学校的教学是要以儿童的发展水平为基础的，那么皮亚杰的儿童认知发展阶段理论就可以成为学校教学理论和实践的一般基础。虽然皮亚杰对儿童认知发展的阶段都指明了年龄的起讫点，但是这不重要。一则有国别差异，瑞士毕竟不是中国，我们没有必要认为两国儿童认知发展阶段的年龄起讫点是一样的；二则即使是同一国家的儿童，认知发展也有个体差异，因此不会齐刷刷地都在某一年龄阶段进入或走出某个认知阶段，而是有的会早些，有的会晚些。重要的是这些阶段的确存在，通过这些阶段的顺序既不会颠倒，也不能跳过；虽然我们可以设想加快速度通过某个阶段，然而这需要经过严格的检验。因此即使对于"加速学生认知发展"的学校教学计划而言，皮亚杰理论仍不失为一个很好的参照。

第二，皮亚杰关于儿童认知发展机制的理论虽然使用了一组带有生物学色彩的术语（参见"2-1-1　认知发展的机制"），却可以成为学校教学理论与实践的一种具有启发性的思想体系。这就是说，照搬他的理论的意义不大，但是体味这些术语会很有启发性。比如，教师可以思考通过怎样的具体教学设计，使学生能够利用已有的图式来同化一个新样例，而图式本身不改变，相反得到巩固；教师又怎样通过教学设计，使学生确切认识到已有的图式无法同化一个新样例，而需要发展一个新图式来顺应它；甚至在一门学科里，究竟怎样的一个知识单元算得上"图式"……这些都值得教师切磋琢磨、发明创造。我们可以在后来的认知心理学[①]、奥苏伯尔教育心理学思想[②]，以及目前在我国教学界颇为流行的"建构主义"教学理论[③]里见到皮亚杰理论的影子。因此，从皮亚杰理论出发，教师可以得到很多更具体的理论体系的帮助，也能更好地理解其中某些理论（比如建构主义）的实质含义。

第三，即使就具体学科而言，比如小学的算术或数学教学，皮亚杰理论也有重要的根本性的启发作用。比如，我们一般会认为"1+1=2"之类是一些现成的知识，它们可以由成人说给儿童听，可以由儿童背下来，可以通过枚举日常生活的若干例子来说明，还可以通过重复练习和测验来巩固。但是在皮亚杰看来，"1+1=2"之类的知识根源于儿童的动作，是从他们在日常生活里的动作中抽象出来的，并且因为这些动作涉及具体事物，所以才代表苹果、橘子等。因此从发展儿童认知结构的长远目标看，这些内容的教学应该与儿童的游戏联结起来。于是在皮亚杰看来，儿童在感知运动和前运算阶段的种种活动都与数学（算术、代数、几何）观念的形成有关联。可是我们今天呢，为了教儿童算术和数学知识，就中断他们自发的、喜爱的游戏，把游戏和数学学习对立起来。结果呢，我们的教学虽然有短期的效果，但是通常没有长效，一些在小学阶段就能进行正负数加法、乘法运算的儿童在中学阶段并没有继续显示其数学优势。所以，皮亚杰的理论在小学数学教学理论中的应用是最值得钻研的。

总之，皮亚杰理论的教学含义是值得深入发掘的。

---

① 参见本书的第 6 讲、第 8 讲、第 9 讲。
② 郭德俊．小学儿童教育心理学．北京：中央广播电视大学出版社，2002：72-73.
③ 同②：74-76.

2-2 布鲁纳的认知发展理论

上述皮亚杰的学说名为"发生认识论",名中的"发生"和"遗传"是同一个英文词。这就透露了皮亚杰的本意是只想探究儿童在瑞士这种发达国家的一般环境里自发或自然地发生的认知进步,而不考虑学校教育促进儿童认知发展的方面。这在皮亚杰那里是可以的,因为他本来就没打算把他的学说当作学校教学理论的基础。

但是,当教育心理学家决定把皮亚杰理论当作教学理论的基础时,就不能不考虑学校教学的作用,特别是在 20 世纪 50～60 年代的美国。当时,苏联的宇航飞船在全世界首先飞天,这叫美国人大惊失色。鉴于美国和苏联当时都属于超级大国,所以从皮亚杰的理论看,两国儿童乃至成人的认知发展应该是一样的。既然如此,那为什么苏联的飞船会先于美国而上天呢?美国人开始反省自己的学校教学是否有问题。这样,在将皮亚杰理论作为教育心理学的基础理论的同时,美国人必然要考虑学校教学怎样促进儿童认知发展的问题。一旦这样考虑了,就很容易发现皮亚杰理论的不足。为弥补这个不足,杰罗姆·布鲁纳(Jerome S. Bruner,1915—2016)提出了认知发展理论。美国一本杂志认为,杰罗姆·布鲁纳也许是自杜威[①]以来第一个能够对学者和教育家谈论智育的人。布鲁纳在教育心理学界的思想地位可见一斑。

2-2-1 认知表征的发展阶段

1. 与皮亚杰理论的不同

布鲁纳首先接受皮亚杰的学说,但是也有不同。在皮亚杰那里,图式或认知结构是通过"同化"和"顺应"及其间的平衡而形成的;换言之,认知结构是其他机制运作的结果。但是布鲁纳把认知结构看作个体感知和概括外部世界的一般方式;换言之,认知结构是个体拿来认识世界的工具。工具虽然可以在不断的实际使用中自然地完善,好比刀在使用过程中自然地锋利起来,却也可以通过研究而完善之后再付诸使用,好比中国俗语说的"磨刀不误砍柴工"。于是在布鲁纳看来,学校教学就像一块磨刀石,与其等待儿童在生活中慢慢地改造旧的认知结构,还不如由学校通过教学主动地把儿童旧的认知结构置换成全新的,仿佛使学生装备一新地走出学校,去认识世界。因此布鲁纳强调教学的磨砺、更新的作用。

把认知结构看作感知和概括世界的工具,首先要确保前者能代表后者,虽然两者的形态可以很不同,好比登记数据时以"1"代表"男",以"0"代表"女"。这样的"代

---

① 杜威(Dewey,1859—1952),美国著名的哲学家和教育学家。

表"在我国当今心理学界被相当统一地称作"表征"①，它具有以下特点：第一，表征要应用一定的媒介，而媒介可以是不同的，好比我们可以用图画、文字、其他记号来表示真实世界里的狗。推广言之，世界万物都可以用不同的媒介来表征。第二，无论选用何种媒介，表征总有选择性。这就是说，当我们表征某事物的时候，本无必要事无巨细、纤毫不漏地把该事物的各个方面都包括进来，只要挑选对"我"来说是最关键的特征就行了，正好比漫画，寥寥几笔，精神毕出。第三，如此有选择性地去表征便具有概括性。没有点到的地方，其实从逻辑上说已经包含在内了。正好比中国的传统绘画，空白之处蕴含了无数细节；又如中国戏剧，不过 20 人出演的"二龙出水"之程式却代表了两军对垒的千军万马。

2. 三种心理表征

因为考虑到表征的媒介，又为了便于实施学校教学，所以布鲁纳要考虑表征有哪些心理媒介。他鉴定了三种，即动作表征、映像表征和符号表征。它们都用来表示世界本身和对世界的认识，只是媒介或方式不同。动作表征的方式是肢体的实用动作。譬如一人说自行车坏了，不能骑了，另一人不搭话，跨上去骑了一圈回来，前者于是愕然。在这里，后者就是以实用动作来表征自行车本身没有坏。如果前者是说后者不会骑自行车，那么后者的如上行为就是以实用动作来表现他有这个能力，亦即表现对自行车有切实的掌握。映像表征的方式是知觉或意象。譬如证人对警官说："我记不起来了，但是认得出。"这就是证人在表示他能以知觉的方式来表明嫌疑人是谁，他有面对面的鉴别能力。又譬如你对问路的人说"还是画个地图给你吧"，这表明你能在脑子里浮现出从此地到彼处的地形细节或结构，并且承诺将以问路的人确定到达目的地来证实你的确知道走法。符号表征的方式是语词和其他符号，最容易理解，比如"氢二氧一合成水"与"H_2O"都表示同一个化合过程或化合物。

这三种表征方式或能力在一般成年人那里是同时具备并终生完善的，但对儿童而言，有大体上的先后发展顺序，这也是布鲁纳提出这三种表征方式的主要用意之所在。

3. 教学含义

显然，动作表征是第一阶段，它大体包括儿童从出生到 3 岁这段时期。此时的儿童还听不懂更多的词语、还不能言表其思想，更不能以图像的方式来表达头脑里的事物形象，所以只能用动作来表示他们对事物的认识。就这样，儿童一边在身体成长，一边在心灵发展，又一边在通过动作而练习肢体运动技能、获得心理经验。终于到了六七岁，他们按义务教育制度而入学，开始正式学习观念性知识。这就进入了映像表征阶段。由于这时学到的观念性知识往往难以用动作来表征，因此儿童主要以视觉、听觉来表示外部世界以及自己对它们的认识，并在意象的支持下解决问题。例如，当问小学生"这里各有 5 个和 3 个苹果，一共有几个苹果"时，教师要求学生不能用"数手指"的方式答题，这就迫使儿童在头脑里想象两

---

① "代表"和"表征"，这两个不同的中文词其实对应同一个英文词：representation。

堆苹果相向而行并排列成行，然后闭眼"看着"苹果，在脑海里数数儿回答。又比如问"是西瓜大还是桃子大"，儿童要在头脑里浮现出相对大小的这两种水果来回答。布鲁纳之所以重视映像表征，是因为它简化了动作表征的过程。当然，上面两个例子都很简单，它们是为了说明映像表征阶段这个概念的。可是布鲁纳单独列出映像表征阶段是为了说明一些更复杂的任务，比如识别一个不完整的或歪曲的或以虚线表现的图像是什么几何图形。研究表明，对这种图像的识别存在年龄差异：年龄很小的儿童识别不出；年龄稍大的儿童要回过头来求助于动作表征——比如手指"追踪"——才能成功；而年龄更大一些的儿童辨别这种不完整图形要容易得多。

映像表征阶段大体在 10 岁前后结束，儿童进入符号表征阶段。此时，教学要求学生依靠语言、数字来表征事物，用简洁的示意符号来表征复杂的图像。比如，不通过画人，而是通过"因为 X>Y，而 Y>Z，所以 X>Z"之类的方式来解决传递推理的问题。用符号表征来认识和解决问题的一个具有代表性的任务是这样的：布鲁纳向儿童呈现两个盛水的容器，要他们回答哪个容器盛的水更多一些。布鲁纳选择了 11 种组合，如图 2-10 所示。

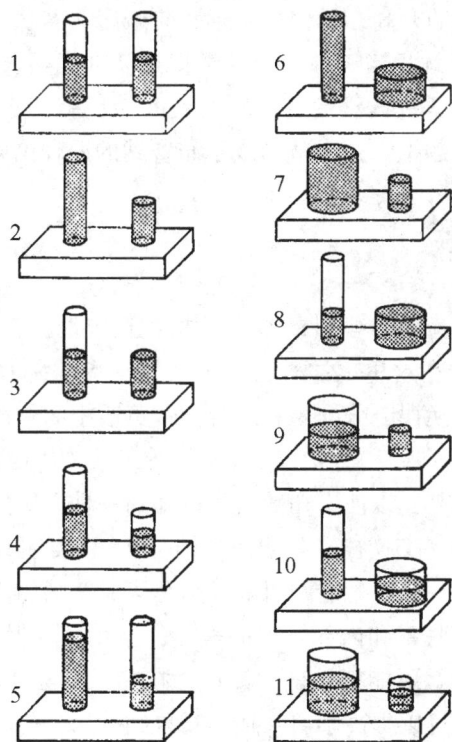

图 2-10　布鲁纳研究符号表征时呈现给儿童的杯子

这样的题目无法用映像来表征，因为它不问哪杯水多一些，而是问哪杯水更满些。显然，这里满满一杯的水量也可能远远少于那里半杯的水量。解决这个问题需要儿童应用

"比例"的概念，答案不能被"看"出来，而需要儿童先回忆比例的概念，并把概念里的要点同图2-10里各图像的有关成分对应起来，最后做出推断，这才能正确地回答"水的部分较多的杯子就是更满的，否则就是更空的"。我们不难想到：只有当儿童能够同时考虑"杯子里水的部分""杯子里非水的部分""杯子的大小"这三个成分之间的关系时，他们才能形成比例的概念，进而用此概念来指导解题。布鲁纳认为符号表征是最高级的认知阶段，它比映像表征更概括，因为语言可以把图像符号化，从大脑里提取时更自由，并使交流更容易。这样，布鲁纳就把语言发展看作促进认知发展的一个重要因素，亦即一种认知工具，并且进一步认为正是语言使高级的认知成为可能。布鲁纳等人对4~7岁的儿童做了一项实验，内容是这样的：用一块幕布挡住两只一样大小的玻璃杯，只露出杯口；把第三只标准杯里的水倒进幕布后的一只杯子，然后问被试能否从这只杯子里喝到一样多的水。结果表明：在幕布挡着的情况下，有半数4岁儿童会说水量是不同的，5~7岁的儿童则认为水量是相同的，理由是"你只是把水倒进去，水量并没有变化"。这表明年龄较大的儿童在不可知觉（比如看不到）的条件下能用语言进行推理，从而得出正确的判断。

那么语言是如何促进认知发展的呢？简单地说，就是"读书"，因为人类的文化主要记录在书籍中。随着学生年级的升高，学校越来越倾向于让学生学习书本上的系统知识，因此说"读书"促进认知发展也就相当于说学校教学促进认知发展；又由于学校是通过课程来实施教学的，因此所谓的"学校教学促进认知发展"最后就落实到"课程编制关系到是否有效地促进认知发展"的命题上。这也就形成了布鲁纳的课程论思想。

2-2-2 学科的基本结构

布鲁纳主张，课程编制应注重学科的基本结构；相应地，教学的最终目标是促进学生"对学科结构的一般理解"。在这里，学科的基本结构是指学科的基本概念、基本原理和基本规律，例如代数学中的交换律、分配律和结合律；英语中的句型、结构规则等。布鲁纳认为：① 学生理解了学科的基本结构，就容易掌握学科的具体内容。例如，代数学是把已知数同未知数用方程式排列起来，以使未知数成为可知的一种方法。学生一旦掌握了解这些方程式所包含的三个基本法则（交换律、分配律和结合律），要解一道新的数学题时，题目就不完全是新的了，它不过是一个熟悉的题目的变形罢了。② 学生理解了学科的基本结构后，就会把学科看成一个有内部联系和内部规律的整体，这就容易保持学过的学科知识。③ 学生理解了学科的基本结构，就更能把学得的知识、技能、方法变通地运用于新情境。④ 学生理解了学科的基本结构，可以提高学习兴趣。布鲁纳认为，使学生对一个学科感兴趣的最好办法是使学生感到这门学科值得学，而最能使学生产生这种感受的，就是使他们将已经获得的知识，在超越原来学习情境的新情况下进行运用并取得成功。因此布鲁纳非常主张学生进行探索性的学习。

但是学科的基本结构又是学生不容易掌握的。比如，虽然可以认为交换律是学科的一个基本结构，但是如果我们直接教给学生这条规律，那就很容易变成教一个具体的知识；而如果我们让学生做很多包含交换律的题目，他们又难以透过具体题目而看到交换律的抽象概括形式，更难以保证学生在更复杂的题目里见到此律。为了解决这个矛盾，布鲁纳提出了"螺旋式课程"的设计想法，即把重要的基础知识转化成或改写成不同年龄阶段的学生各自能够理解和接受的形式。例如，大学物理课上的"力的平衡"，不仅可以变换成高中物理课上的"力矩"，而且可以体现为初中物理课上的"杠杆原理"，还可以在小学课堂上通过画图和乘除法算术来讲解这个原理，甚至可以简化为幼儿园儿童的"压跷跷板"的知识。这样，儿童在不同的教学层级上学习同样的原理，就容易透过自己经历过的学习形式而悟到包含的统一实质。

当教师把同一原理以适合各层级学生的方式教给学生的时候，那就预想了这个原理是便于学生掌握的，于是教师在教学法上容易流于"灌输"，这样一来，又容易使学生只注意掌握直接教授的知识而忽视其中蕴含的统一原理。这怎么办？布鲁纳认为，正由于基本结构或原理是以便于学生掌握的形式呈现的，因此就应该提倡和组织学生去"自行发现"。这就是所谓的"发现（教学）法"或"发现学习"。它是指让学习者自己去发现教学材料的结构、结论和规律，学习像科学家那样去思考、去探索，由此达到对所学知识的理解和掌握。例如，布鲁纳指出，小学低年级学生往往能够鹦鹉学舌似地说出"三六十八"，但他们对"9×2"与"2×9"，或"6×3"与"3×6"是否不同而常常感到困惑。但是，如果让小学生自己先动手操作，在天平（参见图2-11）左边的"钩子9"上挂2个小环，在天平右边寻找能使天平保持平衡的各种组合，并把它们记录下来，那么小学生就很容易根据玩跷跷板的经验知道在天平右边的"钩子2"上挂9个小环，或在"钩子3"上挂6个小环，或在"钩子6"上挂3个小环……都能使天平保持平衡。这样，学生掌握的就不只是9×2＝18等具体的知识，而是透过这些具体知识领悟到蕴含在其中的基本结构。有此动作表征经验后，教师可以撤除天平，让学生凭借意象来思考同类问题，并在学生能够熟练地采用映像表征方式后，再过渡到符号表征系统的运算，最后就能达成以符号方式掌握学科的基本结构的目的。

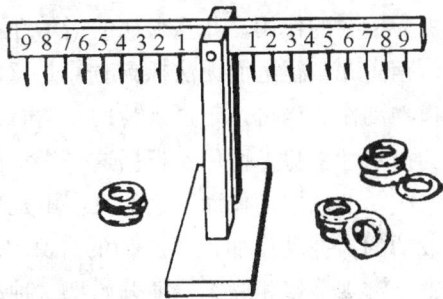

图2-11 天平实验

2-3 维果茨基的认知发展理论

维果茨基（Vygotsky，1896—1934）是苏联心理学家，不到 40 岁就去世了，他的很多思想没来得及展开和细化，这十分可惜。然而奇怪的是，苏联只有极少数心理学家被西方心理学界提到，而维果茨基是其中被提到频率最高的，这足见其思想的宝贵和重要。

在儿童认知发展观上，如果说皮亚杰突出了一种生物性成长，而布鲁纳强调了学校教学的重要促进性，那么维果茨基则基于马克思主义的基本原理点出了社会的涵养，形成了他的"社会历史文化"影响儿童发展的观点。

2-3-1 心理发展观

维果茨基主张人的高级心理机能是社会历史的产物，受社会规律的制约，因此他十分强调人类社会对个体的心理发展的重要作用，以及社会交互作用对个体认知发展的重要性。

在论述发展时，维果茨基指出：心理发展是个体从出生到成年，在环境与教育的影响下，在相对低级的心理机能的基础上，逐渐向相对高级的心理机能转化的过程。这些相对低级的心理机能如感觉、知觉和情绪，是相对被动地、消极地适应自然的心理形式。那些相对高级的心理机能如观察、抽象思维、高级情感等，是相对主动地、有目的地适应自然与人类社会的心理形式。这些高级的心理机能在人际交往活动中产生，受社会规律的制约，并且始终有思维的参与。按照维果茨基的理论，婴儿有感知、注意和记忆等基本智能，他们在出生的头两年里通过与环境进行简单、直接的接触，经历了一种自然的发展过程。但是，一旦儿童变得能够进行心理表征时，特别是当儿童有了言语能力后，上述那些基本的智能便转换成人类的高级认知过程。

维果茨基提出了关于儿童认知发展的许多见解，这些见解的基本点是认为儿童的心理发展具有社会性，他们的高级心理机能不能从生物学中寻找根源，而只能从人的社会生活环境中去寻找。为了说明这个道理，维果茨基举了儿童指示性手势的发展历史的例子。指示性手势在儿童的言语发展中有着极为重要的作用。儿童最初的指示性手势只不过是指向客体的一个未成功的抓握动作。当物体距离儿童很远而无法抓到时，儿童伸出的双手仍然做着抓握的动作，这便有了首次的自发指物动作。当母亲走过来帮助儿童时，儿童自发的指物动作便发生了质的变化，成了对他人的指示性手势，而母亲根据这一指示性手势帮助儿童达成抓握的目的。可见，为了回答儿童未成功的抓握动作而产生的反应不是来自对象本身，而是来自另一个人，是其他人给这种未成功的抓握动作加入了原初的含义，使儿童达到了抓握的目的。后来儿童把未成功的抓握与整个客观情境相联系，便开始把这种动作当成了指示。于是，动作本身的功能发生了变化。

在皮亚杰看来，心理的发展大部分是"由内向外"展开的，环境的作用只在于是鼓励还是阻止这样的展开。维果茨基的观点恰好相反，强调包括社会生活在内的环境因素对儿童发展所起的作用。他认为发展大部分是"由外向内"的过程。在这里，所谓"由外"，即个体从情境中吸取知识，这既包括儿童自发的活动，也包括系统的教学，而所谓"向内"，不单单是指把知识"学到自己的心里"来，而且更指一种"内（部）化"（internalization）的过程和结果。内化的过程很复杂，三言两语很难说清楚，但是内化的结果可以模式化地做个说明。考虑一名幼儿初学算术，他知道了"1+1＝2"，这就算他把一项知识"学到心里"去了。现在你使用任何理由向这名幼儿表明"1+1＝3"，如果他接受了你的这一"见解"，那就表明他先前"1+1＝2"的知识并没有内化。显然，你不大可能使一名小学生改变观念，使他去相信"1+1＝3"，这表明"1+1＝2"的知识已经在他的心里内化了。在维果茨基看来，儿童的心理发展最重要的就是这样的内化。

于是我们不难想到："1+1＝2"之类的知识也许是最容易内化的。你如果否认"二二得四"，那么孩子肯定会立即反驳你。许多自然科学知识就不那么容易内化了，君不见很多受过自然科学训练的大学生乃至博士，居然会烧香拜佛搞迷信。至于社会科学、人文学科方面的知识、道德律令等就更加难以内化了，多少违法犯罪的人是在明确知道自己在违法犯罪的情况下而一意孤行地实施犯罪行为的。在这里，所谓"更加难以内化"，实际上是指学生更加难以按照学校教育的意图而发生内化。之所以会这样，一个解释是，学生在接受教育教学之前已经发生某种内化；换言之，儿童的一般生活环境决定了他们内化的大部分内容。这样，我们对于小学生可以有两个"环境影响"的概念：一个是他们的一般生活环境，另一个是他们的学校教育环境。这两个都是社会文化历史环境，但依然有区别：前者是相对多样的，有地域差异、民俗差异和父母思想观念的差异；后者是相对统一的，无论是在智育、体育还是在德育方面。当这两个环境发生矛盾的时候，学校教育意图实现的儿童内化就可能比较困难，而当这两个环境比较一致的时候，学校教育意图实现的儿童内化就比较容易。时下的舆论往往批评我们的学校教育，认为儿童在智育方面发展得相对充实，而在"如何做人"的方面则发展得不够好，我们的教师可以借助维果茨基关于社会历史文化影响儿童发展的思想来理解这样的批评，从而明确学校应如何使所教的知识在学生的心里发生内化，这的确是任重而道远的。

2-3-2　教育和发展的关系

如果说皮亚杰比较强调教学应当尽量适应儿童的认知发展水平，那么维果茨基则认为教学不仅要考虑儿童已经达到的水平，而且要走在儿童发展的前面，理想的教学应该是既提出高于儿童现有认知水平的任务要求，又保证儿童经过努力而能取得完成任务的成果。为此，他提出了"最近发展区"（proximal zone）的概念。

按照"最近发展区"的概念，教师进行教学时要考虑儿童的两种发展水平。第一种是儿童现已达到的水平，这表现为他能独立完成的智力作业。第二种是经过成人或教师的

"点拨"或"扶助"而能达到的水平。这两种水平之间的"区域"，就是所谓的"最近发展区"，它很像你站立时够不着果子，而奋力跳起来时能摘到果子那样的差距。因此，"最近发展区"指出，很多儿童在成人或在更加训练有素的同龄人的帮助下，能够完成不能独立应付的任务。

维果茨基的"最近发展区"概念强烈地影响了人们对教学的看法。传统的学校教学一般是在教师讲解后，给学生留作业，让其"独立"完成，比如"不许抄别人的作业"。在这种做法下，即使作业难易适中，学生能够独自完成，完成之后得到高分，他们的学习仍然局限在实际达到的水平之内。因此学校传统教学的最大缺点是只求配合学生认知能力的实际发展水平而教，却未能针对学生认知能力的可能发展水平而教；只求如何教学生学习知识，而不重视在教学活动中发展学生的潜能。维果茨基提倡的"最近发展区"理论，正可以用来弥补传统教学在这方面的欠缺。

于是，维果茨基的"最近发展区"概念要求把辅助学生学习视为必要的教学环节。教师要适时给予学生必要的辅导与协助，如果只将学生置于"最近发展区"内让他独自学习，则学生面对新知识的困难时反而会退缩不前。因此在学生独立完成作业之后，教师适时辅导学生去完成"最近发展区"内的作业才是教学成败的关键。

如果要落实维果茨基倡议的"最近发展区"概念，教学就应该向学生提供具有智力挑战性的作业，它们稍微超出学生现有的能力，与学生现有的认知水平形成冲突，以激励学生寻求教师的指点，开展同伴讨论，在相互合作中完成这样的作业。但是如何确定学生的"最近发展区"？怎样的作业算是"稍稍超出"学生现有的能力？班级教学中如何照顾学生之间不同的"最近发展区"？等等。这些问题，维果茨基由于去世早而来不及做出明确的设想，就需要我们的教师自己去探索。

小结

按照皮亚杰的理论，儿童的认知发展是首先尽量利用现有的图式去同化新的对象。当同化不成时，则顺应新对象，修改已有的或创建新的图式。按照这样的机制，儿童的认知发展经历了感知运动、前运算、具体运算和形式运算四个阶段。在各发展阶段之间，儿童的思维有质的不同，因此教学要遵循学生认知发展的阶段次序。

按照布鲁纳的理论，儿童的认知结构是他们认识或表征世界的工具，因此学校教学应该起到"磨砺"的作用。儿童认知结构的发展经历了动作表征、映像表征和符号表征三个阶段，学校教学尤其要注重磨砺后两种表征能力，并且促进儿童从映像表征过渡到符号表征，为此教学要注重帮助学生掌握学科的基本结构，教学的过程在于强调学生的发现学习。

按照维果茨基的理论，儿童的认知发展是社会历史文化影响的结果，这样的发展和影响应该理解为儿童在心理上发生的"内化"。这就提出了如何通过儿童个体的认知发展来促进其"整个人"的发展的重要命题。为了落实这个命题，学校教学非常重要，而一项基本的教学原则可以归结为"最近发展区"的概念，它指出教学应该走在儿童发展的前面。

研读建议

1. 本讲简单介绍了三位心理学家的学说。后两种学说在不同程度上既接受又批判（不同意）前一种学说，这是科学理论发展中常有的事情，读者要习惯。特别应该指出的是：凡批判前者的地方，并不一定表明前者就是错误的，而很可能是表明前后两者的注重点不同。因为是注重点不同，所以我们建议不要纠缠于谁对谁错，而应该着重于分别掌握这三种学说的独特性。

2. 在本讲的三种学说中，皮亚杰的理论最具有重要性，因为它系统而简洁。首先建议读者注意皮亚杰理论的系统性在本书中表现为纵横两向，其中横向是认知发展的机制，而纵向是认知发展的阶段；其次建议读者注意皮亚杰理论的简洁性在本书中表现为以"2-1-1 认知发展的机制"标题下的"1."、"2."、"3."等为标记的若干概念，分别掌握这些概念，然后把它们串联起来表达，这就算系统掌握了。

3. 关于布鲁纳的学说，建议读者首先确立"认知结构或图式是认识世界的方式或工具"的观念，然后就容易把握布鲁纳的其他思想了。比如，既然是"方式"或"工具"，那就有种类，于是便同三种表征联系起来了。既然三种表征有发展的历程，那么符号表征就是最高级的。既然符号表征是最高级的，那么掌握学科的结构就是最重要的，因为后者最适宜于用语言符号来表示。

4. 布鲁纳关于教学重在使学生掌握学科结构的思想很重要。但是建议读者把这个思想当作一个理想来看待。这是因为虽然在你教学生时所使用的教科书中肯定有"学科的结构"，但它究竟是什么会很有争议。因此布鲁纳的这个思想只能成为我们教学工作的一个努力方向。

5. 关于维果茨基的理论，建议读者关注"内化"和"最近发展区"两个概念。前者很难描述，但是书中举了简单的例子，建议读者体认之后向思想品德教育方面做举一反三的推想。后者比较容易理解，建议读者按照其概念尝试之。

难点解析

1. 认知发展的"机制"和"阶段"的概念理解。

当我们说"机制"时，好比说轿车的动力系统，就那么几个主要部件。皮亚杰说的认知机制就是从图式到平衡这五项。说"阶段"，好比说轿车的设计档次。这是两个概念的区别。两个概念的联系呢？动力系统装在汽车里，这也就是说，在不同的认知阶段上，认知机制大体是一样的。

2. 皮亚杰、布鲁纳和维果茨基理论的链接。

这三家理论是分别讲的，可我们要把它们链接成一个递进的整体来思考。皮亚杰的理论是：不对儿童施加干预，看他们的认知会怎样自然而然地发展。布鲁纳的理论是：施加了学校教学的有力干预，儿童的认知又会怎样发展？维果茨基的理论是：再加上一个国家、民族的文化干预，儿童的认知还会怎样发展？我国的教育理念是否至少和布鲁纳的理论合拍？

思考

结合自己的教学实际和经验，谈谈如何根据皮亚杰、布鲁纳和维果茨基的观点来设计教学。

3 儿童的社会性发展

📖 **研读目标**

- 通过依恋的研究小史，理解依恋的实质；
- 了解安全型依恋的特点；
- 领会依恋的教育含义；
- 领会儿童社会化的概念；
- 了解儿童同伴关系发展的特点；
- 以"霍丽爬树"的故事为例，领会儿童观点采择能力发展的几个阶段；
- 掌握皮亚杰和柯尔伯格的儿童道德认知发展理论；
- 领会皮亚杰和柯尔伯格的儿童道德认知发展理论的教育含义。

在现当代的西方社会，"情绪"（emotion）是心理学里可以用来包罗万象的一个词。可以这么说，"情绪"一词可以包括一切不属于认识、理智、智力之类认知活动的心理过程。对情绪的内容大略分类的话，其包括了真正的"情"——情绪、情感（feeling）、感情（affection）和情操（sentiment）；人际交往；个体的道德发展，乃至于意欲，即动机。之所以如此，是因为无论人际交往，还是个体的道德行为，抑或是意欲，都是一律带有"情"的。你心血来潮，突然把凌乱的书房搞整洁了，那时你肯定不讨厌做"保洁工"；你作业拖延，明日复明日，那是你打心眼里不喜欢这项作业；等等。而认知是冷静的，它无须额外的情绪表露，在做艰难困苦的认知探索时，你甚至还要有意地压制情绪，这一点，即使在文学创作、艺术表演中也不例外。①

个体表露情绪的重要意义在于社会交往。于是"社会交往"一词的包括范围也就可以是"情绪"的包罗范围，甚至包括整个的"情"②，这就构成了个体的所谓"社会性"的一面。儿童的社会性发展的内容很多，本讲只选择依恋、儿童的社会化和儿童的道德

---

① 譬如学习舞台表演，中国民间就有"先学无情后学戏"的说法。参见钱锺书. 旧文四篇. 上海：上海古籍出版社，1979：27.

② 但是社会交往未必能包括认知，因为艰难困苦的认知活动经常具有离群索居，尽量避免与他人接触的特点。

发展三个方面来叙述。

3-1 依恋

理解"依恋"（attachment）这个概念，可以先对这个词做拆解：依者，附着也，贴靠也；恋者，爱之情也①。我们就从依恋的这个日常生活含义出发往下讲。

3-1-1　依恋的心理学定义

依恋的心理学定义可以表述为个体为寻求更多的心理安全而靠近庇护人。这个定义有四点要阐释：一是个体。这是指任何年龄的人，因此依恋也是成年人或老年人都有的一种感情现象。但是本书在此用"个体"，主要是指儿童，并且借用婴儿的例子来说明依恋。二是庇护人。因为依恋者可以是任何年龄的人，所以庇护人也是如此，重要的是他被依恋者认可。例如在现代国家里，随着文化观念的变化，一个很典型的情况是父亲在婴儿的早期生活里起着更为积极的作用（参见图3-1），因此婴儿不仅会依恋母亲，而且也会依恋父亲。研究表明，7~13个月的婴儿在有来访者时，其依恋行为在父亲和母亲之间没有偏向；还有研究表明，近1/3的一岁半儿童最依恋父亲。由此扩展开去，祖父母、兄弟姐妹，或者一些完全没有血缘关系的人都可以成为婴儿或儿童的依恋对象。三是靠近。在这里，首要的意思是个体通过身体运动而缩短同依恋对象的空间距离，而在无法做到这一点的条件下，个体有其他行为表现出欲缩短这种空间距离的意向。因此，这里所谓的"靠近"，既指可观察的行为，也指内心的一种倾向，例如电影《冰山上的来客》里，童年古兰丹姆被人贩子强力拽走时，她回望无力相救的青梅竹马阿米尔的眼神。四是心理安全。这是依恋概念的最重要定义项，指出了依恋的目的，点出了依恋的社会性实质（参见彩图2），需要进一步阐述。

心理学家一度把依恋的实质理解为婴儿或其他动物幼仔寻求喂哺。这种见解后来被一系列的观察证据与实验结果否定了：

（1）小鸭、小鸡一出壳就是自己觅食的，却仍然追随和围绕母亲。

（2）早在1873年，生物学家斯帕丁就观察到小鸡一出壳便有追随并非母亲的运动物体的倾向。

（3）奥地利动物习性学家、诺贝尔奖得主康拉德·洛伦茨观察到，孵出后即与母亲分离的小鸭会跟随它们首先见到的任何大一些的运动对象，这样的跟随行为看上去是那么的强烈，以至于洛伦茨把它形容为"病态的执着"，并且因此提出一个术语叫"印刻"（imprint），它比喻小鸭见到的第一运动物体的形象在它的头脑里刻下了深深的印记。

––––––––––––––

① "依恋"的英文 attachment，其本义是附着，又是"爱"（love）的一个同义词。

图 3-1　现代国家里的父亲在照料婴儿方面也起着主角的作用

（4）洛伦茨还以实验证实：在小鹅出壳后，立即移走母鹅，代之以自己在小鹅的眼前走动，小鹅们后来就一直跟随自己（参见彩图 4），而不会跟随母亲跑了。

（5）美国心理学家哈罗提供了具有决定性的实验证据：哈罗把出生不久的小猴与母猴隔离开，然后并排放置两个人工"母猴"，它们有木制的头和用铁丝编织的躯干。区别在于，一个"母猴"的铁丝躯干覆以泡沫橡胶，外罩毛巾布；另一个则裸露铁丝框架，但胸部处固定一只奶瓶以提供牛奶。实验结果表明：① 除非是因为饥饿而吃奶，否则小猴大部分时间是抱住毛巾布"母猴"度过的（参见图 3-2）；② 当对小猴施以恐惧刺激时，只要现场有毛巾布"母猴"在，小猴的害怕程度就显著降低；③ 如果递给小猴毛巾布的"手臂"或"腿"，它会探究，可如果那"手臂"或"腿"是裸露铁丝的，则小猴就害怕得不敢接近。

（6）愉快玩耍的人类儿童经常会突然中止玩耍而环顾四周，以确定依恋对象是否在场。如果是，则继续玩耍，否则就会呼唤、哭喊和寻找。显然，所有这些方面的证据都表明依恋与喂哺的关系不大，而与个体的心理安全关系密切。

人类婴儿的依恋源于进化的先天机制。有证据表明，给新生儿看不同的图片，他们对人脸图片注视的时间最长。婴儿在 3 个月左右能够通过视觉识别母亲；5 ~ 6 个月的婴儿不仅能识别母亲，而且能以微笑反馈母亲的注视；婴儿到 7 ~ 8 个月时出现"分离性焦虑"[①]，即当母亲离开时，婴儿表现出不安、哭叫、活动水平降低等行为，这可以看作形成依恋的标

---

① 这正是婴儿具有了客体永久性意识的一种表现。

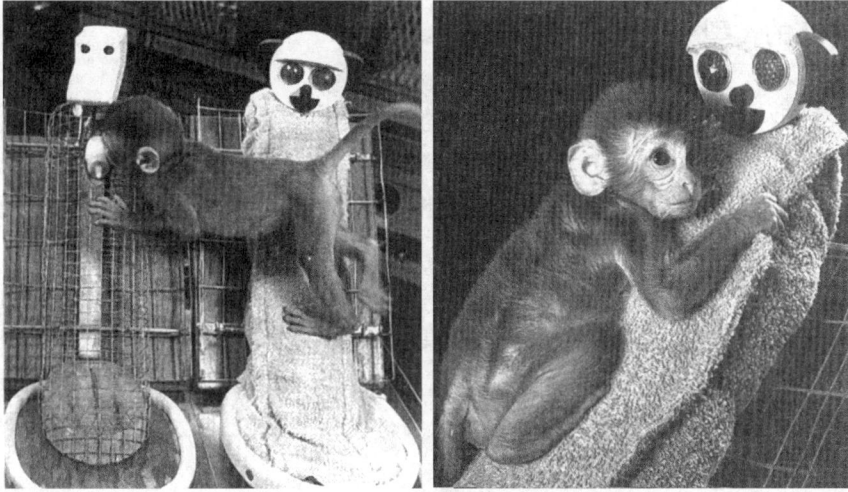

图 3-2 哈罗实验中的两种人工"母猴"和小猴的依恋

志；婴儿在 9 个月时，30 分钟的亲子分离会导致婴儿的激素分泌发生变化，进而导致行为变化。婴儿的分离性焦虑发生的时间在许多不同的文化里并没有大的差别（参见图 3-3）。先天盲童的依恋要晚几个月形成，这说明视觉在依恋形成中起着重要的作用。之后，盲童只要听不到母亲的话语甚至行动的声音就会焦虑。要之，依恋形成于个体生命的最初几个月，而在 2 岁时达到高峰，之后随着个体自信心的增强而减少，但是不会消失。

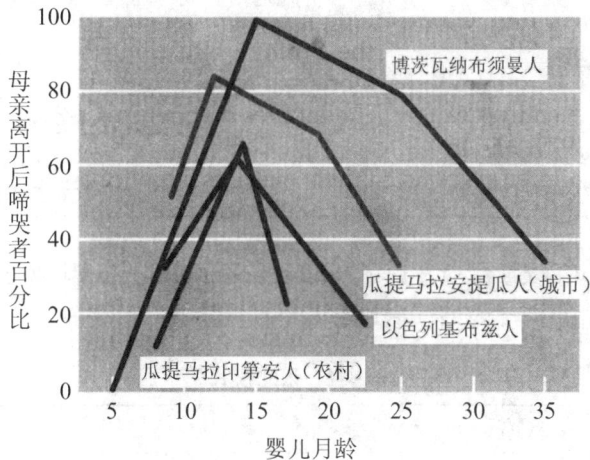

图 3-3 分离性焦虑跨文化研究结果①

---

① 以色列属于发达国家，基布兹人生活在一种叫作"基布兹"的社区里。基布兹社区高度公共集体化，但是产值不低；基布兹儿童从小过着集体生活，父母每天定时看望。布须曼人生活在南非，其生产力水平在 20 世纪 70 年代之前，仍可以称作"原始"。请注意比较图中线条峰尖的横向距离，这是月龄差距。

3-1-2 依恋的类型

虽然几乎所有的孩子都会形成对照料者的依恋，但依恋的性质是有差别的。安斯沃斯（Ainsworth）等人在1969年发明"陌生情境"实验程序（参见表3-1），考察婴儿依恋的类型。安斯沃斯认为，如果依恋发展得好，婴儿视母亲为安全保障，那么他就能于母亲在场的游戏室里安心地进行探索；而当母亲离开后，婴儿将表现出分离性焦虑，陌生成人的安慰也一定不及母亲出现有效；等等。陌生情境实验程序由7个情节组成，每个情节持续约3分钟，其中情节3、情节4、情节5、情节7是度量依恋的关键场景。实验包括3种人，即幼儿、母亲和陌生人；有2种人际关系，即幼儿与母亲、幼儿与陌生人；有4种主要情况，即母子分离、母子团聚、陌生人在场、陌生人退场；重点是观察儿童于母亲在场与否时的行为表现，尤其是儿童在母子分离后重聚的反应。

表3-1 陌生情境实验程序的情节

	事 件	要观察的依恋行为
1	母亲带孩子进游戏室，把孩子放在散布着的许多玩具中间，然后走向孩子对面的墙壁，在椅子上坐下。	
2	一位陌生女性进屋来，静静地坐了1分钟，又与母亲交谈1分钟，然后走向孩子并和孩子一起玩玩具。	将母亲作为安全基地
3	母亲招呼孩子后独自走出屋。此时，若孩子表现出不自在，陌生人就安慰之，否则陌生人过一会儿就静静地退出游戏，坐到墙边去。	分离焦虑
4	母亲返回屋里，和孩子一起玩玩具，陌生人则悄悄走出屋。	
5	母亲再次离开，屋里只剩小孩在。	分离焦虑
6	陌生人再返回，若见小孩不自在，则安抚之。	被陌生人抚慰的可能性
7	母亲再返回，陌生人悄悄离开。	对重聚的反应

基于陌生情境实验，安斯沃斯发现了三种主要的依恋类型，其他心理学家以后又确认了一种依恋，合起来一共是两类四型，参见表3-2。

表3-2 依恋模式

类	型	行为表现
安全	安全型	可
不	回避型	预
安	矛盾型	测
全	紊乱型	不可预测

（1）安全型。这类婴幼儿与母亲在一起时能安逸地玩玩具，并不总是依偎在母亲身旁；他们会对母亲微笑，或者与母亲有一定距离地对话几句，然后也会自由地探索。但是一旦发现母亲离开了，这类婴幼儿就会着急地呼喊母亲，乃至奔走号哭，先前的游戏、探索行为全部中断。当重新见到母亲时，这类婴幼儿往往奔向母亲，首先实现身体接触。母亲的抚慰和柔声细语很容易使他们平静下来，不久，他们又离开母亲而继续玩自己的游戏了。这类婴幼儿占65%~70%。我们从表3-2可见，安全型依恋是安全类里的唯一一种，其余三种类型的依恋都属于不安全类的。

（2）回避型。这类婴幼儿独自玩耍时对母亲在不在场无所谓；母亲离开时，他们并不表示反对，很少有紧张不安的表现；母亲回来时，他们也往往不理会，而是自己玩自己的，没有明显的高兴感。这类儿童有时也会欢乐地迎向母亲，但只是非常短暂的，接近一下就又走开了。这类婴幼儿约占20%。

（3）矛盾型，又称反抗型。这类婴儿在母亲离开前就显得很警惕，在整个陌生情境里都显得比较苦恼，与母亲分离后尤其如此。但是在与母亲重聚时，他们又表现出一种矛盾的反应：一方面是焦虑减弱，另一方面又似乎很生气，甚至对母亲推推搡搡。此外，这类婴儿不易因抚慰而安静下来，母亲抱他们时也会继续哭泣。这类婴幼儿占10%~15%。

（4）紊乱型。这通常是一些受到虐待的儿童，他们接近母亲却不敢靠拢；身体摇动而表情漠然。紊乱型依恋的儿童，其行为不易理解、难以预测，而其余三种依恋的行为一般是可以理解的、可以预测的（参见表3-2）。

总体来说，安全型依恋是良好的、积极的，其余都是不良的、消极的，而紊乱型依恋是最有问题的。婴儿或儿童形成哪一种依恋，最主要的因素在于成人对待他们的方式。良好、积极的依恋的形成，不仅在于成人满足儿童的基本生物需要，如吃饱、穿暖、睡足和身体洁净，还在于肌肤相亲的温暖和爱抚、面对面的亲子逗弄、言语刺激——哪怕婴儿还不会说话（参见图3-4），以及帮助儿童解决困难——哪怕未必成功。

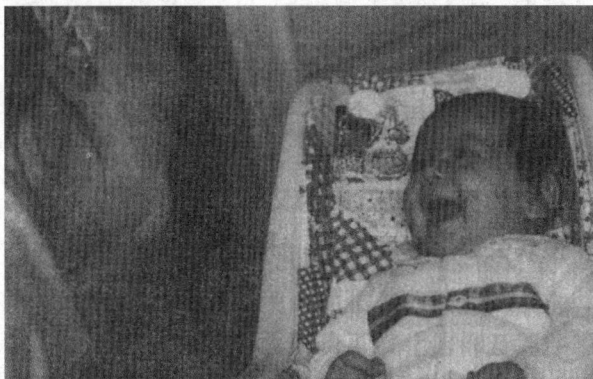

图3-4　母婴正在进行敏感的交流——同步行为，他们情绪状态相符

3-1-3　教育含义

追踪研究表明，婴幼儿的依恋类型可以预言其在小学时的很多行为，比如自我控制和同侪悦纳的程度，以及在课堂学习中是否乐意表现才干等，下面我们就儿童的"期望"心理做个比较说明。

不论儿童对父母的依恋是何种类型，他们对父母都会有所期望。但是期望生成以后，儿童的依恋类型不同，则心理和行为也不同。安全型依恋的儿童比较自信能得到所期望的东西，因此往往有更加乐观的情感，比如他会对同伴说："我也叫我爸爸给我买（这玩具）！"或"我妈妈也会带我去玩的！"这种乐观、自信导致他们明明白白地对父母提出要求。于是乐观的内心期望和明白要求的行为在他们入学后将转换成对教师和同学的信任，能够积极地与教师、同学相沟通，结果得到教师和同学的积极反应。这反过来又促进安全型依恋儿童继续生成乐观的期望、继续做出明白要求的行为，于是形成与老师间、与同学间社会交往的良性循环，他们将变得越来越有自尊（self-esteem）、有社会才干、对他人的需要更敏感，更合群，心理和人格的发展就越健康。

相反，不安全型依恋的儿童比较怀疑自己是否能得到他期望的东西。因此，他们有了期望后却生出比较悲观的情感。怀疑与悲观使他们往往不敢明白地表达自己的期望，于是他们表现得比较沉默、旁观，甚至当他人询问他的期望或要求，或者征求他的意见时，怀疑、担心和生怕遭到否定或拒绝之类的心理也使这样的儿童吞吞吐吐，不知说什么好，不知怎么说才好。如此的表现导致与之交流的对方感到"没劲儿""无趣"，因此很容易中断交流。而交流的中断又使这样的儿童认为自己的怀疑、担心得到了"证实"："瞧，我的怀疑、担心没错吧？"于是他们更不敢表露自己的想法和欲求；如此造成恶性循环，他们也就变得越来越孤独、退缩。但是这些儿童的内心深处可能仍有激荡的欲求和想法，而为了调节与现实的平衡，他们很容易做出"我是讨人嫌的"（unlovable）、"我是一棵路边草"（unworthy）之类的解释。这样的解释实质上是他们对自己的评价，而这样的自我评价倒真可能浇灭他内心的愿望星火，正所谓"哀莫大于心死"。有的儿童虽然没有浇灭内心的愿望星火，却燃烧到另外一路上去，于是表现出敌视和嫉妒"有意味的他人"（significant others），甚至故意捣乱，直至采取言语攻击如贬低他人、身体攻击如侵害人身、间接攻击如偷盗或损坏攻击对象的物品等问题行为。

于是教师们要认识到：学生们的家庭教养有风格、方式的不同，因此在自己所教授的学生中出现各种依恋类型的学生也是难免的。但是如果教师承认教育要促进所有儿童健康发展，那么就得格外重视不安全依恋型的学生。这些学生很可能在教师看来显得不大方、不坦率、像"闷葫芦"，令教师失去与之交谈的耐心。教师有这样的心理反应，是完全正常的。但是既然身为教师，就有责任在肩，有时也就不能做出像常人那样的行为。这就要求教师抑制自己那种"失去耐心"的情绪反应，并且从理智上认识到顺着自己失去耐心的心情而做出"不再搭理"那些学生的行为，其实就是忽视或嫌弃这些学生。教师应该反其道而行之，要以"冰冻三尺非一日之寒"的心理准备，下"水滴石穿"的功夫，做"春风化雨"的工作，循循善诱，切实鼓励这些学生表达自己的愿望；在学生一时难以做到的情况下，教师还应该动员其他同学友爱地接纳这些学生加入团体活动，让亲密无间的活动本身慢慢地融化不良依恋类型学生内心的疑虑之冰，使之依恋同学群体、依恋教师、依恋学校生活，使他们至少在学校里能够健康发展。

更优秀的教师有能力应用教育心理学的原理向家长做说服教育工作，帮助家长建立子女对他们的安全型依恋。因此能干的教师对学生做家庭访问时，不应该是"告状式"的，而应该超越单纯报告学生在校的进步这种一般正常的样式，从而进入了解家庭养育子女的习惯做法的境地，帮助家长纠正不当的养育做法，实现在学校指导下的家—校联合培育下一代模式。上海很多小学的校门口都挂着"家长学校"的牌子，学校通常借开家长会的时机，邀请教育学和教育心理学的专家对家长作儿童养育与教育的演讲和交流，这也是一种不错的做法。

由于依恋是任何年龄都有的心理现象，也由于任何人都可能成为特定儿童的依恋对象，更由于依恋心理的实质在于使依恋者觉得依恋对象能为自己提供身体和心理的安全保障，而教师是学生在学校的监护人，因此小学教师尤其应该独立地培养学生对自己的依恋感。在这方面，教师之间要相互配合。比如有的学生有时实在不像话，教师也难免生气至极，把学生叫到办公室里严厉训诫，而学生可能真的知错了，并且有所害怕。此时，其他教师，特别是班主任，应该起缓冲的作用，在适当的"火候"上给予学生以宽慰，让学生及早退出他已经害怕了的场景，恢复心理安全感。事实上，当学生恢复心理安全感之后，教师才能更好地进行不姑息、不迁就的教育。

又比如个别学生也可能在社会上因为做出问题行为而被有关机构（比如派出所）临时扣留。很多学生往往不知道父母工作单位的通讯方式，因此有关机构会要求学校"来领人"。此时，即使该学生的班主任一时不在校，其他教师（如少先队大队辅导员）也应该尽快前去，并且在现场要给予学生一定的宽慰，而不应该当着学生的面，数落其家庭的缺陷或家庭教育的不是，这是一方面。另一方面，在把学生带回来之后，教师又要不失时机地、理智地进行开导，还要根据具体情况，决定是否有必要或者何时才有必要向学生的父母通报情况。事实上，很多问题儿童是宁愿教师来带他回去的，因为他们肯定在教师那里不会受到皮肉之痛，也不会受到恶语相加，这是教师独立培养学生对自己和学校的安全性依恋的心理基础。

3-2 儿童的社会化

如果以现代城市生活为准，那么每个家庭都会在婴幼儿到了一定年龄时对他们进行排便训练，比如大小便时要招呼成人，然后拉或撒到便盆里。这是全世界通行的，恐怕也是全世界婴幼儿经历的第一项社会化过程。在中国，儿童的年龄更大一些时，吃饭时，父母会让他们试着放弃勺子而练习使用筷子，这是中国儿童要进行的一种独特的社会化过程。由此可见，儿童的社会化是成人社会要求儿童按人之为人、民族成员之为民族成员……的普通方式行事。说得更直接一些，儿童的社会化就是要求儿童随着年龄的增长而越来越像他所在的文化里的成人那样做出行为。有趣的是：虽然有的父母在婴儿很小时就逗他发出"爸爸""妈妈"的声音，此时，父母从心里希望这样的逗弄会变成婴儿"学说话"的过程。但是，我们一般不把婴儿最初的学说话纳入社会化的范畴里，虽然会说话也符合"人之为人、民族成员之为民族成员……"的要点。但是，当儿童初步学会说话之后，我们要求他们把话说得"有礼貌"，甚至会严厉惩罚说出粗话、脏话的儿童——尽管他们并不理解那些话语的字面义。这却是属于儿童社会化的。

儿童社会化其实有许多方面，这里仅仅挑选儿童之间交往的若干方面讲，这些方面更加具体地体现了"社会"的含义。

3-2-1　同伴交往

儿童最初几年主要在家里度过，父母和其他家庭成员对儿童早期行为和思想的塑造起着关键的作用。在现代义务教育制度下，随着儿童成长，活动范围扩大，他们逐渐减少了与父母的交往，增多了与同伴的交往。这样的同伴通常是年龄和社会认知能力与自己相同或相近的其他儿童，最典型的就是学校里的同学。同伴交往与亲子交往是性质不同的。后者的特点是亲情的依附，而前者的特点是平等的自由。我们常见儿童之间耍"小孩子脾气"：一个说"不理你了"，另一个说"不理就不理"，说罢即分手，可是没过两天，两人又和好了。

平等与自由的同伴交往使儿童体验到一种新的社会经验，它在儿童和青少年发展中具有成人无法替代的独特作用。第一，同伴可以满足儿童的归属需要和尊重需要。儿童被同伴接纳并建立友谊，在集体中占有一定的地位，受到同伴的赞许和尊重，这会产生一种心理上的满足，有益于儿童的心理发展。第二，同伴交往为儿童提供了学习他人反应的机会。儿童在同伴交往中学习如何与他人建立良好的关系，保持友谊和解决冲突，怎样对待有敌意的人，怎样对待竞争与合作，等等。这一切都是在平等的基础上进行的。第三，同伴关系有助于儿童获得熟练的、成功的社交技巧。经常和同伴在一起，儿童能锻炼自己和别人交流的能力，特别是语言技巧。在同伴中地位较高的儿童通常能够适当地控制自己的攻击行为，于是他们显得具有较高的道德水平，而且显得比较友好和喜爱交际。第四，同伴是儿童得到情感支持的一个来源。儿童在成长过程中会遇到许多困惑与烦恼，产生焦虑和紧张的情绪。儿童、青少年可以从同伴中得到宣泄、宽慰、同情和理解。有研究指出，在班上没有朋友的儿童比其他儿童更容易出现逃学之类的行为问题，产生孤僻、退缩、冷漠、压抑等心理问题，乃至发生加入不良团伙之类的品德问题。

儿童的同伴交往有一个发展的过程。虽然在婴儿6个月时，婴儿与婴儿之间就有相互的微笑、发出"呀呀"的声音，但他们可能只是将对方当作物体或活的玩具来看待，甚至会出现不顾及对方的疼痛而抓对方的头发、鼻子等动作（参见图3-5）。

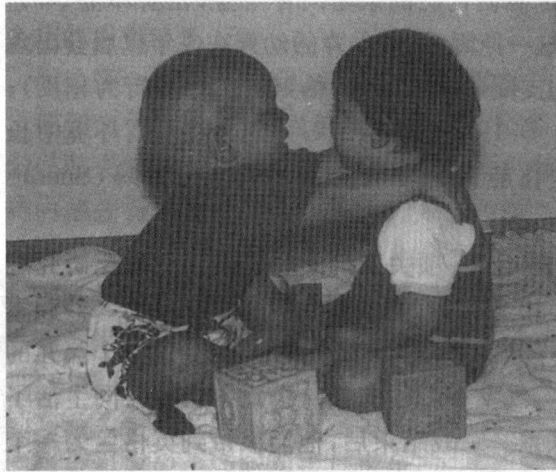

图3-5 婴儿最初的同伴交往

事实上，学前儿童的同伴交往方式主要是游戏，但是关于儿童游戏，根据帕特（Mildred Parter）长期的观察，仍可分为三个发展阶段，对应地有三种类型：第一阶段主要是非交往性的单独游戏，即儿童根本不关心别人做什么，看不出交往的性质。第二阶段主要是平行游戏。这时，一名儿童会有意识地在另一名儿童的附近玩，甚至两人有意并排坐，这表现出交往的意向。但是他们可以各玩各的游戏，并不试图去影响对方，这又表现出彼此之间没有真正的互动或合作（参见图3-6）。第三阶段是联合游戏和合作游戏，这时儿童才开始真正的社会互动。联合游戏是儿童在一起玩同样的游戏，但彼此之间没有明确的分工或没有一个共同的目的（参见图3-7）。他们的互动行为主要是交换玩具和评价同伴的行为。合作游戏是儿童围绕一个共同的主题而组织起来，各游戏者的行为服从于共同的团体目标。我们看表3-3，它表明在学龄前，非交往性的独立游戏有所减少，联合与合作游戏有所增多。

图3-6 正在进行平行游戏的儿童

61

表 3–3 学龄前儿童游戏模式的变化

类 型	3 ~ 4 岁	5 ~ 6 岁
非交往性的单独游戏	41%	34%
平行游戏	22%	23%
联合游戏与合作游戏	37%	43%

图 3–7 儿童的联合游戏

　　儿童进入小学后接触的同伴数量更多，个性多样，同伴交往的一个显著特征是出现了友谊和同伴团体。比如，丽丽可能常常与许多同伴在一起，但是其中只有佳佳一人才是丽丽"要好的"朋友，丽丽与佳佳在一起玩的时间比与其他同伴在一起玩的时间更长，关系更亲密。我们把这种相对亲密的关系称作"友谊"，并把友谊的诸方相互称为"（好）朋友"。于是同伴并不一定都是朋友，而同伴关系也并不等于友谊。友谊是具有依恋性质的同伴关系，这在友谊者一方受到委屈时表现得最明显，而在一般情况下，友谊超出依恋关系，是以信任为基础、以亲密支持为情感特征的一种较为持久的关系。

　　友谊的发展表现在亲密性、稳定性和选择性等方面。塞尔曼（Selman）曾提出儿童友谊发展有几个阶段。在第一阶段（3 ~ 7 岁），"友谊"就是身边的玩伴。儿童认为朋友就是"喜欢你的人"。友谊在他们眼里是具体的，是物质的交换和游戏的玩伴，小孩子认为形成友谊很容易——比如见到邻居说一声"你好"就能交上朋友。然而他们的友谊不是长期的。儿童认为如果对方不愿与你分享，还打你，不和你一起玩，这段友谊就结束了。在第二阶段（4 ~ 9 岁），"友谊"表现为单向帮助。这个时期的儿童要求朋友能够服从自己的愿望和要求。如果顺从自己，那就是朋友，否则就不是朋友。大家都按照这样的想法去做，这就产生了"朋友难有"的孤独感。在第三阶段（6 ~ 12 岁），"友谊"表现为双向帮助。儿童对友谊的交互性有了一定的了解，但仍具有明显的功利性特点，即"朋友就是相互帮忙"，但不理解"相互帮忙"不等于"两肋插刀""共患难"。第四阶段（9~15岁），是亲密的共享阶段。儿童发展了朋友的概念，认为朋友之间可以相互分享；友谊是随时间推移而逐渐形成和发展起来的；朋友之间要保持信任和忠诚，甘苦与共。友谊不仅是一起做同样的事，而且是一种相互的肯定关系，还是喜欢对方的性格特征，也能对别人的需求和欲望做出反应，因为友谊是两个儿童希望待在一起，所以一段友谊的开始，需要更多时间和努力。第五阶段（12岁开始），是亲密和忠诚阶段。青春早期的友谊有了更深入的含义，但问及友谊意味着什么时，青少年们往往强调它的两个特征，即亲密无间和忠诚可靠。前者表明青少年交朋友是为了寻求心理上的亲近和相互间的了解；后者表明青少年交朋友是为了获得一种社会性支持。

3-2-2　同伴团体

友谊并不仅仅局限在两人之间。显然，如果甲和乙是朋友，而乙和丙是朋友，那么甲和丙也很可能成为朋友，好比中国人说的爱屋及乌。三五成群，学龄期也是开始建立同伴团体的时期。社会心理学家认为同伴团体有以下几个特点：① 在一定规则的基础上相互交往；② 限制其成员的归属感；③ 具有明确或暗含的行为标准；④ 发展了使成员为了共同目标而一起工作的组织。

美国著名心理学家谢里夫（C. W. Sherif）以经典实验"罗伯的夏令营"为例，考察同伴群体的形成过程。在实验中，谢里夫和同事让原先素不相识的25名男孩参加夏令营，并将他们分成两组，分别送到营地。研究者为了促进群体结构的形成，特意安排了一个有利于同伴之间合作的活动情境。例如有一天，营地的工作人员没有为男孩们做好午餐，但做饭的材料都准备好了。这些男孩必须自己动手才能吃到午餐，于是他们很快投入做饭的工作中去，而且在每个群体内部产生了劳动分工，有的洗菜，有的做饭……在每个群体内，不同的男孩具有不同的社会地位，一些是"领导者"，他们指挥；另一些是"追随者"，他们完成前者分配下来的任务。每个成员自发地担负起自己的责任，而更有趣的是，这两群男孩为自己的群体起了名字，分别叫作"响尾蛇"和"鹰"，还把名字写在自己的旗帜和T恤衫上。这样，最初彼此陌生的人因为拥有了共同目标和共同活动而很快变成一个富有凝聚力的群体，并且获得了成员的积极认同，由此确立了相对稳定的人际地位，这就可以进一步组织集体活动，于是，同伴群体形成了。

同伴团体的形成也有一个过程。学前期基本上没有同伴团体；小学低年级往往形成非正式的同伴团体，它通常是儿童自发形成的，同伴交往缺乏正式的规则，团体成员经常变换。从中高年级起，同伴团体的组织结构逐步完善起来，同伴团体对成员的压力日益显著，开始对儿童产生深刻的影响。譬如图3-8，图中的男孩似乎已经有了他们自己的组织，有"领袖"，也有"追随者"。他们经常聚集在一起从事共同的活动，如打篮球或骑自行车等。他们的肢体语言告诉我们他们有着强烈的团体归属感。

图 3-8　儿童自发形成的同伴团体

同伴团体对儿童的影响表现在：① 提供了学习与同龄伙伴交往的机会，为儿童提供了互相模仿的对象。在团体活动中，相互交往技能进一步扩展和提高，儿童学习处理各种关系中的社会问题，这促进了儿童的社会化。② 提供了形成和评价自我概念的机会，同伴的反应和同伴的拒绝与接受使儿童对自己有了更清楚的认识。同伴团体对儿童和青少年的身心健康发展发挥着重要的作用。

于是，让每个儿童都有同伴，以促进其社会化的正常发展，这是教师的一项工作。为此，教师应让班级中的每个儿童感到他们与班级中其他学生一样，都有较高的价值，这是必不可少的第一步。

对于不受同伴欢迎、缺少友谊的儿童，教师应该使其认识到，我们之所以有朋友，是由于别人认为我们能给他们提供好处。缺少朋友的儿童常常认识不到他们应该提供什么，或者认识不到应该怎样提供。在一些情况下，他们由于自己的人格特征（如内向、沉默）、背景（学习成绩不理想）和兴趣与群体有差别，因而可能很少具备群体已有的价值。事实上，由于他们一般都不受到别人的喜欢，因此如果某些人被看到与他们在一起，那就会对这些人在群体中的地位产生消极影响。教师虽然不可能在一夜之间改变这种情况，却可以在长期的过程中帮助这些儿童。一个好的做法是教师安排这样的儿童在团体活动里承担一份他力所能及的，或者在他的"最近发展区"范围内的工作，并且设法使他们感受到或认识到自己是重要的，从而增强儿童的自我价值感。学校也应该逐渐在目前的教学中增加一些关于社会交往技能的训练，因为得体的行为方式容易展开有效的社会交往。社会技能训练的程序最好从要求个体评价其现有的社会能力开始，当儿童认识到自己在一些方面很不成功时，他们才会有强烈的动机去学习它。只有掌握了必要的社会技能，儿童才可能有同伴，获得友谊，身心得到健康发展。在小学阶段就被同伴所排斥的人很容易在青少年期和成年期产生行为问题；缺少朋友的儿童很容易产生孤独、失望和自我放弃的感觉，这些感觉有可能持续终生。

另外，大多数教师在某些方面反对儿童以某种方式结成"同伙"，比如儿童与那些对他们有坏影响的人结为伙伴，或与支配他们、利用他们的人结为伙伴。如果教师认为儿童形成了一种不令人满意的"友谊"，就必然要去阻止，但教师的成功却极有限。教师不可能替自己的学生去中断这种"友谊"，最好的策略是巧妙地让儿童认识到他们和那些"朋友"很少有共同之处，认识到他们的这种"友谊"只能产生更多的不良后果。对于这些交友不利的儿童，教师可以增强他们的自信和独立性，这会使他们今后在选择朋友方面更具有自主性。

3-2-3　观点采择

所谓观点采择（perspective taking），可以形象地比喻为"从他人的眼中看世界""站在他人的角度看问题"，或者更简洁地说，是做"换位思考"。一个有观点采择能力的儿童能够认识到就同一事物或事件而言，他人可能会有不同的观点和看法，因而不妨站在他人的视角或场景里来重新看这个问题。因此观点采择所表明的实质是个体在社会认知上摆脱自我中心。但是区分自己与他人的观点并不等于采取他人的观点，只有能够对他人的观点做出准确的预测，才算真正采择了他人的观点。通过观点采择，儿童可以协调不同的观点，从而协调人际关系，所以观点采择在儿童社会认知发展中处于核心地位。

儿童的观点采择能力是随其年龄的增长而发展的。心理学家塞尔曼（Selman）认为对不同观点进行整合是儿童理解各种人际关系（如个体、友谊、同伴关系、亲子关系）的关键。塞尔曼向儿童讲一系列涉及人际关系的两难的故事，然后对儿童进行访谈，从而研究儿童观点采择能力的发展，表3-4是一个例子。

表 3-4　观点采择两难故事举例

霍　丽　爬　树
霍丽是个女孩，8岁，喜欢爬树，而且比邻居的所有孩子会爬树。一天，当她从一棵高树上爬下来时，从离地面不高的树枝上掉了下来，但没有摔伤。爸爸看到后很担心，要霍丽以后再也别爬树了。霍丽答应了。后来有一天，霍丽和朋友们遇到了肖恩，他说他的小猫夹在树杈间下不来了。显然，他们必须立即想办法把猫抱下来，不然它会从树上摔下来。只有霍丽一人能救小猫，因为她会爬树，可是霍丽却记起她对爸爸的承诺：再也不爬树了。

为了考察儿童对霍丽、爸爸、肖恩的观点的理解，塞尔曼要求儿童听完故事后回答下面几个问题：① 霍丽知道肖恩的感受是怎样的吗？② 如果霍丽的爸爸发觉她又爬树了，那么他会感到怎样？③ 如果霍丽的爸爸发现她又爬树了，她认为她爸爸会怎样做？④ 你认为霍丽的爸爸会怎样做？根据儿童的回答，塞尔曼把儿童的观点采择能力发展划分为如下几个阶段。

阶段0：自我中心的观点采择阶段（3~6岁）。此阶段的儿童不能认识到他人的观点与自己的不同，因而往往根据自己的经验来做出反应。如儿童喜欢小猫，因而认为霍丽会救小猫，她父亲会很高兴，因为"他也喜欢小猫"。

阶段1：社会信息的观点采择阶段（6~8岁）。此阶段的儿童仍有将自己的观点投射到他人身上的情况，但仅限于儿童自身与他人在同一社会情境里的时候。在这个阶段的后期，儿童已能认识到，每个人都有自己的主观世界，因此尽管是在相同的社会情境里，自己的观点与他人的也有可能相同、有可能不同。这一时期的儿童会表现出对他人心理状态的关心，比如认为霍丽的父亲如果不知道霍丽爬树的原因就会很生气，但是如果知道了，就不会生气了。

阶段2：自我反省的观点采择阶段（约8~10岁）。此阶段的儿童逐渐认识到即使得到相同的信息，自己和他人的观点也可能会产生冲突。他们已能考虑到他人的观点，并预期他人的行为反应，但还不能同时考虑自己和他人的观点。如问到霍丽会不会去爬树时，儿童会说"是的，她爸爸会理解她为什么爬树的"或者说"她爸爸不希望她爬树"。这就是说，儿童注意的是霍丽的爸爸对霍丽的观点。但是回答者自己的观点呢？"我"认为霍丽在此情此景下"该"怎样呢？这里没有这样的观点。

阶段3：相互性观点采择阶段（10~12岁）。此阶段的儿童考虑到自己和他人的观点，并认识到他人也可能这样做，于是能够从第三者的视角，以公平的眼光来观察两个人之间的关系。比如儿童可以客观地以第三者的身份说："霍丽想去救猫，因为她喜欢猫。但是她知道爸爸不让她爬树。霍丽的爸爸知道他要求霍丽不爬树，但是他并不知道猫被夹在树杈间了。"这说明儿童能跳出霍丽或她爸爸的一个人的圈子，而去考虑双方各是怎么想的。

阶段4：社会性或更深层的观点采择（约12岁~成人）。此阶段的儿童开始运用社会系统和信息来分析、比较、评价自己和他人的观点，由此而产生一些关于社会法则的概念，如法律、道德等，并能了解人类可以共享更深层次的情感及价值观念。如一些人认为霍丽的父亲会生气，并惩罚她，因为父亲通常会惩罚不听话的孩子。但另一些人会说，霍丽爸爸的反应取决于他在多大程度上与一般父亲不同，即霍丽的爸爸强调服从的程度。

塞尔曼发现，观点采择技能高的儿童比这种技能水平低的儿童会更好地解决与父母的冲突，因为他们能更好地采纳父母（或长辈）的观点，从而达成对双方均有益的共识。图3-9便是一个与母亲发生矛盾的女孩，看来她不能很好地采择母亲的观点，于是也就不能较好地解决冲突。

儿童随着年龄的增长，采择他人观点的范围也逐渐扩大，精确性也越来越高。如果儿童的观点采择能力的水平低于其年龄应达到的水平，就可能产生过失行为或不良行为，而训练可以在一定程度上提高儿童的观点采择能力，促进其社会化的发展。

训练观点采择能力的一个较好方法是开展角色扮演活动。角色扮演要求个体暂时置身于他人的处境里，并按这一处境所要求的方式和态度行事，以促进个体理解他人的社会角色和自己原有的角色。角色扮演活动使儿童能够亲身体验他人的角色，从而可以更好地理解他人的处境，体验他人在各种不同情境下的内心感受，最终提高观点采择能力的水平。为组织好角色扮演的活动，教师可以设定一个情境，设计好训练内容。例如，设计一个题目为"当别人不小心弄坏了我的物品时"的角色扮演活动，让学生扮演其中的角色，进行现场表演，

图 3-9 与父母发生冲突的儿童

其他同学通过观察体验进行分析讨论，从而使学生得到训练。在扮演时，教师要求学生按其角色做其所想、所感的行为，然后互换角色，从而了解对方的感受，帮助他们克服自我中心；其他同学观看，然后做出有益的评论；教师观察学生行为、言谈中是否存在问题，最后做总结。教师不要先告诉学生该怎么去演，而是先让学生按自己的真实感受去做，但是教师应该鼓励其他学生提问题，这样的彼此互动对学生的促动会更大，也更有助于学生发展其观点采择的能力。

3-3 儿童的道德发展

在我国学校教育里，"道德"和"品德"几乎是同义的，只是"品德"尤指个人表现出来的道德行为、道德观念。就小学生而言，"品德"还是"道德"的一个委婉用语。比如我们可以说一个学生"品德不好"，但不会说他"道德不好"，因为我们会觉得后一种说法未免"言重"了。所以我们只会对一个成人使用"道德败坏"这个词。鉴于"道德"和"品德"的实质内容是一样的，这里就不再细分其差别，而统一使用"道德"一词，只在个别行文里为了顺乎习惯而用"品德"一词。

儿童的道德发展是一个重要的问题，重要性不亚于他们的认知发展。儿童的道德发展也是一个多面的问题，在我国流行的就有"道德认知""道德情感""道德意志""道德行为"四个基本范畴。从它们出发，还可以有"世界观""人生观""价值观"等维度。但是道德认知的发展是最为基本的，也是心理学里研究得最扎实、最确切和最实用的。本节介绍两项基本的研究，然后谈谈它们的教育含义。

3-3-1 皮亚杰的研究

皮亚杰不仅研究儿童的一般认知发展，而且也研究儿童的道德认知发展。这两个系列的研究是有内在逻辑的。皮亚杰关于儿童的一般认知发展研究并不涉及具体的生活内容或实践领域，比如是数学还是阅读①，而在于列出一个认知发展的机制与阶段的逻辑性框架。但是皮亚杰的儿童道德发展研究显然涉及生活或实践的一个具体领域或内容，具有一箭双雕的作用：① 以一项具体内容来证实他的儿童认知发展阶段这个框架是管用的，即具有现实性的；② 在这个框架里厘定儿童道德发展的具体阶段。由于是在认知发展的框架里研究道德，因此皮亚杰研究儿童的道德发展，具体地说，是道德认知（识），或者说是道德观念的形成，或者说是道德判断的形成，或者说是道德推理的进行。因此，在皮亚杰那里，道德"观念"的"判断""推理"是可以互换使用的。正是在这个意义上，我们可以说皮亚杰是第一个系统研究儿童道德认知发展的心理学家，他的《儿童道德判断》（1932）奠定了对这方面研究的基础。

皮亚杰的道德认知发展研究从内容上说，主要是两项：一是对人际关系规则的认识和应用，二是公正。这两项内容是有机联系的，因为皮亚杰认为个体在道德方面的成长、成熟和完善就表现为能够公正地应用道德准则来公平地对待其他人，包括和他人交往。从研究切入点上说，皮亚杰的道德心理研究是睿智的，这表现在以下两方面：① 为研究儿童对人际交往的规则的认知，他考察了儿童玩的一种游戏，比如在瑞士的 4～13 岁儿童里流行的弹子游戏②，甚至他和儿童一起玩；② 为研究儿童的公正观念的发展，他考察了儿童是如何评判是非的，因为评判总要涉及以某个观念为前提的推理过程，其结果就是判断。从研究方法上说，皮亚杰是有创新的，这表现在以下两方面：① 为了研究儿童对规则的认知，他采用谈话法（又名临床法）。这通常是在儿童游戏结束后向他们询问"这些规则是哪儿来的？""每个人都必须遵守规则吗？""这些规则可以改变吗？"等问题；② 为了研究儿童的公正观念的发展，他发明了对偶故事法，即讲述配对的两个故事，但是主人公不同，他们的行为动机不同，行为的结果也不同，通常设计成这样的内容：甲出于"好心"而做出某些行为，却造成较大的物资损失；乙出于"坏心"而做出某些行为，却造成较小的物资损失（参见表3-5），然后要求儿童评判谁"更不好"，并陈述理由。

表 3-5　中国化的皮氏对偶故事样例

结　　构	故　　事
甲："好心"造成大损失。	小明趁妈妈外出时帮助做家务，便去洗茶杯，可是没料到一盘子茶杯那么重，结果失手摔碎了 6 只杯子。
乙："坏心"造成小损失。	小强趁妈妈外出时偷吃果酱，便打开橱柜，可是没料到果酱放得太高，结果不但没够着，还把 1 只杯子碰落到地上摔碎了。

---

① 尽管以后扩展到儿童是如何学数学和理解因果关系的。

② 这种游戏在中国也有，而且具有地方特色。比如，上海的玩法就和北京的不同。但是里面贯穿的人际关系规则在原理上一样的，和瑞士的也一样。比如，一人"打"一次地轮流，优先性、犯规及其处罚条例等。

皮亚杰的研究表明了儿童道德发展经历了以下三个阶段：

前运算阶段前期（5岁前）的儿童玩弹子游戏时往往各自厘定规则，于是造成两种通常的现象：一种表现为名义上是"我们一起玩"，实际上是各玩各的。比如甲不管弹子的大小，只是分弹子的颜色打，打完一种颜色的弹子再打另一种颜色的弹子，而乙反之。另一种表现为当儿童在游戏中不得或实际上构成了相互交往时，由于各自想当然地以为对方承认了"我"的规则，因此坚持不妥协。比如当游戏者中有一个更年幼的儿童时，甲愿意照顾他，因而主张缩短打弹子的距离，可是乙坚决不同意，结果闹得不欢而散。于是皮亚杰把前运算阶段儿童的道德认知发展命名为"前道德阶段"，意思是他们根本不懂得道德的基本作用是协调人们的社会行为和关系的。

前运算阶段后期和具体运算阶段前期（5～9岁）的儿童则不同。他们能共同地遵守同样的规则。但是当问他们是如何看待所遵守的规则时，比如问"怎么会有这条规则的"或"为什么要这样（遵守这条规则）"，儿童往往回答"哥哥说的"或"爸爸叫我这样的"，甚至茫然地说"就是这样的啊"。这表明，这一认知阶段的儿童只是简单地接受规则以维系人际和谐，却不能思考规则的根本源流在哪里，以为一项外部加诸的规则就能确保人际和谐。这样的观念特别典型地表现在听了对偶故事后的道德判断上。比如，假如儿童在生活里知道了打碎杯子是"糟糕的"，那么"打碎杯子是不好的、是坏的"就成为他们判断是非的规则，于是他们会认为小明比小强"更不好"（参见表3-5）。按照皮亚杰的认知发展阶段说，儿童之所以会这样判断，根源在于他们只有具体运算的认知能力，即：① 因为具体运算可以用意象来表征，所以儿童能想象6只杯子比1只杯子"多"，而既然打碎1只杯子就已经算"不好了"，那么打碎6只杯子就是"更不好"了；② 因为具体运算的能力只能帮助儿童认识当前的事件，而不能帮助儿童设想当前事件的起源，所以他们的遵守规则实际上是单纯地执行年龄较大儿童或成人提出的规则。于是他们的道德判断有两个特点：① 只凭结果而不看动机来辨是非；② 由于辨别人们的行为动机是要靠推断的，因此不能根据动机来辨是非，也就不能超越外来的规则本身而思考"这个规则是怎么来的""为什么要厘定这一规则""这一规则在逻辑上合理吗"，结果就表现为单纯地接受规则，而实质上是绝对服从权威。这等于是"甘愿"由权威来约束自己的行为。于是皮亚杰把具体运算阶段儿童的道德认知发展命名为"他律道德阶段"。因为甘心认为自己的道德行为是由外部因素或他人决定的，所以儿童在如"惩罚"这样的道德观念上采取一种按中国话说就是"活该"的认知，其逻辑是根本不考虑是否该受惩罚，而是认为"既然你受到了惩罚，那就一定是你不对"。

具体运算阶段后期（10～12岁）的儿童则不然。他们认为规则不是外部强加的，而是在人际交往时彼此协商制定的；即便大家接受现成的规则，那也不是别人强加的，而是因为假如自行约定规则的话，那也不过是这样的。因此自己有遵守规则的义务而不能胡来。皮亚杰认为这种义务感是儿童道德发展的一个重要标志。正因为规则是协商的产物，所以可以怀疑，可以改变，即可以再协商。由于协商就是从根源做起来的，而再协商就是探索规则的起源，因此儿童不仅在弹子游戏里可以和谐相处，而且还能在对偶故事上超越行为的结果而参照动机来判断是非。于是皮亚杰把从具体运算阶段后期开始的儿童道德认知发展命名为"自律道德阶段"。

儿童进入形式运算阶段（12 岁以后）后，不仅能继承上一阶段的道德自律性，而且他们更深刻地理解了规则的实质，表现为能够想象游戏中可能的假设情况，并创造出新的规则。同时，他们的道德推理开始超越个人的水平，而涉及社会、政治、法律问题，比如儿童乐意议论保护环境的问题、国家边境争端的是非问题，乃至警察某次使用暴力是不是妥当的问题。

总的来说，皮亚杰的儿童道德发展研究揭示了从他律到自律的重要变化，而导致这一变化的基础是儿童认知能力的发展出现了从不守恒和自我中心到守恒和不自我中心的变化。

3-3-2　柯尔伯格的研究

皮亚杰的研究启发了柯尔伯格。后者在前者的基础上做了扩展、改进和细化。皮亚杰的研究一般到 12～13 岁儿童为止，但柯尔伯格把年龄扩展到 16～25 岁。这样一来，皮亚杰的对偶故事研究方法对他们来说就显得"稚嫩"了，于是柯尔伯格将之改进为"两难故事"（表 3-6 是一则经典例子）。道德两难故事询问儿童故事主人公"该不该"如此做、"该不该"受惩罚，以及"你为什么这样认为"。通过这样的方式，柯尔伯格把儿童道德认知发展细分为 3 个水平、6 个阶段。

表 3-6　道德两难故事举例

海因兹偷药
海因兹的妻子患了重病，生命垂危。医生认为只有一种药能够拯救他的妻子，那是城里一位药剂师新发明的。药很贵，要 2 000 元，尽管成本只有 200 元。海因兹到处借钱，才借到 1 000 元。海因兹对药剂师说："我妻子不用这个药是会死的，因此能否便宜一点儿卖给我，或者允许我赊账？"药剂师坚决不同意，说："我发明这个药就是为了赚钱的。"海因兹百般无奈，最后撬开药店的门为妻子偷药。

故事的结尾是警察以涉嫌盗窃之名逮捕了海因兹。于是就有两个关联的基本问题：① 海因兹做错了吗？② 海因兹该逮捕吗？处在道德发展不同水平上的儿童对这样的两难道德问题做出的判断是不一样的。

水平 1，名为"前习俗水平"（9 岁前）。道德推理的前提是个体必须服务于自己的需要，具体分为两个阶段：阶段 1 是服从与惩罚定向。儿童主要根据行为造成的后果来判断行为的好坏。比如认为凡是没有受到惩罚的行为都是好的，反之则是坏的。儿童一般都认为"偷东西是坏的"，因此偷药就是错误的，于是海因兹"活该"被抓起来。阶段 2 是相对的快乐主义定向。比如认为凡是满足自己正当需求的行为都是正确的，因此海因兹偷药是为了救妻子的命，而救人命还是"善良"的，那怎么可以逮捕他？

水平 2，名为"习俗水平"（9～15 岁）。道德推理的基础来自传统上为多数人认可的是非与对错、法律和规章。这个水平也分为两个阶段：阶段 3 是"好孩子定向"。这个阶段认为人与人之间的关系应该是和谐一致的，能够使别人喜欢的、能维持与他人良好关系的行为就是好的行为。此时他们更关心他人的表扬与批评。在这种两难推理中，赞成偷药的儿童会说："如果你偷了药，没有人会认为你是坏人，但是如果你没偷药，你的家人会认为你是一个无人性的丈夫。如果你让你的妻子去死，你永远不敢直视任何人。"反对偷药的儿童会说："不仅药商认为你是一个罪犯，其他的任何人也会这样认为。你偷了药，你就给你的家庭和自己带来耻辱，你将无脸去见任何人。"阶段 4 是"维护社会秩序或尊重权威定向"。这一阶段的儿童认为要重视法律和秩序，要尊重权威。他们认为遵守个人职责、维护社会秩序的行为就是好行为，可见他们不再是只遵从其他个体的标准了，而是遵从高居于个体头上的社会秩序。于是在海因兹事件上，儿童一般虽然同情他，却不能宽恕他的偷盗行为。他们认为，如果不管什么时候想到一个充足的理由就去违反法律，结果只能引起社会混乱。这里我们往往看到第 3、第 4 两个阶段的混合，比如儿童说海因兹应该去偷，因为他爱妻子，而且处于绝望中（阶段 3），所以偷来的药不该没收，而要给他的妻子服用，这贯彻了"救人"的道德（阶段 3）。但是海因兹也应该去坐牢，并且得打工偿还药剂师的钱，因为"我们"必须遵守法律（阶段 4）。

从表面上看，阶段 1 和阶段 4 的反应是一样的，即都是反对偷窃，反对破坏法律，但是阶段 1 的儿童除了说偷窃使人坐牢之外不能做任何进一步的阐述，阶段 4 的儿童却能从总体的观点来看待法律对社会的作用，并且是在这样的观点下认识到社会秩序需要每个人来维护，因此对海因兹是同情归同情、执法归执法。儿童认为，这样可以"防止混乱"。

水平 3，名为"后习俗水平"（16 岁以上）。道德推理来自普遍的原则与个人的内在良知。该水平也有两个阶段：阶段 5 是"社会契约定向"。这一阶段出现了以前阶段所没有的道德信念的可变性。青年认为正确的行为是按社会公认的标准行动。谁如果感到法律并不能服务于个人评价时，有权说服别人改变法律，但必须是以民主的、有秩序的方式进行。这个阶段的年轻人回答这个两难问题时往往很困难：一方面他们认为公民有遵守法律的义务；另一方面又模糊地意识到这里还有一个更高的原则，比如维护个体生存的权利。可是这样的年轻回答者一般是不赞成海因兹偷盗的。他们的道德判断陷入自相矛盾，难以捏合成一个统一体，因而似乎有些混乱。阶段 6 是"普遍伦理原则定向"。这一阶段的青少年认为道德是一种由自己良心决断的普遍原则；按照自己的良心行动就是合乎道理的。可见他们不再把道德看作一些具体的规则了；他们认识到社会秩序的重要性，但也认识到并不是所有的现存秩序都是完美的，因此当前的社会秩序在不同的情境中需要不断地修正与补充。在这种两难推理中，他们认为海因兹虽然没有"为救妻子而可以偷窃"的法律特权，但他有一个更高的道德权利，即维护妻子生存的绝对价值。这样的道德认知在实践中可以用《水浒传》的鲁智深做模式，他打死的是恶霸镇关西，却难逃北宋法律，而最终被逼上梁山。这里究竟孰是孰非？鲁智深乎？北宋法律乎？彻底回答这个问题是法学、哲学的职责。心理学只是告诉你，柯尔伯格的研究表明对于这种道德两难题目，处在道德认知发展第6阶段的人，他们回答的时候最是吞吞吐吐、费时很长。左说"这怎么说呢，即使是恶霸，你也不能私自三拳打死他啊"；右说"可是他毕竟是为民除害，倒是北宋官家不作为啊"，接着又弱弱地问是不是有第三条路走？比如整个事件最后不罚不赏。柯尔伯格认为，一般人的道德认知发展只能达到阶段4，而能达到阶段6的凤毛麟角。值得一提的是，时至今日，类似于海因兹偷药的道德两难题也有很多，比如司机为避免车辆轧死5人不得不变道而"有意"轧死1人。这样的话，轧死1人的过错是否比轧死5人小很多？本书认为，这种都是无聊的"题目"！心理学开发道德两难故事题是为了考察儿童个体道德认知发展的成熟度，不是用来判断或划分题目里的事件的法律、道德责任比例的。一句话，对于道德两难题，道德认知越是成熟的人，就越是回答迟疑，不干脆，拖泥带水。

3-3-3　教育含义

在儿童道德发展研究方面，皮亚杰和柯尔伯格的第一个共同点是集中研究儿童的道德认知，亦即道德观念。这是因为人们的道德行为归根结底是由自己的道德观念支配的。于是从逻辑上说，有了成熟的道德观念，就有成熟的道德行为。因此学校对学生的思想品德教育要重视道德观念的教学。

我国的小学教师一向重视对学生进行"做规矩"的教育。比如要求一年级新生入学一周后就要做出哪些规范行为；一名教师中途接任一个班级后也往往按照自己的风格对学生"做规矩"；在批评我国学校的德育教学有"华而不实"的缺点后，人们又引进了"养成教育"的概念，这个概念的实践在很多学校里成了执行一条口诀，比如"少说大道理，多驯小行为"。这些做法和想法在一定的时间、地点和意义上都是无可厚非的。但是我们这样做，应该理解成是为进行道德观念的教育奠定最初的基础，而假如仅仅满足于学生养成自动化的行为系列，那么这是远远不够的。

皮亚杰和柯尔伯格的第二个共同点更重要。在他们那里，道德观念与道德判断、道德推理是同义的。因此学校进行道德观念的教学就不应该仅仅是灌输道德观念，而应该讲清理由。但是仅仅按照"因为……所以……""假如……那么……"之类的句式来讲清一条条道德观念的理由，这仍然是简单地灌输道德观念，即学生可以背诵下来的条令。于是皮亚杰和柯尔伯格研究中采用的对偶故事和道德两难故事就给我们的道德观念教育提供了重要的启发，即学校道德观念的教育和教学要富有智力挑战性，要使学生在道德行为的矛盾冲突中领悟道德观念及其理由。

我国学校德育里一个长期为人诟病的缺点是"空洞"和"干瘪"地"说教"，这是因为德育不像智育那样富有智力挑战性。因此，如果我们学校的道德教育能够富有智力挑战性，那就能够引发学生进行推理，从而使他们逻辑地生成道德观念。个体这样形成的道德观念将是比单纯从外部接受的道德观念更有信念性质。

皮亚杰和柯尔伯格的第三个共同点是探究儿童支撑其道德判断或道德行为的活思想。尤其是皮亚杰，他在儿童自发的、传统的玩弹子游戏这样的真实世界活动中了解他们的活思想，这特别值得教师借鉴。

的确，儿童的道德观念是难以完全通过课堂教学而树立的，即使课堂教学过程引发了推理活动。儿童在自由自发的人际交往活动中会发生矛盾冲突，其间往往有各种道德问题。教师处理这些问题时不应该仅仅是止息冲突行为、判决谁对谁错，而应该询问儿童在行动时，头脑里是怎么想的？这样细致而扎实的询问至少有三点好处：① 了解儿童个体当时的具体想法和他已经知道的或能够陈述理由的道德观念之间的差距，从而能够更好地帮助这名儿童。② 了解儿童当时的行为发生两难情境的原因，从而有理解地、有同情心地批评做出错误行为的一方（比如像海因兹那样的学生），同时也指出从表面上看来行为是无可厚非的另一方（比如像药剂师那样的学生）所具有的深层次的欠缺。

皮亚杰认为并非所有的人都能达到形式运算水平，柯尔伯格也认为并非所有的人都能达到他厘定的道德认知发展水平 3 的第 6 阶段。他们在这里是一致的。同时，他们也一致地认为，在道德判断方面，简单地宣称这个"好"那个"坏"或单纯地服从权威判断是不够的。因此我国小学教育中的品德教育虽然未必要实施到上述水平 3 那样的高度，但是教师应该做到能在水平 2 的阶段 4 层面上进行教育。

皮亚杰和柯尔伯格的道德发展研究毕竟有区别。比较起来，皮亚杰更强调一般认知能力的发展对道德认知发展的奠基作用，这是由他的研究性质决定的。因此我国教师从皮亚杰研究中得到的启发可以是确立一个基本点，即思想品德教育的内容应该适应儿童的认知能力。

人们所批评的我国小学品德教育的"成人化"倾向，正是指出儿童实有的认知能力不能或难以"同化"或"顺应"教师提供的品德教育内容。这样的不适应，妨碍了学生进行道德推理，因此也就不能切实地形成道德观念。但是我们很难说哪些道德观念是绝对不适应于对某个年龄的儿童进行教学的，譬如爱国主义。因此我们需要教师把根据我们的教育理想而认为必须进行的德育在具体内容和方式上调节到适应儿童认知发展的水平。这就需要我们进行大量的具体研究、尝试和创新。要做到这一点，任重而道远。

相对于皮亚杰而言，柯尔伯格的研究更容易使我们想到这样的问题，即假如一名（组）儿童的道德认知水平已经达到这一阶段，那么如何使他（们）再上升到那一阶段？特别是这样的提高主要不是通过教师的耳提面命、谆谆教导，而是通过儿童之间的相互交流而实现的。于是就有一种"小组道德讨论"的具体教学法，它的基本模式是：有一组学生，其间的个人道德认知水平有差异，他们讨论一个有两难性质的道德问题；大家有秩序地、有理有节地各抒己见；教师可以作为一员参与，但不是作为"教师"，而是作为"引导人"，负责及时地挑出有意味的话题，引导学生讨论；一次这样的教学过程结束时，各小组推举代表向全班交流；教师负责最后归纳学生提出的观点有几种，指出哪些观点发生了改变，哪些观点还相持不下，从而不仅使学生有所明白，而且还使他们保持"讲道理"的兴趣。这样的小组道德讨论可以利用班会课、少先队会议而经常举行。讨论的题目可以来自人为编制的道德两难故事、实际事件，特别是在这一群学生里发生的真实事件。

小结

依恋是个体为求安全而靠拢庇护人的一种感情行为。任何年龄的人都会有依恋；任何人也都可以成为依恋的对象。研究表明儿童的依恋分为安全型、回避型、矛盾性和紊乱型，它们与小学生的学习很有关联。因此教师要重视依恋的教育含义，这包括与学生建立依恋关系，使学生感到"有依靠"的安全。

儿童社会化的基本含义是训练儿童按成人社会的通行标准来行动，同伴关系、同伴团体和观点采择都是重要的社会化方面，而且有发展阶段。

皮亚杰和柯尔伯格先后提出了儿童道德发展阶段的理论，两人的共同之处在于都强调了道德认知。区别在于皮亚杰的理论令我们想到德育的教学仍然要以儿童认知发展水平为基础，而柯尔伯格的理论令我们想到可以采用"小组道德讨论"的方法来提高儿童的道德认知水平。

研读建议

1. 建议读者在自己身边找一些有婴儿的家庭，按表3-1的程序，尝试与婴儿的母亲合作，做一次陌生情境实验，以体验婴儿的依恋类型。

2. 建议读者有选择地观察自己班级的学生在学校的一些行为表现，然后访问其父母，了解其早期的亲子依恋类型。

3. 建议读者观察自己班级学生的交友情况，或者在学生中做调查，比如"班级里你有几个好朋友？""你为什么与他们做朋友？"

4. 建议读者了解自己班级的学生对友谊的看法，比较一下受欢迎的与不太受欢迎的儿童各有哪些性格特点，并且尝试把前者的行为方式教给后者。

5. 为了理解儿童的观点采择能力的发展，请做下面名为"萨莉—安妮任务"的小实验（参见图3-10）。

萨莉—安妮任务

请找3~6岁的儿童参加实验，用下面5幅卡通图给他们讲萨莉和安妮的故事。正确的答案是萨莉会在篮子里找球，因为她不知道球被拿走了。请看一下，答案的正确率是否随着儿童年龄的增长而发生变化？

6. 建议读者利用或自编皮亚杰的道德对偶故事和柯尔伯格的道德两难故事，找一个或几个不同年龄的儿童做实验，看看你的实验结果是否和皮亚杰、柯尔伯格的理论一致。

7. 建议读者中的班主任尝试采用"小组道德讨论"的方法讨论班上的事情。

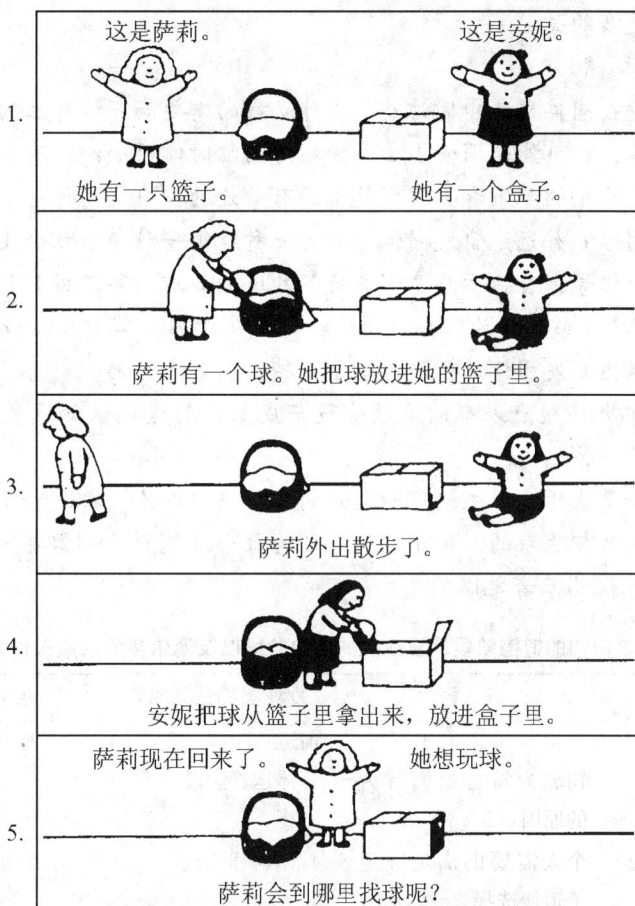

图 3-10 萨莉—安妮任务

难点解析

1. 婴儿只对母亲或血缘关系较近的人形成依恋吗？

虽然说大多数婴儿会与自己的母亲形成安全的、健康的依恋，但也有少数儿童会与其父母长期分离，如寄养在他人家中，寄养在托儿所里，或被人领养。但只要具备以下几个条件，儿童也会形成健康的依恋。

● 替代性父母开始抚养儿童时，儿童的年龄比较小；

● 照料的连续性较好；

● 照料的质量很高。

具备了以上几个条件，婴儿依然会形成良好的依恋。另外，也有一些儿童在出生后头几年缺少形成亲密关系的机会，也就是在依恋敏感期内没有得到足够的爱，但是这并不意味着这样的婴儿长大后就一定会出现心理问题，因为发展的每一阶段的质量都很重要。儿童后期若得到成人和同伴积极的关爱，依旧可以弥补早期的不足。所以教师一定要对那些未及时形成依恋的儿童给予更多的关爱。

2. 关于同伴团体。

同伴团体是儿童在同伴群体中因为有与同伴交往的需要而逐渐建立的。同伴团体有些是有组织的，如班集体，也可能是课堂上由教师指定的临时学习小组；有些是自发的。学校里有组织的同伴团体对儿童的学习和心理发展都是有益处的；自发团体也未必都是有害的，有些可能是有组织的团体的补充。自发团体可分为三种：第一种为亲社会团体，如学习兴趣小组、社会公益服务小组等，有益于儿童形成良好的道德品质。第二种为非社会团体，如各种兴趣小组或"一伙人"。第三种为反社会团体，如一些欺压、敲诈年龄较小学生的年龄较大学生团伙。教师应根据自发团体的性质，给予支持、引导或瓦解。

3. 关于塞尔曼的儿童观点采择的发展阶段与皮亚杰的道德认知发展理论、柯尔伯格的道德发展阶段之间的关系。

道德发展，无论是基于皮亚杰的理论还是柯尔伯格的理论，都是和皮亚杰的认知发展以及观点采择能力的发展相联系的。柯尔伯格也认为每个道德阶段都需要一定的认知和观点采择能力。表3-7可以说明三者之间的关系。

表3-7　柯尔伯格的道德阶段、皮亚杰的认知阶段以及塞尔曼的观点采择之间的关系

柯尔伯格道德阶段	解　释	皮亚杰的认知阶段	塞尔曼的观点采择
服从与惩罚定向	害怕权威以及避免惩罚成为符合道德行为的原因	前运算阶段，早期的具体运算阶段	社会信息观点采择
相对的快乐主义定向	个人需要的满足决定了道德选择	具体运算阶段	自我反省观点采择
好孩子定向	行为是为了取得朋友和亲人的爱和赞同	早期的形式运算阶段	相互性观点采择
维护社会秩序定向	恪守个人职责、维护社会秩序的行为是好的行为	形式运算阶段	社会性观点采择
社会契约定向	修改法律来保护个人权利以及大多数人需要的公平的方案得到了强调		
普遍的原则	合乎良心的行为就是合理的		

思考

谈谈塞尔曼关于儿童观点采择能力发展的观点、柯尔伯格的道德发展阶段论以及早期依恋对未来心理发展的影响。

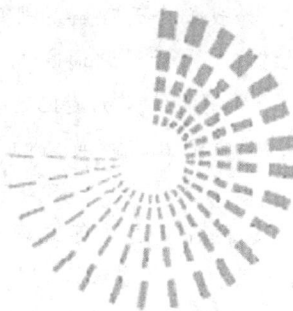

第二编　学习的理论

"学习"是我们最熟悉的一个词。我们使用它，也许从来不出错。然而那些在日常生活里被我们熟练使用的词，它们在日常生活里的含义未必也是我们已经透彻了解的。进一步说，那些日常含义已被我们透彻了解的词，在它"晋升"为科学术语后，也还有专门的含义需要我们去准确地把握。因此在这里，我们分两步理解"学习"的含义。先说日常生活的，看看中文和英文都是怎样解说的。

中文的"学"与"习"两字，原本各有其义，虽然意思有关联，却要经过一段推论方能联结在一起。

中国古代有一部字书，叫《广雅》，谓："学，识也。"《说文解字》又说："识，知也。"一推论，则可见"识"就是"知"，"知"也就是"识"。两字在此都宜作动词，所以"去知""去识"（to know）就是"学"的基本义。那么"去知""去识"什么呢？当然是眼下不知或未识的东西啦！所以"学"字的本义是"知新"。

"习"字更有意思了。两"习"即成"羽"，透露的信息是"习"的本义与鸟儿的飞行有关联。《说文解字》把"习"解作"数飞"，字面义是"屡屡飞"，实际的意思是说幼鸟扑棱着翅膀练习飞行。晋朝有个文人叫左思，他写有一首名为《咏史》的诗，诗中有"习习笼中鸟，举翮触四隅"一句。以"习习"状笼鸟之飞，展翅即碰壁，扑棱如闻声。《礼记·月令》①里有"鹰乃学习"一句话，这大概是把"学""习"两字连起来写的最早书证了。不过句中的"习"字在语法上不像今天那样是与"学"字并列的，而是作为宾语的，是学的内容，是说小鹰学"飞翔"。我们知道，鸟之所以会飞，是天生的能力。因此在这个意义上，我们可以说飞行能力对鸟而言并不是"新"的，而是"故"的。"故"的虽然不必学，却也需要"练"。想想前面讲"成熟"，婴儿会走虽是不要学的，但是走稳、走好还是要"练"的。所以"习"字的引申义是"修故"。

"学"与"习"之意分别为"知新"与"修故"，其实早被孔子分清了。《论语·学而》

---

① 《礼记》是战国至汉初的儒家礼仪论著的总集，也是儒家经典之一。

有名言："学而时习之，不亦说乎？"我们咀嚼这句话，会觉得它虽然在形式上仍是把"学"与"习"间隔开来的，可在意思上已经真正连缀成"学习"一词了，如我们今天理解的那样，"凝冻"着一个完整的过程，那就是：首先获得新知识，继而操练之，最后达到通晓娴熟的地步，此时的心情真快乐！孔子的话有道理，所以教育心理学的一项重要使命就是把这"凝冻"的过程化解开，让人们看清楚其中的每个环节。不过不忙，让我们且瞧瞧英文的解读。

中文的"学习"一词若作心理学的术语用，那么对译的英文就是 learn。这个英文词的本义是"得知"（to get knowledge；to come to know）。譬如我们如果把"向雷锋学习"翻译成英文，就是 Learn from Lei Feng。如果我们再把这句英文译回到中文，并且取直译，那就可以写作"从雷锋（那里有所）得知"。得知什么呢？得知的是"应该全心全意地为人民服务"。

"学习"的中文、英文解释，各有特色，而心理学对"学习"的界定更有普适性。为追求最大限度的普适性，我们把学习宽泛地定义为"通过经验而造成持久的变化"。现在，为了确保对这句话的准确理解，我们对上述的定义做三点说明。

（1）定义里的"经验"一词把通过学习而能的行为同"生来就能"的行为，以及个体成长到一定时候就"自然而然地能"的行为区分开来。比如呼吸、吸吮、吞咽等是生来就能的；行走与说话之类是自然而然地能的。不过，你若要在游泳中换气，若要赛跑得名次，若要朗诵打动人，那是需要学习的。

（2）定义里的"变化"一词可以概指两大方面：一是指行为的变化，二是指心理的变化。前者比如现在你会骑车了；后者的内容更丰富，比如能力提高了，情感微妙了，意志坚强了，态度转变了……

（3）定义里的"持久"一词表明短暂的变化不算严格意义上的"学习过"。虽然你可以按日常的说法告诉别人"我学过外语，现在都忘了"，可是当填写个人履历表时你还得表明你不会这门外语，因为不算学习过。只是那变化要保持多久可以算作"持久"了，这需要根据实际要求来确定，这里不多说了。最后还要额外地补充一点，请试想某人不幸被车轧断了腿。在这里，被车轧，是经验；截肢后，则行为必然发生一生的（持久的）变化。虽然这些都符合上列的学习定义，然而这毕竟不能算学习，因为学习的概念本来就含有学习者因此能够更好地适应其环境的意思。对于截肢，总不能说"更适应"人的常规生活环境吧？不过那失去腿的人还能独立地从一地移动到另一地，甚至参加残疾人奥运会篮球比赛，这倒是算作学习的，因为这体现了"适应"正常人生环境的意思。

按照上述的学习定义，很低级的动物也能够学习，而人类更加依赖于学习。于是学习成了心理学里一个重要的主题，教育心理学更如此。林林总总的学习理论已经提出很多，本编三讲说三种，它们是最为基本的，又可以组成一个进展的系列，越来越显出人的学习的特殊性。我们就从巴甫洛夫讲起。

4 经典条件作用学习理论

📖 **研读目标**

- 掌握经典条件反应的形成步骤；
- 理解经典条件作用学习的四项原理及其教育含义；
- 理解2-阶条件反应的形成；
- 知道人能形成n-阶条件反应的根本原因是什么；
- 理解条件性味觉厌恶的教育含义；
- 理解条件性情绪反应的教育含义；
- 知道如何选用系统脱敏法与暴露法。

伊凡·巴甫洛夫（Ivan Pavlov，1849—1936）是俄国生理学家，研究消化系统，成就卓著，于1904年获得诺贝尔奖。

巴甫洛夫在研究中注意到一种现象，即实验中的狗每到进食时，只要听见饲养员的脚步声就会分泌大量唾液。巴甫洛夫猜想这是脚步声与食物在狗的头脑里形成了某种联系的缘故，遂以细致缜密的实验来检验这个猜想，最后提出了广为人知的条件反射学说。

条件反射学说主要属于生理学的内容，但是心理学家看出它有更广泛的适用性，可以成为一种学习理论，遂把条件反射形成的过程称为"条件作用"（conditioning），而把形成的条件反射改称为"条件反应"（conditioned response）。由于心理学家后来也发现了另一种条件作用（详见下一讲），因此就按科学中的通例，对源于巴甫洛夫的条件作用学习理论冠以"经典"一词以示区别。"经典"即"古典"，"古典"就是"时间上较早"的意思，因此"经典条件作用学习理论"也就是"先提出来的一种条件作用学习理论"的意思，仅此而已。

经典条件作用（classical conditioning）作为一种学习过程，在儿童身心发展中、在对他们的教育辅导中有着独特的作用；作为一种学习理论，它具有概念清晰、程序分明的特色。下面从四个方面进行讲解。

4-1 基本模型

经典条件作用学习的基本模型可见于巴甫洛夫的一个基本实验。实验把狗固定在实验台上，还对它的颊部做了手术，用一根管子接通唾液腺。这样，狗分泌的一部分唾液就会经过管子而滴进采样瓶（参见图4-1），研究人员可以精确地观察唾液分泌量。在做好这一切安排后，整个实验就是观察狗怎样形成以分泌唾液为表现的经典条件反应的。下面是这个程序。

图 4-1 巴甫洛夫实验中的狗

4-1-1 程序

经典条件反应的形成分基本的四步，相应图示参看表4-1。

第一步，研究人员给狗听铃声，然后观察到狗没有增加唾液的分泌量；当然，也没有抑制唾液的自然分泌。于是我们把这时的铃声称为"中性刺激"（neutral stimulus），标记为NS，意思是它此时不具有引起唾液分泌的作用。

第二步，研究人员给狗喂食，接着观察到狗分泌了大量唾液。由于食物引起唾液分泌是不需要其他条件的，因此我们把食物对狗的刺激称为"无条件刺激"（unconditioned stimulus），标记为US；相应地，我们把狗因食物而分泌唾液的行为称为"无条件反应"（unconditioned response），标记为UR。简言之，无条件刺激引起无条件反应（US→UR）。

第三步，研究人员给狗喂食，同时也让狗听铃声。这是实验的关键一步，说法有好几种，比如说"在给予US的同时'伴随'以NS"，或者说"造成US与NS的'联结'"，还可以说"使US与NS'配对'"等，我们主要采用"伴随"和"联结"的说法。之后进入第四步，一个戏剧性的结果出现了。

第四步，研究人员又给狗单听铃声——这跟第一步的做法一样，结果发现它也大量分泌唾液了，仿佛吃到食物那样——这跟第一步的结果大不一样，表明铃声从原来的中性刺激变得不中性了。于是我们把此时的铃声称作"条件刺激"（conditioned stimulus），标记为 CS。在这里，"条件"一词就是"有条件的"意思，具体地说就是：铃声若要单独地引起狗的唾液分泌反应，那是有条件的，条件是必得伴随着无条件刺激出现多次。相应地，我们把狗对铃声分泌唾液的行为称为"条件反应"（conditioned response），标记为 CR。简言之，条件刺激引起条件反应（CS→CR）。

表 4-1　条件反应之形成的程序

步　骤	刺激呈现		反　应
1	铃声 = NS	⟶	无唾液分泌
2	食物 = US	⟶	唾液分泌 = UR
3	重复（US+NS）		唾液分泌 = UR
注释	NS 向 CS 转变		UR 的性质也向 CR 转变
4	铃声 = CS	⟶	唾液分泌 = CR

总之，经典条件作用的基本模型要义是：NS 由于伴随着 US 共同出现多次后，就转变成了 CS，从而能够单独引起本来只有 US 才能引起的反应，比如唾液分泌。这是从刺激一方讲的。如果从反应一方讲，那就是：由于 NS 多次伴随着 US 出现，因此有机体对中性刺激也从原来不做出特定反应转变为做出特定反应了。

4-1-2　联结次数

1. 样例

仍以上述的巴甫洛夫实验为例，我们问：要使狗形成听见铃声就分泌唾液的条件反应，则铃声与食物要联结多少次才行？回答是：不一定，有时需要联结次数多一些，有时少一些，要看其他因素的影响。我们看图 4-2（a），它的横坐标是联结次数，纵坐标是狗的唾液分泌量，图中曲线上的每一点表示做了第几次联结时狗所分泌的唾液量是多少。我们可以看到：① 最初 3 次联结，铃声还不能单独引起唾液分泌，表明狗还不能形成条件反应；② 联结 6 次后，铃声引起的唾液分泌量就直线上升，足以表明铃声从原来的中性刺激转变成了条件刺激，一项经典条件反应形成了；③ 联结次数越多，铃声引起的唾液分泌量也越多，经典条件反应也就越强烈；④ 直到联结了 15 次时，唾液分泌量的增加还没有到头，这令我们想到，经典条件反应的强烈程度还有提高的余地。要言之，图 4-2（a）显示了需要多次联结才能充分形成条件反应的一种情况。

再看图4-2（b），请注意三点：第一，在联结1次后，铃声引起的唾液分泌量很少，不足以表明形成了条件反应。第二，在联结3次后，铃声引起的唾液分泌量就直线上升。第三，在联结5次后，铃声引起的唾液分泌量就保持稳定了，表现为图中的曲线"拉平"了；换句话说，此后再增加联结次数，狗分泌的唾液量也不会比联结5次时分泌的唾液量更多一些。因此我们可以说：铃声与食物联结5次，就充分地转变成了条件刺激即CS。要言之，图4-2（b）显示了只需几次联结就足以形成经典条件反应的情况。由此可见，经典条件作用是一种强有力的学习程序。

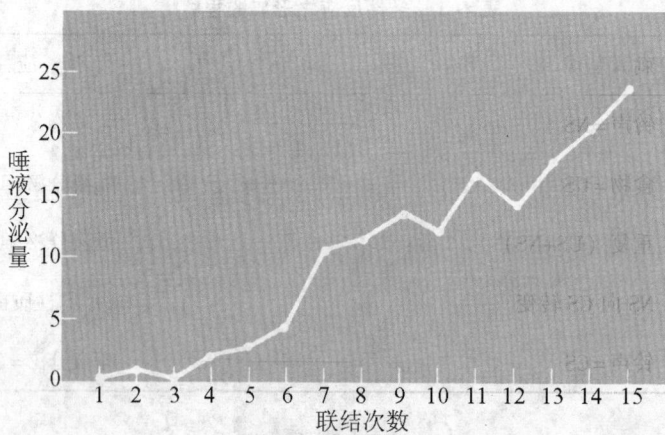

(a) 需要联结较多次数

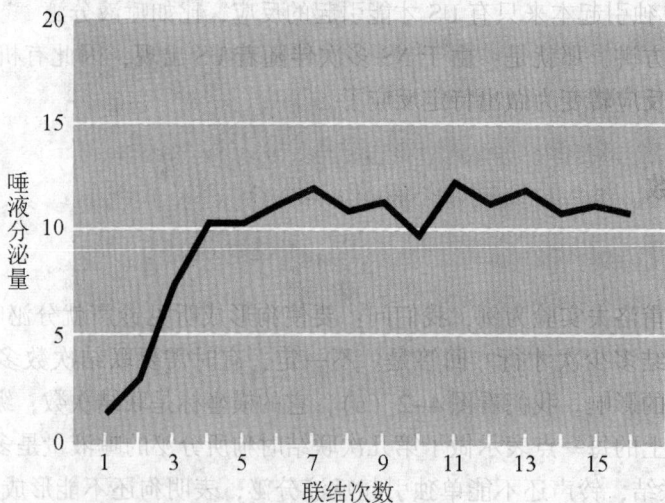

(b) 只需联结较少次数

图4-2　经典条件反应的形成

2. 教育含义

为形成一项经典条件反应，所需要的联结次数多寡不一，难以预定。这对教育教学工作有一般意义的启示，可以概括为"耐心"和"当心"。这就是说：也许你意欲学生学会的项目他总是学不会、学不好，此时你要有耐心。这种耐心最起码的表现是等待，等待水到渠成时。这是一方面。另一方面，也许你不欲学生学会的项目他反倒偶然经历了一两次后就学会了，而且学得相当巩固，忘不掉。这样的情况需要教师当心，当心别在不经意中让学生进行了不好的学习活动，或者说学到了不好的反应。在实际生活中，我们的教师有时会感慨地说：我们辛辛苦苦教育出成果来，却因学生交一次"朋友"、看一部影片、玩一类电子游戏而毁于一旦。在这个说法里，前一分句可看作需要多次联结的学习，而后一分句可看作需要较少次联结的学习。当然，这不是说"学好"都需要多次联结，而"学坏"所需的联结次数都少。其实，"学好""学坏"所需的联结次数都可能多也可能少，这里只是要求读者充分注意到这两种可能性。

4-2 基本原理

经典条件作用理论是个相当复杂的体系，涉及一些非常深刻的问题。我们在此挑一些基本原理来讲，它们对于学校里的一部分教育、教学工作是颇有启发性的。

4-2-1 保持与消退

1. 保持

上一节是讲经典条件反应的形成。我们再看图4-2（b），它显示在联结了五六次时，狗的唾液分泌达到最大量，表明条件反应完全形成了。于是图中的曲线就可以分为两部分：一部分是陡峭上升的线段，它表示条件反应的"在形成"；另一部分是平坦右伸的线段，它表示条件反应"保持着"。

那么保持一项条件反应需要怎样的基本条件呢？很简单，当有机体做出条件反应行为时，要时常伴随以无条件刺激。这里说的"伴随"，用术语来表达的话，就是"重复CS-US的联结"。采用保持程序的一个具有代表性的例子是马戏训练：当动物连续几次按照指令（CS）正确完成动作（CR）后，驯兽师会给它吃一次食物（US）。驯兽师这么做一次，就是重复一次CS-US的配对。正是这样的程序，使动物演员保持着特定的经典条件反应行为，圆满地完成一场又一场的演出。

2. 消退

那么当动物听从指令做出正确动作后，若驯兽师不给予食物来保持的话会怎样呢？也许一次两次地这样做，尚不影响动物做出特定的条件反应动作。可要是驯兽师总这样，那么动物最终是不会理睬指令的，它视而不见、听而不闻，不再做出特定的动作。此时我们就说一项条件反应消退了。要言之，CS-US的重复不配对造成条件反应的消退。我们看图4-3，它和图4-2（b）是配套的，说的是：当狗经过16次练习，对铃声建立了稳定的唾液分泌条件反应后，只要有 2 次不对这一反应行为配以喂食，那么在第 3 次实验时，狗的唾液分泌量就会明显减少，这说明消退可以开始得很快。我们从图 4-3 还可以看到：随着不配以喂食次数的增加，唾液分泌量就连续地下降，到了第 10 次实验时，唾液就降低到不分泌的地步了。此时铃声就从条件刺激（CS）回复到最初的中性刺激（NS）了。

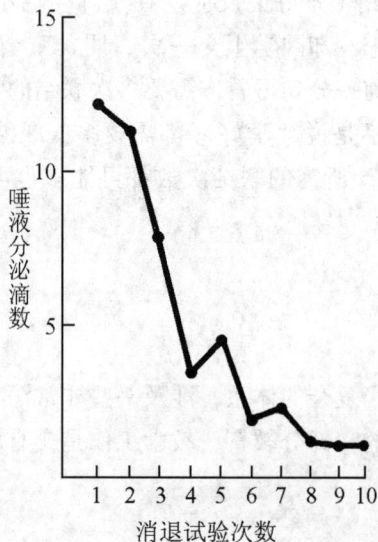

图 4-3　经典条件反应的消退

3. 教育含义

保持与消退的原理对我们的教育工作有一项启示，那就是教师对学生不要"吝啬"称赞。当学生做出合乎教育意图的行为时，教师要给予称赞，以使学生保持在特定的条件下做出这一行为的倾向。有的教师也许生性比较严肃，或者倾向于"严格要求"，于是会认为学生做出符合日常守则的行为是"最起码的"，而赞扬或表彰应该给予高于起码水平的行为。因此他不大称赞学生，还认为表扬多了就是"滥"，一"滥"就不管用了。这样的想法似可商榷。

（1）所谓"表扬应给予高于起码水平的行为"这个说法，恐怕只是个人订立的准则，并无心理学的根据。相反，经典条件反应理论强调的乃是：如果教师想使学生保持一项合乎教育意图的条件反应行为，那么当学生的行为落在"合意"的范围内时，就该重复 CS-US 的联结。在这里，CS 可以是上课的铃声，或是其他的信号，它们意在使学生做出别的遵纪行为、得体的举止等，比如教师要求学生"现在大家看黑板"；而 US 就是教师的表扬、称赞等行为，比如教师说"很好，就应该令行禁止"。

（2）所谓"表扬多了就会滥"的说法，恐怕也是教师个人的模糊感觉，因为怎样的次数算"多"了，多到怎样的次数又算"滥"了，都没有被认真做过统计和研究。可是按照经典条件作用的模型，表扬再多，也多不到做对一次就表扬一次的地步。况且在实际生活中，很多合意行为是密切联系着并相继发生的，比如听到上课的铃声后，学生赶紧走向自己的座位→安静下来→准备好学习用品→端坐静候。而教师的一声称赞实际上就把那一系列行为都包括了，并不需要对其中的每一项合意行为都给予一次表扬。所以从道理上说，"经常地表扬"是不能算（过）多的，更不能算是"滥"的。

（3）有一些奖励是给予受奖者以社会性荣誉，或者标志获奖者某种突出性，比如宣布优胜名次、授予"三好学生"的称号。这样的表彰或奖励是该避免泛滥的，因为泛滥的表彰会使突出性消弭，使荣誉减色。但是教师的日常表扬只具有使学生在心理上产生满意感的性质，收到维持既有行为的效果，因此只要学生对表扬还是感到满意的而不是麻木的，那就表明没有"滥"。

（4）个别过于严肃或严格的教师担心表扬次数多会"滥"，也不是没有一点儿道理的，因为他的表彰总是那么的"郑重其事"，具有相当的"仪式性"。这样的表彰当然只能偶尔为之，一多就难免使人感觉有些过了。这样的教师忽视了一点，即赞扬的方式是多样的，如一个微笑、一个点头，走进教室后顺口说的一句"嗬，不错，都坐好了"等，这些都是一种表扬、表彰或赞许，这种表彰对行为的保持具有杜甫诗句说的"润物细无声"的效果。

4. 自发恢复

在经典条件反应行为的消退过程中会出现一种叫作"自发恢复"的现象。我们看图4-4，这是一个为期7天的消退过程。每天做3次消退实验，后一次实验的唾液分泌量都少于前一次，从而表现出消退。但是当我们看相邻的两天时，会发现：每后一天的第一次（甚至第二次）消退实验的唾液分泌量总比前一天的最后一次消退实验的唾液分泌量多，跟"反弹"似的。这种"反弹"现象就是自发恢复。不过我们还要看到，自发恢复毕竟是"回光返照"性的，因为每后一天的第三次消退实验的唾液分泌量也少于前一天的最后一次实验的唾液分泌量，所以整个过程还是表现为消退。

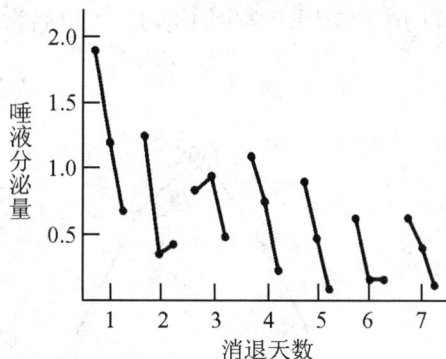

图4-4 经典条件反应消退过程中的自发恢复现象

5. 教育含义

消退过程中的自发恢复现象对教师也有启迪。学生会有一些经典条件反应是属于不良行为的。教师采用消退法，即不让 CS 与 US 有机会联结，于是学生的某项不良行为的表现程度减弱，学生本人也就"进步"了。可是过了不久，这个学生又犯"老毛病"了，教师就很生气，甚至会认为"这孩子教化不好了"。现在，我们既然知道了一种叫作"自发恢复"

的现象，那就该对学生的一些故态复萌现象抱以宽容的态度，要看到他"老毛病"重犯的程度毕竟不如从前了，这表明他在总趋势上还是属于进步的。因此，只要教师耐心地继续使用消退法，那么不论学生的"老毛病"会自发地恢复多少次，最后总能彻底消除其表现。"要估计到和应允许学生有反复"，这一句在教师中流传的话，就体现出对自发恢复现象的经验性把握。其中"要估计到"一语是说要有清醒的理智上的认识，而"应允许"一语是说要有宽容、理解的态度。

4-2-2 泛化与分化

1. 泛化

特定的条件反应形成后，有机体对类似于条件刺激的其他刺激也做出同样的条件反应，这就是条件刺激的泛化，它表明有机体对条件刺激的识别不精确。例如图4-5，它显示当狗对每分钟70次的节拍形成条件反应后，对每分钟60次和80次的节拍也做出强烈的分泌唾液的反应。我们从图4-5里还可以看到一个趋势，那就是：数值上越接近条件刺激的其他刺激越容易引发泛化的反应。

2. 分化

与泛化相对的是分化，也就是对CS做出精确的反应。在知道经典条件反应行为的消退原理后，我们已经知道如何使有机体从泛化走向分化了，那就是对目标条件刺激加强保持，而对非目标条件刺激进行消退，即不重复非目标条件刺激与无条件刺激的联结。就图4-5而言，每分钟70次的节拍就是目标条件刺激，其余都是非目标条件刺激。重复多次这样的分化过程即可达到精确反应的目标。这样的过程应用于学生的学习，可以名为"辨别学习"。

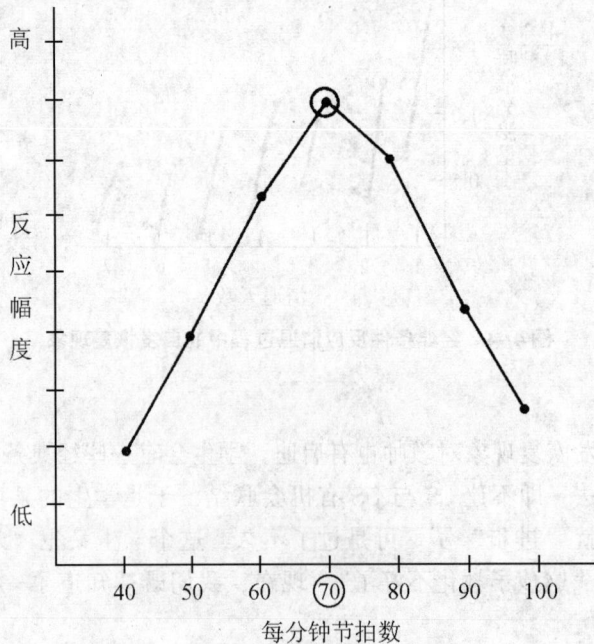

图 4-5　经典条件反应的泛化

3. 教育含义

辨别学习尤其应该列在小学教育和教学序列的最初部分，教师却容易忽视这一点，根源主要有两方面：一是"正常人缘故"，二是"经验缘故"。

"正常人缘故"，是说由于普通小学儿童的感觉器官都是正常的，加上入学之前有六七年的生活经验，他们已经发展了足以应付日常生活的良好的知觉能力和辨别能力，而小学学习又不超出日常生活的范围，因此教师容易忽视辨别学习仍然具有基础性，于是会轻易地认为学生看清了、听清了、想通了，而事实往往并非如此，结果教师在辨别学习方面容易产生"教学盲点"。

"经验缘故"，是说通常小学里辨别学习的内容相对于后继的学习内容而言，的确是简单的。在成年人或受过多年专门训练的教师，甚至教了这部分内容多年的资深教师看来，似乎只要一两次提示、说明、示范与练习，学生就该"很快"掌握。这就是教师以自己的丰富经验来设想学生学习时"同样是容易的"。于是我们不乏看到或听到教师训斥某学生"这么容易、简单的东西你怎么还搞来搞去搞不清？跟你讲过几遍了？"其实，当教师既生气而又无奈地对学生说这样的抱怨话时，最好能回想自己在孩提时代犯过多少辨别错误，当年为此挨了教师多少次训斥，而自己当初的心里是多么委屈，暗自埋怨："小孩和大人、学生和教师就是有区别嘛！你觉得容易我觉得难可以吗？我笨，你再给我讲一遍不行吗？发啥脾气呢！"是的，好了伤疤别忘了疼，经历磨难的过来人应当对艰难行程里的人更体贴入微。所以教师不要被自己的经验所蒙蔽而看轻了辨别学习对小学生的重要性。

（1）小学里的辨别学习最明显地体现在识字和音乐、美术、体育的教学中。不少汉字的形体大致相同，区别只在一点一画的有无和长短上，比如"休"与"体""未"与"末"；音乐教学中，教师首先要求学生在聆听时能辨别音阶和节奏，歌唱时对音阶和节奏的操作进行自我调整，而有些音阶如"fa"或"ci"，它们与相邻的音阶只差半阶；在美术教学中，色彩的辨别很重要；在体育教学中，到位的动作和不到位的动作所产生的肌肉感觉并不同，体育教师要善于帮助学生辨别和抓住动作到位时肌肉的感觉，而不是只求外观上的动作到位，只有这样，动作才能流畅，学生才有精神，才有力量、速度和柔韧的美。小学的识字教学中还有外语教学。由于汉字无论从读音还是书写上看，都是世界上绝无仅有的文字，加上中国地域广大，方言众多，因此相对于中国儿童来说，任何一种外语教学都有繁多的辨别学习任务有待妥善地完成。

（2）辨别学习也发生在小学儿童的概念学习中。我国的教育心理学教科书经常引用的例子是：通过变式练习来正确识别直角三角形，这讲的就是教师通过周备的教学过程来消除学生可能产生的、把"直角"泛化为"直角及所在方位"的错误；又比如，在帮助学生掌握鸟、兽、鱼、虫这样的概念时，也需要运用概念教学的一系列技巧[①]，在概念（比如"鸟""鱼"）所辖的成员（比如"黄莺""鲨鱼"）里突出这个概念的关键特征（比如"羽

---

① 郭德俊. 小学儿童教育心理学. 北京：中央广播电视大学出版社，2002：89-95.

毛""鳃"），从而使儿童能对千姿百态的具体事物做出正确的分类。辨别学习是做到正确的分类的初级阶段，所以美国著名的教育心理学家 R·加涅把辨别学习列为诸种智慧技能之首，又详细阐述了学习的内部条件和外部条件，最后落实到教学设计①，这是很有道理的。

（3）辨别学习也发生在小学儿童的日常行为守则学习中。我们希望儿童既活泼可爱，又遵守纪律。可是他们常常把握不好其间的分寸，有时太过拘谨，过于分化，有时又雀跃欢腾得妨碍当前学习任务的进行，过于泛化，因此需要教师通过辨别教学过程而使学生能够准确地分辨情境，从而做出合适的反应行为。

要言之，通过辨别学习，我们应使学生知道在何时、何地、何种情境或条件下做出何种行为反应是恰当的。

4-3 人的特殊性

起源于巴甫洛夫的经典条件作用学习理论是建立在动物实验基础上的，它的杰出之处在于科学地证实了从动物到人类有着某种共同的基本学习方式。但是人类毕竟与动物有实质区别，因此人类的经典条件作用学习也就有区别于动物这种学习的特殊性。在我国教师把经典条件作用学习理论应用于学校教育时，哪怕教育的对象是小学生，那也不能不注意到人的特殊性，我们且从高阶②条件作用讲起来。

4-3-1 高阶条件作用

1. 原理

当最初的一项中性刺激（NS）通过经典条件作用的程序（参见图 4-1），转变成条件刺激（CS）后，由此形成的条件反应可以称为 1-阶条件反应（参见图 4-6 的阴影部分）。

只要 1-阶条件反应还保持着，没有消退，那么其中的条件刺激（$CS_1$③）就可以看作一个形式上的无条件刺激（这在图 4-6 中表现为 CS_1 处在 US 的位置上）。这就构成一个新基础，基于它，可以形成新的条件反应。例如，当 CS_1 与另一个中性刺激（图 4-6 中的 NS_2）重复联结后，就可以使 NS_2 变成新的条件刺激（图 4-6 中的 CS_2），引发同样的条件反应（CR），此时的 CR 就成了 2-阶条件反应（参见图 4-6）。如此重复下去，则从逻辑上说，有机体可以形成 3-阶、4-阶，乃至 n-阶的条件反应。

---

① 加涅. 学习的条件和教学论. 皮连生，等译. 上海：华东师范大学出版社，1999：101-156.
② 高阶，higher-order，又译为"高级"。
③ CS_1 中的下标表示阶数，依此类推。

作为 CS	作为 US	作为反应

2-阶条件反应

蜂鸣声 CS$_2$	→	唾液分泌 CR

⇧

| 蜂鸣声 NS$_2$ | + | 节拍（70次/分钟）CS$_1$ | → | 唾液分泌 CR |

1-阶条件反应

节拍（70次/分钟）CS$_1$	→	唾液分泌 CR

⇧

| 节拍（70次/分钟）NS$_1$ | + | 食物 US | → | 唾液分泌 UR |

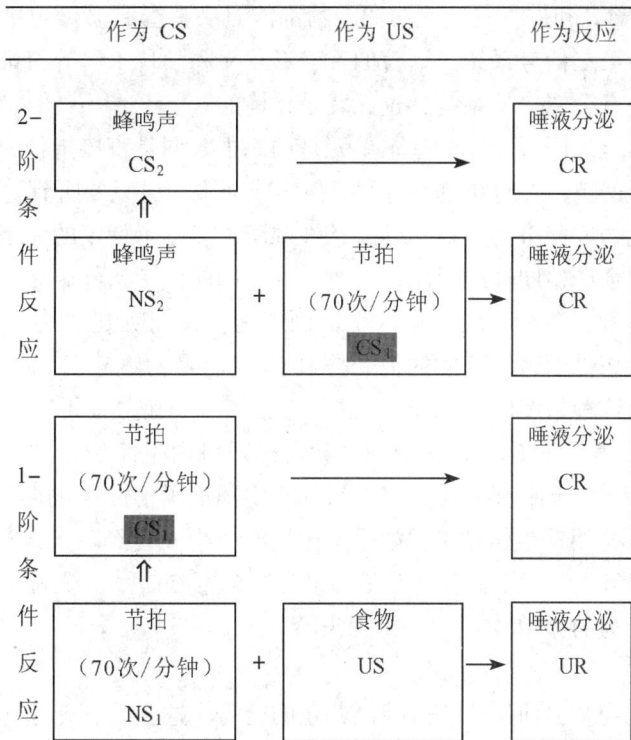

图 4-6　2-阶条件反应模式[①]

2. 人与其他动物的区别

对狗、鼠之类动物的实验表明，它们虽然可以普遍地形成 2-阶条件反应，却很难形成 3-阶条件反应。唯此之故，人与其他动物的重大区别开始表现出来，因为人能形成的高阶条件反应似乎是没有止境的。其实，在讲人的经典条件反应时，若从个体的生活史来看，很多无条件刺激都已经是高阶条件刺激。例如，我们常常把"称赞"和"斥责"说成是分别引起儿童"高兴"和"难受"的"无条件"刺激。可是因为称赞和斥责都得说话，说话必用到语词，语词的意思却不是儿童生来就能理解的，所以称赞和斥责引起儿童不同的行为或情绪反应，这本来就是条件作用的结果。我们以此为基础，可以再建立新一阶的条件反应，因此语言在使人类个体形成高阶条件反应时起到十分重要的作用。这就涉及第二信号系统的说法了。

4-3-2　第二信号系统

1. 原理

巴甫洛夫把一切非语言的条件刺激都归并起来，称为第一信号。它们可以成为一个系统

---

① 注意：加阴影的 CS$_1$，在 1-阶和 2-阶条件作用里分别处在 CS 和 NS 的位置上。

或"体系"，例如军警犬和进行马戏表演的动物都能对一整套刺激做出准确的行为反应。巴甫洛夫把语言命名为第二信号系统。语言的音、形、义和学科术语等，都具有系统性。巴甫洛夫指出，只有人拥有第二信号系统，这无疑是正确的。

作为第二信号系统的语言，它的基本单元是词。很多词是直接指物或指事的，前者如指"水"，后者如指"喝水"。人们知道一个词指何物或何事后，只要听到这个词，就会联想到该物或该事。如果此物或此事属于最初的无条件刺激，引起了特定的无条件反应，那么人在听到相应的词时，也会产生同样的反应。此时，这个词就成了条件刺激，那个特定的反应就成了条件反应。在这里，一个比较常见的生活例子是：我们听到"梅子"一词时，就不由得口内生津。就这个事件而言，真实的梅子是 US，我们最初吃它时，它使我们分泌了大量口水。后来我们知道这种果实叫"梅子"，这就等于使梅子和"梅子"联结起来，遂使"梅子"成为 CS。此后，我们只是听到这个词，就会出现口内生津的条件反应。同样，假定事件 A 曾经引起儿童甲的不愉快情绪 B，又如果儿童甲知道了事件 A 的名称叫作 C，那么他人提到 C 时，也能使儿童甲产生情绪 B；如果不愉快的情绪 B 曾经阻止儿童甲的行为 D，那么他人一提到 C，也能阻止儿童甲做出行为 D。语言这个第二信号系统就是这样通过经典条件作用而起到了控制行为的作用。

2. 教育含义

以经典条件作用为基础而用语言来控制儿童的行为，这在语言能起作用的时候，有四个优点：

（1）方便。这就是说，此时我们不必呈现真实的事物，不必制造实际的事件，就能有效地控制儿童的行为。

（2）安全。这就是说，有些真实的事物或实际的事件一旦发生，虽然能够控制儿童的行为，但是会伤害儿童，而改用语言来控制，则可以避免伤害。

（3）传递。这就是说，人不仅可以指物释词，比如指着一张桌子说："这东西叫'桌子'。"而且还能够以词释词，比如说"台子就是桌子""table 就是台子"，等等。这就通过语言的解释功能，把词语 A 的意思传递给词语 B、词语 C，等等。正是词语意思的可传递性，使我们在理论上相信人可以形成 n–阶条件反应，如有人精通几门乃至十几门外语的例子。

（4）灵活。这一点可以这样来理解：虽然我们看到口令也能有效地控制某些种类动物的行为，但是这不表明动物"懂得"口令的意思，研究证实，它们是根据口令源的物理线索[①]做出条件反应的。如果换一个人发令，虽然用词一样，可是如果物理线索有差别，那么同一条口令就可能起不到控制动物行为的作用，这就显出了动物反应的刻板性。但是人的特殊性在于主要是按词的意思来控制行为的，因此其反应在相当大的程度上可以不受说话人的口音、语气等物理线索的影响。例如，一个年纪大的班主任喊"立正"的口令也许远远比

---

① 物理线索指声调、语速，甚至是发令者的微妙小动作等。

不上一个年轻的体育教师喊的口令那么响亮、有力，却可以起到同样效果，这就显示了人的反应的灵活性。

由于语言具有这样的长处，因此小学教师经常很有特色地用它来控制学生的某类行为。比如对行为不端的学生说："你再这样我就打电话叫你爸爸来学校。"一般来说，只要这个学生曾经因为教师的此类做法而从其父那里获得过某种不愉快的感受，那么他在听到教师说了上述那些话之后，行为就会有所收敛。应该承认，小学教师以这样的方式来纠正学生的行为，这是无可厚非的，因为这种做法一般来说对于儿童也是安全的。但是我们仍然有三点希望：

（1）希望教师们掌握好分寸，勿把必要的警诫当成恐吓。这里的区别是：警诫在于提供机会，而恐吓在于造成绝望，后者恰是机会的反面。这就意味着，当教师使用这种控制技术时，不仅要考虑自己的用心是怎样的，还要考虑实际的效果怎样，是提供了机会，还是造成了绝望？

（2）希望教师慎用这样的警诫，就是说最好不用，一旦用了就要管用，而万一不管用，是否真的要联系家长？此时该三思而后行。这里的区别是：当某个儿童已因其不端行为而从父母那里领受过不愉快的感受后，教师提出这样的警诫是为儿童改变行为提供一项安全保护措施。如果儿童因为教师报告了家长而再次经历不愉快的感受，那就与教师采取警诫的本义背道而驰了。"天不怕，地不怕，只怕教师到我家。"学生自编的这类儿歌虽然顽皮，却在童言无忌中透露出教师用语言纠正儿童的不端行为时有失误的事件。从理论上说，假如哪位教师的语言纠正行为确实构成了向家长"告状"，那么这是可以视为"无能"和"缺德"的。这是因为从概念上说，教师是比家长受过更完备的儿童教育方法训练的，而教师的重要责任是让儿童愉快地接受教育。

（3）希望我们的教师今后对学生多说这样的话："你今天做得真好，我要打电话告诉你父母。"这样的报告恐怕现在还少，因此我们建议教师试着这样做一做（何况现在的手机可以建立班级家长群），然后看看有关学生及其父母的反应如何。

4-3-3 意识作用

1. 巴甫洛夫的局限

我们在前两节里都强调了一个关键成分，那就是 CS-US 的联结，具体来说就是：为了形成或保持一项经典条件反应，需要使条件刺激与无条件刺激多次地联结，而为了消退一项经典条件反应，只需多次地使条件刺激与无条件刺激不联结。由于这两种做法都很简单，因此在巴甫洛夫看来，经典条件反应的形成、保持或消退是"自动的"过程。在这里，"自动的"可以理解为"不意识到的"或"难以意识控制的"。于是在巴甫洛夫看来，经典条件反应的形成、保持和消退完全是环境影响的过程，似乎甲只要对乙造成或中断 CS-US 的联结，就能使乙形成、保持或消退一项经典条件反应。

巴甫洛夫在经典条件作用理论方面忽视了意识的作用，这与他用狗这样的动物来做实验有关。显然，我们对狗的经典条件反应行为没必要假设意识的作用。然而学生是人，并且普通小学里的学生还都是生物学上的一般正常人。虽然我们可以说他们"不懂事"，可是这样的说法不足以使我们据此而忽视学生也具有人的一般意识性。

2. 人的意识作用

人的一般意识性可以表现为以下几个方面：① 人能够回想过去，预想未来，这里说的"回想"或"预想"都可以是形象的、图画似的，甚至栩栩如生到恍如现实的乱真的地步。② 人有语言，即使是小学低年级学生也有良好的口语能力，中高年级的学生还有一定的阅读能力，而不论听说和阅读，语言、文字、符号都可以激起生动形象的回忆和预想。③ 人有牢固的特殊记忆能力，不仅能够记住话语，而且能够记住意思，记住场景、事件，并且能够回忆和浮现出记住的东西。④ 人有能力对保持在头脑里的信息进行联想、组合、改造和创造。⑤ 人有情绪、情感，它们可以激活保持在头脑里的话语、意思和图像。这些方面都相互联系，造成了包括小学生的人类个体在形成、保持和消退一项经典条件反应时的特殊性。

于是当代关于人的经典条件作用的实验研究得出的如下两点结论是非常值得注意的：

（1）人的经典条件反应可以非常迅速地形成，甚至 CS–US 仅仅联结一次就够了。其原因就在于，人类个体有意识，他可以把实际刺激的偶然一次联结保存在头脑里，然后在头脑里浮现出这样的刺激联结景象，浮现一次就相当于这些刺激联结一次。而由于人类个体可以多次地浮现这样的景象，因此这就相当于多次的实际联结。于是就人而言，为形成一项经典条件反应，CS–US 的多次联结就未必是必要的。

（2）也正因为人类个体可以在头脑里多次地浮现 CS–US 的联结景象，因此 CS 与 US 在实际上的多次不联结也未必能使一项经典条件反应消退，除非当事人在脑海里遗忘了这样的情景，或者虽然忘不了，但是以后这种情景再度浮现于脑海时已经不会引起强烈的情绪反应。这里都体现了意识在人的经典条件作用学习里所起的作用。

那么意识的作用过程是怎样的呢？研究表明，就人而言，经典条件反应的形成，与其是取决于 CS–US 的重复联结，还不如说在更大程度上取决于条件刺激（CS）向个体传递的关于无条件刺激（US）出现的可能性的信息[①]。假定有两个 CS，它们与 US 的联结频率高低悬殊，那么其中联结频率高的那个 CS 更容易建立条件反应，因为它能更可靠地预言 US 的出现。在 US 伴随出现的可能性很大时，我们甚至无须使 CS 与 US 发生实际的联结，只要告诉人们它们之间有伴随关系就能形成条件反应；反过来，有时只要告诉人们 CS 与 US 的联结是虚假的，也能消退一项条件反应。不过比较起来，后一种情况不如前一种普遍。

---

① RESCORLA R A. Informational variables in conditioning//BOWER G H. Psychology of learning and motivation, vol 6. New York：Academic Press，1972：1–46.

人们不但能够预期 US 是否出现，而且还能比较两个会出现的 US 发生的概率，从而决定优先形成哪个经典条件反应。比如，一个中性刺激若要转变成条件刺激，那么它除了要向个体传递"US 多半会出现"这样的信息外，最好还能传递出现的时间、地点、数量和性质之类的信息。此时我们就说这个中性刺激是"可以预言的"。这样，当两个刺激都是可以预言的时候，其中预言准确率相对高的那个刺激更容易形成条件反应。如果人们不了解、没有意识到 CS 与 US 的联结，那么即使它们实际联结了多次，个体也不因此而形成条件反应；反过来，如果实际上并不存在 CS-US 的联结，只要人们相信它们之间有联结，那么照样会形成条件反应。

4-4　应用告诫

经典条件作用充满于我们的生活中，换言之，我们每个人都进行着难以计数的经典条件反应学习。心理学的研究表明，个体最早的经典条件反应学习可以在胎儿期发生，而所谓"胎教"，就其实质而言，不过是形成特定的经典条件反应。

然而一个意味深长又令人悚然的现象是：我们往往并不在意使人开心的经典条件学习事件，猛然间要你举些这样的事例，那还真叫人有点儿茫然。可是，若要举一些经典条件学习的反面例子，那倒是很容易。也许是这个缘故，心理学也对经典条件作用的异常或反常事件做了系统的研究，它们可以归并为三大系列，即条件性的免疫反应、条件性味觉厌恶反应以及情绪反应，这里只讲后两者。

4-4-1　条件性味觉厌恶

1. 令人惊讶的实验

为了领略经典条件作用程序可以多么有力地造成条件性味觉厌恶反应，我们先看一个实验，它可以被命名为"披着狼皮的'羊'"。

心理学家给一头狼吃羊肉。肉是上好的，肉里面却塞了几颗胶囊，内装一种药物，这种药物并无异味，但被食用后会引起恶心。狼不知肉里有"诈"，跳踉大嚼。半小时过后，胶囊溶解，药物漏出，把狼刺激得产生强烈的恶心感觉，它翻肠倒胃地呕吐。这异常的难受，把狼折磨得病倒了。

几天后，狼康复了。心理学家又来了，还带着一头活羊，并把羊和狼关在一起。

羊见了狼，四腿发软，动弹不得，浑身颤抖，声声哀叫；狼见了羊，精神抖擞，按捺不住，"呜"一声蹿上去，朝着羊的脖颈就要咬下去。可就在狼的鼻子触及羊身的当口，狼猛然刹住，悻悻然退下；它绕着羊转了一圈，不甘心地发起第二次攻击。可是与前一次一样，在马上得手之际，狼蔫了下来。狼一而再、再而三，三番五次地重复，直到一小时过去了，还不曾咬羊一口，虽然饥饿使它贪婪得恨不能把羊一口活吞了。同样有趣的是羊，在经历了最初几次恐惧后，因为见了狼的"熊样"，它反倒有节制地对狼发起"反冲锋"。每当这时，狼就落荒而逃，避之犹恐不及。经典条件作用利用药物把狼变成了"羊"。①

上述实验结果的原因仍是很普通的：药物引起强烈恶心与呕吐，这样的生理过程是 US，它引起狼的惊恐、畏惧（UR）。由于恶心呕吐时伴随着羊肉味，这个条件使羊肉味相对于惊恐、畏惧而言从本来的中性刺激（NS）转变为条件刺激（CS）。于是，当狼后来扑近羊身时，羊特有的膻味（CS）引起了狼的惊恐、畏惧的情绪（CR）；也是这样的膻味，使狼在羊冲撞过来时惊慌逃避。由此可见，条件性味觉厌恶是一种与不愉快情绪体验相联系的习得性厌恶，它典型地表现为不愿吃特定的食物或者吃了就恶心呕吐。

2. 生物—心理学特点

条件性味觉厌恶是意味深长的。就包括我们人类的哺乳动物而言，味觉是诸种感觉中最关乎个体生死的感觉，所以也最关乎个体所属的物种在整个自然界里的存亡。唯此之故，特定的物种在其漫长的进化历程中形成了自己独特的敏感胃口及其反应系统，它保障特定物种的个体正常地拒绝摄入或反常地排斥以"不合胃口"为标志的有害、有毒物质，从而通过有效地保全个体生命的方式来维持所属物种的生存。这是一个极其普遍的进化生物学机制。

还应该注意，正因为味觉直接关乎生死存亡，所以经过千百万年的进化后，条件性味觉厌恶的反应活动可以无须大脑皮质的活动参与。动物（小白鼠）实验表明，只要是在意识清醒时形成 CS，那么即使在完全麻醉的状态下，甚至在切除小白鼠大脑皮质后，它也能产生条件性味觉厌恶反应②。这就意味着，条件性味觉厌恶反应具有非理性的特征，可以很快地形成，往往只要与食物联结一两次就行③。

这对人类个体尤其具有心理学的意义。比如，在同一人群里，都属于正常的食物中，也有这样那样的品种是这个或那个人不爱吃的。虽然你的理智使你相信吃下这些食物绝对无害，可能还挺有营养，可你说服不了自己；如果硬着头皮吃，你会觉得很难受，会吐掉，会恶心；即使你在吃偏爱的可口食物时，如果有人在一旁说些不三不四的话，你也会难以继续吃下去，甚至会呕吐。于是我们就不难理解属于经典条件作用的味觉厌恶反应对儿童的教育心理学的意义了。

3. 教育含义

在学校里，不少小学生集体在班级里吃午餐，由班主任在场监护。于是有的教师认为，这是一天中难得的好机会，正可以抓住时机解决一些问题。于是，这样的教师便在

---

① GARCIA J, et al. Evolution of learning mechanism//HAMMONDS B L. The master lecture series, vol 4. Washington, D. C.：APA, 1985.

② WESTEN D. Psychology：mind, brain and culture. 2nd ed. New York：John Wiley and Sons, Inc. , 1997：206.

③ BERNSTEIN I L. Aversion conditioning in response to cancer and cancer treatment. Clinical psychology review, 1991：185–191.

学生用餐时批评这个、批评那个，这样做，实际上是把学生因受批评（US）而产生的担心、紧张等不愉快情绪（UR）同吃午餐（NS）联结起来，吃午餐在学生的心理上不知不觉地转变成了 CS，也引起 CR 的不愉快情绪，结果表现为学生在学校里吃不下饭，这就直接影响了儿童的身体健康。其实，教师为什么不能维持一个喜悦安详的午餐环境呢？当学生开开心心地吃饱饭之后，会更容易接受教师的教育或批评。有个别学生在吃饭时喜欢"吧唧嘴"，这在我们的文化习俗里的确属于不雅观的行为或习惯。有的教师出于使其养成良好习惯的好心，当场严厉指责，这同样容易引起学生的条件性味觉厌恶。如果学生产生了这样的厌恶，反倒成为教师在破坏养成良好习惯的证据了。其实，正确的做法可以是这样的：教师走到这个学生的身边，轻声柔语地告诉他别这样，或者在饭前就和颜悦色地提醒他别"吧唧嘴"，甚至可以与这个学生约定一个手势，用于现场提醒。

4-4-2　条件性情绪反应

1. 小阿尔伯特案例

这是美国著名心理学家华生与其同事瑞娜（Rayner）对一个男婴做的实验（参见图 4-7），它可以让我们看到：经典条件作用程序可以多么有力地造成条件性情绪反应。

小阿尔伯特案例

小阿尔伯特才 9 个月时，一天，华生和瑞娜给他带来很多玩物，有真的小狗、小兔、小白鼠各一只；也有各色面具，其中有满腮大白胡子的圣诞老人，还有一件毛皮外套。他们发现，小阿尔伯特对所有这些毛茸茸的物体一点儿也不害怕，尤其喜欢小白鼠。根据华生的实验来看，此时这些东西相对于"害怕"的情绪反应而言，就属于 NS。

过了几天，华生和瑞娜又来了。他们趁小阿尔伯特玩耍时，在他的身后对着一根钢管重重地敲了一记。突如其来的响声把小阿尔伯特惊吓得扑倒在地，哭了起来。于是敲击钢管的响声就成了这个实验里的 US，而小阿尔伯特的惊恐害怕就是 UR。

大约两个月以后，实验正式开始了。华生和瑞娜选择了属于 NS 的小白鼠，期望通过经典条件的作用，使之成为 CS。他们把小白鼠放在小阿尔伯特的面前，每当他去触摸小白鼠时，就在他身后敲一下钢管。突如其来的响声照例吓哭了小阿尔伯特，于是瑞娜去哄小阿尔伯特，待他恢复常态后，华生和瑞娜又如法炮制。结果，只经过几次的重复，小阿尔伯特就形成了对小白鼠的条件性害怕。他原来是喜欢小白鼠的，还会去抚摸，可现在他非但不敢去碰小白鼠，还会一见到小白鼠就哭；更产生了泛化，见不得毛皮外套，甚至圣诞老人面具，总之，见不得毛茸茸的东西，更不要说去摸了。

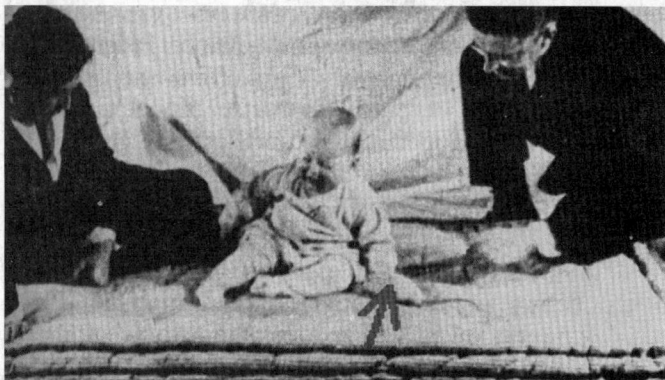

图4-7　华生和瑞娜通过经典条件作用使小阿尔伯特对小白鼠（箭头所指）产生了恐惧

2. 教育含义

应该指出，在今日的心理学研究看来，华生的这个实验是有违道德的；今日心理学研究不允许心理学家为了检验一种理论而肆意对他人造成身体或心理上的伤害。不过既然小阿尔伯特案例已成为事实，那倒也不妨拿来分析一下。这个案例表明，经典条件作用学习理论用在情绪行为学习方面是效果最明显的。换言之，教师掌握了这个学习理论后，要让学生学到好的情绪反应行为很容易，要让学生学到不良的情绪反应行为同样很容易。前者比如教师的和蔼可亲、校园里的红花绿树、教室里充满童趣的布置等，它们都可以成为 US，本然地引起儿童的欢快喜悦之情（UR）。由于这些 US 在学校里往往是和学习活动联结在一起的，因此学习活动就会变成 CS，引起学生的愉快心情（CR），而愉快的心情促使学生更喜爱学习，这是经典条件作用原理使儿童习得积极情感的例子。后者，如极个别的教师一时按捺不住，十分冲动地、以粗暴的方式应对学生的淘气或错误，那就糟糕了，因为一旦教师的粗暴做法暗合了经典条件作用学习的原理，就会给学生带来更大的身心伤害。显然，我们要避免后一种经典条件作用学习，同时要促成前一种经典条件作用学习。

我们相信，教师都希望学生健康、文明地成长，我们也支持教师去纠正学生的缺点，去消除他们的不良习惯。但是，教育心理学也期望教师在教育学生的时候避免伤害学生的积极情绪，而要做到这一点，就需要真正认识经典条件作用的学习理论，并且能够很好地利用它。

4-4-3　系统脱敏

在华生于 1920 年利用经典条件作用使小阿尔伯特对毛茸茸的小白鼠产生条件性恐惧情绪反应后，1924 年，一个名叫玛丽·蔻芙尔·琼丝（Mary Cover Jones）的心理学家反其道而行之，使用了叫作"反条件作用"的技术，帮助一个名叫派特的小男孩不再害怕同样是毛茸茸的小白兔。[①] 虽然琼丝的成功做法遭到了冷遇，然而是金子总会闪光的，30 年以后，心理治疗学界不仅重新拾起琼丝的做法，而且还将其发扬光大，形成了一种叫作"系统脱敏"（systematic desensitization）的心理治疗技术。在这里，"系统（的）"一词意指一种"逐步渐进的学习程序"，而"脱敏"一词则意指削弱和消除消极情绪反应的敏感性。

系统脱敏法主要治疗焦虑和恐惧，它的基本原理是引发并加强与焦虑—恐惧反应相颉颃的反应。例如，当人处在焦虑—恐惧之中时，一般会有紧张与不安的反应，而与它们相颉颃的反应就是放松与平静。于是，系统脱敏疗法的核心做法就是教会当事人对焦虑—恐惧做放松反应。我们以考试焦虑为例，简要说说系统脱敏的具体做法（参见表4-2）。

表4-2　治疗者与来访人共同商定的焦虑级别

等　级	焦　虑　情　境
1	老师宣布一周后测验。
2	我得决定什么时候开始复习。
3	复习中觉得什么都清楚了，却不敢不复习。
4	测验前一晚的复习什么也读不进。
5	测验当天的早餐是硬塞下去的。
6	测验当天去学校的路上老担心什么地方没有复习到。
7	坐在位置上等测验铃响时老想着题目难不难。
8	发测验卷子时心突然怦怦地跳起来。
9	读到一下子没看懂的题目时头有点晕。

注：数字越大，焦虑反应越重

一个关于考试焦虑的系统脱敏疗法主要分三步走：

（1）心理辅导者[②]与来访人[③]共同罗列有关的焦虑情境，列出一份焦虑等级表，表 4-2 是个假设的例子。

（2）辅导者教来访人通过想象愉快的景象做到身体放松，如果来访人放松有困难，则需要调用各种辅助技术。

（3）来访人能够放松后，便进入正式的辅导程序。此时辅导者要求来访人在放松的状态下想象焦虑等级表上最低级别的焦虑情境，辅导者极尽其能事地细致描述这一情境，来访人则尽可能栩栩如生地想象描述的情境，待到来访人完全能够放松地想象描述的情境后，可以上升一个焦虑情境等级，重复同样的过程，如此拾级而上，直到来访人能想象最高级别的

---

① ROEDIGER Ⅲ H L. Psychology. Boston：Little，Brown And Company，1984：545.

② 可以是受过训练的教师。

③ 来访人，婉称，通指前来接受心理辅导和咨询的人。

焦虑情境而依然身心放松为止，这表明他对考试测验这个事件没有焦虑了。如果来访人想到某一级的焦虑情境时感到焦虑了，那就后退一级。完成整个辅导一般需要若干疗程，所以急不得。

系统脱敏法在消除焦虑和恐惧方面很管用。此外，它的长处之一是可以在教师的办公室里完成；长处之二是它不需要什么仪器设备。系统脱敏法的短处在于来访人要有想象力，而个体的想象力是有差异的，有的人想象力很贫乏。

系统脱敏法还衍生出其他做法，比如"暴露法"。它和系统脱敏法的主要区别在于，不是想象而是直面真实的焦虑—恐惧刺激。参见彩图6，这是心理医生为消除一女生对蛇的恐惧而使用"暴露法"。至于辅导过程，其实质仍然是系统脱敏法，但其效果以暴露法更明显。

这两种疗法的选择从原则上说是这样的：当不容易真实再现焦虑或恐惧情景时，以采用系统脱敏法为宜，否则以采用"暴露法"为上。例如，小学里的科学课可能要求学生认识一些昆虫，而有些学生对指定认识的昆虫有莫名的恐惧，此时可以采用暴露法来消除恐惧。当然，采用暴露法的时候，来访人的身心安全保障是第一位的。

总结来说，系统脱敏法仍是一项专门的心理治疗技术，原则上需要经过专门训练和练习才能掌握和施用，这里仅作为一般知识和一项简易的处置办法向大家做介绍。

小结

经典条件作用学习理论起源于巴甫洛夫；经典条件作用学习的结果是形成条件反应，而学习过程的关键步骤是造成中性刺激与无条件刺激的联结；操控这样的联结可以有效地保持、消退已经形成的一项经典条件反应，也可以使初步形成的一项经典条件反应形成泛化或分化，它们都可以应用于学校的教育教学。

人有意识、有语言，因此人的经典条件反应的形成、保持、消退、泛化和分化具有高度的灵活性，表现为可以形成n-阶条件反应，可以用语词代替实物、实景作为刺激，还表现为可以很快地形成和很难地消退一项条件反应。

经典条件作用学习应用于人的时候，最容易产生的一种副作用是形成消极的条件性情绪反应。消除消极的条件性情绪反应可以采用系统脱敏之类的心理治疗技术。

研读建议

1. 建议读者一开始就要尽力搞通"4-1 基本模型"里讲述的，并且归结为表4-1的实验程序。为掌握这个实验程序，请读者对其中的每一步都按"研究人员做了什么，之后观察到什么"的步骤去操作。为了使读者能够掌握这个实验，我们建议读者采用下列两种方法来辅助阅读：① 在阅读文本时，要想象文本描述的情景，仿佛你在做实验；② 家里养猫、狗、鸟、鱼之类小动物的读者不妨按表4-1的结构，自行设计一个经典条件反应形成的实验，做过实验的读者将更能想象实验的描述。

2. 基于表4-1，继续想象地理解经典条件反应的保持、消退、泛化、分化，以及高阶条件反应和第二信号系统的原理，注意这些原理都不过是对归结为表4-1的程序所做的这一点和那一点的改变。

3. 基于以上两点，我们建议读者继续把从经典条件反应的形成起，到第二信号系统止的六种原理——作为相对独立的单元，然后分别从实际的教育教学活动中搜寻合适的例子作为应用的模型保存在自己的知识结构里。

4. 牢记"4-4　应用告诫"中引用的关于条件性味觉厌恶和条件性消极情绪反应的两个实验，并且举一反三，从实际的教育教学中各收集至少1项实例，然后按照上述建议所要求着力搞通的经典条件反应之原理，对例子里的条件反应现象做分析。

难点解析

1. 关于"反射"与"反应"。

有的读者可能疑惑：本讲的学习理论究竟该称条件"反射"还是条件"反应"？

对此，我们先说明事实：① 巴甫洛夫本人用"反射"一词，并且被生理学继承。因此从生理学角度讲，我们宜说"反射"。但是本课程讲心理学，所以该与国际心理学通行的说法同流，当说"反应"为好。② 中华人民共和国成立后，我们的心理学研究曾经长期与美欧心理学界断绝学术联系，因此称"反射"也成为我国心理学的一种传统。但是随着改革开放和国际交流的加强，我们也该与时俱进，逐步习惯称之为"反应"。

本书贯彻上述两点。至于读者，可以两便。真正重要的不是名词，而是知道自己采用的一词实际上指怎样的现象或过程。

2. 关于"经典条件反应的形成分四步"。

就本教材分列的四步而言，第一步、第二步颠倒次序也能形成条件反应，因此这两步的先后次序是不值得读者强记的，读者只要心里明白有这样两个不同的步骤就行了；另外，尽管第三步写成了"US+CS"（参见表4-1），可是如果哪个读者写反了，变成"CS+US"，这也不算错，因为不影响经典条件反应的形成，因此第三步加法式子的左右两项次序也不值得去强记。对这一点进行说明，可以减轻读者不必要的记忆负担。

3. 关于"联结"。

（1）这里的"联结"，是个说法，因此你可以采用其他说法。但是本教材还是推荐"联结"这个说法，理由有两方面：① 在学习心理学的历史上有所谓"联结主义"的理论[1]，宽泛地说，经典条件作用学习也可以属于这个主义；② 当代心理学复兴了"联结主义"，自然是旧瓶盛新酿，新的联结主义思想也深刻地影响了学与教的心理学。鉴于"联结"这个说法有助于维持心理学术语及其含义异同的历史连续性，故得到本教材的推荐。

（2）"联结"仅指这样的做法，即时间上紧密地做两件事（详见表4-1的"第三步"）。

---

① 郭德俊. 小学儿童教育心理学. 北京：中央广播电视大学出版社，2002：65.

至于做这两件事在时间上需要多么紧密，这个牛角尖不值得读者去钻，反正就是"接着做"或"紧接着做"的意思。其他类似说法若做起来，也是如此理解。

（3）因此，读者如果响应本教材的推荐，则在行文时遇到使用"联结"一词顺当时，就用"联结"这个说法，而在行文不便时则可改用其他说法，本教材就是这样做的，比如有时就用"伴随"。要记住：学习心理学，重要的不是说法，而是做法；只要做法一致，说法在相当程度上是可以"请便"的。

4. 关于中性刺激（NS）转变成条件刺激（CS）。

NS 与 CS 是两个名称，它们指同一个刺激子，比如铃声。同一个刺激子之所以要转换名称，是因为它的性质或作用转变了。比如，同样的铃声，起先不引起唾液分泌，而通过与 NS 联结，后来能够引起唾液分泌了。要注意：图 4-2（a）与图 4-2（b）中曲线陡峭上升的部分都显示了这个转变的过程；在实际应用中，如果你不做系统的观察记录，那么你就看不到转变的过程，而只有根据当前的结果来判断 NS 是否转变成了 CS。

5. 关于阅读实验结果曲线图。

本讲从图 4-2 到图 4-5，集中地呈现了心理学实验结果的曲线图，它们是最简单的。就本讲的这些图而言，它们的结构是相似的，即横坐标及其刻度表示研究者设计或安排的方面；纵坐标及其刻度表示被实验者的反应及其程度；图中的曲线把两者联系起来。读者可以采用"先横后纵"的格式来解读曲线。例如，先选定横坐标上某一点，然后从该点出发，画垂直于横坐标的线段，止于曲线上的某一点；再从曲线上这一点出发，画平行于横坐标即垂直于纵坐标的线段，止于纵坐标上所达的某一点；有此两点，即可按"被实验者在研究者安排的某一点条件下（所谓'先横'），做出如此程度的反应（所谓'后纵'）"之模式，来解读图意。具体例子请参读正文中关于图 4-2 至图 4-5 的解说。

学习心理学，要学会读图。图比文字容易记、容易忆，也允许简化（草图）。我们读懂了图，就可以看着自己回忆的草图，当场组织自己的话语来表达图意。显然，学会读图将大大减轻强记文本的认知负担。

思考

请在自己的教育或教学的经历中，选择成功、失败或追悔的一个案例，用经典条件作用学习的某一原理对这个案例进行分析，请尽力分析得透彻。

5 操作性条件作用学习理论

研读目标

- 领会两种条件作用学习理论的教育含义差别；
- 理解桑代克的学习三律及其教育含义；
- 理解强化四式的特点和教育含义；
- 掌握正强化、负强化和正惩罚、负惩罚的程序；
- 理解三种负强化；
- 掌握强化跟随惩罚的原理。

在巴甫洛夫拿狗做实验后，美国心理学家 E. 桑代克（Edward Thorndike，1874—1949）于 1898 年用猫做了一项实验。本书将桑代克关于学习的动物研究归在"操作性条件作用"（operant conditioning）[①] 学习理论的范畴内，它揭示的学习过程比巴甫洛夫的更有智慧性。

5-1 基本模型

操作性条件作用学习的基本模型可以看成由两个基本实验组成，除了桑代克的猫实验，还有斯金纳的鼠实验（详见"5-3 强化"的内容）。前者是开拓，拓出一种新的学习理论；后者是集成，成就了这种学习理论的建构。我们为了揭示两种条件作用的区别，仅把桑代克实验作为基本模型来介绍。

---

① 又名"工具性条件作用"（instrumental conditioning）。

5-1-1 桑代克猫实验

1. 程序

桑代克把一只饿猫关进笼子，却在笼外放了一条鱼。饿猫要想吃鱼，就得跑出来。笼门没锁死，不过有机关（参见图5-1）。猫不知道机关是什么，便在笼里左冲右突，上蹿下跳……折腾中，猫碰巧触动了机关，于是门开了。桑代克待猫吃了鱼，又把它关回笼子，笼外再放一条鱼。于是一切重新来过，如此一次又一次重复。

桑代克认真地记录了猫每一次从被关进笼子到逃出来的时间，结果发现这个时间越来越短（如图5-2所示）。到最后，猫几乎是一关进笼子就直扑机关然后逃出！于是我们说，这只猫"学会了"开笼门。

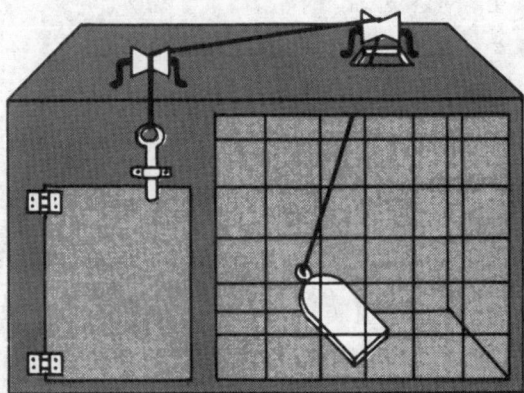

图5-1 形式化的桑代克猫笼（踏板是机关）

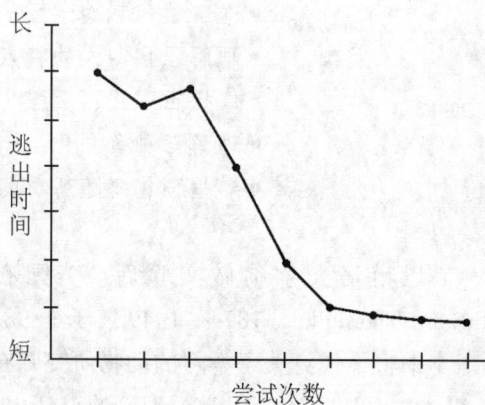

图5-2 桑代克猫的学习进步

2. 分析

桑代克的这个实验可以概括为这么一句话：学习就是尝试→错误（trial-error）。对此，我们可以这样理解：① 学习要成功，不大会一蹴而就，多少需要尝试；② 尝试难免产生错误；③ 后继尝试会消除先前尝试的错误，所以会比较正确，从而体现进步，于是学习的成功就是一个不断排除错误的渐进过程；④ 如果学习的情境是一个封闭系统，不再增加新的变数，如桑代克猫笼，那么足够多的尝试就会排除足够多的错误，达到最终的成功；⑤ 此时，学习者会很快地把最初的问题情境与达到成功的关键操作联结起来，从而表现出熟练地解决问题的行为。

联系上述理解，回顾桑代克的猫实验，我们可以认为：猫在笼里折腾，这是尝试；它起先逃出笼子费时多，这表明很多尝试是错误的；它后来逃脱的时间越来越短，这表明连续的尝试会淘汰错误，即保留、巩固正确的行为；猫最后"一下子"就逃出来，这表明它在那个笼子和触动机关的行为之间建立了简捷、牢固的联结。

5-1-2　比较

为了更好地认识操作性条件作用的教育含义，我们可以把桑代克与巴甫洛夫两人的实验加以对比。

（1）在经典条件作用里，巴甫洛夫的狗是固定起来的，这象征着有机体是以被动接受刺激（比如铃声）的方式来学习的。但是在操作性条件作用里，桑代克的猫是活动着的，这象征着有机体是以主动尝试、探索的方式进行学习的。仅此一点而言，后者就比前者更加适合于刻画人类更多的学习。可以这么说：从最幼稚的婴儿，到最伟大的科学家、艺术家、政治家和教育家等，当他们解决自己关心的问题时，都暗含着"尝试→错误"的过程。

（2）在经典条件作用里，学习者没有学到新行为。比如狗虽然学会了对铃声分泌唾液，可是分泌唾液的行为本身是它早就会了的，它只是学会了用一个"旧"行为来反应"新"刺激（铃声）。又如，一些学生厌学，这里的反应"厌"是他们早就会的，而这里的刺激"学"（上学、课业学习，甚至学校）却可能是新的。因此，"厌学"也属于用"旧"行为来反应"新"刺激。但是操作性条件作用使学习者学到新行为，这种新行为是学习者先前未有的或者不会的，这在桑代克的猫那里，表现为快速准确地触动机关。由于学校教育要帮助儿童形成各种新行为，因此操作性条件作用的原理显然更加值得教师们仔细思考。

（3）在经典条件作用里，相对于学习者而言，学习的结果很难说有什么进步或没进步。比如狗学会了对铃声分泌唾液，甚至分泌量随联结的次数而增加，参见图4-2（a），尽管这肯定不能说是退步，可要说它是进步，那也挺别扭，因为对铃声分泌唾液，这其实并非巴甫洛夫的狗自己的目标。但是桑代克的猫逃出笼子的时间越来越短，这是完全可以算"进步"的，因为逃出笼子是猫自己的目标，它越来越顺利地达成自己的目标。在这里，"越来越顺利"是指行为从无序向有序演化，从散漫向有组织转变，以及有序和组织的程度不断提高。如果对人而言，这"进步"还可以指行为从自发、无意走向自觉、有意，甚至再走向熟练、不经意或自动化。

（4）在经典条件作用里，我们也看不到有机体的学习与其情意、动机有何联系。比如你很难说巴甫洛夫的狗在"积极地"学习对铃声做唾液分泌的反应；也难以说这条狗学会了对铃声做唾液分泌反应后，在学习对灯光做唾液分泌反应时变得更加"积极"了。但是在操作性条件作用里，我们却看到桑代克的猫仿佛在"不懈地、努力地"打开笼门；如果是人在进行操作性条件作用学习，那么我们更容易看到他所表现出来的情感、意志和动机。举个小例子，你也许有过这样的经历：一个儿童突然跑到你跟前，捧上他自以为摆弄成功的小玩意儿给你欣赏，那得意扬扬的神情令人动容。如果你再回顾或调查这孩子的这项作业，就会发现那多半是操作性条件作用学习，它同时具有前面比较过的三点。更重要的是，这样的情感和经验会积淀在儿童的心灵深处。以后遇到类似的情境，这些积淀的情感经验就会"唤醒"，作为动机，推动他们去做新的探究。

5-1-3 教育含义

在上面比较的四点中，第一点是纲，即操作性条件作用学习的发生和展开，要求学习者首先对环境做出尝试行为。换言之，我们把学习者首先做出尝试行为看作操作性条件作用学习的开端或初始前提。下面我们讨论一下这种初始的尝试行为可以是怎样的，以及它的结果又会是怎样的。

（1）初始的尝试可以是有目标、有计划的。这样的学习情景最典型地表现在严谨、规范的教学活动中。比如学生新学了计算三角形面积的办法后，拿着公式去"套"并解答最初遇到的练习题。这就体现了有目的。他按部就班地去做，这又体现了有计划。这样的学习对学生来说有至少三点影响：第一，它使儿童学会一种新的技能；第二，它使学生认识到自己的能力；第三，它使学生体验到成功的喜悦。其中，后两者会转化为再学习的动机。因此操作性条件作用学习理论的教育含义之一是要求教育、教学过程应该尽力向学生提供"做一做"的机会，即使不能真做，即由于条件限制或暂无机会去解决真实生活里的问题，那也要练习地做、模拟地做。语文、数学等课程里的习题；音乐、体育、美术等课程里的操练；品德教育课程里的情景表演，都向学生提供这样的模拟机会。

（2）初始的尝试也可以是有目标而无计划的（桑代克的猫即如此），或者是部分有计划的。这样的学习情境尤其符合心理学关于问题解决的经典定义，即在明确了当前状态（P）和目标状态（G）的条件下，解决问题就是去搜索从 P 到 G 的路径。[①] 在这里，搜索就是探究、尝试的意思。于是在搜索、探究或尝试的过程中会发生出现错误和消除错误的事件。这些事件将依问题的难度、学习者的知识技能储备、学习者对达成目标的渴望程度、目标达成对学习者的意义、学习者的意志，以及学习者周围环境所能提供的支援程度等影响因素而不同。教师的重要工作是在这些影响因素之间做好调节，以使提供的问题适合于学生去解决。至于怎样的适合度为好，这很难有统一的规定，需要每个教师根据自己的教育经验，采纳规范研究的成果，参照科学的学习理论去探索。但是"跳起来能摘到果子"这个形象的中国比喻和维果茨基的"最近发展区"概念可以成为教师们这一工作的目标。在这里，"跳起来"是学习者的尝试行为，而如此"摘到果子"的话，则站在"地面"上够不到"果子"的这段距离就是"最近发展区"。

因此，操作性条件作用学习理论的又一点教育含义是：学校教育和教学要向学生提供探索解决问题之路径的机会。这一点在我国小学教育中的有些科目上是做得很好的——比如数学，无穷无尽、难度不一的题目足供每个小学生量力而行地去探索。但是在有的科目上做得比较差，值得按操作性条件作用学习理论加以改进——比如班主任是否可以通过学生的小组内讨论、小组间比较、最后全体表决的方式来决定一次春（秋）游活动该如何安排？活动确定后，学生如何进行自主管理？又比如何达成学校的教育目标？在这里，讨论、比较、表

---

① 郭德俊．小学儿童教育心理学．北京：中央广播电视大学出版社，2002：112.

决，以及细致地设计决议了的活动等，都属于操作性条件作用学习理论所要求的"让学习者首先动起来"。不难想象，如果我们的教师都善于使学生在明确目标的条件下进行探索，那么所谓"开发学生潜力"之类的说法就不再仅是激动人心的口号，而成了能够扎扎实实地去运作的程序。长期进行这样的训练，那么它对学生除了有前述三点的影响外[①]，更重要的是有助于儿童形成喜爱探究、乐群合作的性格。

（3）初始的尝试行为还可以是无目标、无计划的"瞎捣鼓"（monkeying）。这样的行为至少在较高级的哺乳类食肉动物幼仔的"游戏"行为里可以看到，比如家猫扑滚毛线团。心理学实验也证实，猴子有拆机械装置的"瞎捣鼓"行为[②]。人类在进行"瞎捣鼓"行为时的神情虽然会变得更专注，可行为的目标仍是不清楚的，行为的过程是随意而无序的。例如，图5-3里的婴儿拿着煮奶锅在干什么？他为什么这么做？

但是，只要被"捣鼓"的对象有一部分是学习者的智力和体力所能驾驭的，那么学习者就会持续地"捣鼓"下去。虽然"瞎捣鼓"不保证学得新行为，例如儿童拆散玩具后却装配不起来，但是它能刺激儿童的好奇心，这是"瞎捣鼓"行为的理论价值之所在。另外，持续的"瞎捣鼓"过程也可能生成目标，这是

图5-3 一个婴儿的
"瞎捣鼓"探究行为

"瞎捣鼓"行为的应用价值之所在。我们不妨设想一个三轮的尝试过程：第一轮是无目标、无计划的"瞎捣鼓"，但是某个意外的结局引起了学习者的兴趣，于是该结局就会成为尝试行为的目标。这样，第二轮的尝试就成了有目标而无计划或部分有计划的尝试，学习者探索达成目标的路径。如果找到了管用的路径，则探索的过程就可以成为有计划的了。于是，第三轮的尝试就成为有目标、有计划的过程，而完成这个过程，学习者就切实地学到或掌握了一种新行为。由此可见，"瞎捣鼓"学习情境是有可能向前述第二种——甚至第一种——尝试行为转化的。我们往往在不少著名科学家、发明家的传记里可以看到他们童年时代有趣的"瞎捣鼓"故事，而且也可以读到他们成年后的研究与孩提时代的"瞎捣鼓"探究有着某种继承的关系。现在学校里很提倡创新教育，就是允许甚至提倡学生"瞎捣鼓"，这样不仅有助于学生产生学习兴趣从而更好地学习学科知识，也能够激发其创造力。

"瞎捣鼓"行为有着深厚的进化生物学基础，因此可以看作人类个体——特别是儿童——的"天性"。于是，我们即使建立了十分严厉的惩罚系统，表现这一天性的行为还会顽强地表现出来。我们在学校生活中不难见到这样的情境：教师嗔怪学生"忙"个不停，

---

① 参见"5-1-2 比较"中的（2）～（4）。
② 袁军，等. 心理学概论. 南宁：广西教育出版社，2001：268-269.

"这里摸摸，那里动动"，你只要对他一瞪眼，他立马正襟危坐，规规矩矩，你一转过头去，他又"捣鼓"起什么来。

重要的是认识到很多"瞎捣鼓"行为发生在规范教学之外，发生在学生的各个生活领域里，并且由于每个人的兴趣不同，环境影响有别，其具体的行为表现也就五花八门、千姿百态。有些"瞎捣鼓"行为的持续倒养成了颇合乎教育意图的行为，比如当代儿童一个富有时代特征的"瞎捣鼓"行为是：再复杂的电脑游戏也能无师自通，其进步之迅速，兴趣之浓厚，操作之娴熟，技巧之高超，常使成年人瞠目结舌，叹为观止。这是一方面。另一方面，也有一些"瞎捣鼓"行为是违背教育意图的，它们越是有序化，则背离教育目标越远。在这些行为中，较轻者如调皮捣蛋，较重者有恶作剧、欺负人，严重者可以变成违法犯罪。此外，还有一些"瞎捣鼓"行为因其启动的对象一旦运作起来后便超出了儿童能够掌控的范围，结果意外地造成器物损坏，人身伤害，进而引起家庭与学校、家庭与家庭之间的责任纠纷，甚至打起官司。如何处理好这些原理基本相同，而结局善恶悲喜各异的学习过程，真是小学教育中一个棘手的问题。

有的教师、学校或社会组织采取的处理办法很简单，可以概括为"无动为大"这句话。于是，明明是为少年儿童举办的科技展览却严禁动手摸，因为那些装置承受不了千百只小手的"瞎捣鼓"；有的学校甚至禁止学生在课余时间使用操场上的体育、游戏器械；有的教师为了全面防止学生奔跑、打闹，干脆连课间休息时都不让学生出教室。诸如此类的做法显然违背心理学的原理。倘若这类做法普遍地、长期地流行开来，形成了风气，铸成了传统，那么对儿童的个性发展没有好处。因此，从操作性条件作用学习的原理上看，"无动为大"绝不是好的教育准则。不过，儿童动起来之后产生的结果也是需要学校关注的。学校同样不能因为贯彻心理学的原理而不顾行为的糟糕结果。因此，要贯彻心理学的原理，就需要配合进行其他方面的教育，比如安全教育、操行训练、人际交往方式的传授、利害关系的解说，甚至要掌握有关的法律法规。这是一方面。另一个重要的方面是经常保养和及时维修有可能被少年儿童操作的器具装置，以确保人身安全。一句话，教师、学校以及全社会都应该尽力为儿童提供一个安全的环境，让他们在其中主动、自由地操作。长此以往，我们的国家将会拥有更多有主见的儿童。

5-2 学习三律

桑代克不但揭示了学习的进步是一个渐进的过程，还关注这一过程。他根据大量的实验而提出很多学习的"定律"，其中最基本的是三条，即准备律、练习律和效果律。

5-2-1 准备律

1. 准备律的大意

这条学习律描述了以下三种情况：

（1）若学习者做好学习准备了，学习起来就愉快。比如学生做好了复习来考试，考试按时进行，那么学生会满意。

（2）若学习者做好学习准备了，却不让他们学习，那么他们会懊丧。比如学生准备好了来考试，却被告知考试改期了，那么他们会懊丧。

（3）若学习者没有做好学习的准备，却要求他们学习，那么他们会不开心。比如若对学生进行"突然袭击"式的考试，那么他们会不满。这就是桑代克准备律的大意。

2. 扩展理解

我们对准备律可以做两点扩展性的理解：

（1）此律不仅仅适用于狭义的课业学习，比如考试或授课，而且也适用于广泛的学校活动，比如学生为春游做好了充分的准备，可是清晨起床发现下大雨，于是那个懊丧劲儿简直可以哭出来。所以在"学习的准备律"一语里，"学习"一词是可以改成"活动"的。

（2）此律中的"准备"一词所指的范围极其广大，既可以指身体成长方面的准备，这类似于"成熟"；也可以指生理机能方面暂时的状况，比如学生因为疲劳而注意力涣散就可以解释为他们在生理上没有对当前的活动做好准备；当然更可以指心理发展或调适方面的准备，而学习的心理准备既可以是认知方面的，也可以是情绪方面的，还可以是知识基础方面的，甚至是行为方式方面的。比如，教师为了提高学生的学习积极性，特地把课堂里的座位从原来的秧田式摆放改为环形摆放，以期通过全班学生都能相互面对来刺激学生多发言。但学生可能因为突然改变了行为方式而面面相觑，发言的人次反而减少了。这就提示我们：在改变一种学习方式前，教师也需要通过一定的工作，帮助学生做好以新的方式进行学习的准备。

3. 一个矛盾

只要我们承认学习的进步是渐进的，是受学习者的身体、心灵和环境的众多因素影响的，那么教师在引导他们进入新的学习之前，就该了解他们是否有所准备了、准备得怎么样；就该在他们做好准备的条件下展开新的学习。然而这只是一方面。另一方面，由于桑代克讲的"准备"含义太宽泛，因此我们又难以确切地知道一名学生是否做好了关于某项学习的准备。比如他是否只做好了学习知识的准备，却尚未做好学习人际交往的准备；他是否只是做好了认知方面的准备，却没有做好情绪管理方面的准备等。

关于"准备"的上述两个方面形成一个深刻的矛盾，它使我们应用准备律时常常陷入这样的境况，即我们只能根据学生在学习中——甚至是在学习后——所表露出来的认知成果、行为表现和情绪反应来判断他是否做好了相应的准备。这就是说：当一场学习结束后，如果一名学生是开心的，或者至少是平静的，那么我们可以认为他是做好准备的；如果他是懊丧的、烦恼的，甚至出现更严重的不良情绪反应，那么我们可以认为他还没有做好准备。由此可见，教师不但要在学习之前，为了解学生的准备性而关心他们，而且更应该在学习中和学习后，为判断他们实际上是否做好了准备而关怀他们。

那么当教师有证据表明某个学生准备不足时怎么办呢？有两种基本的做法。一种是等待，等他准备好了再向他提出学习的任务或提高学习要求，这是皮亚杰的基本思想。另一种是设法帮助他做好准备，这是维果茨基的基本思想。也许这样的帮助一时难以见效，但是教师既然决定了去帮助学生，就要耐心细致，这是桑代克的基本的学习思想，即学习的进步是渐渐的。当然，这些路数是可以结合起来的，它们的成分可以取不同的配比，这得由教师根据自己和学生各自的实际情况而定。

应该看到，尽管了解学生的学习准备性是不容易的，可是广大教师在自己的工作方面还是创造了不少有效的做法，值得相互交流，彼此借鉴。比如，有的学校组织即将成为该校一年级学生的儿童来校参观，让他们看看学生是怎样上课的，看看小学教师是怎样办公的，甚至看看校长是啥模样的，然后要这些儿童对比着幼儿园，说说自己的观感，这就是从学校生活的社会性适应方面帮助新生做好学习的准备。从某种角度上来说，现在很多教师在用翻转课堂的方法来进行教学，学生在课前通过微课视频学习了基础知识，课上再去做一些题目或者参加讨论，这些课前的微课也是在帮助学生做学习的准备。

5-2-2 练习律

1. 练习律的大意

老师教师们都知道练习大体上是怎么一回事，那基本上是重复已经习得的技能，不论是动作技能，还是智力技能。[①] 因此桑代克的这一条学习定律也叫作"重复律"，它最初的意思是：① 不重复就等于没有学习过；② 重复导致学习的进步；③ 重复会巩固学习的成果；④ 如果在相当长的时间里不重复，那么已经巩固的学习成果会削弱。这些意思不但与我们个人的经验体会相吻合，而且早在中国语文里就有所体现了。比如，"浅尝辄止"可以和上述"意思①"对应；"熟能生巧"不但对应于"意思②"，而且还加强"意思②"；至于"拳不离手，曲不离口"显然表达了上面的"意思③"，而"技能生疏""反应慢了"是说上列的"意思④"。综观上述意思，我们可以看到桑代克最初是把练习就看作"重复"的，强调练习中的重复一面是学习过程的一个必要的成分或环节。然而这一点，《论语》的第一句话"学而时习之，不亦说乎"就已点明。请注意，这句话强调的不是"学新"，而是"习旧"，即练习、重复操习已经学会的东西。

2. 练习中的重复

就小学教师而言，重视练习中的重复一面很有必要，因为学生的许多学习内容相对于以后的学习内容而言，具有"基础"或"基本"的性质。这种基础性往往具有这样的特点：

（1）缺乏理性来由（无理由），或者说其理由无从详考。在这里，"理性"即指"推

---

① 郭德俊. 小学儿童教育心理学. 北京：中央广播电视大学出版社，2002：136-138.

理"；"理由"指信实的历史脉络。比如某个汉字为什么这么写，又为何那么念，我们只能接受约定，对学生形成"规定"，原则上是仅知其然而不问其所以然的。这样的知识是少不了强记的，而强记不过是重复的一种表现。

（2）虽有理性根源，却不宜成为个体行为的普通方式。比如乘法口诀，它们句句可做理性分析，以确证比如"六六必然等于三十六"等结论。这样的理性分析可以在教学之初做精要的举例，其余也可以当作一种作业分摊给学生个体或小组去分析。然而做这样的理性分析，旨在帮助学生树立起对乘法口诀的坚定信念，使他们明白按口诀去做是万无一失的。待学生有此信念了，则仅从计算的层面上说，他们不必关心"九九八十一"的所以然。相反，如果哪个学生一旦意识到当前要做乘法，接着就画出纵横各若干的点子，最后正确地数出总数来，那么他一定不曾进行过"好的"学习。类似于乘法口诀这样的基础知识和基本技能，我们要求学生能够脱口而出，提笔写就，为此需要练习，其中免不了一些很机械的重复。

（3）也许有理性根由，却不值得成为个体行为的理由。这一点在关于品德操行的养成教育里很重要。比如握手的礼节，据人类学研究的推测，可能起源于远古时期两个陌生人相对抚掌以示己方和确认对方的确没握有石块，从而证实自己和相信对方是"友好的"。但是今天的握手毫无检验手中是否有杀伤性器物的意思了。如果我们今天要把那可能的远古起源作为理由，教导学生"为什么"要以相互握手的方式来表达友好，那么这样的教学不但非常可笑，而且会断送特定品德操行的养成。因为据此"理由"，人们可以"振振有词"地说："你和我握手，是对我极不友好，因为你居然怀疑我握有暗器来害你，而我不和你握手，是对你极大信赖，因为我相信你手中没石块，所以就不多此一举地检验了。"事实上，不少品德操行的教育如果一本正经地建立在理性或理由的基础上，那简直会混淆善恶、颠倒是非。这些品德操行的养成，是不值得力陈"何以要如此"的理由的，需要的却是经常的耳提面命和不断的叮咛嘱咐，以及适时的演习操练。不断地进行练习与重复，目标是养成自然而不觉得别扭的好习惯。

养成好习惯，这在桑代克的教育思想里是处于核心地位的。他认为，学校教育的核心成果是诸多习惯的形成，于是教师要为学生形成好习惯提供帮助，而帮助之道就在于运用他的那些学习"定律"。比如，桑代克总结了习惯养成教学的四条原则[①]，其中的前两条就与练习律有关系。第一条说："习惯是教养而成的，别指望习惯会自发形成的。"可见，好的习惯从教会到养成，需要练习即重复。第二条说："要当心，别养成了以后得革除的坏习惯。"显然，教师们不会教学生养成坏习惯，但是好习惯在养成的过程中也难免出偏差。出偏差而不纠正，任其重复下去，就形成坏习惯。因此，好习惯的养成不但需要重复，而且需要正确、准确的重复。至此，我们应该已经充分领略练习中的重复成分对学生的教育与教学有何等重要的意义了吧！

---

① THORNDIKE E L. Education：a first book. New York：Macmillan，1912.

3. 练习中的反馈

我们已经知道练习律的大意无非是两点，即重复巩固学习成果；重复促成学习进步。两点之中，以后者为更基本，因为要巩固成果，则必先取得成果，而要取得成果，又必先有所进步。重复既有这样的重要性，桑代克也就格外地审慎对待之，他以一系列实验来检验这条"定律"的稳健性。

在一项检验里，桑代克拿自己做实验：他蒙住自己的眼睛，要在纸上画出一条指定长度的直线段。一开始当然画不准。但是按照练习律，他假设只要重复足够的次数，那么画出的线段就会不断逼近指定的长度，并且最终会在一定的精度上与指定的长度吻合。然而检验否定了这个假设。桑代克练习了好几天，累计画了 3 000 条线段，分组统计比较，结果表明毫无进步。类似的实验，桑代克做了不止一个，结果都是一样的，即单纯的重复不造成学习的进步。这是对教育心理学的应用领域做出的重要贡献，它表现为三个连贯的要点：

第一，实验区别了练习中包含的"重复"与"反馈"两个方面。在上述实验里，蒙着眼睛画线段就看不到所画线段的实际长度，此外也没人告诉画线人把当前的一条线段画长了还是画短了，抑或是差不多正好，这样的练习就只有重复而无反馈。

第二，实验证实了练习中的反馈方面是比重复方面更重要的。在上述实验里，被试虽然没少重复，却由于没得到反馈信息而无法把自己的行为结果与参照准则相比较，于是也就不可能纠正偏差，最终是无所进步。显然，如果是看着画线段，那么为了画出非常逼近于指定长度的线段是用不了成百上千次的。

第三，强调练习中的反馈一面，对我们的教师来说，迄今不失其意义的重要性。我们的教师几乎本然地重视练习中的重复一面，甚至在马不停蹄的教学改革中也始终坚持着这一面。比如一个流行的说法叫"精讲多练"，一个"多"字点出了"重复"之义。也许我们今后要把这个说法改一改，增添一项叫作"勤评点"，因为它体现了"反馈"的意思。至于个别教师的某些做法就更有改正的必要了。例如，有的教师因学生在识字阶段屡屡写错字，便责令学生当下或当晚就得把每个写错的字正确地抄写几十甚至上百遍。这里的问题在于：① 如果学生写字是练书法，也许一个字是需要重复写几十上百遍的。可是即使这样，也得讲究重复次数的合理分布，也得加强圈点评说，即反馈。② 如果学生写字是认字的一部分，那么重要的只是知道在一个方块里的哪个方位该写怎样的笔画，以及怎样写某个笔画。这样的任务在学习的初阶是可以通过讲解与示范交代清楚的，然后在反馈评价的监控下，重复不多的几次，学生就会掌握的，至于几十上百遍的重复，那不但大多是无所增益的，而且还可以认为是不珍惜学生的宝贵精力。③ 如果这样的重复指令还带有惩罚的成分，那么问题就更加严重了，因为这样的做法也许可以收到学生正确写字的效果，却可能摧毁学生对于学习的好感与乐趣。两相比较，实属得不偿失。小学教育就要开始培养学生对学习的终身爱好，这就不能不从实施必不可少的重复练习程序起就予以认真的关注。于是，我们的小学教师今后之于练习，要把注意的焦点从强调重复转移到突出反馈上来。

5-2-3　效果律

1. 效果律的大意

效果律的基本思想是：如果在一个情境和一种反应之间建立了联结，并且伴随着或跟随着一种令学习者满意的事态，那么这项联结会增强；反之，如果伴随的或跟随的是一种令学习者烦恼的事态，那么这项联结会削弱。[①] 举例来说，一道算术应用题就是一个情境，一名小学生的解题就是一项反应。假定这名小学生对解答是否正确并无把握，那么，当他在解题的时候，一个有能力解这道题的人在一旁说着比如"啊，不错""嗯，对的"之类的话，或者教师对这名小学生完成的解答打了个"√"，则这样的肯定就是令这名小学生满意的事态。如此，他在今后遇到类似题目的时候，做出正确解答的可能性会提高。这就是情境与反应之间的联结会增强的表现。如果反之，我们假定那名小学生实际上把题解错了，却还自以为是，那么只要有人当时在旁做出否定的评说，或者教师对错误的解答打个"×"，那么这些反馈信息就是令这名小学生烦恼的，于是他对这一解答的自以为是程度就会降低，或者在今后遇到类似题目时，做出类似于这次解答的可能性会降低，这就是情境与反应之间的联结会削弱的表现。

2. "满意子"和"烦恼子"

桑代克把令学习者满意的东西——不论是人还是物，抑或是话语、记号——统称为"满意子"（satisfies），相应地也就有所谓"烦恼子"（annoyes）。桑代克指出，所谓满意子，就是学习者不但毫不逃避，而且还常常会做些事情来维持或修复之的事态情状。例如，小学生不会逃避成人对他的赞许，他们还会继续做些事情来再次赢得这样的赞许（维持），甚至会努力消除差错，以重新获得这样的赞许（修复）。相反，所谓烦恼子，就是学习者不但绝不想保留的，而且还常常做些事情去终结之的事态情状。例如，小学生是绝不愿意上次挨了批评这次还挨批评的（不想保留）。相反，他们会设法做出正确的行为来消除（终结）挨批评的状态。于是，效果律不但促进学生做出正确反应的行为，而且还激发学生去消除差错、恢复和保持正确反应的情意和动机。现在我们都承认积极的情意动机能增强认知活动的效能，从而辅助学习取得进步。桑代克的效果律归根到底是突出了行为的结局（outcome）对学习进步的影响。我们用今天的话语，可以把效果律表述得更直白，那就是：结局是赢得奖励的行为将被学会，结局是导致惩罚的行为将不被学会。

桑代克还做了实验来检验他的效果律[②]。他向被试呈现 50 张纸条，长度从 3 厘米到 27 厘米不等，一次呈现一条，要被试估计每张纸条的长度——这相当于练习中的重复成分。被试在估计时总可以看见一条他们知道是 10 厘米的纸条在旁边——这相当于练习中的反馈成

---

① THORNDIKE E L. Educational psychology, vol 2：The psychology of learning. New York：Teachers College Press，1913：4.

② THORNDIKE E L. The law of effect. American journal of psychology，1927（39）：212-222.

分。因此，被试在最初估计纸条长度时就符合"重复+反馈"的要求。于是按照反馈促进学习进步的道理，被试的估计会越来越准确。这是实验的第一步。

实验的第二步还是估计那50张纸条的长度，条件如前，只是新增了一项，即被试每次估计后，实验者就对他说"对了"——这相当于满意子，或者说"错了"——这相当于烦恼子。50张纸条如此估计完之后，被试歇几天，接着就是第三步，还是估计那50张纸条的长度，但这次又不给予对错评价。结果表明，第三次的估计比第一次的准确，虽然情境是一样的。之所以如此，是因为第三次的估计得益于第二次的评价；换言之，第二次估计时的肯定评价（满意子）加强了正确反应行为，而否定评价（烦恼子）抑制了不正确的反应行为，也就相当于间接地加强了正确反应行为。所以满意子和烦恼子作为学习的结局，不但促进了当时的学习进步，而且这样的进步还会保持下去，这就是关于行为结果的评价信息对学习进步的影响作用。

3. 修正

在效果律的最初表述中，满意子与烦恼子被看作只是作用相反，而力量是相等的——这在上面刚讲的实验里可以看出来。

但是一些检验效果律的实验对此提出质疑。比如有一项实验是向被试呈现一些罕用的英文单词，每个词都跟着五个常用词作为选项，其中有一个是与罕见词同义的。被试的作业是划出同义的常用词。他们每划一个，就会得到"对了"（满意子）或"错了"（烦恼子）的评价。实验结果表明，"对了"的评价往往使正确的选择保持下来，也就是加强了同义的常见词与罕见词的联结，但是"错了"的评价往往并不会消除错误的搭配。

由于满意子和烦恼子都是作为行为的结果而反馈给被试的，因此桑代克就修改了他对效果律的表述。归结起来就是：虽然满意子总能加强行为与情境之间的联结，可是烦恼子并不总能削弱行为与情境之间的联结。换言之，烦恼子削弱联结的力量总归小于联结本身的强度。这是什么道理呢？我们将这个道理放在"5-4　强化与惩罚"一节里讲会更加容易理解。现在，我们紧接着探讨一个名叫"强化"的问题，它的重要性一点也不亚于桑代克的"学习律"相关理论。

5-3 强化

在桑代克用猫做实验约40年之后，另一位美国心理学家斯金纳（B. F. Skinner, 1903—1990）用白鼠做了一个实验。他大大发展了桑代克的效果律思想，形成了系统的强化学说，完成了操作性条件作用学习理论的建树。

5-3-1 斯金纳鼠实验

像桑代克发明了实验专用的猫笼一样，斯金纳也发明了专用的实验鼠箱，它更加精致，自动化程度高（参见图5-4）。斯金纳把小白鼠关在笼子里，笼里有个杠杆装置。起初，小白鼠像桑代克猫一样，偶然地按压了杠杆，结果滚出一颗食丸，它吃了；渐渐地，小白鼠"发现"了它按压杠杆的行为与食丸出现之间的联系，于是不停地按压杠杆，吃得不亦乐乎（参见图5-5）。

图5-4　斯金纳的实验装置图

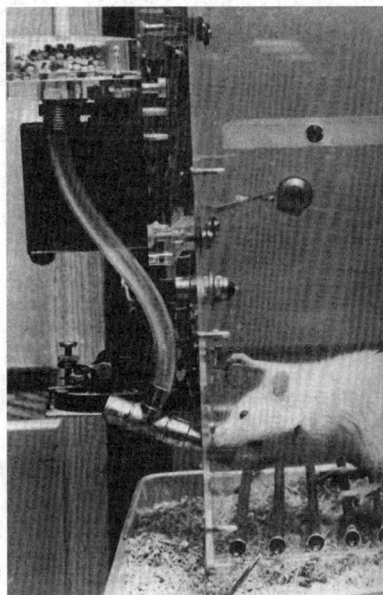

图5-5　实验中的斯金纳鼠
（注意鼠的右前爪搭在杠杆上）

那么斯金纳的实验与桑代克的实验有何区别呢？如果说，桑代克的实验侧重于操作性条件作用学习的尝试—错误阶段，那么斯金纳的实验就注重于这一阶段结束后的行为重复上。于是，斯金纳探讨的基本问题是：小白鼠为什么会不断地按压杠杆？斯金纳的解答可一言以蔽之，曰"强化"（reinforcement）。

5-3-2　强化的要义

1. 强化的理解

强化是我们并不陌生的一个词，但在操作性条件作用学习理论里，"强化"是一个专门术语，有着十分特殊的含义，它指这样的一种程序或过程或机制，即学习者的行为结局（consequence）提高了该行为的发生可能性。

上面关于"强化"的说明有三个要点：一是学习者自己的行为。这个要点指出一个强化过程的开端是学习者先做出一项行为。比如，若小白鼠不首先按压杠杆，那么即使供食盘里装满了食丸也不会掉下一颗来。换言之，如果学习者什么也不做，是无法进行强化的。二是行为的结局。这里说的"结局"，不但指行为直接产生的结果，而且也指偶然伴随着或跟随着行为而出现的、没有预料到的事件。例如，小白鼠最初没料到会掉下食丸。三是提高再次做出先前那个行为的可能性，这是强化的实质含义。例如，实验证实，即使后来不掉下食丸，小白鼠在一段时间里也会按压杠杆，好像它不相信食丸没了似的，这表明了行为发生的可能性增大。换言之，如果行为的结局使该行为发生得少了，甚至不再发生，那么这一定不是强化造成的。

根据强化的上述含义，我们可以把起强化作用的事件或因子统称为"强化子"（reinforcer），它可以表现为人、物、事件、现象、情况、状态等。因此我们要注意，强化子是一个非常抽象的，因而也是非常灵活的概念。仍拿斯金纳鼠来说，关于它按压杠杆行为的强化子，我们既可以说是食丸（物），也可以说是"出现了食丸"，甚至是"吃了食丸"（情况、事件）。不管说法怎样，强化子总是那些提高特定行为的发生概率的因子。

2. 强化子的教育含义

上面一直把强化当作一个学习过程来说。可是转换一个角度，我们也可以把强化看作一个指导学习或训练行为的过程，这就同教师的角色联系起来了。我们的教师要指导学生学习，要训练他们，既然强化是一种很好的教学程序，那么教师们就该乐意采用它，而在采用强化程序时，我们的教师根据强化或强化子的概念，也许会想："我该首先确定强化子是什么，这样才能有效地使用强化。"

老师教师们有这样的想法是很自然的，可是这个想法本身是不健全的，因为一种措施能不能成为强化子，这不是事先可以认定的，而是需要事后判定的。这样，关于强化的概念，我们还要有如下的进一步认识：

（1）当且仅当一人、一物、一事、一举措等确实起了强化作用时，则此人、此物、此事、此举措等方可判定为强化子。这就是说，教师们事先可以根据经验、理论而设想、猜想、估计什么是个强化子。但它究竟是否为一个强化子，却要在强化过程中检验。如果检验表明事先的猜想是对的，那是最好的，教师就可以继续按事先的设想去做；如果检验表明不是这样，那么教师就要放弃或修正原先的设想，继续寻找真正的强化子。

（2）强化子因为是需要在强化过程中确认的，所以就具有行为特殊性、情境特殊性，以及个体特殊性。展开来说，行为 A 的强化子未必能用来强化行为 B；换了一个情境，原来的强化子也可以对同一人的同一行为起不了强化作用了；对张三管用的强化子，可能对李四不管用。总之，强化的过程是一个不断重新确认、探索和发现强化子的过程。有时，我们的教师在工作中会抱怨道："这孩子，我表扬他也没有用。"这样的抱怨实际上就提出了一个"搜寻强化子"的问题。一般来说，表扬是一个强化子，它可以促使被表扬的行为再次发生，因此教师们是可以事先把表扬设想为一个强化子的。但是，当有的教师说出上面的抱怨时，那就表明特定的表扬对那孩子在那情境里已经不算强化子了。此时该怎么办呢？按照操作性条件反应学习理论，教师既不能就此放任不管，也不能把责任推在学生身上，说他"不知好歹""不识抬举"，倒是应该反省教师自己，认识到自己还没有找到强化子这一事实，然后积极地行动起来，去寻找新的强化子，直至找到为止。

5-3-3　强化的两类与四式

1. 连续的和部分的强化

我们知道了强化的要义后，还得知道强化的方式。强化的方式可以先粗分为两类，一类是连续强化；另一类是部分强化。拿斯金纳的鼠来说，如果它每按压一次杠杆就得到一次食丸，那就是连续强化。连续强化的极端形式可以公式化地表达为：强化次数=正确行为次数。换一种情况，如果食丸供给的次数少于按压杠杆的次数，即强化次数<行为次数，那就是部分强化。两类强化各有其用：在学习一种新行为的初期，教学指导者对学习者宜采用连续的或几近于连续的强化。在指导学生学习音乐、美术、体育和书法之类高度技术技巧性的行为时，连续强化的密度会高些，历时会长些。但是连续强化若由人来实施，那毕竟太费精力。因此随着学习的进步，连续强化总得让位于部分强化，它是旨在保持、巩固学习成果的主要强化类型。当然，随着互联网、人工智能等技术的发展，我们看到很多学习平台都可以自动地实现连续强化，比如一些英语学习的手机应用，当学习者用英语说出一句话时，该应用就可以根据算法自动给出口语表达的得分反馈，这种程度的连续强化所带来的便捷和高效，以及随时随地的优势，很难通过人来实现。

部分强化因为强化次数少于行为次数，所以我们应关心如何分配强化次数才更有效？但是这个问题并无统一的答案。于是我们转而问："不同的强化方式各有怎样的特色？"显然，我们了解了不同强化方式的特色，就能根据实际情况而选用最合适的一种强化方式，从而最大限度地保持或巩固已经学会的行为。斯金纳比较了四种强化方式（详见图 5-6），图中的一个点就是一次强化，名为"强化点"，相邻强化点之间的线段长短表示行为次数的多寡。下面，我们对这四种强化方式逐一讲解。

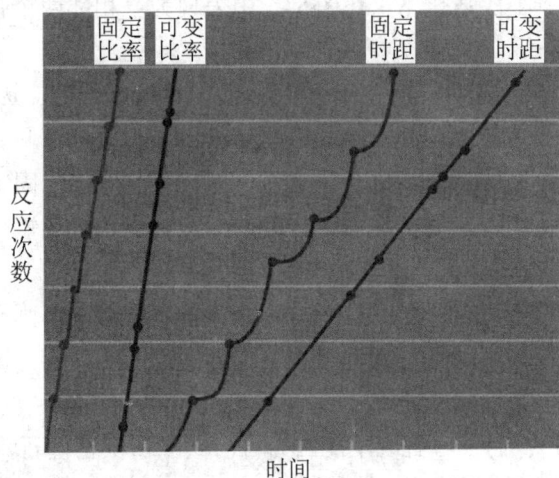

图 5-6　四种强化方式

2. 固定比率强化

这是当学习者每做满一定次数（比如 5 次或 7 次）的正确行为就强化一次，如图 5-6 所示，相邻两个强化点之间的距离（即正确行为的次数）是相等的。

（1）特点。固定比率强化的特点是少一次正确行为就得不到强化，正所谓"功亏一篑"，"前功尽弃"。因此，只要肯定人有意识，那么宣布了强化的固定比率后，则强化次数就控制在学习者的手中。只要学习者认可宣布的强化子，就会高频率地做出指定的反应行为，典型的例子是计件工资制。换言之，固定比率的强化可以在短时间里达成预定的学习目标，这在图 5-6 上表现为历时很短（看横坐标）就达到预定的行为指标（看纵坐标）。

（2）教育含义。我们通常要求小学生熟练掌握一些基本技能，达到自动化反应的程度，比如 20 或 100 以内的加减法、乘法口诀的回忆，汉语拼音和汉字的识别，还有歌唱、舞蹈、乐器演奏和体育运动的各种技能。这些技能的掌握、保持和巩固往往有一个特点，那就是在规范条件下，技能的练习数量是技能的表现质量的基本保障。

但是基本技能的重复练习有可能是枯燥的，于是我们可以采用固定比率强化来促进技能的训练。在实际教学训练中，我们可能会听到体育教师说："坚持一下，这个动作再做 20 次就休息！"这个说法和做法可以看作固定比率强化的一个变式，因为我们可以把这个说法和做法转换为比如"每做 n 次就休息 1 次。"在这里，"休息"被假定为是受训者行为的结局，也是受训者期望的一个满意子。现在，随着计算机的普及，我们可以通过软件设计，对某些技能训练实施固定比率强化，比如每做对 10 道题目，计算机就发出一次表示称赞的信息。固定比率强化还可以应用于为促进教学与训练而安排的个体间或团体间的竞赛活动上。

3. 可变比率强化

使用这种强化方式时，学习者吃不准每做多少次正确的反应会得到一次强化，只觉得比如有时做对 3 次就得到 1 次强化，有时是做对了 5 次或 7 次才得到 1 次强化，而有时做了更多次正确反应也没有得到 1 次强化，这在图 5-6 中表现为：相邻两个强化点之间的距离是不等的。

（1）特点。可变比率强化的特点在于强化的总次数是确定的，因此平均的强化比率也是固定的，这在图 5-6 中表现为强化点的总数是一样的，只是做了哪一次行为后会得到 1 强化，这是不受学习者控制的。但是可变比率强化的效果非但不比固定比率强化差，而且还略胜一筹，这表现为就达到指定的标准而言，前者的历时比后者还短（参见图 5-4，比较横坐标的历时距离）。

（2）教育含义。可变比率强化的一个重要优点是比固定比率强化更接近于真实生活，这在涉及儿童的品德操行训练时是特别有意义的。虽然我们从理论上说，做出正确的行为应该受到称赞，即强化，但在实际生活中，我们不可能事事都订立"每做 n 次正确行为就得到 1 次强化"的"合同"，而学习者既不能因为自己做了多次正确行为而没有得到一次强化就不再做正确行为了，也不能因为偶然得到高频次的强化就幻想做一次或若干次正确行为就一定会得到一次强化。学习者只能坚信正确行为的次数越多，受强化的机会也越多。因此，可变比率强化能在一定程度上培养学生树立正确行为的信念，养成正确行为的性格。一般说来，适用于固定比率强化的训练内容都可以转换为可变比率强化的训练内容，因此从前者转向于后者可以看作一个教育训练的进阶，只是在转换时要做好过渡。

4. 固定时距强化

这是每隔固定的一段时间就给予一次强化，而不论学习者做了多少次正确的反应行为。比如若设计好每隔 10 分钟就对斯金纳的鼠的压杆行为强化 1 次，那么它在 10 分钟里按压 100 次杠杆会得到 1 次强化，按压 1 次也被强化 1 次。按照这样的描述，固定时距强化有点像"吃大锅饭"，即"干好干坏一个样"。

（1）特点。有趣的是，这种强化方式会改变学习者的行为方式。我们看图5-6，在四条刻画学习进步的轨迹中，只有"固定时距"的轨迹是弯曲的，形成了一节一节的J形曲线。J形曲线都由两部分组成，刻画两种行为方式：① 白鼠变懒了，在不到强化时刻的那一段时间里，它按压杠杆的次数明显减少，表现为J形曲线底部的横向线段，很平坦；② 白鼠突然勤快了，表现为在接近强化的时刻，它骤然高频率地按压杠杆，行为次数"飙升"，造成J形曲线的竖直段。

小白鼠是这样，人又何尝不是这样？图5-7的J形曲线就刻画了美国国会议员的提案行为。每年的1月至8月是议会的休会期，这段时间里的提案不多。过了8月，议会要开会了，提案数猛增起来。然后到次年1月，随着新一轮休会期的到来，提案数又少起来，形成了第二个J形曲线，如此周而复始。

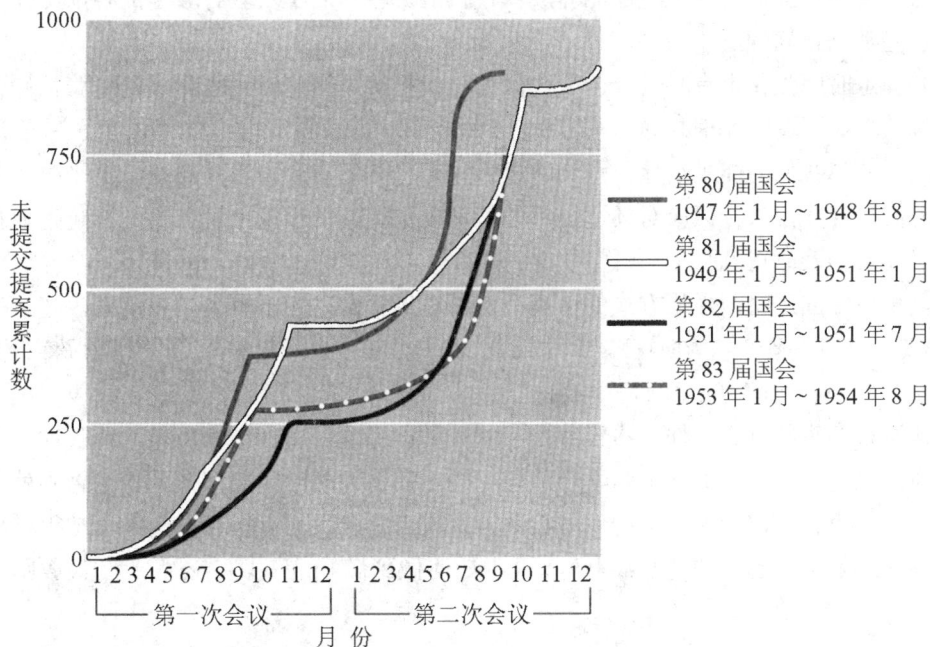

图5-7　美国国会议员提案行为的固定时距强化模式

（2）教育含义。从图 5-7 联想开去，固定时距强化及其 J 形曲线可以用中国成语和俗语里的"临阵磨枪""临时抱佛脚"来表征。在这里，"临阵""临时"就是 J 形曲线的拐角点。只是人们在说这两个成语和俗语时，态度都不算褒扬，不鼓励按其语义去做出行为。

但是固定时距强化及其 J 形曲线本身毫无贬义，它完全中性地刻画了人们的社会行为。在我们的社会生活里，存在大量周期性发生的事件，如考试就是学校生活里一项典型的周期性事件。人们应对周期性事件的行为，往往表现出 J 形曲线的特征。比如，教师和学生往往在临近考试时，或者干脆就在宣布为"复习迎考"的期间里，集中加强知识的领会与贯通、技能的练习与熟巧——在这里，"复习迎考"期开始的那一天就是 J 形曲线的拐角点。学校生活里还有各种定期检查或评估活动，比如环境卫生检查、教学质量评估。一旦临近检查、评估期，从校长到教师，从各年级到各班级里的各小组，层层动员，紧张热烈，人人忙活，不亦乐乎——在这里，决定的宣布往往就是 J 形曲线的拐角点。过后一切又恢复平静，比如考试之后是寒暑假、检查评估完了之后"大家松了一口气"，此时开始画出一条新的 J 形曲线底部的横线段，如此周而复始。

J 形曲线表征了固定时距强化的长短两方面。我们再看图 5-6。纵坐标是统一要求做出的行为次数，横坐标是时间。固定时距强化曲线相对于左面两条而言是相对倾斜的，这表明使用这种强化方式要经过更长的时间才能使行为达到预定的标准，因此从行为的学习—巩固角度看，这并非一种上乘的强化方式，而是固定时距强化的短处。所以教师教导学生平时要抓紧学习，而品德操行需要长期才能养成；校长告诫教师们学校教育教学的各项工作不能靠突击，这些都是正确的。

但是固定时距强化也有其长处，因为假如我们把接近固定时距强化点的紧张忙碌作为行为的指标，那么强调"平时抓紧"就会显得太紧张，所以固定时距强化保留了一段从容不迫的时间，节省我们的能量消耗，待到临近强化期，我们有余力格外振奋，把平时积蓄的能量在短时间里释放出来，以应对环境提出的特殊要求。这从理论上说，既不影响达成预定的目标，又使行为及时得到强化，既愉快又经济。

总起来说，固定时距强化方式的恰当应用可以用中国一句很有名的古语来表述，那就是"文武之道，一张一弛"①。在这里，"张"的意思就是"紧张起来"或"绷紧弦"，是 J 形曲线的竖直部分；"弛"的意思是"放松"或"宽松"，是 J 形曲线的底部线段。因此，教师们应该结合儿童的身心条件、本校特点、课程和训练项目的标准，从长远或长期着眼，采用固定时距强化方式来调节学生的学习节律，既不使他们时时刻刻都紧张着，否则就容易引起消极情绪反应，又避免松松垮垮像一盘散沙；或者防止表面有模有样，内里却很稀松，临到紧要关头还是提不起来的"豆腐状"。至于如何做到做好这一切，还需要广大教师自己去

---

① 文与武，分别指周文王和周武王；张与弛，分别指两王治理国家时表现出来的不同风格。全句是说：这两种不同管理风格应该协调起来，不可偏废。

琢磨，现有的一些教学规范是值得我们正视的，比如在期末考试前安排一系列的单元测验或考查。

5. 可变时距强化

这种强化方式与固定时距强化的区别在于，它没有把一个长时段分割为若干小时段，然后把强化总次数均匀地分配到小时段里，而是在一个长时段里随机地分配强化次数，因此有可能这次是间隔 1 个单位（秒、分钟、小时、天、周、月、年）的时间给 1 次强化，下次是间隔三个单位的时间给 1 次强化，再下次也有可能是间隔更多或更少的时间单位给一次强化。

（1）特点。要言之，实施可变时距强化，学习者不知道下一次强化将过多久才会来到。那么学习者将如何行为呢？这是一个很有趣的问题，我们来讨论一下。首先，学习者因为不知道强化的周期，所以不可能做出 J 形曲线的反应；其次，学习者不可能像在实施可变比率强化时那样，高频率地做出反应行为，以捕捉强化的机会，因为高频反应会消耗学习者大量的身心能量，使其疲劳和厌倦；它们降低了学习者的反应频率，甚至抑制学习者的反应，而这就可能使学习者错过一次强化的机会。于是，为了能够最大限度地捕捉到一次又一次的强化机会，学习者最好的做法是以较低的频率做历时长久的行为。这里的奥妙在于：因为行为的频率低，所以节省身心能量的消耗，从而保障学习者长期地做出该行为，而该行为的历时越长，学习者就越有机会获得难以预料的一次强化。至此，我们换个角度就可以说：实施可变时距强化最有利于特定行为的长期保持和巩固，且看图 5-6，强化曲线最斜，表明在强化次数不变的条件下，行为的时间最长。

（2）教育含义。由于可变时距强化是在总量控制强化次数或比例的条件下，随机地确定强化时刻，因此学习者知道强化总是要来的，于是越得不到强化就越不敢懈怠，因为学习者知道强化是随机的，说不定下一次做了行为就会得到强化。实验表明，可变时距强化方式比固定时距强化更能有效地保持已经学到的行为。在现实生活里，一项体现可变时距强化力量的反面典型例子是赌博的恶习难革除。很多赌徒在输多赢少的情况下一意孤行，直到人财两空，甚至家破人亡，而在境况稍有好转时又故态复萌，好端端一个人从此落入恶性循环而不能自拔。这样的例子警诫教师应密切关注社会上一些不健康因素对学生的侵蚀，导致其中极少数学生养成不良的甚至是恶劣的行为习惯。虽然学校、社会和家庭的三方合作可以有力地抑制这些恶习的表现和"传染"，但是由于这些恶习往往能钻我们的防范空隙，从而使学生尝到"甜头"（强化）。因此彻底革除极少数学生不幸染上的恶习仍是一项艰难而长期的工作，我们不能因他们在一段时间里表现出来正常状况而掉以轻心。相反，我们也可以采取可变时距强化的方式，在他们的行为正常期里，照例不定期地关心他们，把他们彻底地矫正过来。

可变时距强化比可变比率强化更加符合社会生活实际。这是因为在讲可变比率强化时，我们只考虑了成功的反应，这样的反应越多，得到强化的机会自然也越多。但是在实际生活里，我们不可能总是做出正确的反应。我们会出错、会失败、会遇到意想不到的麻烦，而且什么时候出错、失败或有麻烦，往往难以预知，这就造成了强化时间难以预料。鉴于社会生活本身是这样的，因此可变时距强化的实施在学校教育中就是必需的。

就人而言，可变时距强化之所以管用，也因为人有意识。人的意识可以表现为信念。假如一个人坚信做出道德的行为终归会被社会赞扬的，那么他即使在一段时间里做出道德的行为得不到赞扬，那也会继续做出道德的行为。教师在教育教学中积极应用可变时距强化程序，这在知识学习方面可以表现为让学生解决一些难题，遭遇失败；在品格、性格培养方面可以表现为让学生经历一些挫折。这不是说"失败"与"挫折"本身是强化子，而是说由于引进失败和挫折，使得胜利与成功这类真正强化子的出现对学生而言变得不那么确定了，学生只有进一步地把握住正确行为，并且坚持不懈地做出正确行为，才有望得到一次又一次的成功和愉快。于是按照可变时距强化的效应，恰恰是必定成功和必定愉快的不确定发生，把学生的认知能力磨砺得格外锋锐，把学生的品德与性格锤炼得坚定起来。我们应该相信可变时距强化对搞好教育工作的力量。

5-4 强化与惩罚

关于条件作用，我们现在需要一个简洁的总括框架，以知晓我们已经讲过的和即将要讲的内容各在这个框架里所处的位置，从而确保有关范畴在头脑里的清晰性。这个框架如图5-8所示。

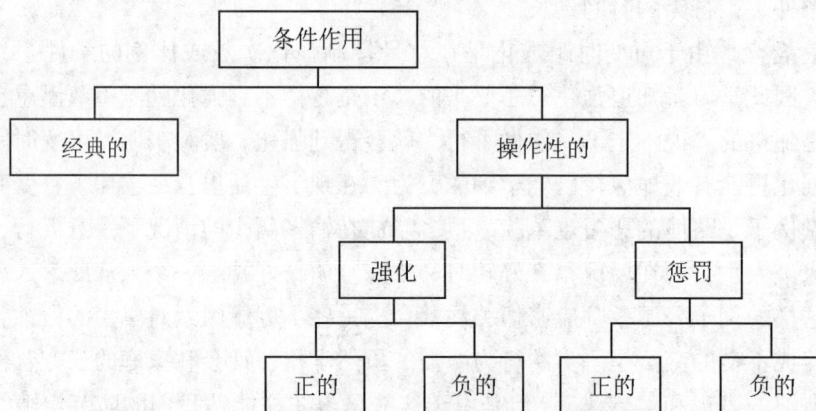

图5-8 条件作用基本范畴的某种框架

在上面的框架里，关于惩罚的主题还没有讲过；关于强化的主题则没有讲完，没讲过的部分与惩罚有什么关系？整个强化与惩罚有什么区别和联系？回答这些问题都是既有理论意义的，又有实践意义的。

5-4-1 强化的正负

1. 概念

强化可以分"正""负"两种，于是有"正强化"和"负强化"两个概念，分指强化的两种做法。

所谓正强化，指学习者行为的结局是出现某个满意子，从而加大该行为的发生可能性。前述斯金纳鼠的学习行为是正强化的典型的实验例子。而学生做了正确的事情（行为），得到教师表扬（结局）；做对了题目（行为）而给打钩（结局）；一名同学克服了羞怯而发言（行为），教师号召全班为其鼓掌（结局）；等等，这些事例都是学校教育教学里常见的正强化事件。

所谓负强化，指学习者行为的结局是去掉了某个烦恼子，从而加大该行为的发生可能性。也举一个实验例子：小白鼠被关进笼子后，因为笼底通电，所以它的脚趾遭到了电击。这电击就成了它的一个烦恼子；后来小白鼠发现按压杠杆可以在一段时间内（比如10秒钟）中止电击，即去掉这个烦恼子，于是它不停地按压杠杆。就人而言，最容易使我们理解负强化概念的例子也许是犯人的服刑，这是犯人的烦恼子，他只有持续不断地做出改过自新的行为才有可能终结"服刑"这个烦恼子。就学生而言，成绩不佳可以是一个烦恼子，但是他可以通过努力或有效的学习来改善成绩，以消除"成绩不佳"这个烦恼子。因此负强化促使个体在面临麻烦、陷入困境、遭受苦痛而又想摆脱时，采取高频率的或重大的积极行为。一名学生在学校生活里总会遇到挫折，难免陷入困境，因此教师要善于利用负强化来帮助学生。帮助的方法可以是"指点迷津"式的，比如对学生说："只要你坚持像今天那样乐于助人，那么同学们以后就不会认为你是自私自利的了。"帮助的方法也可以是"全程督导"式的，比如制订具体计划，监督学生执行。总之，当一个人陷入困境时，或由他本人寻找，或由别人提供某种积极的行为方式践履之，最后摆脱困境，这就是负强化。

2. 两种特殊的负强化

我们可以把上述的负强化看成"一般负强化"，或曰负强化的典型形式。此外还有两种形式的负强化也值得注意，它们的心理学术语分别叫作"逃脱学习"（escape learning）和"回避学习"（avoidance learning）。前者的真正意思是"学会逃脱"，后者的真正意思是"学会回避"。

（1）典型例子。逃脱学习的典型实验例子是这样的：最初，小白鼠通过按压杠杆来消除电击的烦恼。后来它发现，钻过笼壁上的一个洞就没事了，于是它便抛弃了原来的做法而取钻洞的方式逃脱电击这个烦恼子。回避学习的典型实验例子是这样的：对小白鼠先发一个铃声信号，过一段时间——比如8秒钟——再电击。一开始，小白鼠不知道铃声的意义，所以总是遭电击；后来它听到铃声时就赶紧在8秒钟内按压杠杆，从而避免了电击。

（2）教育含义。至此，我们等于讲了三种负强化，它们相对于动物的行为而言，只有单纯心理学含义上的不同，而没有社会意义上的好坏之分。然而相对于学生的学校生活和心理健康方面而言，三种负强化之间却有微妙的异同需要教师把握好和处理好，最好还能辅导学生自我调控好。

三种负强化的起点是一样的，都是学生在身体和（或）心理上陷入了某种困境，并且讨厌之，欲摆脱之。此时他心绪不宁，情感消极。三种负强化的终点也是一样的，都是学生通过自己的行为而摆脱了困境——至少当时是这样，心绪较前稍安宁。

然而重要的是：从我们的教育观念、教育目标或教育理想上看，学生为摆脱困境而采取的行为是有社会意义上的好坏之分的。比如公式化地说：当一个学生因为某课的学习成绩不好而讨厌这门课的时候，他该独立地或在教师的帮助下，通过坚持不懈的努力、有效的学习来改善自己的成绩，从而避免这门课成为对他而言的烦恼子。一句话，学生应该通过我们的教育观念所认可的积极、正当、正确的行为方式进行负强化，即进行上面说过的一般负强化。

但是，这个学生也可能采取逃脱学习的负强化，如身在课堂而心系飞鹜，或调皮捣蛋，或干脆趴在桌上睡觉……这个学生也可能采取回避学习的负强化，比如预知要上此课，就编排理由躲避或干脆无故缺席……这个学生的逃—避学习[1]还可以有一个从上课打瞌睡到逃课的演变过程。当这名学生做了这些行为后，当时都能消除烦恼而感到心安、愉快，因而是符合纯心理学的负强化原理的。但是从我们的教育理想上看，他采取的这些行为都不是积极的作为，而是消极的"无为"，我们能允许这样的负强化吗？这是值得教师思考的。如果不允许，那就意味着学生将仍然处在困境和烦恼中，我们忍心吗？这也是值得教师思考的。如果既不允许学生如此"无为"，又不忍心于他被烦恼所困扰，则教师该怎么做才好呢？这更是值得教师认真考虑的。

学生做出逃—避学习的负强化行为，其成因是多样的。除了学习基础差以外，个别学生是因为课前懂了"这堂课"的教学内容；教学内容的相对枯燥、抽象；教师的授课过程不佳，或者课堂管理乏术，这些都会制约着逃—避学习；还有学习兴趣，一个在音乐课上来劲儿的学生可能在数学课上懒于思考；有的学生更不懂事，单凭着他对某任课教师的不良情感也会轻率地做出逃—避学习，说："我不喜欢某某老师，我就不好好上他的课。"五花八门的原因都可以导致形式上极为相似的逃—避学习。因此，如果教师认为应该干预学生在学校生活里的负强化行为，就得分析具体学生的具体原因，这才有望确立积极的负强化程序来帮助学生按我们的教育理想摆脱困境而进步。

有时，分析具体学生的具体原因很棘手。比如，极个别学生因为得了糟糕的考试分数而吓得不敢回家，游荡街头；或者模仿父母的笔迹签名，瞒过家长，欺骗教师……在这样的例子里，学校—教师、家庭—父母，以及学生本人，三方之中只要任何一方改变既成的行为方

---

① 我们以"逃—避学习"这样的表达方式指逃脱与回避这两种负强化学习。

式就可以消除学生做出上述之类的逃—避学习负强化行为。比如，要是教师陪送学生回家就好了；或者，要是那个父亲三天前在错误地揍了孩子之后没追加一句"后天再考不好就'揍死'你"的"狠话"就好了；再或者，哪怕那名学生的"胆子小一点"也好，这样他就会在情感上觉得回家再糟也比夜晚的街头安全些。可是学生逃学、夜不归宿事件之所以发生，就表明学校—教师要临时地、就事论事地预防这样的逃—避学习事件发生是很难的：你有多大把握确认该陪送哪些学生回家呢？于是，如果我们肯定学生在学校生活里是难免陷入困境的，因此负强化的实施是少不了的，那么就要预防和纠正学生采取的不符合我们教育理想的负强化行为，实施符合教育理想的、积极的、切实有效的负强化程序。为此，教师应适度扩大自己的工作范围，去了解学生的家庭、学生的个性、学生与其父母交往的生活史，以便在更广大的背景下做好学生的行为训练工作，当学生遭遇麻烦、心陷困境而希望摆脱这种情况时尤其需要这样做。

然而，我们尽管可以认为一切逃—避学习都是相对消极的，却未可认为都是社会意义上不好的或"不允许的"。如果我们的某个教育组织举行一场或知识、或技能，或者某方面"素质"的展现活动，并且还评比优胜，而学生可以有所选择地参加，那么学生本人可能采取、我们的教师也可能建议他采取扬长避短的做法。在这里，"避短"一面实际上就是消极的逃—避学习，但我们很难说它"不好"。类似的情况还有比如在团体竞赛的条件下，学生主动地，或者教师劝说他回避，以推出更有竞争力的代表；在一长串选修课或课余活动的清单上，允许学生选择感兴趣的项目而回避不感兴趣的项目；甚至在必修的课业上，在确保学生个体达到了按其能力所应达到的基本学习目标的前提下，允许或建议他适可而止……这些都属于虽不那么积极，但社会意义并不坏的逃—避学习。

如果我们只是简单地要求一个学生在一切方面，或者要求所有学生在某一方面一律采取积极作为的负强化行为，那反而会造成该学生在很多方面，或者很多学生在某一方面陷入更深的困境，产生更加持久的，甚至难以逆转的烦恼，其结果很可能是出现多种心理问题或疾患，它们的基本特征是抑郁。最可怕的是内心深处的抑郁，一个例子是：女儿在学习上相当不错，可母亲偶尔读到她的一则日记却写着"我想死"。哀莫大于心死！心死则彻底无所作为，这样的"心死"在操作性条件作用里的术语叫"习得性无助"（learned helplessness）。典型的实验例子是：小白鼠多次尝试笼子里的各种实验机关，它们之前都能中止电击，可现在不管用了，于是小白鼠"绝望"了，任由电击也不动弹，甚至换了一个实验笼子，那里的机关是能中止电击的，它也不去尝试。我们的学生也有这样的情况。他听从父母或教师的忠告而再坚持了一下，艰难地达到了某个学习水平，可是父母或教师旋即树立了新水平，他得马不停蹄地前进，又陷入艰难中。如此循环重复，他觉得自己再努力也摆脱不了艰难，就索性躺倒在艰难里头敷衍了事，因为这样至少不会有新的艰难到来。学生形成了这种习得性无助后，容易养成一种"蔫蔫的"性格，较普遍地失去学习的兴趣，并且一有机会就放弃原先要他投入的、希望他坚持下去的，并且不断扩展加深的学习领域。比如他再也无心于几乎所有通过文字的学习，正所谓"不想读书"

"看不进书了"。进而波及无趣于几乎一切摆弄事物的学习，比如因为没有耐心阅读说明书或系统的教程，所以不可能在操作事物上有所长进。还需要注意的是，由于父母或学校当初要求学生投入的都是社会赞许的学习领域，因此当学生"心死"于这些领域后，反倒会涉足或沉溺于社会不赞许的其他领域的学习，这就极容易产生各种品德操行方面的问题。之所以会这样，是因为人从进化本性上说，是一个不断学习的物种。不学习这，必学习那。这一本性落实到人类社会特有的道德生活里，就变成或学习美善的，或学习丑恶的。这两点都会在人类的不同个体身上得到不同程度的组合表现。正是在这个意义上，我们说操作性条件作用是比经典条件作用更加有力的一种学习理论，它跟其他科学原理一样，是一把越有力就越锋锐的双刃剑。我们的教师既然操剑在手，就当舞动自如，而自如的第一标准就是不能伤了不该伤的人。

5-4-2 认识惩罚

1. 惩罚的概念

我们在操作性条件作用学习理论的框架里使用"惩罚"这个术语，于是惩罚被宽泛地定义为"一有机体的行为结局是出现了烦恼子"。这个定义需要做若干解说：

（1）在惩罚事件里，基本的情况是有机体的行为在先，烦恼子的出现在后，而定义里的"结局"一词提示该有机体或朦胧地意识到、或明确地认识到自己的行为与烦恼子的出现有时间上的先后关系和（或）逻辑上的因果联系。显然，如果一名学生认为或相信后来的烦恼子是与他先前的行为有关联的，那么他会认为自己受到了惩罚；类似地，如果一名教师针对一学生的行为而向他呈现一个烦恼子，那么我们就可以说前者对后者实施了一次惩罚。

（2）定义里的"烦恼子"，完全是从主观感受上来理解的。这就是说，没有客观的、绝对的烦恼子。如果教师自以为呈现了一个烦恼子，而学生实际上并不因此而有烦恼感，那么这个烦恼子在此时此地对此学生而言就不是一个烦恼子，于是教师对学生施加惩罚的意图也就落空了。相反，我们倒可以幽默地说这位教师自己受到了一次惩罚，因为他施加惩罚的行为结局是自己的气恼："真把我气得——瞧，这么严厉地批评他，他居然无所谓！"同样，在一人看来是奖励或满意子的事件可能在另一人看来却是一个惩罚或烦恼子。

（3）烦恼子引起的烦恼有程度差别，体现出惩罚的轻重程度。如果被惩罚者实际产生的烦恼程度与实施惩罚者预期的程度有差别，那就表明惩罚不是过重，就是偏轻。比如教师有时没想到轻轻几句责备的话，居然使得一个小女孩泪流不止、泣不成声，于是觉得批评重了，遂好言安慰。

（4）烦恼子又是一个高度抽象的术语，它说的"烦恼"，范围广大，包括从轻度的不悦到重度的苦痛。只是就人而言，这些感受如果是因惩罚而起的，都可以归结为一种"恨不能立即排除掉，却担心再来第二波"的烦恼。因此烦恼子引起的心里不快是有多样的具体感受的。

本书是在合法、合德、合理、合度的范围内谈论对学生的惩罚，本书完全反对教师对学生采取体罚或变相体罚；反对教师对学生做任何身体攻击、言语攻击的行为。我们在此所讲的惩罚，是指教师在课堂上对行为失当的学生投以不满的一瞥；责令不完成作业的学生限时补交作业，因而暂时中止他在学校里的游嬉活动；批评犯了错误的学生，哪怕语气或措辞是严厉的，还包括按其行为失当的严重程度而取消这名学生在一项重要活动中担任某个重要角色的资格；撤销先前拟定的给予某学生一项荣誉的决定；等等。

在上面枚举的正当惩罚例子里，我们看得出惩罚有两类，可以分别名为"正惩罚"和"负惩罚"。所谓正惩罚，是指当一名学生做出失当行为时，就给予他一个烦恼子，比如，学生每做错一个题目，就需要给他增加一个新的题目，对于很多学生来说，再做一道新的题目，都可能是烦恼子。而所谓负惩罚，就是指当一名学生做出失当行为时，就撤除他已经拥有的一个满意子，比如，学生迟到了，就撤销掉学生已经获得的一朵小红花。由于撤除一个满意子在人的意识的逻辑上就相当于给予一个烦恼子，因此正、负惩罚所产生的心理效应是一致的。那么，惩罚有什么作用呢？

2. 惩罚的作用和局限

惩罚的作用是简单的，它仅仅降低特定行为的发生可能性。比如正在发生的行为因惩罚而中止；又比如一个学生正要做出某个不当行为，却因看到教师出现了，想到如此行为必会遭批评，因而当下克制着，等到教师走了后，他可能再做此行为。这样，从教师出现到教师离开，在这一段时间里，某个不当行为的发生可能性就降低了。惩罚降低行为发生的可能性，恰与强化提高行为发生的可能性相反，教师们对此要有十分明确的认识。

然而不少人有意无意地把惩罚的作用想得"丰富"了。举个极端的例子：一个父亲因其子又偷窃了，便揍孩子，一边揍一边说："我今天非把你这坏行为给揍掉！"我们现在仅分析父亲的这句话。这句话是什么意思呢？这句话可以理解为父亲期望孩子在挨揍之后，便从原来的"会"偷转变成"不会"偷了，而这里的"会"与"不会"是"有能力"与"没能力"的意思。换言之，这个父亲无意中把偷窃行为想成了某种"技能"，这从纯粹的心理学角度讲是不错的，可是技能总有某种结构，比如先这样比画、后那样比画，一来一去，一件事儿就巧妙地做成功了。我们要注意，只要技能的结构保持着，则这一技能的行为就做得出来。因此那个父亲的话所透露的信息是他期望用"揍"的惩罚来"瓦解"偷窃行为的动作结构。他那未言的推理是：只要动作的结构瓦解了，则相应的行为也就做不出来了。这样的期望和推理，就是那个父亲对惩罚凭空添加的一项作用，然而这是没有心理学根据的。我们应该明确意识到：惩罚无力瓦解行为的结构！这就是惩罚的局限性。不明白这个局限性，就容易任意加大惩罚的强度，乃至于变成滥用惩罚。滥用惩罚不但于事无补，还会引发其他更糟糕的问题。

3. 惩罚的误用

我们要正确地使用惩罚，需要了解误用惩罚的模式，下面讲五种模式。

（1）实际惩罚了好行为。

小孩贪玩，父亲屡屡催他回家也不听，后来是同学的家长把小孩劝回了家。小孩回家后却遭到父亲的惩罚。这是一种常见的惩罚模式，可以按时间顺序展开，如表 5-1。显然，表中可见，从行为与惩罚的联结上说，父亲实际上是惩罚了小孩补救过失、毕竟赶回家来的好行为。这是从操作性条件作用的客观程序上立论的。

表 5-1　一种常见的惩罚模式

时间顺序	事件发生
t_1	小孩的行为失当
⇓	
t_2	小孩中止了失当行为＝等于行为正当了
⇓	
t_3	小孩受惩罚

从主观想法上看，父亲当然认为自己是惩罚小孩先前屡唤不回的不当行为。可是小孩迷惑了，搞不清自己究竟是因为不回家还是因为回家而受惩罚。小孩想从理智上认为是因为先前不回家的行为而遭到惩罚[①]，可是他亲身感受到的却是：不回家时没惩罚，回家以后遭惩罚。于是，我们会看到小孩如下的"犟嘴"：

小孩：为什么惩罚我啊？

父亲：叫你回家你不回啊！

小孩：可我现在回家了，你为什么还惩罚我啊？

父亲：我惩罚你是因为先前叫你回家你却不回。

小孩：先前我不回家，是我错了，可我现在回家了，就对了，你为什么还惩罚我啊？

父亲（语塞地）：你还犟嘴？

小孩（冤枉地）：回家了反而挨惩罚，这么说，还是不回家的好。

我们从上面的对话里可以看到，这种模式的惩罚容易搅乱儿童的是非观念，使他左右为难，不知如何行为好。更重要的是，这种模式的惩罚事件发生多了，会使儿童压制自行补救过失的动机，滋长将错就错、一错到底的更不当行为。比如他也许会这样想：现在回家已经要惩罚一次了，待会儿回家也不过是一次惩罚。既然横竖是惩罚，又何必现在急着赶回家去

[①] 我们假定父亲是这样解释给小孩听的，并且小孩也想接受这样的解释。

呢？一个儿童如果这样想，并且这样做，那往往是更加不良的行为与想法的开头。然而儿童这样的思想方式却是成人误用惩罚的产物。

（2）惩罚养成了消极的畏惧。

有的家长为了表明自己教养有方，故而对儿童严格要求到了毫不留情的地步，一见他们有过失，就给予严厉的惩罚。于是儿童很快就畏惧他了。但是这种畏惧是消极的，表现为儿童一见到他就不敢作声，老想躲掉，而一旦躲避成功，又故态复萌，照样做出不当行为，甚至更加有意识、更加放肆。

这种模式的惩罚具有一味严厉的特点。从表面上看，它似乎在进行让儿童"学好"的操作性条件作用学习，可实质上使儿童于不知不觉间完成了一场引发消极情绪反应的经典条件作用学习，即特定的成人成了儿童心理紧张不安的条件刺激。更重要的是：这样的反应一旦形成，往往使儿童不去想如何进行有效的操作性条件作用学习，即通过学会采取恰当的行为来祛除"大人对我不满意"这个烦恼子；更有甚者，当人们提示或教导儿童去进行有效的操作性条件作用学习时，他也可能拒绝。比如当有人鼓励一个孩子时说："你以后别这样，爸爸就不会惩罚你了嘛！"孩子却答道："没用的，如果别的地方做得不对，他还会惩罚我的。"

要言之，这一模式特别明显地暴露出惩罚的作用和局限性。畏惧表明惩罚有效地压制了行为的发生，而躲避之后的故态复萌则表明惩罚根本没有瓦解行为的结构。

（3）惩罚奖励了坏行为。

假设两个儿童做了错事，被分别查问。其中一个因为承认自己犯了错而遭到惩罚。如果事情就到此为止，那只是上述的惩罚误用。然而假如这两个儿童交流起来，相互发现了"甲认错而受惩罚，乙说谎却未受惩罚"的事实，那么甲受惩罚的"故事"一般不会成为乙的烦恼子，倒会被乙用来加强对比，结果那因说谎而逍遥于惩罚之外的经历便会成为乙的满意子，引起乙的愉快。这样，惩罚就奖励或强化了坏行为。这一点尤其值得偏信于靠惩罚来严格管教儿童的成年人或教师注意。

（4）恼羞成怒使惩罚变得莫名其妙。

比如在昨天孩子的生日宴会上，父亲还向亲友夸赞孩子这一阵子"懂事了""学好了"，却不料今天无意中得知孩子是因为做了一件挺糟糕的错事而"卖乖"的。父亲于是觉得被孩子"耍"了，恼羞成怒之下便惩罚了孩子。这样的惩罚即使挑明了因果关系，孩子也会觉得十分委屈。这种委屈心理的产生，表明在犯错和惩罚之间如果有了长时间的间隔，那么孩子实际上并不能心悦诚服地在自己的过错和遭到的惩罚之间建立因果关系，这就使惩罚在他的心里变得莫名其妙起来。然而人从本性上说，是不甘心总处在莫名其妙状态中的，于是这孩子总要寻求解释的。如果孩子后来知道是教师"走漏了"消息，或是哪个同学"多了嘴"，那就可能对他们形成经典条件作用的消极情绪反应，表现为怨恨教师或迁怒于同学。我们已经说过，经典条件作用的消极情绪反应阻碍人们去进行操作性条件作用的学习，如上列模式（2）所述。因此，令孩子觉得莫名其妙的惩罚通常是彻底无效的，有百害而无一益。

（5）攻击性惩罚滋生攻击性行为。

攻击性惩罚包括语言的和身体的两类。前者指尖酸刻薄的讽刺挖苦和损伤自尊心的辱骂；后者是堪称"暴力"的揍打。如果我们撇开实施这种惩罚的成人自身具有的某些性格特征不论——这属于别的论题，那么这样的攻击性惩罚几乎总是施加于这类孩子的：① 他确实有错；② 他还高频率犯错；③ 他被认为"屡教不改"。我们可以承认：如果回溯有关成人与孩子的相互关系生活史，那么一般说来，成人不会一开始就对孩子动用如此强烈的惩罚。然而一旦用上了，成人一般也难以降低惩罚的"级别"，反而会一意孤行，进一步提高惩罚的强烈程度。于是"确实有错，又高频率犯错的"孩子也就容易高频率地受到这里说的攻击性惩罚。

我们说这样的惩罚是"误用"，就是说它对于改变儿童的过错行为来说是"无用"的，因为它使受惩罚的儿童学会一种错误的处事方式，以为他也可以这样对待被他认为做错事的人，并且付诸实施，结果是孩子又受惩罚，如此恶性循环。可见攻击性惩罚不但于事无补，反而添乱，它使儿童产生新的错误并且不断地使错误顽固起来。要言之，攻击性惩罚在伤害儿童的身体、扭曲儿童的心理方面所造成的后患可以是长远深重而积重难返的。

总起来说，在实际的学校生活里，尤其是在儿童的家庭生活里，惩罚的误用可能还有其他的模式；或者误用的模式也有别的划分准则。我们的教师应该基于自己的具体工作实际，细致了解在学生中发生过的惩罚误用模式和案例，根据心理学的原理加以分析，在校正自己的行为的基础上，还要帮助学生的家长，使其不要对子女的过错行为误用惩罚。

5-4-3 有效使用惩罚的原理

但是，没有惩罚也是不行的。我们都知道，一味地姑息迁就或放纵可能造成什么样的后果。因此，问题不在于"要"还是"不要"惩罚，而在于如何有效地惩罚。这就需要知道有效惩罚的若干原理。

第一，要做到有效惩罚，惩罚不能违法。就我国教师而言，当你对儿童少年实施惩罚的时候，一定要严守国家及其各有关部门为教育事业和我国青少年儿童制定的法律、法规、工作条例和行为守则。

第二，要做到惩罚而有效，惩罚就要有良知。这是说，教师惩罚学生，不该是仅为了"教训教训他""给他一点苦头尝"。小学儿童因言语无忌、行为失度而犯下过错，根源仍在于"少不更事"；儿童在一些情境下的言与行有可能使教师精心计划的一项活动的教育意图一时落空，也有可能伤害教师的自尊心，甚至令教师恼羞成怒。但是这类事件的根源仍在于社会生活的复杂。因此我们的教师在意欲惩罚他们之时，或者在采取惩罚行动之前，最好能慎思明辨：此次惩罚除了使自己心头"舒服一点""出了口气"之外，还有什么？一项惩罚的效果若仅此而已，却没有促进儿童健康发展的成分，那就是不必要的。此时，教师倒可以采用"不与孩童一般见识"的话来调节自己的心理，相互安慰。

第三，这一点才是为实施有效的惩罚而运作心理学程序的问题。关于惩罚的程序，我们值得注意相承的两点：① 当个别学生的不当言行实际上干扰了集体活动的正常进行时，应该当机立断地实施惩罚，如以严肃的批评，甚至是严厉的训诫，立即压制住不当行为的持续或蔓延；② 惩罚之后要跟随以强化，这是因为惩罚虽足以压制不当行为，却无力瓦解不当行为。所以，惩罚若不跟随以强化，则一有合适情境，原被压制的不当行为又会沉渣泛起，表现为儿童的故态复萌。惩罚之所以要跟随着强化，是因为强化能够塑造新行为。教师们要知道，当你要一名学生在操行方面"改正错误（行为）"时，实际上是要求学生以正确的行为来取代错误的行为。那个取代错误行为的正确行为，既可能是学生旧有的，也可能是学生需要新学的。这样，所谓要求学生"改正错误"，也就无非是要求他在遇到类似的情境时，重复做出旧有的或新学的正确行为。这都可以概括为"使正确行为的发生可能性增加"，于是强化就是惩罚之后少不了的程序。

跟随在惩罚之后的强化，既可以是正的，也可以是负的。如果是跟随正强化，那么教师可以提示学生应该怎样行为，并且鼓励或要求他做一次，并在学生做了之后，应立即给以赞许的评价。如果是跟随负强化，那么教师可以明确告诉学生假如他怎么行为，则现在施加的惩罚就可以（渐渐地）撤除，并且在紧接着的一段时间里，督察学生是否做出正确的行为。如果学生是正确地做了，那就要明确地告诉他原有的惩罚正在一点一点地撤除或完全撤除了。至于在一次惩罚之后究竟该跟以正的还是负的强化，这依具体情况而定。在很多情况下，正、负强化可以同时跟随在一次惩罚之后。

惩罚之后跟以正的或负的强化，对受惩罚者而言，有不同的认知含义。教师在惩罚学生之后跟以正强化，应该意在使学生明白教师是把被惩罚的行为和被强化的行为"分开来"看的，正所谓"该批评的就批评，该表扬的就表扬"。教师不但要学生明白教师的心思，而且还要使学生明白他也应该这样"分开来"看，从而自行决定接着怎么做。教师以自己的言行阐明这样的含义，将使学生不担心教师会搞"株连"——因为先前的一个过错行为而对后来的一项正当行为也视而不见，甚至把学生"看死了"。显然，不让学生有这样的担心，是更加有利于学生健康成长的，特别是在学生因受惩罚而情绪低落、抵触甚至自暴自弃之时。相反，教师在惩罚学生之后跟以负强化，应该意在使学生明白教师是把被惩罚的行为和被强化的行为"联系起来"看的，好比好的行为像干净的水，冲刷着坏的行为在教师头脑里留下的糟糕印象。教师不但要学生明白教师的心思，而且还要使学生明白他也应该这样"联系起来"看，从而参照着自己的过错，更加自觉地做出正当得体的行为。教师以自己的言行阐明这样的含义，将有利于学生在后来的实际活动中养成反省自己的好习惯。"吾日三省吾身"，孔子门徒曾子的这句名言在当代教师那里应该有与时俱进的创新应用。因一次过错而经常反省而彻底改过、长久端正，学生通过这样的经历而获得的发展是更加富有意味的。

总起来说，根据强化和惩罚的定义，我们不难想到在惩罚之后跟随以强化，可以使学生从烦恼转移到愉快来，从退缩转移到进取来，从不知所措转移到清楚地知道如何做出行为来。我们的教师在不得不对学生实施一次惩罚后，若能使他完成这样的转移，那么这次惩罚不但从压制不当行为的当前意义上讲是有效的，而且更从在学生愉快生活中教化培育新行为的长远意义上讲是有效的。

小结

操作性条件作用学习理论认为，好的学习需要学习者做出探索的行为。这个探索的过程会使学习者消除学习中的错误而逐渐地进步。

教师要注意在教学之前、之中和之后检查学生对该项学习的准备状态；认识到不是重复，而是反馈，才是造成学习进步的关键因子；相信奖励促进行为形成的力量要比惩罚导致行为消除的力量大。

为了促进一项行为的形成和巩固，需要进行强化。强化有四种基本的方式可以选择，它们对真实生活的逼近程度不一样。但是强化都促使被强化的行为更有可能再一次做出来，这是与惩罚绝对不同的。

惩罚只能压制行为的做出，却不能瓦解行为的结构，因此惩罚消除不了被惩罚的行为，而误用惩罚反而会压制好行为。从心理学上说，有效地使用惩罚需要跟随以强化，从而在压制坏行为的同时也塑造好行为，使坏行为的做出能被好行为的做出所取代，从而表现为"改掉了"坏行为。

研读建议

1. 桑代克的猫实验虽然比巴甫洛夫的狗实验简单，可是更加适于刻画人的学习。建议读者认真比较这两个实验对人的学习和教育的含义。

2. 本书对桑代克的学习三律逐条做了更详细的解说，更具体地申论它们在小学教育和教学中的可能应用，因此建议读者特别注意。

3. "强化"是操作性条件作用学习理论中最有特色、最成系统、最为严谨的部分，也是最便于在小学的日常教育教学里应用的部分。因此建议读者同样予以特别注意。

4. 对于惩罚，读者务必明确认识它的作用和局限，但是我们建议读者更要注意把它与强化配合起来使用。

难点解析

1. 本书把桑代克关于学习的动物研究归在"操作性条件作用"学习理论的范畴内。

桑代克的学习理论可以称为"联结主义"。但是，如果仅仅为了突出与巴甫洛夫的区别，那他的学习理论归在"操作性条件作用"范畴内是更加简洁的。要之，桑代克的学习理论究竟该怎么称呼，这不重要，重要的是认识操作性条件作用学习理论本身的基本原理及其与经典条件作用学习理论的区别。

2. 关于"尝试—错误"和"试误"。

我们不要把"尝试—错误"误解成就是"盲目地（的）尝试"，这是因为：① 人的有些尝试是盲目的，有的是心明眼亮的。心明眼亮的尝试仍可能出错，也就仍有错误需排除，因此"尝试—错误"≠"盲目地尝试"。②在"盲目地（的）尝试"一说中，怎样才算是"盲目地（的）"，含义并不清楚，但是怎样算"尝试—错误"，这是很清楚的，我们既可以按桑代克的猫实验来比照，也可以干脆用"探索""探究""探新"来理解。

3. 关于"瞎捣鼓"行为是"天性"。

这里说的"天性"，就个体而言是与生俱来的，就整个人类而言是在漫长的生物进化过程中形成的，并且还将继续通过无数个体的表现而继续为人类所拥有。仅从这个意义上说，教育就值得保护这种具有认知好奇心性质的适应性行为。不过它在人际交往的环境里表现出来时，有可能造成某种社会性的麻烦。本书不反对教师场境①性地制止某些已经带来或可能带来社会性麻烦的"瞎捣鼓"行为，但不希望教师们做得过分。只是"过分"与"不过分"的界线是什么？这难以界定。因此期望教师本着维护人类探究的天性，具体地恰当处理儿童的"瞎捣鼓"行为。

4. 关于准备律的"一个深刻的矛盾"。

按照准备律的概念，教师本该"先"知道学生的准备状态，"然后"再进行教学。可是由于"准备"的概念包罗万象；学生按法定程序入校和升级；教师主要是面向学生集体工作，也没有什么技术设施可以用来鉴定学生在某一方面的准备状态，因此教师实际上是在不知道学生很多方面的准备状态的条件下实施教育教学的。在这种情况下，教师就需要注意在教学过程之中或之后来考察学生的学习准备性，然后调整自己的行为。

5. 关于"强化"是个不陌生的说法以及它在操作性条件作用学习理论里却是个专门术语。

我们在生活里经常说"强化"这个词，但一般并不考察它究竟是什么意思。比如所谓"强化训练"这个说法，真考察起来，则"强化"就是指"加大训练频率，提高训练难度"之类的意思。这样的强化发生在学习者或受训者的行为之前，通常要求学习者或受训者"忍受住"和"挺过来"，因此强化训练的过程是"难受的"。这一切都与心理学所讲的"强化"意思恰相反，所以要特别注意把握"强化"的心理学含义。本书再强调一遍：心理学的操作条件作用学习理论讲的"强化"是给予"愉快""满意"。

思考

1. 本讲介绍了强化的很多应用。请你联系自己工作中一次难忘的成功或失利，谈谈对你触动最大的一种强化。

2. 想一想自己在教学工作中有哪些问题可以用强化和惩罚来解释？你可以怎样使用正强化、负强化、正惩罚、负惩罚来解决这些问题？在解决的过程中需要注意什么？

① 心理学一般不用"场景"，那好像是戏剧用语；也不用"情境"，那好像是设计好的，比如"情境实验"。作者在这里用"场境"（英文对应为 situation），意指临时、偶然进入的现场、环境。

6 认知—社会学习理论

研读目标

- 领会柯勒实验的意义；
- 理解托尔曼两个实验的要义；
- 领会"学习形成内部表征"的观点的重要性；
- 掌握班杜拉的观察学习理论；
- 了解"电视专家"利用怎样的手段来吸引观众注意；
- 理解观察学习的心理过程。

　　读过前两讲，你是否觉得，前面两讲只讲了学习，多和外显的行为相关联，却不提心灵、头脑或思想。比如我们只读到小阿尔伯特见了小白鼠就哭，却不谈他的心里想什么；又比如前面讲强化使特定行为更可能发生，可如果人的行为是受思想意识指导的，那么在"强化塑造行为"的说法中，心灵的作用体现在哪里？

　　你是否还觉得，前面讲学习，都是讲学习者的身体力行，比如，狼是吃了羊肉之后才怕羊的；猫是经过"捣鼓"才学会麻利地打开笼门。如果说其他动物只能通过亲力亲为才能学习到什么，那么人肯定不是这样的。有一句话叫"秀才不出门，便知天下事"。然而这真不仅仅是一句话。德国古典哲学的开山大师康德（I. Kant，1724—1804），他一辈子没离开哥尼斯堡小镇，可他的思想至今影响着世界哲学的发展。可是，人的非亲历学习在前面的两讲中一点都没提。

　　此外，前面讲学习，都有"重复"的成分，最典型的是桑代克的练习律，经典条件反应学习也不例外。那么有没有只需一次就学会的学习过程呢？本讲就谈上面设问的那些学习。

6-1　内部表征

　　"内部表征"（internal representation）的"内部（的）"一词，通俗地说，指"心里（的）"；专业地说，指"心理（的）"；实质性地说，指"头脑里（的）"；就人而言，也指"思想上（的）""观念上（的）"。"内部表征"的"表征"一词是"代表""表示"的意思。当一名儿童想象着左右各一只苹果相向而行，凑在一块儿成了两只苹果时，那就是对实际情境里把两只真苹果放在一起的一种内部表征，它是形象的，很具体；如果这名儿童写出"1+1＝2"，那就是另一种内部表征，它是符号的，很抽象。由此可见，内部表征就是指头脑里的思想观念。手脚不动，不妨碍内部表征本身的运作。那么在学习过程里，内部表征与外显行为有怎样的关系呢？

6-1-1 柯勒研究

1. 聪明的苏丹

德国心理学家柯勒（W. Kohler，1887—1967）是心理学早期历史中格式塔学派的中坚人物之一。一个偶然的机会，他去了一个小岛，对那里饲养着的猩猩做了一系列关于问题解决的研究，它们都可以归在"学习"的范畴里。

在一个实验里，柯勒把香蕉放在笼外，给笼内一头名叫苏丹的猩猩两根竹竿。虽然每根竹竿的长度都够不着香蕉，可如果把竹竿接起来，那是绰绰有余的。一开始，苏丹轮换着竹竿去够香蕉，这当然够不着，于是它焦躁得不得了，跟桑代克的猫一样。后来，苏丹安静下来，"发呆"似地望着面前的景象，良久。忽然，它把一根竹竿的一头插到另一根竹竿里（参见图6-1），于是短竿变长竿，香蕉也就够到了。

图 6-1 苏丹的"顿悟"：把两根竹竿连接起来

柯勒也用这个实验来支持他的"顿悟"（insight）学习说①，图6-2是此说的一个表征。

---

① 郭德俊. 小学儿童教育心理学. 北京：中央广播电视大学出版社，2002：70-71.

图中横坐标是学习所花的时间，纵坐标是学习的成绩。我们可以看到，在顿悟产生的那一刻（t_2）之前，线段爬地行（图中的波浪线），表示学习没进步；而在 t_2 这一点上，竖直的线段拔地而起，与图中的孤星一道，表征一蹴而就的成功。这里没有桑代克猫那种"尝试—错误"的重复，也没有"拖泥带水"的逐渐进步（对比图5-2），而是要么毫无进展，要么一举成功，这就是"顿悟"的模式化表征。

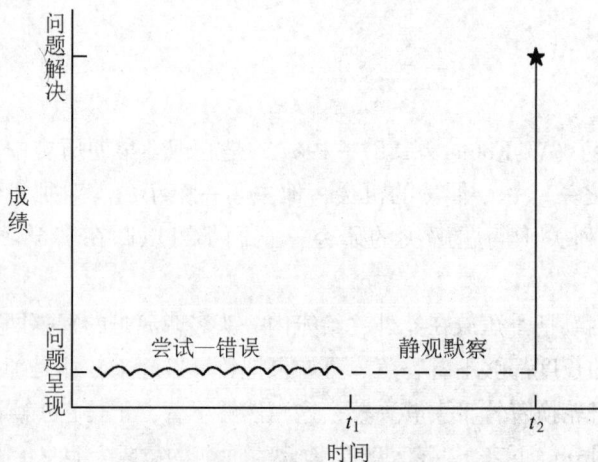

图 6-2　顿悟学习的模式化表征[1]

2. 分析

其实就图6-1而言，苏丹连接竹竿的外显行为是次要的，真正重要的是在这么做之前，能够"看"出棍子可以"这样地"连接起来。如果没有事先看出这样的关系，而是像桑代克的猫那样地盲目尝试，单靠"瞎猫碰上死老鼠"的运气而接插竹竿成功，这个概率是极小极小的。

那么苏丹是在什么时候"看"出这一关系的呢？我们只能说是在躁动之后那个静观默察的"发呆"期里（参见图6-2）。显然，如果关系看得准，那么不动则已，一动则会成功。于是从外显行为上看，进步就不是渐进的了。

这就提出了新问题：假如苏丹在做出成功行为之前是需要静观默察的，那么这里的"观"与"察"才是真正的学习过程。苏丹"观"到、"察"到或学习到了什么呢？另外，苏丹先前怎么也解决不了问题，而在静观默察之后却一举解决了问题，这使我们想到它通过"观""察"而获得的"顿悟"指导着外显行为。于是学习中的行为就不完全像前两讲说的那样，似乎全靠外部的刺激引发出来的——不论是 US 与 CS 的联结，还是强化，而是也受内部的"东西"支配的。总之，柯勒的实验迫使人们不得不承认学习导致"脑子里"形成了什么东西，并且这"东西"支配着外显的行为。

---

[1] 　注意：从 t_1 到 t_2 是苏丹"发呆"的一段时间。

6-1-2 潜在学习

柯勒的猩猩实验影响深远，这包括触动了心理学家爱德华·托尔曼（Edward C. Tolman，1886—1959），托尔曼虽然接受了条件作用学习理论的严格训练，可是，他的基本观点大大改变了，提出了潜在学习理论①。

1. 实验

托尔曼设计了一个实验：让三组小白鼠练习走复杂的迷宫（图6-3），一天走一次。其中，强化控制组天天被强化，非强化控制组则相反。至于潜在学习组，即实验组，在前10次的练习中不予强化，但从第11次起给予强化。三组的学习结果见图6-4。

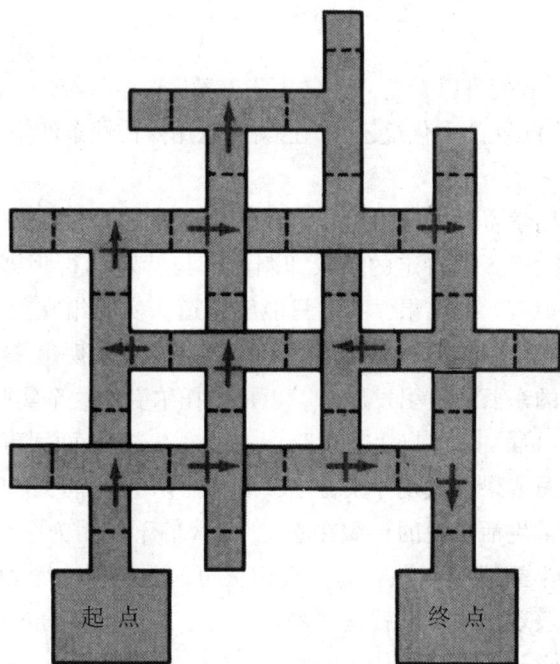

图6-3 一种复杂的迷宫（虚线表示布帘，小白鼠可以钻过去）

我们从图6-4中可以看到，强化控制组的平均错误次数随着练习次数的增加而逐步下降；非强化控制组的平均错误次数下降得很少。这都合乎操作性条件作用学习的理论，很正常。异常的是潜在学习（实验）组：在前10次的无强化练习中，它的表现与非强化组没有差别——这仍然符合操作性条件作用学习的理论。可是从第11次起，转为有强化的练习后，该组的平

---

① 也有学者将"潜在学习"翻译为"潜伏学习"。

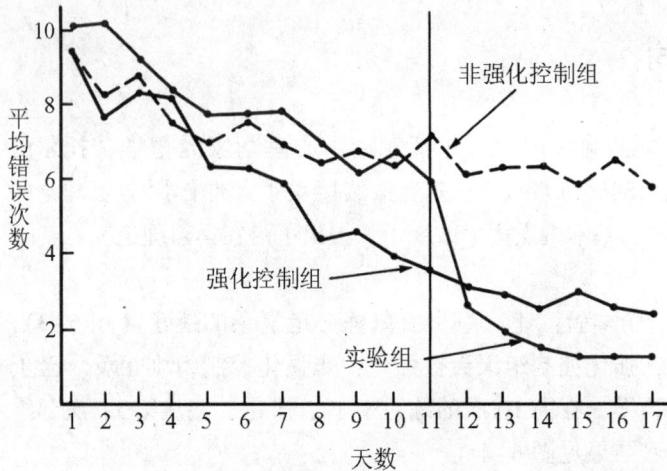

图6-4 潜在学习的效果

均错误次数便一路下降。我们可以看到，潜在学习（实验）组只经过1次强化（图中第11-12天），其成绩就比强化了11次的强化组还好。这就难以用操作性条件作用学习理论来解释了。

2. 分析

按照操作性条件作用学习理论，强化是学习必不可少的步骤，没有强化就没有学习；强化好比"粘胶"或"链条"，把特定的情景即刺激，与特定的行为即反应紧紧地联结在一起。但是面对托尔曼这个实验的结果，我们只能解释道：实验组在前10次的练习里虽然错误多，却不意味着它没有学到东西，而是学到了，只是没有表现出来，直到第11次练习后得到了强化，那学会了的东西才被引发出来。于是，托尔曼的这个实验确立了两个相联系的重要观念：①"学习"（learning）与"表现"（performance）是两回事；②强化不是学习的必要条件，它只影响学习成果的表现。换言之，没有强化也能学习，而学到的东西却未必表现出来，这就是我们日常生活里说的"藏在心底"。我们不能因为一个有机体没有做出一项行为来，就断定它没有学到或学会该行为。真相很可能是这样：学习者已经学到了、学会了，但是没有强化就不表现出来。这就是"潜在学习"（latent learning）的含义。

那么小白鼠潜在地学到的东西是什么呢？

6-1-3 心理地图

托尔曼的又一个实验回答了上面的提问。

1. 实验

这个实验先训练小白鼠学会走一个迷宫，如图6-5左边所示：从A点出发，经过B、C、D、E、F诸点而到达目标点G。之后，实验让小白鼠走另一个迷宫，如图6-5右边所示。对照左边的迷宫，右边的迷宫堵死了通道C，又平添了18条路径，其中只有路径5是通达目标点的。问题是：学会了走左边迷宫的小白鼠能否成功地走通右边的迷宫？如果能，它们又是怎样走通的？结果表明，有相当一批小白鼠在走 C 碰壁后，径直地穿过路径 5 而到达目标点。

2. 分析

按照操作性条件作用理论，小白鼠将在相当长的时间里走不通右边的迷宫，因为它们先前学会的乃是 C–D 点的联结，它现在被切断了。于是小白鼠得学习新的联结。新联结将以图中的圆形"广场"为一端，但是以 18 条路径的哪一条为另一端呢？看来小白鼠非得经过一系列尝试和强化的过程才可能最后形成 B–5 的联结而到达"目标"。

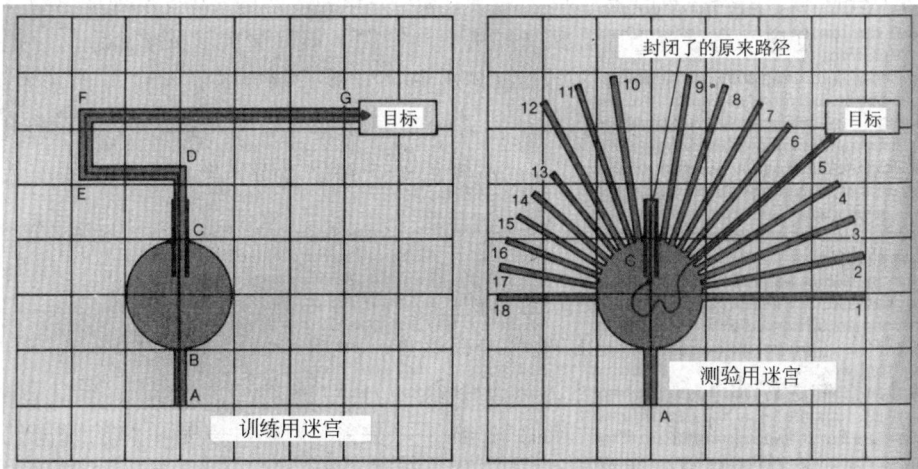

图 6–5　证实"心理地图"的迷宫①

然而托尔曼的实验结果只能这样解释：在学习走左边迷宫的过程中，小白鼠虽然在外显行为上不得不先朝左拐弯，但是头脑里形成了目标（G）在右前方斜刺位置的"地图"。只是左边的迷宫使它们无法利用这"地图"，而右边的迷宫提供了利用这"地图"的机会，使小白鼠能够按着头脑里的"地图"来选择迷宫里的捷径。

基于这个实验，托尔曼提出了"心理地图"（mental map）的概念，指出它就是潜在地学到或学会的东西，它不是桑代克说的那种外显行为与环境刺激的联结，而是藏在心里的"观念"。它们虽然看不见、摸不着，却是确实存在的，因为它们指导着行为。

托尔曼的这个实验结果显然具有更重要的意义：既然小白鼠都可以形成指导行为的"心理地图"，那么人就更能够在学习中形成"心理地图"之类的内部表征，并且用它来指导行为。比如有个陌生的地方，司机开车送你去过一次；后来你必须再去一次，可这次没车了，于是你凭着模糊的印象一路"摸"去，居然还挺顺利地找到了。你那模糊的印象就是托尔曼说的"心理地图"。

---

① 注意，两个迷宫都配上了网格，为的是表明它们的起点和目标在空间位置上是一样的。

6-1-4　期望

除了"心理地图"，我们在学习中，或者说通过学习，还会形成另一种内部表征叫"期望"（expectancy）。这种内部表征很早就有实验支持了。

1. 廷克利泡夫实验[①]

心理学家廷克利泡夫（Tinklepaugh）当着一只猴子的面，把它喜欢吃的香蕉装进带有盖子的两个容器之一，然后带着猴子逛了一圈。猴子回来后，径直跑向装着香蕉的容器，把容器掀翻，取到食物。之后，心理学家又如法炮制一次，不过这次趁猴子游逛时，把香蕉换成了卷心菜。猴子回来后也是故技重演。可是当猴子发现容器里不是香蕉而是别的东西后，它先是惊讶，后是沮丧，却还不甘心，在容器的四周翻找香蕉……这表明，猴子通过学习（看人把香蕉装进容器）形成了一种期望，或者说是一种学习得来的预料，期望或预料在什么地方会出现香蕉。

2. 两种期望

我们按预料的关系不同，把期望分为两种。一种可以名为"对象—对象期望"，这是认识了两个对象之间的关系后而形成的预料。在这里，所谓"认识了"，既可以是明确清晰的，也可以是含混模糊的，它们只是认识的程度不同；所谓"两个对象"，可以是"闪电"和"响雷"，也可以是"钉子"和"流血"；至于"关系"，既可以是单纯的时间先后，也可以是因果意义上的"引起""导致"等，还可以是逻辑推理意义上的必然性；而所谓的"预料"，则表现为得知特定关系里的一个对象出现了，便预言、等待或猜测、推想另一对象的出现。例如，儿童见了闪电之后等着听雷声；看到手被钉子扎出血来后担心地问"会不会发炎"；读完一道应用题便利落地解答起来。儿童通过生活、成人教导、学校的系统教学，形成了很多这样的期望，有的还挺复杂，涉及的对象不止两个，而是一系列的。另一种期望可以名为"行为—结局期望"，那是认识了自己的行为与结局的关系后所产生的预料，表现为肯定或猜测自己的一项行为会是怎样的结局。显然，一个人如果预料行为的结局是出现满意子，那就会去行为，否则不行为。可见，期望是控制行为的。

两种期望可以转化。当儿童形成了特定的对象—对象期望后，如果他们觉得自己可以操控其中一个对象，就会操控之，并期望另一个对象会出现，这就转化为"行为—结局期望"了。这是一方面。另一方面，行为—结局期望也可转化为对象—对象期望，这就是把自己的行为放在"心里"去"看"，放在头脑里想，从而巩固或提炼特定的关系，这反过来更有利于形成行为—结局期望。

---

① TINKLEPAUGH O L. An experimental study of representative factors in monkeys. Journal of comparative and physiological psychology, 1928（8）：179-236.

3. 教育含义

如果预料的关系都实现了，那么对特定关系的期望就向"信念"（belief）转化，或者说，就形成了信念。其中对象—对象信念开始成为儿童一般世界观的砖石，而行为—结局信念开始成为儿童的一般人生观的砖石。前者之中有的坚如磐石，很难动摇。例如，你很难以"师道尊严"来"指鹿为马"，让儿童相信"1＋1＝3"。后者之中却多有使儿童困惑的。例如，当学生发表意见，提到教师应该公平对待每个学生时，他们的困惑就在于为何在具体的情景里就不能体现出普遍应有的公平？可是学生也可能并不理解教师的做法是实际上公平的；在教师做了解释说明后，学生也可能口服心不服。口服是因为种种原因使学生觉得自己理屈词穷，心不服是因为他的感受还是觉得不公平。感受与理智在这里产生矛盾，重点在于究竟怎样算公平？这并不像"1＋1＝2"那样，存在着既独立于个人理解能力，又简洁明了而易于检验的操作准则。公平之类存在很多"公说公有理、婆说理更长"的情况。正是在这种说不清的条件下，信念才凸显出它的重要性。我们不妨设想前面假设的学生会有怎样的行为：如果他们还相信教师基本是公平的，或者相信教师至少"下一次"会公平对待每一个同学，或者他们的信念是"只要我做得对，教师终究会或者终究会有教师公平对待我的"，那么他就会继续地按着理当得到公平对待的行为而行为；反之，如果他们没了这样的信念，那就不会如此行为。至此我们看到信念作为期望的一种形态是怎样控制行为的。

学校的教育教学对儿童的期望之形成，起着重要的作用。数学与自然科学知识的传播与练习，在儿童形成对象—对象关系的期望中起着主要的作用。其中，自然科学知识的教学，从普遍性方面帮助儿童形成对象—对象关系的期望，而数学教学则从必然性方面帮助儿童形成这样的期望。它们合起来，在帮助儿童形成科学的自然观、宇宙观和无神论世界观方面起着重要的作用。正是在这个意义上，我们说数学与自然科学的教学不仅仅是知识的传授，不止于能力的培养，还应该是期望的养成或信念的树立。这是一方面。另一方面，道德和人文学科知识的传授与教育，在儿童形成行为—结局关系的期望中起着主要的作用。其中涉及民族与国家历史的，关于我国人民在波澜壮阔的中华民族发展史中表现的那部分人文学科知识的教学，将从事实经验的角度，帮助儿童形成这样的期望与信念。它们合起来，在帮助儿童形成符合我国教育理想的历史观、人生观方面起着重要的作用。正是在这个意义上，我们说要十分重视对每一代少年儿童的历史教育和品德教育。

6-2　社会学习理论

托尔曼扩展了学习成果的概念，把内部表征包括进来，还特别强调它，从此以后的学习理论便突出了人类学习的独特性。这值得教师关注，因为即使是小学生，他们也拥有这种独特性。在这个基础上，有人进一步构想人的学习的特殊性，提出了"人在社会中学习"的基本观点。这就产生了社会学习理论，其中最有代表性的是阿尔伯特·班杜拉（Albert Bandura，1925—）的学说。

6-2-1 社会的概念

为了切实理解班杜拉的学习理论，我们先要看透美欧心理学家使用的"社会（的）"一词究竟指什么。

在我们中国人的日常理解里，"社会"一词往往是指某种凌驾于个人之上的力量，它说起来模模糊糊的，可是起作用时却很明确。比如，当我们说通过学校、家庭和社会的"三结合"来教育好儿童少年时，学校和家庭指什么，这都明白，可"社会"指什么呢？似乎很模糊。不过到了暑假，我们来实践上述"三结合"的教育举措时，那"社会"就一下子变得明确起来。以上海为例，暑假里有一支代表性的"社会力量"鼎力支持学校和家庭来教育关怀少年儿童，它就是居民委员会或街道办事处，它把父母上班时的少年儿童组织起来做假期作业、搞活动，避免他们闯祸。这样的"社会力量"还体现为路人的主持公义，比如路人自发地聚集起来谴责少年中的以强凌弱者。至于学校请来为学生做报告、办讲座的各色人士及其所属的组织，也都在上述"三结合"所说的"社会"概念范围内。显然，上列一切"社会力量"及其人格代表无论在组织系统上还是在心理层面上都是高于儿童少年个体的。

我们说的"社会"最后还包括公众生活环境里的思想意识氛围及风气。于是大众媒体、图书出版、展览场馆乃至广告招贴，都属于影响儿童少年的"社会"因子。我们希望这些因子对少年儿童的影响不要明火执仗地和学校教育的主张相抵触，我们更希望这些因子中与教育理想相一致的部分积极支持学校和教师，大家联合起来教导儿童少年健康地成长。

但是社会学习理论中的"社会"一词基本上不是我们日常想的那些意思。美欧人讲到"社会（的）"一词时，首先和主要的意思是"交际"，也就是"人际交往"。例如说一个人很"社会的"（sociable），就是说这个人善交际，易交往；说要培养和发展儿童的"社会能力"，就是要使他们会和人们打交道，不要心理闭锁怕见人；而所谓"社会智力"好的儿童，也许并没有高出同龄人的数学能力、空间想象力、语词推理能力，可是他的言行举止自由而又不失检点，得体又出挑，人见人爱。因此，"人在社会中学习"这个说法在社会学习理论中的意思就是"人在人际交往中学习"。

在社会学习理论看来，能使学习发生的人际过程是形态多样的。以两人交往为例，这既可以是彼此的对话或你来我往的打交道，也可以是一方有心学，而另一方却不觉得在被学。这后一种情况还可以分两路讲：从不觉得被学习的一方说，那是在"润物细无声"地发生着影响，而从有心学习的一方讲，则是耳濡目染地接受。合并这两路，则学习的一方总是人，或是个体，或是群体，而被学的一方可以不是真的人，却携带着人际交往的信息，最为典型的就是以电视、计算机网络、移动网络为代表的大众传媒。至此，美欧的"社会"一词之所指，就同我们对这个词的一种理解——即"社会"指公众生活环境里的思想意识氛围或风气——接上了口。

那么儿童是怎样进行社会学习的呢？班杜拉归结为一个词：模仿。

6-2-2　模仿学习

1. 班杜拉实验

班杜拉以身体攻击行为作为抓手，以一系列的实验，系统地研究了儿童的模仿学习。彩图 5 是一个实验录像的片段：男孩和女孩分别看到一个成人攻击一个充气玩偶，然后他们也做出了同样的行为。我们看到，在男孩与女孩之间，以及在儿童与成人之间，他们的攻击行为何其相似。在这里，行为结构的一致性，点出了儿童的行为具有模仿的性质。下面，我们相当完整地描述班杜拉的一个实验，以对模仿学习有一个概要的理解。

实验分为两阶段。在第一阶段，三组儿童分别看一段录像，内容可以分两节。第一节的内容是：三组儿童看到的内容相同，都看到一个大孩子（下面称为"攻击者"）在屋里攻击一只充气玩偶。接着一个成人进屋来。然后转为第二节的内容：A 组儿童看到成人不满地朝攻击者的头上拍打了一记又加以斥责；这一情节表示攻击者的行为遭到了惩罚。B 组儿童看到成人亲切和蔼地抚摸攻击者的头，像是赞许；这一情节表示攻击者的行为得到奖励。C 组儿童看到成人无动于衷，只是招呼攻击者"出来"，帮忙去办个事儿；这一情节表示攻击者的行为得到中性对待，即既不赞成也不反对。录像片看完后，三组儿童分别待在一间屋子里，屋里放着充气玩偶。结果，实验人员观察到，B 组攻击玩偶的行为频次最高。

实验的第二阶段的内容是：一个成人与这些儿童交谈，含蓄地让三组儿童明白，他们可以攻击玩偶，而且攻击之后还有糖果吃。结果，实验人员观察到，三组儿童攻击玩偶的次数没什么差别。

这个实验说明了什么问题呢？

2. 分析

我们从实验的第二阶段说起来。

在实验的第二阶段，如果单看 B 组儿童的攻击行为，我们容易理解为那是练习的结果，因为这组儿童在实验的第一阶段里有最多次数的攻击行为。扩展开去，根据"练习养成习惯"的道理，我们还可以认为习惯促使行为发生。进一步说，由于攻击行为是一种人际交往行为，而做过攻击行为是可以看成有过某种生活经历的。这样，我们单单根据 B 组的行为，还可以认为是"生活经历"促使特定行为的发生。

但是 A、C 两组在第二阶段中的行为对上述的解说做了重要的补充，表明在社会学习理论看来，有些行为是不需练习也能做出来的，而且第一次做就可以达到"管用""有效"的效果。这一点在 A 组那里表现得特明显，因为他们在实验的第一阶段看到的是"攻击'他人'会受到惩罚"。至于 C 组儿童，根据他们在第二阶段的表现，我们可以说，没有强化也能学习，因为在实验的第一阶段上，该组儿童从录像里看到的情节并没有通常意义上的即斯金纳式的强化：录像片里的成人没有对攻击者的行为做倾向性的评价。

归结起来说，A、C 两组儿童的行为表现，很像托尔曼实验里的潜在学习组小白鼠，表明这两组儿童看了录像后，"潜在地"学会了攻击行为；或者说，他们把学到的攻击行为"暂时地"隐藏在"心里"。他们要到"适当的"时机，要在特定的条件具备时，要在提供了某种保障的情境里，才会放心地做出外显的攻击行为来。

这个"时机"、"条件"或"保障"在实验的第二阶段里落实了，那就是三组儿童都"领悟"到攻击玩偶将得到奖励。其中A、C两组儿童的领悟特别值得我们玩味，因为含义不一样，尽管最后的表现行为是一样的。C组儿童领悟的含义可以这样地揭示："啊，原来攻击玩偶还有糖果吃，这我倒原来还不知道呢。现在既然知道了，而且我也喜欢吃糖果，那么何乐而不为？"于是就做出行为。A组儿童领悟的含义可能更微妙，可以揭示为："我现在攻击玩偶，至少不会受惩罚！只要不受惩罚，没有外部奖励（给糖果吃）也值得干啊！"于是在人际交往过程中，C组儿童是因为认识的发展而推动了行为的；A组儿童则是因为得到了社会的保障才行动起来的。相比之下，A组儿童的行为更耐人寻味。

然而就所有三组儿童而言，在实验的第二阶段，一个共同的基本事实是奖励诱发了行为表现。班杜拉在对人的实验里实现了托尔曼在动物实验中立下的名言，所谓"强化不决定是否学习，只决定是否表现"。这是第一个方面。第二个方面，客观地说，"如此这般将有糖果吃"，这只是个意思，需要儿童"悟"出来，如果儿童悟不出，那么所谓"有糖果吃"的条件也等于是空设的，并不能诱发出行为来。第三个方面，即使儿童悟出了意思，也还有个"期望"还是"不期望"的问题。如果儿童没有一种"行为—结局"的期望，那也不会做出行为来。进一步，儿童即使期望了，也还有个"信不信"的问题。因此儿童只有"信"在先，才会表现出行为来。所以，联合上述三个方面看，儿童在通过模仿而学到行为后，是否把这个行为表现出来，那是由人际环境、个体认知和期望信念这三者的相互作用造成的。这是一种特殊的相互作用，可以名之为"循环往复的相互作用"，意思见图6-6。

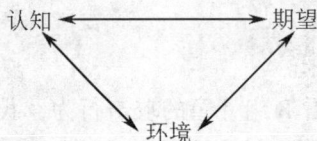

图6-6 循环往复相互作用示意

图中有环境、认识和期望三因子，其间顺时针或逆时针的箭头环路表示从任何一个因子出发，都可以通达其他因子而回到出发因子，这就是"循环"的意思，而分离出任何两个因子看，则一去一来的箭头表示了"往复"的意思，意为彼此影响。下面是在日常生活里常见的一种对话，它刻画了上述"循环"或"往复"的意思，表现了一个人通过与他人的社会相互作用而行为起来的过程。

甲：如果你这样做了，就［有好处］。

乙：真的吗？

甲：当然是真的，不然你可以对我［如何如何］。

....

乙：好，那我就做。

其实，不论是"循环"还是"往复"，还都是一个"放大"的过程。这在现实生活里就表现为期望越来越强烈，信念越来越坚定，结果也就越来越可能行为，并且行为起来也会越来越有力。譬如上面那段对话，看起来是甲挑起话头的，实际上却是乙已经有期望在先了；甲的第二次说话（省略号之前的一句），是因为乙有怀疑而加大了诱惑力，省略号表明这样的循环往复作用可以是多次的。到了对话的最后，乙的原初期望变得足够强烈，成了信念，从而决定做出行为来。

6-2-3 教育含义

1. 意味更深长的模仿学习

我们再看班杜拉关于儿童模仿学习的另一些研究，例如他用 5 组儿童做实验，每组的描述见表 6-1，结果见图 6-7。

表 6-1　班杜拉一个实验的 5 个样组之描述

组　别	描述：该组儿童看到
真人组	实验助手攻击玩偶
真人影片组	实验助手攻击玩偶的影片
动画片组	动画人物攻击玩偶
非攻击组	实验助手不攻击玩偶
无榜样组	不配备照令行事的实验助手

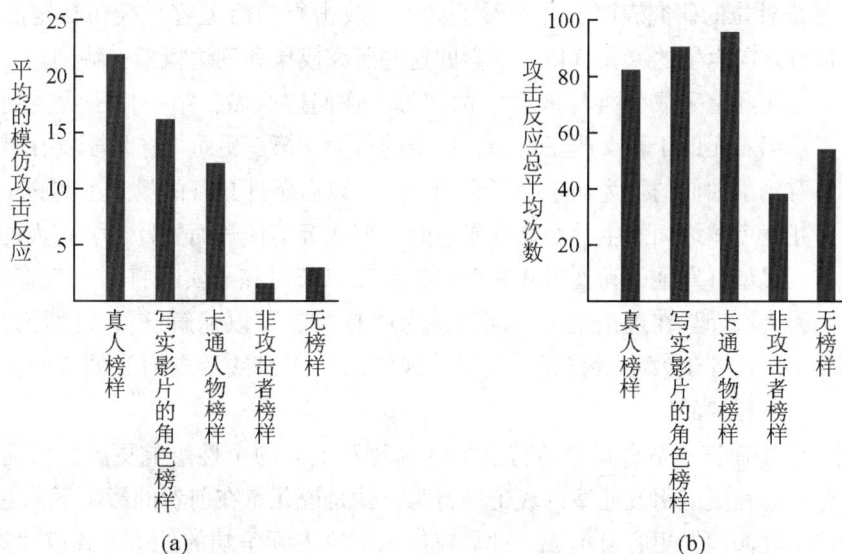

图 6-7　儿童看真人攻击和看攻击性影片后的攻击行为表现差异

图6-7中的（a）、（b）两图都表明，看到攻击行为的各组都做出了更多的攻击行为，其间差别不大。从这个意义上说，真人的攻击行为和影片角色的攻击行为对儿童的影响是一样的。

但是就看到攻击行为的三个组而言，对比图6-7中的（a）、（b）两图却是耐人寻味的：图6-6（a）表明，看真人攻击，最容易使儿童学会特定的攻击动作，而图6-6（b）表明，如果我们不拘泥于特定的攻击动作，单讲攻击性行为，那么比之真人的行为，影片角色的行为对儿童的影响更大，其中动画片比真人扮演角色的影片有更大的影响。

2. 教育含义

我们要充分理解班杜拉这些研究的教育含义：

（1）在一个法制健全、文明道德、生活安定的社会里，少年儿童看到真人攻击的机会是相当少的。但是他们仍可以通过影视、网络视频和电子游戏，看到大量的攻击行为，而按照班杜拉的研究，如图6-7（a）、图6-7（b）所示，这跟看真人攻击没什么区别。如果说，我们之所以要加强社会治安管理，一个附带的教育目的是避免打架斗殴、恃强凌弱的事件此起彼伏，否则青少年儿童耳濡目染后很容易看着样子学坏了；那么在已经加强了社会治安管理、真人斗殴欺凌的事件已经大为减少的文明环境里，我们仍然不可掉以轻心，仍要提防青少年儿童看着影视片和电子游戏里的攻击行为而学样儿。

此外要注意，只要"看影片与看真人是效果一样的"这条理论能确立，那么即使社会治安保持稳定的水平，由于看影视片与玩电子游戏的机会越来越多，因此当代青少年儿童反倒会比上一代人看到更多的攻击行为，进而也就更容易学会攻击。正是在这个意义上，我们对儿童加强思想品德教育，加强其中的"关爱"与"说理"的操行养成，那是非常必要的。同时，着眼于培育儿童健康成长，我们也要通过学校、家庭和社会的"三结合"，限制和禁止未成年人接触带有某些内容的影视片和电子游戏，哪怕它们是合法的，在成人社会里是无伤大雅的。

（2）既然班杜拉的研究表明，儿童看了真人的攻击行为后更容易模仿特定的行为或方式，那么教师就该向学生的家长宣传心理学的这些研究成果和理论概括，特别是要告诫那些动辄打骂子女，实际上采取"棍棒教育"的父母：你们这么做，第一使子女受到筋骨皮肉和心灵的伤害；第二无助于子女改正失当、错误的行为；第三更重要，即子女在遭受痛苦的同时，也因为看到了你们的行为而学会了它们，并在以后条件具备的场景里实施于同侪。

事实上，儿童个体之间发生社会交往矛盾时，那些沉不住气而先骂人、打人的儿童，其动作方式是与其父母打骂他的动作方式相似的。所以家长对孩子实行打骂"教育"，风险是很大的。这是因为心理学在理论上一方面不认为"打骂"可以瓦解已形成的行为，另一方面却认为打骂儿童就等于教儿童打骂。这样，即使出于"恨铁不成钢"的心理，打骂的结果也往往是与初衷相悖的。

（3）就小学生而言，适合其年龄特点的动画片对他们的个性影响更大；所谓动画片比真人扮演角色的影片更能引发儿童的攻击性行为，就是说儿童在前者的影响下，更容易养成一种攻击性的个性倾向，更容易形成一种靠攻击来解决人际争端的处事方式或"策略"。攻击性个性倾向和处事方式若在儿童个体间普遍形成起来，那么整个儿童世界也就没了安宁的时日，这势必影响儿童其他方面的学习。

3. 普遍的模仿学习

最后要指出，虽然班杜拉集中精力研究了儿童对攻击行为的模仿学习，但是模仿学习并不局限于攻击行为，而是具有普遍适用性的。模仿学习基于人的天性，它带有好奇玩耍的游戏性，例如彩图7里的男孩"刮胡子"；它也带有克服心理障碍的某些功能，例如图6-8里一个小女孩因见同侪与宠物狗亲密友好，便也逐渐地走近狗，最后从怕狗变成不怕狗。如果说儿童模仿攻击性行为毕竟属于学习"不好的"行为，那么就模仿学习本身而言，同样是能够让儿童去学习"好的"行为的。儿童在日常生活里通过模仿而学到的，绝大多数还是好行为。只是这样的学习机会或事件在一个法制健全、文明道德的社会里是大量的、普遍的，反而不像模仿学习坏行为来得起眼，但是它实际上起着"形成风气""铸成传统"的教化作用。

图6-8 小女孩看到别人的样子后，从怕狗变成不怕狗

6-3 模仿学习的心理过程

虽然班杜拉的社会学习理论具有一般性，可以用来帮助儿童学习书本上的知识。而班杜拉本人曾借由这个理论，严肃地讨论过电视暴力对儿童的影响，这是因为在电视普及的社会里，影视片里的角色是儿童模仿的主要对象，术语称为"榜样"（model）。

那么模仿学习的心理过程又是怎样的呢？班杜拉一言以蔽之，谓之"观察"。所以，"模仿学习"和"观察学习"是两个可以互换使用的术语，区别在于前者侧重于描述行为，后者用以展开前者的心理过程，这个过程有四个阶段。下面，我们联系电视暴力对这几个阶段分而述之。

6-3-1 注意

注意，是观察学习的第一阶段，这是说学习者首先要集中注意于榜样，否则不可能进行观察，模仿也就无从谈起。不过注意是任何学习都首先需要的，因此不能算观察学习的独特条件。既如此，注意又怎么会成为一个重要理论体系里的关键成分之一并被广泛接受的呢？

原来其实，班杜拉之所以把注意列为观察学习心理过程的第一阶段，是因为他真正想说的是：电视专家[①]是吸引人们注意的高手，他们使用以下五种手法使儿童被电视暴力吸引住。

（1）简单（simple）。班杜拉举例说，影视片里两派角色为和好、为联手而谈判，这样的情节是复杂的，台词是微妙的。但是电视专家并不奢望观众理解每一个镜头，听清每一句台词，领悟每一项含义。他们只是制造出唇枪舌剑、钩心斗角、你来我往的气氛和过程[②]，结果连小孩都知道事情"最后"是怎样的。这就是"简单"手法。我们要注意的是，在这里，简单的不是内容，而是形式；不是传输的信息本身，而是信息的传输方式。电视专家善于用简单的形式来包裹复杂的内容，然后传输给观众自己去理解，不过他们也是设法使观众获得一种"万川归海"式的或"总而言之"式的领悟。因此只要观众还期望获得这样的领悟，就会聚精会神地"观察"下去。

（2）"特色"（distinctive）。这是指营造出与观察者的日常生活不一样的场景、事件或遭遇等。由于在一个法治、文明、道德和安全的社会里，真人的暴力攻击事件实属罕见，因此电视暴力等的描写就显得很有特色而吸引注意。儿童因为社会经历少，所以在成人眼里属于平淡无奇、荒诞无聊的情节，在儿童看来却可以是光怪陆离的，因之兴趣盎然（参见图6-9）。

图6-9 电视剧里杜撰出很多"武林女强"

---

① 为行文简洁起见，这里用"电视专家"指制作电视节目和影视片的一切专业人士。
② 请参看美国影片《教父》第一集（中文版），黑手党头目老克里昂虚与委蛇地答应帮一老板复仇，又拒绝新生黑帮请他领导贩毒计划的情节。那场对话，如果观者不聚精会神还真听不清。但是观者会觉得气氛紧张，情况严重。

（3）流行（prevalence）。这一点，褒义地说，可以比喻为"天女散花""遍地开花"；贬义地说，可以用"泛滥"来注释；中性地说，就是空间上平行的、时间上持续的重复，使你在任何地方、任何时候都看得到电视暴力，无从回避，从而不能不观察，进而不知不觉地模仿。班杜拉引用过一个电视暴力指数。他指出，在加拿大，80%以上的黄金档节目有暴力动作，而到了周末，90%以上的卡通节目里也有暴力。因此以电视为代表的大众传媒确有可能让人们——特别是儿童——浸没在某种"榜样"的"大海"里，除非你睡着了，否则你不得不注意。

（4）有用（useful）。这是说儿童不会为了模仿暴力而去模仿的，否则爱看各种属于体育竞技运动的"拳术争霸赛"的人会最多。电视暴力之所以比各种拳术比赛更吸引人，是因为影视片在讲故事。故事要好听好看，关键是要有人际矛盾或冲突，而冲突最终是要解决的。于是电视专家把武力攻击当作解决冲突的手段，并且夸张这一手段的有用性。成人因为阅历丰富，知道电视暴力毕竟是"小说家言"，所以并不采信。可是儿童少年社会经历少，这就难以看透电视暴力的戏说本质。但是少年儿童的人际矛盾与冲突不见得少，可他们短缺解决冲突的办法，正急于求索之，于是会在影视片的暗示下，照搬电视暴力。因此，影视片在事实上把暴力暗示为解决人际争端的一种有效办法，暗示为人生的一种策略。然而，这是对儿童影响最不好的。

（5）肯定（positive）。任何一个社会都根据自己的意识形态和道德标准、法律准绳而在影视故事里惩恶扬善。在有暴力的影视片里，儿童几乎都看得懂这一点。他们知道一部片子在肯定谁、否定谁；他们也心悦诚服地跟随影视片即社会而肯定谁、否定谁。仅就此而言，文艺作品总归要有一点的教育意图也就达到了。

但是电视暴力在表现和传播惩恶扬善的基本价值观时附加了别的因子。比如影视片里会描写善良大众奈何不得一个武艺高强的恶棍，然后出现一位义士仁人，他以更加高超绝伦的武艺，或戏耍恶棍，使之丑态百出；或勇斗强霸，令其落花流水，最后便是正义战胜邪恶。微妙的是，儿童被电视暴力所吸引，一般不是因为欣赏恶棍与强霸，而是因为欣赏义士与英雄，决定向他们学习，而最真诚的学习就是在自己的生活里实践之。于是儿童会按影视片的暗示，以攻击行为来体现自己的德义。所以班杜拉并不担心儿童少年模仿"坏人"，却忧虑他们在模仿"好人"时学会以攻击来解决人际争端。比如，少年儿童不会去模仿电影《佐罗》里的坏蛋上校，却都模仿豪杰佐罗，"梦想"着像佐罗一样惩恶扬善。然而，模仿佐罗来解决人际纠纷，就很容易违法乱纪。

6-3-2 保持

1. 替代学习

观察学习的"替代学习"阶段，通俗地说，是指学习者把榜样记在心里、印在脑子里，实质上是把他人的经验保持在记忆里。他人做某一行为，或成功，或失败，或得到奖励，或遭到惩罚……这些被"我"观察到了，"我"于是知道这件事可以做，因为他人成功了，受奖励了；那件事不能做，因为他人失败了，遭惩罚了。所以模仿学习、观察学习又可以称为"替代学习"，意思是："他人替代我付出代价而使我学到了怎样会成功、受奖，怎样将失败、遭罚；如果没有他人，就得我亲历这一学习过程，那就得我付出代价，可有些代价是我付不起的。"由此可见，从人们的社会行为上看，"模仿学习"、"观察学习"和"替代学习"作为一方，是共同地相对于"亲历学习"为另一方而言的。比之于亲历学习，替代学习的最大特点是风险大大降低。儿童在替代学习过程中不受挫折、不受伤害，非常安全，也就容易没顾虑，轻易做出行为来，结果造成难以或根本不可挽回的结局。

2. 保持方式

学习者主要采用两种方式来保持榜样。一种是意象，结果是学习者能在自己头脑里浮现出榜样的形象；另一种是语词，结果是学习者能够叙述、描述或概括榜样。两种保持方式各有独到用处。意象在保持难以用语词来描述的对象时特别有用，而语词可以用来总结规则，提炼程序。比较起来，如果电视暴力榜样被儿童用语词方式来（不是用意象方式）保持，危害性更大。班杜拉认为，当观察者有意识地觉察到暴力行为的技术方面时，替代学习的影响最大；这样有意识的觉察和领悟会储存在个体的言语里，而当儿童个体能把暴力行为的视觉意象转换成概括化语句的原则，说出类似下面的话时，他就向"杀手"跃进了一大步。

"两手把住枪。"

"不要猛力扣扳机，而要稳稳地压扳机。"

"瞄准目标点以下六英寸处，以为击发时的枪体上跳预留空间。"

总之，语词保持方式将使模仿学习远远超出了外表相似性，而具有学习者在自己心里"建模"（modeling)[①]的性质。这里的"模"字，既可以当"模型"解，也可以当"模范"讲，而"建"字则表明在模仿者心目中的榜样里有着模仿者自己加工、综合甚至创造的成分。

此外，保持的东西还可以经常提取。在这里，"提取"作为心理学的一个术语，对应的英文是 rehearsal。此词的本义是"彩排"或"演习"，通俗地说，就是"假戏真做"。因此就观察学习的保持过程而言，学习者未必是非等到外部条件都具备、机会已经来到时才"提取"那保持着的东西的，它们在外部条件不具备、机会没来时照样是可以"彩排"或"演习"的。况且，保持阶段的"提取"与"彩排"或"演习"又不一样。后二者得摆开全副道场，做出外显行为，而心理的提取只在心里进行，正所谓"想象地做"，这当然更方便，可以更经常地"彩排"或"演习"。每一次这样"想象地做"，就是一次练习，而因为是心理上的练习，所以结果很容易符合自己的期望。这就形成反馈或强化，从而巩固了保持。这就是保持在观察学习中的重要性。

---

① modeling 也有"效仿"的意思。

6-3-3　复制

如果说，在保持阶段，观察学习者只是在心里想着，那么在复制阶段，观察学习者就是试着做出或比画那些行为。当然，这些行为还不是真正实用的（参见图6-10），而只是练习，充其量也不过是"彩排"或"演习"。

图6-10　观察学习中的复制阶段

知道这里说的"复制"就是"练习"的意思，也就明白了为什么在一个完整的观察学习过程中，复制阶段是必需的。首先，"外行看热闹，内行看门道"，在任何模仿学习中，学习者一开始总是一个外行，或者说，是一个相对意义上的新手，这就决定了学习者会忽视很多本该观察到的东西，于是他通过观察而学会的东西很可能是不完整的、片段的、粗糙的。这些欠缺可以通过自行复制即自发练习的过程而在一定程度上得到弥补。比如，学习者在比画中发现了不完整，于是做进一步的针对性观察；不断演练，使各个片段衔接得更平滑；不断琢磨，使动作变得更老到；等等。其次，俗话说"想得美呢！"，我们在前面说过心理上的"提取"，那是在心里想象。我们在想象自己做出模仿行为时，往往是偏向于完美的。然而，想得到未必做得到。复制或演练的过程就起着调节想象与行为之间契合度的作用。最后，要做到"纲举目张"，即我们设想有 k 个被模仿行为，观察学习者已经能够一一流畅、准确地复制出来了，现在他忽然领悟到这 k 个行为有某种共同的结构，于是通过语词总结得出了要领。然而，这要领对不对呢？管不管用呢？这就需要检验。复制或演练就是一个关于行为的语词要领是否合用的检验过程，而即使要领通过了检验而能够成立，要在诸多行为样例中体会到这个要领的控制或主导作用，也需要进行揣摩性的练习。于是，我们可以看到，通过保持过程，一项被模仿的行为将最终变成观察学习者自己的技能；再经过复制过程，观察学习者的技能才能娴熟、流畅和灵巧起来。只有到这时，一项行为才算是真正模仿地去学会了。俗语说"拳不离手，曲不离口"，说得正是这样的复制过程。

就儿童可能模仿的攻击性行为而言，我们一般不去考虑它的复制过程——假如把复制看作一个练习过程的话。这是因为在良好的教育制度下，儿童之间攻击性冲突大多是偶发性的，并非预谋性的，因此他们一般也不会有意识地、为了应对未来冲突事件而去自觉地复制或练习观察到的攻击性行为。要不然的话，这些复制者就一定生活在一个极不安全的社会环境里。

于是观察学习的复制过程就比较适合于说明一般被社会所赞许的动作或运动技能的学习，从学习拿筷子，到学习骑自行车，再到学习舞蹈或演说，等等。高效的复制过程取决于学习者认真地观察，有正确的示范，有规范的训练，有指导的练习，以及获得准确的反馈。复制过程本是班杜拉在解说观察学习心理过程时所涉及的一个点，但我们可以把它与动作技能学习的整套心理学理论接上口。[①]

6-3-4 动机

观察学习的"动机"阶段，主要讲学习者在什么时候会把模仿到的行为付诸实用。

我们知道，学习者并非无条件地把通过观察而学会的行为都表现出来的，他们会等机会，待条件满足时才做出行为。由于"机会"或"条件"都是个体周遭环境里发生的特定事件，因此容易被看作环境因子，于是我们会说行为是由环境因素决定的。

就人的社会行为而言，这个说法虽然一般过得去，却经不起更缜密的理论分析。比如一个事件发生了，这对所有知道的人而言，是一个共同的事实或同一个环境刺激。可是为什么这一事件对某人来说是机会，是"条件满足了"，因此本来不想行为的他，现在却行为起来了；而对另一人来说却不是机会，反倒是"条件丧失了"，于是本来想做出行为的他，现在也不做出行为了呢？可见严格地说，单是环境刺激并不足以引发人们的社会行为。于是前一种说法要修改，改成"环境因素对个体的特定关系决定行为的表现"。

不过这个说法仍旧不充分。比如什么叫"后悔"？什么叫"坐失良机"？那是说，一个事件在客观上、实质上与某人构成了特定关系，他本该做出行为的，可惜他当时没认识到，这才坐失了良机，事后他认识到那是个机会，这才有后悔。因此前一个说法还要修改，改成"个体对环境与自己的关系的认识决定着行为的表现"。显然，这个说法表明客观的环境和主观的认识共同决定着行为的做出。

但是要注意：由于我们谈的乃是行为的"做出"，不是行为的"成功"，因此在"共同决定"的关系里，客观环境和主观认识并不是平分秋色、不分轩轾的。其中个体的主观认

---

① 郭德俊.小学儿童教育心理学.北京：中央广播电视大学出版社，2002：133-146.

识与客观环境相比较而言，是个体的社会行为直接而充分的原因。比如什么叫"鲁莽""乱来"？那就是说一个事件在实质上并不是个体的"机会"或"合适条件"，但个体误认为是的，便行为起来。这样的行为一般不会成功。那么使这行为做出来的直接原因是什么呢？显然是"认识"，尽管是个错误的认识。

不过认识也不是导致行为做出的唯一直接原因。比如什么叫"盲动"？什么叫"硬来"？那是说在没有一点认识的情况下，甚至在已经认识到不该行为的时候，却照样行为起来。在这里，行为的直接原因就是"意欲"之类了。

然而，无论行为的直接原因是认识还是意欲，都在说个体的主观方面是行为的直接原因。这正是观察学习所要强调的，是一个重要的理论进展，启发我们去考察个体可能是"怎么想的"才做出行为的。下面列举一些可能的情况。

1. 例一

一个人看他人的行为得到什么结局，结果是形成对象（行为）—对象（结局）的预料或期望。具体地说，如果得知他人做了甲行为后受强化，做了乙行为后遭惩罚，那么此人就更可能做出甲行为而不是乙行为。在这里，个体做甲行为不做乙行为，不是亲自受到强化或惩罚的结果。这是个体之为人而与斯金纳鼠一开始就不同的。但是如果我们不论是此人还是他人，甲行为的做出次数增多和乙行为的做出次数减少又确实是由强化和惩罚决定的，在这一点上人与鼠又是相同的。为把上述两个方面统一起来，班杜拉提出了"替代强化"的概念，意思是对某人管用的强化对其余人也管用。一个人只要有这样的观念，就会通过一个三段论推理的过程而效仿他人来做出行为，例如：

推理一

大前提：张三过去因做出甲行为而得到强化。

小前提：现在我也做出甲行为。

结论：所以我也将得到强化。

由此可见，认识能够成为做出实用行为的原因即动机。当然，个体在行为的当时未必明确地做过这样的推理。这一则是因为思维有简约性，二则是因为当时的要务不是表述，而是行动，后者的判别准则是实际结果而不是逻辑通顺，因此直觉、冲动的成分很大。但是当个体的效仿行为遭到质疑时，如果他的语词推理能力强，那是会为自己辩解的，这时我们就容易看到上列形式的推理，那显然是一个有意识的过程，只是结论会改成反诘式，比如"凭啥我就不能……呢？"

2. 例二

推理一其实有漏洞，因为大、小前提都是特称的，"我"既不能被"张三"包含，也不同"张三"一道并入更大的范畴。因此，"张三"能做的行为未必也是"我"能做的。

儿童很能思量这种特称间的差异，表现为修改小前提，例如改成"可我不是张三啊"或"我和张三不一样"等。一旦确认了这里的差异，一般就能抑制模仿行为的做出。这也是认识控制行为的表现。

然而儿童也会设法把自己与他人的属性共同化，从而为自己的行为合理性奠定逻辑基础，方法也是修改小前提，例如：

推理二

大前提：张三过去做出甲行为而得到强化。

小前提：我也是男生啊。

结论：所以我做出甲行为也会得到强化。

这就是在性别这个维度上把自己与他人的属性共同化。小前提的言下之意是：张三并非因为是"张三"，而因为他是男生，所以做出甲行为来才会得到强化。如此，我也是男生，所以这样做也应该得到强化。比较一下就可知推理二的理由充足多了。此外，比较推理一和推理二，我们还发现小前提的"切割"是非常自由的。比如就上述两个推理而言，至少还可以从时间方面做切割，例如：

推理三

大前提：张三过去做出甲行为而得到强化。

小前提：可现在不是过去。

结论：所以我做出甲行为也会得到强化吗？

由于行为总在具体的情境里做出，而具体情境有很多方面是相似或相异的，因此引进哪个方面都将影响行为的做出或不做出。

3. 例三

有时候，替代强化使个体想学着样儿去做，推理过程也没有问题，但是个体终于还是没去做。这是为什么呢？原来此人掂量了自己以后，认为自己没有能力做，于是罢休了，至少"眼下"是这样。

我们假定此人对自己能力的认识是不清晰的，只是一种粗略估计、一种感觉，它们可以称为"自我效能感"。这也是班杜拉提出的一个概念，它也指一种认识，与替代强化的区别在于后者是对他人行为及其结局的认识，而自我效能感属于对自己的认识。显然，当个体认为自己能干的时候更可能做出行为，否则反之，所以自我认识也能控制行为的表现。

4. 例四

上面讲的都是认识对行为做出的决定性影响。然而有时个体是自信有能力做某事的，可到头来就是没做出行为。这又是什么原因呢？一种可能性是个体没有行为的意愿。于是我们现在看到个体的意愿也可以独立于个体的认识而控制着行为是否做出。当然，意愿也可以单独地促使行为的做出，所以情感、兴趣、愿望等意欲也是行为的原因。

5. 例五

不过意愿对行为的影响一般是少不了认识成分支撑的。比如 A 在艰苦的条件下，在多次失败后，仍然矢志不移地做出行为。在这里，"条件艰苦"可比于"条件不具备""机会不成熟"，而"多次失败"可比于"自己没能力"，甚至可比于"屡遭惩罚"。按常规，不论是按操作性条件作用学习理论，还是按一般的观察学习理论，A 都不会再做出行为了。然而实际上不是这样，这又是什么原因呢？班杜拉提出了"自我强化"的概念。这个概念从字面上理解，就是自己奖励自己，有不同的水平。自己买点美食来犒劳自己是一个水平；看准了目前的投入终将有回报，因此敢冒风险而投资入股，这是另一个水平；坚信自己是正确的，哪怕自己看不到胜利结局也无怨无悔地做出行为，这又是一个水平，想想革命先烈宁可牺牲也矢志不渝。不同水平的自我强化有不同的"砥柱石"：上述第一种水平的自我强化主要是心理安慰、精神放松性质的；第二种水平的自我强化显然是以认识为骨干的；以这两个水平为背景，我们可以看到第三个水平的自我强化显示了个体的价值观决定行为的表现。

以上讲了好几种情况，每种情况里都有一种使行为发生的原因即动机。这些动机都是相对独立的。它们由于可以单独地激发和抑制行为，因此会彼此制约，也可能相互联合着激发和抑制行为，所以又是相互联系的。这给我们教师的一个重要的启迪是：无论我们是要激发还是要抑制学生个体做出行为，理论上允许我们从个体主观的任何一面入手而取得成功。在这个前提下，需要我们了解学生个体的特殊性，选择对他而言实际上可能是最有效的方面着手，以激发或抑制他的行为。可以看出，这样控制行为，与斯金纳的强化方式（详见"5-3 强化"）完全不一样。现在的做法是首先做通思想工作，然后由变化了的思想来决定行为是否做出。

小结

第 4 讲和第 5 讲说的学习理论都关注外显行为的变化，但是柯勒的研究令人想到学习首先在头脑里引起变化，然后是变化了的头脑指导外显的行为。

有变化就有生成，托尔曼的研究揭示：通过学习，学习者生成了关于外部事件的内部表征，但是学到的东西不一定表现出来。如果要表现出来，需要满足其他条件，比如强化。因此学习与表现是两回事。

班杜拉在人的学习领域里全面证实了托尔曼的基本思想。儿童观察他人的行为，形成了关于这些行为的内部表征，却未必做出来。不过有多种条件可以刺激儿童做出学会的行为，比如强化的承诺、替代强化、认识到情境许可、好的自我效能感，以及个体的价值观等等。

从理论上说，一个完整的观察学习过程是形成内部表征后表现为行为。为完成这样一个学习，涉及的心理过程有注意、保持、复制和动机。

研读建议

1. 本讲既是前两讲的发展，也是学习篇的殿军，还是专讲人的独特学习的开篇。因此，本书建议读者研读本讲时要想着前两讲，必要时还得读一读前两讲的有关文字。在研读本讲第一节时，比较的意识尤其重要。

2. 本讲第一节，讲了四个实验。其中柯勒的实验在于提出问题，目的是引导你去想：学习一定使头脑里发生了某种变化或生成了什么；其余三个各厘定一个概念，它们都是标题，目的是引导你去看看头脑里生成了什么。如果你还能对比前两讲，那么你该形成鲜明的意识，比如学习不但可以使外显的行为变化，更重要的是在心里或头脑里形成一些东西。这个意识鲜明了，就离理解人的独特学习不远了。

3. 从本讲的第二节起，我们专讲人的学习。虽然儿童模仿他人做出攻击行为的实验会吸引你，可是建议你去看透这个实验蕴含了前一节里提到的那些概念。

4. 本讲的第三节谈模仿学习的心理过程。建议读者轮换两种视角去研读。先是旁观者，你的目标是看清怎么一回事，专门搞清事情本身。然后你换成教育者的视角，此时的目标是看清事情的什么地方是"我"可以插进一手去干预、调节、牵引的，就像工程师考察一个系统，非得想"我"从哪里下手可以使这个系统运转得更好。这两种姿态都重要，也许你得循环地转换。

5. 本讲提到一个十分具体的问题，即电视暴力对儿童的影响。提到这个问题，还是为了讲解观察学习的某些基本原理，并非直接谈电视暴力本身。所以建议读者研读时要善于"见月忽指""登岸弃筏"，不要把焦点放在电视暴力问题上。

6. 有的读者在把握基本原理之后有余力，也有兴趣关心电视暴力问题，那么我们提供三条建议：① 有意识地去看一些这样的影视片，先以旁观者的姿态去了解"电视专家"是怎么吸引人们注意的。之后，你或许能够移花接木，点点滴滴地用于你的教育工作中。② 和一些小学生聊聊，看看他们是怎样受电视影响的。或许你由此得到的知识将更丰富、更精彩、更切中要害，而做到知己知彼，会使你的教育工作更有效。③ 电视暴力毕竟是一个便于谈论和书述的题目，某些其他方面的观察学习问题则不是这样。因此，读者要善于举一反三，触类旁通。

难点解析

1. 关于"外显行为"。

"行为"是心理学里一个广泛使用的术语。你默读时喉头会动，模式和你朗读时一样；你对来自环境的刺激做出反应时，大脑的神经细胞会放电；你自以为眼珠"死死地盯住"一点了，可瞳孔照样有你感觉不到的自发运动；等等。这些都可以说成"行为"，但一般不属于"外显的行为"。外显行为一般指肉眼可以观察到的行为。前两讲讲的难道不都是这样的外显行为吗？

2. 关于柯勒的猩猩实验。

讲柯勒的猩猩实验，人们的注意多被牵引到猩猩如何利用中介物来解决问题的一面去，比如叠起箱子以登高取香蕉，又比如本讲引例中的连接竹竿，这些都是外显行为，并不是本讲所关注的。我们要关注的是猩猩动手连接竹竿前的一段"静观默察"时间。在这段时间开始时，问题一点也没解决，而在这段时间结束且猩猩尚未动手之时，我们可否说问题只是实际上没解决，而实质上已经解决了？想象一下，如果猩猩能够说人话，那它也许就指导柯勒如此这般地做了，这就成了"猩猩动脑，柯勒动手"了。猩猩动脑正是我们要关注的。

所以读者应该把注意集中到"静观默察"这个字眼上，从而想到在行为无所进展之时，猩猩在头脑里学习着，并且学得很好。

3. 如何理解潜在学习。

首先，从概念上说，提到学习，就意味着有所学到、学会、学成，这样"潜在学习"也就可以改写为"潜在学会"；而所谓潜在，就是"暗中"的意思，就是没显露、没表现。那么如何按这个意思去具体理解潜在学习组的潜在学习呢？

这需要一系列推理。第一，如果按斯金纳的看法，没有强化就没有学习，那么潜在学习组在前10天里就算白忙活了，"真正的"学习得从第11天算起。第二，如果按桑代克的看法，学习是渐进的，那么潜在学习组从第11天起的进步曲线就该和强化组前10天的进步曲线相似，或者我们干脆设想那不过是从第11天起再复制一条强化组的进步曲线罢了。第三，如果这样的话，那么在实验圈定的日子里，潜在学习组的成绩终归是赶不上强化组的，因为后者强化早，进步也就大。但是，现在我们看到的却是潜在学习组的成绩可说"一下子"超过了强化学习组的。这么大的进步显然不能归结为第11天开始的强化，而要解释为是在前10天里获得的。这就是说：没有强化也是能学习的。但是潜在学习组的前10天成绩很糟糕，这表明它的学习成果没露出来，而是藏着、掖着，即潜在着。这就是说：学习与表现不是一码事。最后，根据潜在学习组第11天起的表现，我们可以说：强化引起表现。

托尔曼的这个实验说明不能单凭外显行为来判断是否学会了。这就强调了学习引起内部变化的一面，而这恰恰是前两讲学习理论所忽视的。

4. 如何理解"心理地图"？

在正文里，"心理地图"总是打上引号的，这表明虽然它是托尔曼自己提出来的一个术语，却仍是一个比喻性的说法。"心理地图"概念的重要意义在于提示我们去探索头脑里各种具体形式的内部表征，仿佛要我们去掂掂摇摇每一个铁盒，猜猜里面各装什么东西。所以读者们最终得超越"心理地图"的字面义而想得深远一些。如果拘泥于这四个字，甚至设想小白鼠头脑里的"心理地图"也可以像浮现在我们头脑里的地图那样标记着比如山川河流之类的记号，那就成了讲米老鼠故事了。

5. 关于两种期望。

"期望"这个词，在日常生活里使用时，情绪和欲望的味道十足，表达的理想情况是：等待，然后一个满意的局面出现。本讲用"期望"，偏重理性，表达的理想情况是：先知道关系，然后根据其中一个的出现，预料另一个出现。当然，这里讲的关系绝不限于两个事物之间的，而只要事物越多，关系越复杂，那么期望的理性意味就越浓。也就是说，了解事物之间的关系，然后根据事物的现状做预料就更重要了。两种期望都服从这样的解说。

6. 关于模仿学习。

班杜拉的模仿实验研究广为传播，人们一般都看到小孩子"学"了样就"做"。本书不强调"做"而着重于"学"。所以"学了就做"的意思便由彩图5一带而过，但是一个三组二阶段的实验是详细描述的，并且其中的A、C两组是着重分析的。之所以这样做，首先是表明模仿学习的一个普遍现象是：学到（观察）了并不一定做出行为来，做出行为来并不一定就是实用的行为。表明这个现象是同本讲说潜在学习、形成内部表征相统一的。

其次，模仿学习有这样的现象也是令我们乐观的。我们的少年儿童不是生活在"君子国"里的，他们一定学到一些不好的样，但是他们未必都做出来。我们的教师要从这里看到我国整个的社会风气之好，家庭教育之善，学校教导之力。如若不然，则学校教师将穷于防、堵、惩。可是"防不胜防"是中国的俗语；堵是从禹王时起就被定为不是好的全局性做法；至于惩，连操作性条件作用学习理论都不认为能改掉坏行为的，何况乎属于内部表征的思想。

最后，也正因为模仿学习的这种特点，所以我们也可以设想少年儿童学到了很多好样也没有做出来，或者偶尔做一做却没能坚持下去。这应该引起教师们的思索：为使少年儿童把更多观察到的好样儿模仿出来并坚持下去，需要满足什么条件？本讲提供的答案是"强化"！

思考

1. 在"6-3 模仿学习的心理过程"的"注意"一段，讲了"电视专家"使用若干种手法来吸引人们的注意。请选择一种谈谈你作为教师的应对策略。

2. 请想一想，在你的日常教学工作中，应该如何使用班杜拉模仿学习理论帮助自己的学生学会正确的观念和行为、杜绝错误的观念和行为。

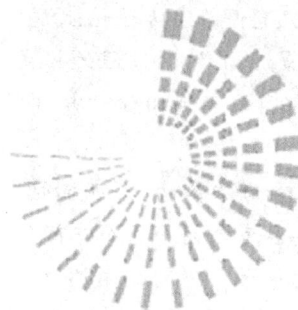

第三编 知识的学习

　　这一编仍然是讲学习的，但主要讲的是像"读书"那样的学习。这类学习的成果主要是形成或改变观念、思想及其体系或结构，基本的特征是用先前形成的观念、思想来帮助形成新的观念、思想，比如用乘法来帮助学除法。

　　我们在当代认知心理学的信息加工理论框架下讲这一类学习。这里所谓的"信息"（information），通俗地说，指你头脑里的一切思想观念及其体系，它们可以统称为知识（knowledge）；所谓的加工，就是你操作头脑里的知识，也就是"动脑筋"，而所谓"脑子转得快"，就是加工速度快的通俗说法。在阅读本编的内容之前，读者得有一组扼要的准备知识，它们如下所示，我们顺着箭头讲起来。

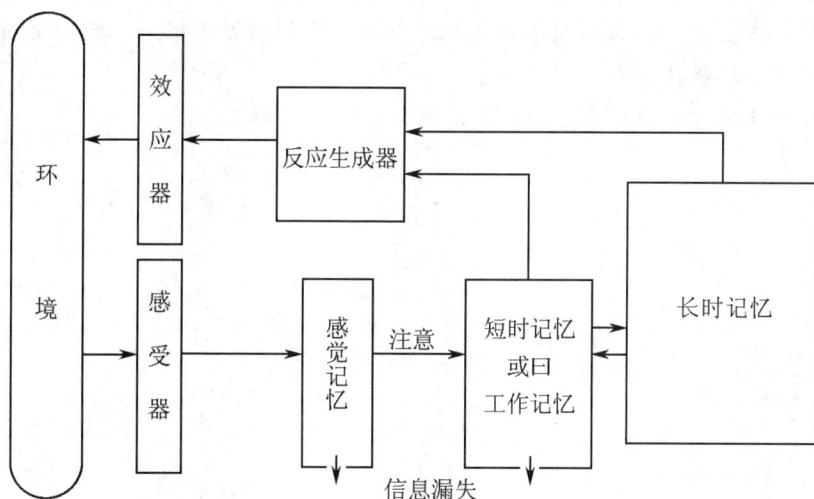

　　最初，环境里的刺激作用于你的感官（感受器）；接着，后者把前者作为信息储存在感觉记忆里。这些信息的大部分保持了不到1秒钟就"漏失"了，只有很少的信息因为引起你注意，或者因为你注意它，它才被传输到短时记忆（short term memory，STM）里。

　　在短时记忆里的信息如果没被加工，那么1分钟左右也会"漏失"掉；如果得到加工，比如被复述，就能更长久地保持。不过短时记忆容量小，保持的信息不能总放在那里，要传输到长时记忆（long term memory，LTM）中去，那是一个"大仓库"，从理论上说，一个人终其一生获得的信息或知识也塞不满这个"仓库"。这就是"记"的过程的模式化。假如要"忆"呢？那就是把有关信息从长时记忆调到短时记忆来，这表现为你"想到"或"想起来"。

短时记忆又称作"工作记忆"（working memory，WM），可以比喻为"车间"，而回忆、思维、想象等所谓的"动脑筋"，就好比车间里在干活。不过千万要注意：因为这个车间很小，所以暂时不用的"工具""原料""半成品"都不能放在那里占地方，否则会阻挡要用的信息从感觉记忆传过来，也妨碍要用的知识从长时记忆调过来。因此当你思来想去之时，实际上主要是信息在短时记忆与长时记忆之间频繁交流的过程。

你一旦"记起来了""想通了"，这些加工的成果就从工作记忆传输到了"反应生成器"，在那里等待你决定是否按环境的要求做出回应。如果你决定不回应，那就好比"我知道，偏不说"；如果你决定回应，那就把信息（比如答案、回话）传输到"效应器"，"效应器"可以是口，或手，以把加工好的信息说出来、写出来，也可以不说不写而直接做起事情来。你还有很多知识是从长时记忆直接传输给效应器以反应环境刺激的，那是一些自动化的、下意识的行为，最典型的例子是，一个文盲用母语说话，他照样可以能说会道、言辞犀利。

上图的关键部分是短时（工作）记忆和长时记忆，以及其间的箭头往来；对于这个部分，读者应常备的观念是：①"动脑筋"就是短时记忆在工作；②这个工作场所小，很容易塞满信息而无法运作；③因此需要及时地把信息储存到长时记忆去，需要使用什么知识，就从长时记忆中临时调取。

下面，我们就从"人的头脑里的知识是什么样子"说起。

7 知识的表征

📖 **研读目标**

- 掌握知识的三种表征形式及其若干特点；
- 知道命题分解技术，并尝试使用这种技术；
- 理解"命题的抽象性"的含义，并思考它对教学的意义；
- 掌握产生式及其系统的构成方式，并且尝试应用；
- 掌握意象的物理模拟性特点，并善于运用；
- 构想并判断意象的调用与操纵对改进你的教学是否有帮助。

世界上很多东西是有形的，我们即使不知道它的名称，只要看过它的样子，就能确切地知道它是什么。世界上也有不少无形的东西，如地球的引力，我们虽然看不见它的样子，可我们照样能知道这引力是什么样子的。成熟的苹果会掉落地面，山上的石头总是滚下来，滑翔机再怎么乘着气流爬高，最后还得慢慢地回到地面来……诸如此类的现象就成了地球引力的"样子"，它们表示或表现出地球的引力。我们把"表示""表现"之类的说法统称为"表征"。

我们心中的知识也是无形的，看不见，摸不着。虽然每个人都可以自我感到"又增加了一点新知识"，可是我们怎么知道他人的心里确实有某项知识呢？好在知识也有表征的，一般可以表征为命题、产生式和意象。

7-1 命题

我们的很多知识是思想观念，很多思想观念是用话语来表达的，很多话语表现为句子。这些表现为句子的思想观念被认知心理学称为命题（proposition）。现在你应该能够判断下面的话语哪些是命题、哪些不是：

> 枯藤、老树、昏鸦，
> 小桥、流水、人家，
> 古道、西风、瘦马。

夕阳西下，

断肠人在天涯。

[元] 马致远《天净沙·秋思》

这首脍炙人口的元曲小令是个整篇的话语。我们按上面的界定，可知前三行都不是命题，只是9个双字词；最后两行是命题，因为都是句子。当然，这个小令还是可以称为"命题集"的。

7-1-1 命题的结构

1. 命题的成分

一个命题有两个成分，一个称论点（argument），一个称联系（relation），表7-1所示是几个例子：

表7-1 命题的结构

命 题	论 点	联 系
① 张三笑。	张三	笑
② 李四买书。	李四、书	买
③ 王五给赵六糖吃。	王五、赵六、糖	给、吃
④ 高个子的女运动员跳 起来猛力地扣球。	运动员、球	高个子的、女的、跳 起来、猛力地、扣

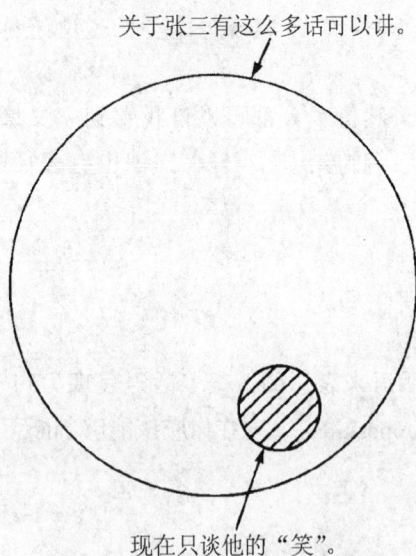

关于张三有这么多话可以讲。

现在只谈他的"笑"。

图7-1 论点和联系成分的关系

参照表7-1，我们指出：论点成分的作用是提出话题（topic）。譬如"命题①"，它好比说：世上的人多着呢，咱现在就说张三。又譬如"命题③"，它好比说：王五可以给赵六吃的东西多着呢，现在只给了糖。至于联系成分，它起着约束或限制话题的作用。仍拿"命题①"为例，它好比说：关于张三，可说的事儿多着呢，不过现在是讲他的"笑"。其余句子里的联系成分大体都可按着这个模式来理解其作用。比如"命题④"，联系成分"高个子的"（形容词）和"扣"（动词）分别约束了关于"运动员"和"球"的话题。因此，命题的论点和联系体现了图7-1所表征的关系，图中的大圆表征着关于一个对象可以有许许多多的话题，而小圆则表征着说话时"只谈这一点"的意思。

我们从表7-1里还可以看到，论点多是名词、代词，而联系多是动词。至于形容词和副词，虽然首要的作用是联系，可作为论点也是经常的，这取决于句子的意思；动词也是这样。于是一个命题就可以有多个论点和（或）联系（参见图7-1）了。不过要注意：只要一个命题仅有一项联系，那么哪怕论点再多，它还仅仅是一个简单的命题，比如"张三、李四、王五、赵六……吃糖果、水果、冰激凌、面包……"就是这样，这里只有一项联系"吃"。但是一个命题若有多项联系，那就含有多个子命题。含有子命题的句子表达的思想观念更多或更复杂。这样，同一个多子命题的句子对某个人群或个体来说，可能会难以理解。此时，我们可以分解命题来化难为易。

2. 命题的分解

如果仅仅为了便于理解而把一个句子分解成命题，技术不复杂。我们只要划出动词、形容词和副词，就可以知道这个句子有多少命题了。例如表7-1的"命题④"就包含了五个子命题（MT①）：

MT01：运动员扣球。

MT02：这个运动员是女的。

MT03：这个运动员是高个子的。

MT04：这个"扣"是跳起来的。

MT05：这个"扣"是猛力的。②

不难看到，分解出来的各子命题都只有一项论点和联系，它们都比原来那句话的意思简单了。

命题分解可以做得稍微复杂些，那就是把论点成分在句子里起的作用标出来。这些作用有比如联系（R）、主词（S）、宾词（O）、施动（A）、受动（Rec）、目标（G）、目的地（D）、手段或工具（I），以及方式（M）等，括号里是这些术语的代码。例如句子"学生们采用歌咏比赛来庆祝六一节"就可以用命题表示为：

MT06③：学生们（S）庆祝（R）"六一节"（O）。

MT07：庆祝（S）是采用歌咏比赛的（M）。

实际上，教师可以根据自己的需要来建立自己方便的代码系统。此外，我们从 MT07 里看到"歌咏比赛"没有分解到底，似乎本来应该分解成 MT07A 和 MT08 的，比如：

MT07A：庆祝是采用比赛的方式。

MT08：比赛是歌咏比赛。

但是上面的例子也表明，把一个复杂句子的命题分解到什么地步好，这个程度是很有弹

---

① MT，"命题"的汉语拼音缩写。

② MT04、MT05 里的动词"扣"都作为了论点。

③ 本书对命题（MT）做连续编号，以免出现重复编号而不利于翻检性阅读。

性的，并不死板。比如按照我们中文的特点，论点的单位可大可小，没必要一律分解到词的最小单位，比如"女孩"就未必非要分解成"孩子是女的"。这是因为分解命题是为了"易懂"，所以分解到哪一步而学生就懂了，那么分解到那一步就行了。于是我们可以根据教学的实际情况而决定分解到哪一步。

3. 教学含义

上面讲命题的概念和命题分解的技术，这对小学教师有什么意义呢？

我们知道，小学生对于很多方面的知识经验比较少，理解能力低一些，因此有的话虽然在成人听起来、读起来比较容易理解，可小学生会不理解、难理解或者理解错。前面说过内部表征指导行为（参见"6-1 内部表征"的内容），可是不理解就形成不了内部表征，这就没法行动；难理解就意味着形成不了确切的内部表征，于是行动起来就左右不定；至于理解错了，那就是形成了错误的内部表征，势必导致错误的行动。教师了解命题的结构、会一些命题分解的技术，这就可以更好地按小学生容易听懂的方式说话、帮助学生理解书本上的话。

7-1-2 命题网络

1. 节点—连线法

命题分解还可以图示，采用节点—连线法。例如"张三紧张地开着车"就可以做图示如下：图中的圈叫节点，表示整个命题，圈里可以写编号；一个箭头就是一条连线，指着一个成分，但是联系动词如"是"则可以省略标示，如图7-2（b），它的文字表达应该是"这个开车状态是紧张地"，其中的"是"字在图7-2（b）里就不标了；箭杆处可以标识命题成分在句子里担当的角色，这样就便于阅读和理解了。

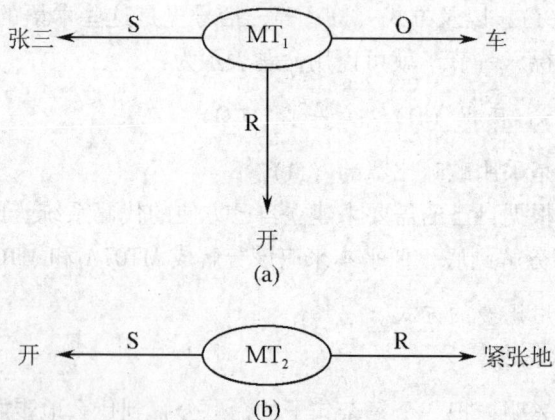

图7-2 带标识的节点—连线

我们再看图7-2的（a）与（b），它们有个相同的部分，即"开"字。我们让这两个"开"字叠合起来，就把两个单独的节点—连线图合并成一图了，也就是组合成一个系统了，如图 7-3。我们再看前面的命题 MT01～MT05，它们有更多的相同部分，因此都可以按上述做法组合起来，也成为一个系统，而且不难想见，这就有了一个命题网络的模样。于是我们可以说：当两个命题有一共同的成分时，就可以组成一个命题网络；当命题更多，且彼此间有更多的共享成分时，就可以组成一个纵横交错的、更复杂的命题网络。由于命题是知识的表征，因此命题网络就表征着个体头脑里的知识结构。我们的教师都知道，也都教导学生要把学到的知识联系起来，从认知心理学的理论上说，就是要编织起一个知识的网络，并且随着学习的深入和扩展，不断地把新学到的知识编进原有的知识网络，使这个网络不断地扩大，而编织知识网络的原则方法就是去寻找知识之间的共同成分。

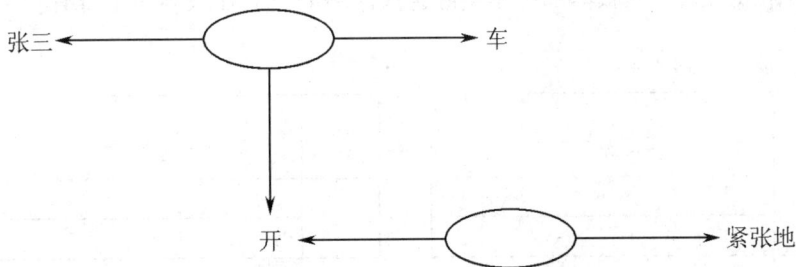

图 7-3　一个最简单的命题网络

2. 同时激活

上面举的例子都是逻辑上有共同成分，因而有可能组成网络的命题，而上面说的命题网络是已经共享了某些成分的。可是我们要注意，逻辑上有可能组成一个网络的诸命题未必在学习者的头脑里实际地组成一个命题网络，海耶斯—罗斯和桑迪克①以一个很接近教学实际的实验检验过这一点。

实验的内容是要求学生完成一个阅读理解作业。阅读的文本由 A、B、C 三段构成。在文段 A 靠近尾端处和文段 C 靠近开头处，各有一个要测验的文句，假定是 aaa 和 ccc，它们是逻辑上有关联的。研究者推想学生在完成阅读理解作业时应该是这样的：如果作业问到 aaa，那么学生应该想到用 ccc 来回答，反之一样。文段 B 没有要考查的项目。学生分两组，分别阅读两个版本。版本甲按 A—B—C 的序列排列文段；版本乙的排序是 A—C—B（参见图 7-4）。实验结果表明阅读版本乙的那一组的测验成绩好。

怎么会这样的呢？这就要提到工作记忆系统了。

我们知道，在人的信息加工系统里，工作记忆系统是我们有意识地加工信息的场所。可是这个系统的容量有限，因此当信息多的时候，就得分批加工，等把前一批信息转移到长时记忆中去后，腾出空间来，再加工后一批信息。这样，一批信息仿佛是同一包邮件，不同批

_____

① HAYES- ROTH B, THORNDYKE P W. Integration of knowledge from text. Journal of verbal learning and verbal behavior. 1979（19）：91-108.

的信息就是不同包的邮件。于是同批的信息容易形成联结，好比打成一个包，而不同批的信息因为是储存在不同的地方，就不容易形成联结，好比只能各自打包。图 7-4 中 T1～T5 正表达这个意思。我们看到，文段 A、B、C 单独地看已经很大了，超出工作记忆系统的加工容量，因此要打成小包分批加工。在版本乙中，延长 T2 的上下两线，将把 aaa 与 ccc 打成一包，它们在工作记忆系统里被同时加工，又一道转入长时记忆系统，这就容易建立网络联系。于是，当测验问到 aaa 时，学生就容易联想 ccc，反之一样，于是成绩就好了。版本甲则不同，由于文段 B 仿佛"加塞"似地，把 aaa 和 ccc 隔离开来了，因此它们就被分作两批打包，先后在工作记忆里被加工，又分批转移到长时记忆去。结果这两个逻辑上有可能组成一个网络的知识或信息，在版本乙中是实际组成网络的，而在版本甲中没有。

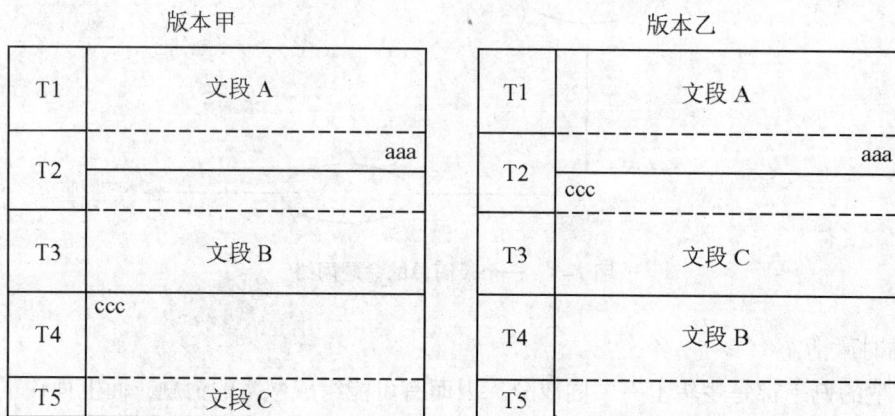

版本甲		版本乙	
T1	文段 A	T1	文段 A
T2	aaa	T2	aaa
			ccc
T3	文段 B	T3	文段 C
T4	ccc	T4	文段 B
T5	文段 C	T5	

图 7-4　两个版本的文段排列示意（小写字母表示要测验的内容）

这就提出了一项应用指导理论，叫作"同时激活于工作记忆系统里"，这就是说：如果两个信息单元有共同的成分，并且如果因此想把它们组成一个知识网络，那么你就要确保这两个信息单元有机会同时处在工作记忆系统里。在这里，鉴于工作记忆系统的运作表现为有意识地觉察和思想，因此所谓"激活"，就是指"自觉地想一想"。

3. 教学含义

小学生缺乏学习的经验和方法，因此不善于看出知识之间的共同成分，或者即使知道了，也不知道像上面说的那样，去把它们"同时激活"于自己的工作记忆系统里，这时就需要教师帮助。具体地说，一门课是一天一天上的，这就很自然地按"天"而形成一个个的信息包。可是一门课程的知识又是有联系的，说不定第一节课讲的某个内容就和最后一节课讲的某个内容有联系，因此这两者最好能在学生的头脑里联系起来。可是小学生不懂这一点，教师就要帮助他们。当一名教师在最后一节课上提到第一节课的有关内容，并且关照学生注意它们之间的联系和异同时，这名教师就在帮助学生做"同时激活"的工作。实际上，我们的教师一向自发地做着帮助学生同时激活的工作，如"昨天我们讲了××内容没讲完，今天我们接着讲下去"，就这样简单的开场白多少也能起着同时激活的作用；还有的教师会在一个阶段学习结束之后，帮助学生绘制知识结构图或思维导图，这也是在帮助学生形成命题网络。我们希望教师今后能够更加自觉地、系统地、有所设计地做这样的工作，从而更有预见性地、更有效地帮助学生系统地掌握好学到的知识。

7-1-3　命题的抽象性

1. "抽象"的含义

"抽象"这个词在我们的日常用法里有几种具体的意思，随当时的场景不同而不同。比如说你"抽象地"看待问题，那很可能是一种委婉的批评，是说你没有"具体地"看问题，有点儿理论脱离实际；又比如说儿童的思维由具体向抽象发展，那是说正常的或好的情况，此时的"抽象"意味着"更高级"。我们在此讲"抽象"，不同于前两种用法，意思是"实质"。由于话语的实质是意思，因此"命题的抽象性"也就是说我们在听或读文句的时候，一般总是把握其中的意思，而不是去记住文句的字词排列顺序。下面一段对话可以看作对命题抽象性的生动写照：

甲〔几天前〕：也不讲个条件是否具备，就这么一窝蜂地上，鱼龙混杂怕是难免的。

乙〔几天后〕：事情果然像您说的那样，叫什么来着，一个文绉绉的词儿，反正就这么个意思：林子大了，什么样的鸟儿都有。

在这则对话里，乙复述不出甲使用的一个成语，但是他替换使用的那句俗话在意思上和那句成语一样的。

2. 万纳的实验

心理学的研究也表明了这一点。例如万纳的实验[1]要甲、乙两组学生听清一段录音。甲组正确地认为这段录音告诉他们如何做后面的作业；乙组也正确地认为这是个听力测验，听完录音后就要精细地考查他们是否听清了某句话是怎么说的（参见表 7-2 的"心理准备"行）。录音有不同的版本，差别就在某些话的词序不同，于是甲、乙两组都有人听到"来回唱"或"回来唱"的话，也都有人听到"一碗豆腐"或"豆腐一碗"的话。[2] 前两个版本的差别不仅词序不同，而且意思也不同（参见表 7-2A 的"聆听"行）；后两个版本的差别就只是词序不同而意思是一样的（参见表 7-2B 的"聆听"行）。听完录音后，所有的学生都看到了给他的一句话，跟着的提问是："你刚才听到的是这句话吗？（是；非）"其实，甲、乙两组都有人看到和听到一样的话，也都有人看到和听到不一样的话（参见

---

① WANNER H E. On remembering, forgetting, and understanding sentences: a study of the deep structure hypothesis. Unpublished Doctoral Dissertation, Cambridge, Mass: Harvard University, 1968.

② 由于英文和中文的语法、用词有差别，难以巧妙地翻译得和英文一样贴切，所以采用打比方的形式来说明问题。读者感兴趣的话，可以参阅以下材料：吴庆麟，等. 认知教学心理学. 上海：上海科学技术出版社，2000：43. 又详见 Gagné E D. The cognitive psychology of school learning. Boston: Little, Brown and Company, 1985: 39.

表 7-2 的"辨别"行）。结果表明：就词序异—意思异的句子而言，两组学生的辨别正确率都很高（参见表 7-2A 的"正确率"行），而就词序异—意思同的句子而言，只有乙组的辨别正确率都很高，甲组两拨人的辨别正确率都接近于 50%，这表明他们都是猜测的，实际上并没有把握说刚才听到的就"是"或"不是"眼下读到的这一句（参见表 7-2B 的"正确率"行）。图 7-5 呈现了完整的图像。

表 7-2　万纳实验写意

A：词序异—意思异

	甲				乙			
心理 准备	哦，要好好听，不然不 知道后面的作业怎么做。				啊，是个听力练习！待 会儿就考听过的文本。			
聆听	来回唱		回来唱		来回唱		回来唱	
辨别	来回唱	回来唱	来回唱	回来唱	来回唱	回来唱	来回唱	回来唱
正确率	均远>50%				均远>50%			

B：词序异—意思同

	甲				乙			
心理 准备	哦，要好好听，不然不 知道后面的作业怎么做。				啊，是个听力练习！待 会儿就考听过的文本。			
聆听	一碗豆腐		豆腐一碗		一碗豆腐		豆腐一碗	
辨别	一碗 豆腐	豆腐 一碗	一碗 豆腐	一碗 豆腐	一碗 豆腐	豆腐 一碗	一碗 豆腐	一碗 豆腐
正确率	均≈50%				均远>50%			

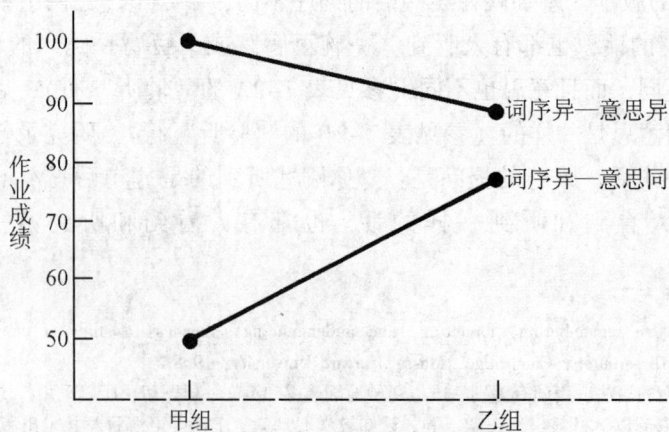

图 7-5　万纳实验的结果

因此，万纳的实验表明：除非特别关照、提醒或有特殊要求（比如乙组），否则我们在理解话语时，一般是重在抓实质意思而忽略具体字词的；我们理解话语，是把意思保留在头脑里，而不是也把字词顺序记下来的，因此当意思一样时，要考问我们说话人究竟使用了哪个字词，这就令人犯难了（比如甲组）。

更重要的是，万纳的实验和前面的对话举例都表明：听、读话语时重在抓意思，重复话语时也只是重复意思，这是人的自然倾向；相反，逐字逐句地记住，一字不差地复述，这才是刻意人为的。因此"命题的抽象性"是一个包含着一条最基本的原理的一个最基本的概念。

3. 教学含义

这个基本概念及其蕴含的基本原理应该引起我们的教师，特别是小学教师的重视。

学生在学校进行的很多知识学习都是有课本的。但课本的文章既不是学生也不是更了解学生的任课教师写的，因此文本的词句排列顺序就可能与学生习惯的不一样；还有一点，在小学生的学校学习里，一个基本的方面是学习书面语，这样就有很多词句排列顺序是小学生感到陌生的。这是一方面。另一方面，我们之所以要学生学习课本里的知识，一个基本的原因是他们没有掌握这些知识，而没有掌握这些知识就意味着难以把握住体现这些知识的实质意思或思想。这就产生一个重要的矛盾。显然，如果把握了实质意思，那么对文句的字词排列顺序不习惯就不是什么大屏障，比如文史哲的研究生们。可是小学生就是尚未把握特定文句的实质意思的人群，因此对文句的字词排列顺序不习惯就成了一道妨碍他们去把握实质意思的屏障，而且这道屏障难以突破，所以他们需要教师讲解。于是教师就成了课本和学生之间的中介，他的重要使命是首先突破文句的字词排列顺序而把握实质意思——这就是教师备课的基本意义；接着，教师要揣摩和转换自己说写表达时的字词排列顺序，以求与学生习惯的字词排列顺序有足够的契合，从而使学生相对地脱离课本而先机把握教师传递的实质意思——这就是教师讲课的基本义；再接着，而且是最好的，在学生把握了实质意思后，教师再帮助他们解析课本上的字词排列顺序，指出突破它们而达到已经掌握的那个实质意思的大路和小道——这已经属于教师教学生如何学习了。

尽管教师做了如上的努力，学生也还会因为有课本上的或教师说、写的字词排列顺序障碍而难以把握住实质意思。这里又有两种极端情况。一种是学生丝毫没有笼络住文句里的字词排列顺序，结果就没可能把握住实质意思。这好比虽然能吃的未必都是富有营养的，可是一点不吃又哪来起码的营养呢？另一种是学生因为突破不了文句里的字词排列顺序构成的障碍，所以干脆照搬整个的字词排列顺序，以为既然实质意思都在字词排列顺序里，则拥有后者就等于拥有了前者，好比以为拿来一大堆金沙就等于有了金链子。教师容易严重关注前一种情况，称之为"啥也没学到"，于是会额外地帮助学生，却容易忽视后一种情况，因为学生很可能对答如流，"和书上一模一样"。遇到这种情况，教师尤其要注意探测学生是否掌握了实质意思。

7-2 产生式

我们还有很多知识，它们的宝贵之处不在于说得出、说得好，而在于做得出、做得成，比如，现实生活里常有人说的"你别说得好听，倒是做出来啊！"这句话虽然不大中听，可确实是在强调行动的价值。认知心理学把这种知识的表征称作为产生式（production）。

7-2-1 产生式的结构

一个产生式有两个部分：一个叫"条件"，一个叫"行动"。这两个部分连接，表现为"如果……那么……"的模式或句式。其中的"如果……"是条件部分，而"那么……"是行动部分。根据这样的模式，我们不难理解产生式的含义是：在指定的条件满足时就采取指定的行动。下面是两个例子，我们不难看出它们都符合产生式的模式、句式和含义。

例1
如果我要强化一名学生集中注意的行为（TJ1，NB，GR），并且这个学生集中注意的时间已经比平时长了（TJ2，WB，GR），
那么我就表扬他（XD，WB，SR）。
例2
如果一个图形是平面的（TJ1，WB，GG），还有三条边（TJ2，WB，GG），而且图形是封闭的（TJ3，WB，GG），
那么就把它划到三角形的类别中去（XD1，NB，GG），并且把它叫作"三角形"（XD2，WB，GG）。

类似上面两例的产生式，从内容到形式，都不超出我们日常的生活经验，可认知心理学还是从中揭示了更丰富的方面，它们用括号里的汉语拼音字母缩写来标示，我们做个解说：

（1）一个产生式可以有多个条件（TJ）和多个行动（XD）。

（2）无论条件还是行动，都既可以是外部的（WB），也可以是内部的（NB）。前者是存在于、发生于或表现于环境里、情境里的；后者是发生在心里的。请注意，我们强调内部的条件和行动。

（3）无论条件还是行动，都既可以是个人的（GR），也可以是公共的（GG）。前者表示个人设定的条件、个人决定的行动，后者要服从公认的准则。比如例1，是否要表扬这名学生，那是"我"个人的决定。但是在例2里，管一种图形叫"三角形"，这就不能由着自己的性子来，得遵从公认的规则和名称。请注意，我们强调个人设定、决定的条件和行动。

（4）产生式的条件部分总归是有目标的，反映行动者的目的、意欲、期望等。这在例1里由"我要"这个字眼透露出来，在例2里虽然看不到，却是实质上存在的，比如本来是

可以明确地写上"（如果）目标是识别图形"这句话的。

　　我们举这样两个例子，是想以追加说明的方式让读者特地认识到产生式从实质上说总是有行动目标的，如果不是这样，那么行动就会变得乖戾不可解，比如看下面一个例子：

例3

如果屋里是黑的，而电灯开关就在手边，

那么就开灯。

　　就这个例子而言，如果实质上不考虑目标或没有目标，那么你就不能熄灯睡觉了，因为你一熄灯，就满足了例子中的条件，于是就得执行例子中的行动，把灯打开，可见例3必须有个目标，比如"（如果）目标是找东西"。我们应该实质性地把行动的目标看作产生式的第一条件，专称为"目标条件"，其他可以称为"事态条件"或"情态条件"。目标条件显然是内部的和个人的。

　　综上所述，可见建立一个产生式是很方便的，即如果一项行动的事态条件是公共的，那么只要记住它们就行了，比如例2。当然，记住了一个条件并不保证理解了它蕴含的实质意思，不过我们在很多时候追求的是行动本身的恰当性、行动结局的有效性，而不是实质意思的等价变换或推演。在这种情况下，一个人只要做出符合条件的行动，我们就说他有"这一点"知识了。这是一方面。另一方面，如果一项行动的事态条件是个人的，那么只需自己设定就行了。虽然自行设定的条件不一定妥当，却说明行动者有所总结经验教训，能针对自己的实际来确立自己的行动准则，这从心理上来说，是比单纯的"记住"更好的。事实上，在前面讲的社会学习或模仿学习里，就充满着按自己设定的条件而行动的情况。

　　上面讲单个的产生式，它只刻画一个很小的、很简单的行为。在实际生活中，这样的行为往往是应对实际问题的一项复杂行动的一个片段。因此，正如为了表达复杂的观念，一个个命题需要相联而成一个命题网络一样，为了解决复杂的问题，一个个产生式也需要相联而成一个系统，这叫作产生式系统（production system）。

7-2-2　产生式系统

　　为了更好地理解产生式系统，我们先看一种生活经验，那就是完成一件事情就为完成另一件事情创造了条件，从而使下一件事情可以做起来。所以从概念上说，当前一产生式的行动结果构成了后一产生式的条件，从而引发后一产生式的行动时，这两个产生式就构成一个产生式系统。表7-3是由三个产生式构成的一个产生式系统，我们不难看到，前一产生式中表述行动的部分与后一产生式中表述条件的部分相重叠。

表7-3　一个简单的产生式系统

P1	如果	是做四则混合运算的题目，
	那么	先去掉题中的括号；
P2	如果	题中的括号都去掉了，
	那么	先做完乘法和除法部分；
P3	如果	做完了乘法和除法部分；
	那么	做完加法和减法部分。

但是上面这种产生式系统太简单了，因为它的形式表明每一个产生式的行动部分都是顺利完成的，比如表7-3里P2的条件部分实际隐含了这样的意思：括号果然去掉了。这表明行动时没有任何方法上的问题。这样的产生式系统是在解决"已成例行公事"的问题。但是认知心理学提炼出来的产生式系统却主要是为了解决新问题的。就这样的问题而言，总目标是明确的，但是行动有方法上的困难，比如不知道方法，或者虽然口头上知道做什么，可实际上不会做，等等。这时的产生式又是怎样的呢？下面的表7-4是一个例子：

表7-4　一个解决新问题的产生式系统样例

P1	如果	我要使甲专心，	总目标
		但不知道什么能够强化他的专心行为，	事态条件不良
	那么	就去了解能使甲专心的强化子，	确立子目标1
		然后用它强化甲。	确立子目标2
P2	如果	要了解使甲专心的强化子，	子目标1
	那么	就去观察甲在什么时候专心或不专心。	导出有形行动
P3-1	如果	我是观察甲在什么时候专心或不专心，	子目标1-1
		并且发现甲在我注意他时就专心，	导出事态条件
		而在我不注意他时就不专心，	导出事态条件
	那么	"啊，原来我对他的注意可以成为强化子。"	导出认识性行动
P3-2	如果	是观察甲在什么时候不专心，	子目标1-1
		并且发现甲在同学注意他时就专心，	导出事态条件
		否则会不专心，	导出事态条件
	那么	"啊，原来同学对他的注意可以成为强化子。"	导出认识性行动
P4-1	如果	要强化甲保持专心，	子目标2
		并且我对他的注意可能是个强化子，	事态条件
	那么	我就关怀地看看他。	导出有形行动
P4-2	如果	要强化甲保持专心，	子目标2
		并且同学对他的注意可以成为强化子，	事态条件
	那么	让甲和要好的同学坐在一起。	导出有形行动

在上面的例子里，P1 提出了总目标，却认为没办法达到。在这样的条件下行动，就是做决定和打算。现在的决定是寻找办法，打算是找到办法后用来达成总目标。我们要注意，这两个都是内部行动，顺序分别成为后续产生式的子目标 1 和 2。P2 的条件部分只涉及子目标 1，由于假定已经知道了所谓的"了解"该怎么做，因此就可以导出有形行动，即择日开始实地观察。P3-1 和 P3-2 以同一个目标和不同的观察证据作条件，由此产生的行动还是内部的；具体地说，是获得了认识；更具体地说，是形成了命题。到此为止，P1 的两个子目标实现了一个，即发现了方法。P4-1 和 P4-2 是依序与 P3-1 和 P3-2 对应的，它们实现 P1 的第二个子目标，在确立了目标条件和认识条件后，开始采取外部行动。

通过以上分析，我们可以知道：① 产生式系统不但可以用来处理例行事务，而且可以用来解决有困难的新问题。② 在解决新问题时，产生式系统的行动既可以是有形的，即通常所谓的"实践""实际做"，也可以是内部的，主要有三种：第一种是确立子目标；第二种是获得认识或形成命题；第三种是决定行动。③ 获得的认识能导出有形行动，体现了认识指导行动。④ 如果认识指导的行动有效，就切实地改变了现状，这也就是说，不但做了事情，而且做成了事情。

最后，我们假定表 7-4 的产生系统是有效的，甲的学习专心了，新的工作目标是如何使乙也专心。此时，我们假设的这位教师会套用对甲的工作经验。但是对乙的产生式系统将与表 7-4 不同，会很简单，因为这次可以算是解决例行事务了，见下，请对比表 7-4：

例 4

P1　　　　　如果我要使乙专心，

P4-1　　　　那么我就关怀地看看他，

P4-2　　　　（那么）并且让乙和要好的同学坐在一起。

我们看到例 4 简直不是产生式系统了，而只是一个简单的产生式了。由于例 4 保留了表 7-4 的产生式系统的编号，读者可以看看都省略了什么。

7-2-3　教学含义

你也许觉得如表 7-4 那样的做法很可笑，因为它把要处理的事情或待解决的问题复杂化了。如果你真的这样认为，那就透露你有至少两项如下的意思：① 表 7-4 要解决的问题，就其本身而言，是很简单的；② 这样的简单问题无须像表 7-4 那样有意识地去思索，因为在日常的教学活动中，一个有经验的教师是不假思索就可以采取正确而有效的做法的。

我们本书承认，类似上述的想法有道理。不过我们列出表 7-4，首先的意图是想问：如果严格地、一板一眼地按照产生式系统去做，是否一定能找到处理繁难事务或解决新异问题的方法或途径呢？回答是肯定的。再繁难的问题，只要拉长产生式系统，亦即只要连续不断地设立子目标，最终总可以找到当下操起来就可以运作的手段。[①] 因此，类似表 7-4 的产生

[①]　袁军，等．心理学概论．南宁：广西教育出版社，2001：154-156.

式系统是解决新、难问题的有力手段。其次，既然类似表7-4的产生式系统是解决新、难问题的有力手段，那么构建这样的产生式系统就表明有解决新、难问题的能力。由于新、难问题时时处处都会冒出来，而且具有不可预见性，因此善于解决这样的问题，就表明具有解决问题的一般能力。在这里，所谓"一般"，就是"总的"或"通用"的意思。所以如表7-4的产生式系统以格式化的方式，表征了一种叫作"手段—目的法"的一般问题解决方法。再次，因为如表7-4的产生式系统是格式化的，所以可以模仿练习，而这样的练习过程就是在培养自己解决问题的能力。最后，我们不但承认，而且也佩服有经验的教师能不假思索地解决在他人看来是新的、难的问题。可是经验从没经验演化而来。所以在没经验的时候要解决新、难问题，就不能不思索，这样的思索有时很艰难，正所谓"百思而不得其解"；在有所经历却"还谈不上有经验"的时候，为了更加利索快捷地解决问题A，你得练习，既包括尝试—错误，也包括观察模仿，还包括在头脑里分析、比较和模拟演习（参见"7-3 意象"的内容）。这时也是有意识地思索的。但是在有效练习的过程中，问题A会从原来具有的绝难、全新的性质渐渐褪色为"旧问题"。此时你可以不假思索地处理了。换言之，在解决旧问题时，你的头脑里是没有如表7-4的产生式系统的。

综合以上所述，可以看出产生式系统最重要的特点，即它使你从需要思索走向不假思索，也就是使你从有意识地控制走向自动化。当你处在有意识控制的阶段时，你的思索表现出产生式系统，而当你达到自动化的时候，你不思索了，但是你的行为体现产生式系统。

7-3 意象

我们这里说的意象（image），就是其他心理学教科书里说的表象。虽然我们的其他感觉器官也都能产生意象[①]，不过视觉意象是最有代表性的。所以在这里，我们也只谈视觉意象，并且只用"意象"两个字。

我们都熟悉意象，它就是你闭上眼睛而浮现出来的形象，心理学有个更加形象的说法，称它为"心画"（mental picture）。意象也是个体心中知识的一种基本的表征形式。

7-3-1 意象的特点

作为知识的表征，意象的特点在于保留了被表征事物的某些物理属性的连续性方面和相对大小，我们做个比较就能明白这一点。

譬如你有一个想法，它表达为这样一句话：桌上有一本书。这句话如果用命题来表征，可有节点—连线图如图7-6（a），但是若用意象来表征，你的眼前会浮现出类似于图7-6（b）的画面。

---

① 袁军，等. 心理学概论. 南宁：广西教育出版社，2001：126.

对比我们做对比，则可以看到：① 命题的表征是线形的，即一行字、词，而意象的表征是有块面的；② 命题的表征以字词为点，因而是分离的，而意象的表征以线条的衔接而连续的；③ 在命题的表征里，"桌子"和"书"作为字、词是一般大的，因为命题表征抽象的意思；而在意象的表征里，作为形象，"桌子"就是比"书"大，因为意象表征事物的空间属性。正因为意象的表征有这样的特点，所以很多意象显得十分具体而形象，有的还栩栩如生，宛若亲眼看到。不过意象也有模糊的，比如鲁迅有诗云"梦里依稀慈母泪"，依稀即模糊，甚至是颇为抽象的。然而，意象还是有着连续和大小，这才是意象的基本特点。

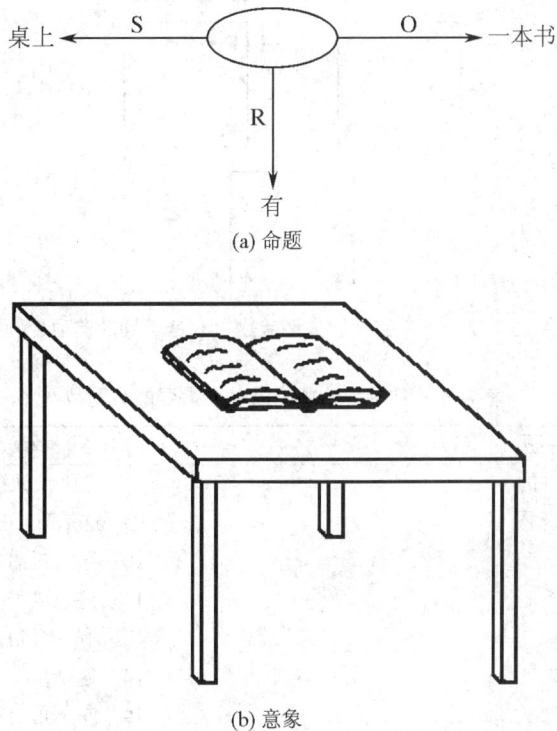

图 7-6　命题表征和意象表征的比较

进一步的比较可使我们知道，意象作为知识的一种表征形式是非常经济的。譬如图 7-7，那是一道空间能力测验题，问的是：若把左边的一张方纸折叠成右边的模样后，在黑点处洞穿，那么把纸重新展开来，洞眼的分布是怎样的？请从五个选项里指出一个来。

关于图 7-7，就拿题干来说吧，用图表示，一目了然。若改用语言来描述，就需要至少十几个命题才行（参见表 7-5），而你如果不把这些命题转换成意象，怕还是没读明白题目究竟是怎样的，因为你很难同时记得住这么多命题，但是我们记住图 7-7 是一点也不困难的。因此所谓意象的经济性，就是说一个意象可以蕴含众多的命题，需要时我们能像春蚕吐丝那样，从一个意象里稳稳当当地把命题一句一句地说出来。我们要记住这么多的命题会很困难，但是我们却能很轻松地保持着蕴含这些命题的一个意象。

题干：

选项：

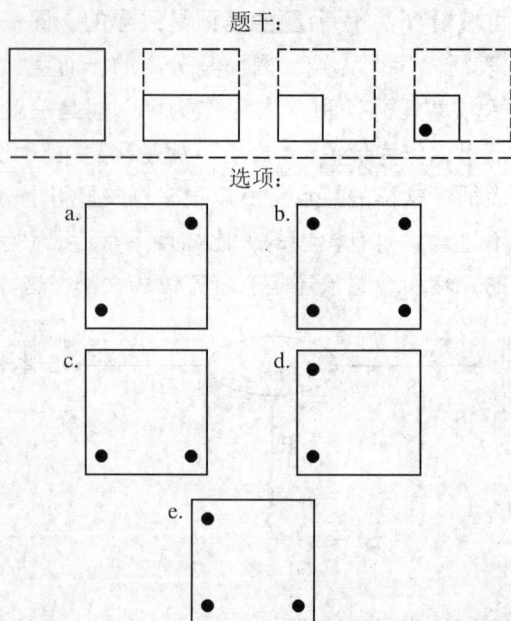

图7-7　一道空间能力测验题（b是正确的选项）

表7-5　图7-7的题干描述所需要的命题数

命　题	命　题
1　这张纸是方的。	8　这张纸又被折叠。
2　这张纸被折叠。	9　这是第二折。
3　这是第一折。	10　第二折向左。
4　第一折向下。	11　这造成了"四层"。
5　造成"二层"。	12　有一个角是全开口的。
6　层的开口处朝下。	13　这个角在左下角。
7　开口处是"关闭"的。	14　左下角上穿透一个洞。

7-3-2　物理模拟性

这是意象的重要本性，主要体现在两个方面，一个叫"心理旋转"，一个叫"意象扫描"，它们各有经典的实验来定义。

1. 心理旋转（mental rotation）

意象的这一性质可以用库珀和谢帕德①的一个实验来表征。在这个实验里，研究人员一

① COOPER L A，SHEPARD A N. Chronometric studies of the rotation of mental images//CHASE W G. Visual information processing. New York：Academic Press，1973：95-176.

个个地随机呈现英文字母 R，它们有的是正写的，有的是反写的，而不论正写还是反写，很多是东倒西歪成一定角度的（参见图 7-8）。实验要求被试尽快地判断眼前呈现的这个字母 R 是正写的还是反写的，结果见图 7-9。

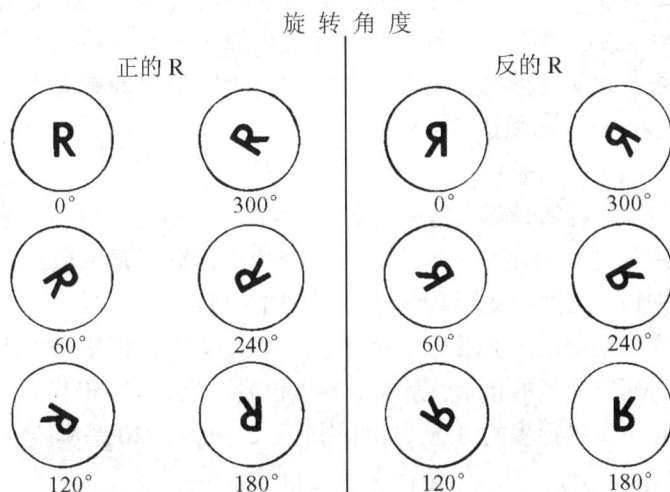

图 7-8 倾斜不同角度的正写与反写的 R 样例

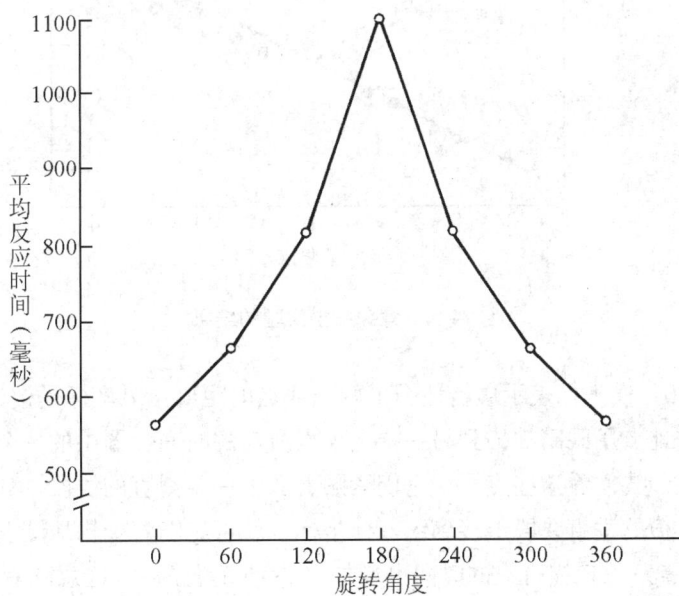

图 7-9 R 的心理旋转实验结果

我们看图 7-9。横坐标是字母 R 的倾斜角度；纵坐标是被试从看到字母起，到做出"正写"还是"反写"判断止所用的时间。我们可以清楚看到，随着字母倾斜的角度增加，判断的时间也增加。当倾斜的角度为180°时，判断的时间最长。这一系列的结果表明，被试在做判断时，得先在心里把倾斜的字母旋转到端正的位置。重要的是，这样的旋转不是一蹴而就的，而是一步一步来的，因此被试旋转倾斜角度小的字母就快，而旋转倾斜角度大的字母就慢，好像你在日常生活里以固定的速度旋转一个物体似的。有趣的是，为什么字母R的倾斜角度大过180°之后，判断的时间又缩短了呢？原来这时候被试换了个方向来心理地旋转字母了，于是把字母旋转到端正位置所需的"路程"或时间就大大缩短了。这也跟我们在日常生活里"抄近路"的做法一个样。

2. 意象扫描（image scaning）

意象的这一性质可以柯斯林等人的一个实验[①]为代表。研究人员要求被试熟记一张虚构的地图，直到能够近似地默画出来。地图上有七个地点，分别是一屋、一井、一湖、一沙滩、一草地和南北两树，彼此间的距离不同（如彩图8所示）。

实验时，研究人员要被试闭上眼睛，脑海里浮现出这张地图来，然后"注视"着一个指定的地点，接着按研究人员的指示，从这个地点出发，"看着"走到另一个地点，到达后就报告，研究人员记下这段行程的时间，如此周而复始。图7-10是实验的结果。

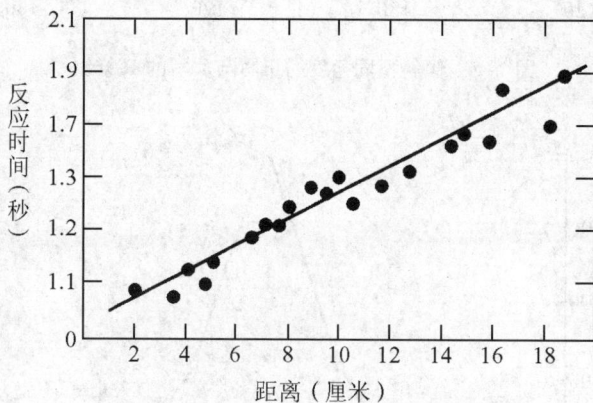

图7-10 意象扫描实验的结果

我们看图7-10：横坐标表示虚构地图上两个地点的距离；纵坐标是被试运用视觉意象，在心里从一个指定地点用眼睛扫描到另一指定地点所需的时间；图中的一个黑点就是一次指定行程的意象扫描。我们看这些点子，它们紧贴着图中一条斜直的线段排列，从这些点子出发，若分别作纵、横的垂直线段连接到纵、横坐标，就可见随着虚构地图上两点间距离的延长（参照横坐标），意象扫描所花的时间也增加（参照纵坐标）。这意味着在进行意象扫描时，我们的两眼好像我们的两腿，以均匀的速度从一个地点"走"向另一个地点，宛如我

① KOSSLYN S M, et al. Visual images preserve spatial information：Evidence from studies of image scanning. Journal of experimental psychology：human perception and performance，1978（4），47-60.

们在真实生活里匀速行走一样，距离越远，走的时间就越长。

3. 意象的可操纵性

不论心理旋转，还是意象扫描，它们从不同的方面表现出来的物理模拟性质，说白了，就是指我们可以像操纵日常生活里的物理事物那样地操纵视觉意象。更通俗地说，我们能够浮现出视觉意象，正像我们看画片；我们能够扫描意象，正像我们看长长的电影胶片；我们对意象能做心理旋转，正好比我们在看故事片；而所有这一切的心理操作综合起来，仿佛我们正在拍摄电影、剪辑胶片、播放影片。电影拍摄可以有连续的长镜头来记录一个完整的情节，也可以有快速切换的短镜头提供鲜明的对比；这使得电影不但可以从不同的角度观照一事物，还可以推远拉近，从而有远景、中景、近景，甚至是特写和局部细节的大特写。这一切都是所谓"意象的物理模拟"的含义，是我们的视觉意象的重要本性，在教学活动中值得引起教师的充分重视。

7-3-3　教学含义

意象的物理模拟性之所以值得我们的教师充分重视，是因为意象可以成为帮助教师进行有效教学的一种特殊工具。

意象作为一种有效的教学工具，它的特殊性首先在于它的经济性。意象的经济性，不但表现为前面说过的蕴含众多命题的那一方面，而且还指这样的意思，即几乎人人都天生地具有生成意象的能力，比如做梦就是意象的一种生成，而心理学的研究表明人人睡眠都做梦，且一夜要做好几次梦。于是意象能力就是每个正常儿童无须购买、无须初始装备，却随身携带的工具。教师在教学中，只需唤起学生的意象，则无论是在教室里、还是在野外，抑或是遥隔漫长的时间、远离了曾经亲历的现场，这都能显示出生动的"心画"，从而为学生的学习提供方便。

教师要唤起学生的意象，做法并不难，说一句诸如"让我们想象一下""大家闭上眼睛'看一看'"之类的话，学生脑海里就能浮现出生动的意象。如果哪位教师有更好的语言描述技能，善于做比喻、打比方，那就能够更好地指挥学生去生成和操纵意象了。[1]

意象为学生的学习提供了方便，那是全面的。体育课上，学生要学习运动技能，体育教师如果能把自己准确、流畅的示范转换成学生心中的完整意象，就等于向学生的头脑里输入了特定的一套产生式；如果教师还能教会学生自觉地全套或分解地复演这组意象，就可以使学生自学式地使真实动作的产生式系统趋向于自动化。音乐教师如果能够唤起学生的意象，那么学生欣赏作品时会觉得更亲切、更带劲儿；歌唱或演奏时浮现出贴切的意象，可以使得表演更有感情更流畅。美术课本来就在操纵着视觉形象，可是如果学生只是看着示范的画儿

---

[1]　中华传统的写诗要领是"赋、比、兴"。赋是描写，比是比喻，兴是油然生情，它们从不同的方面生成意象，使诗作形象、生动、有韵味。三字要诀中，以"比"为核心。

一笔笔地涂和描，那只是在利用知觉识别，它可以保证画得"像样儿"，却难以保证画得有"精气神"。如果美术教师能使学生在对示范画的知觉识别基础上形成意象操纵之，那么由于不同的人对同一事物形成的意象是有微妙差异的，因此学生基于自己的意象而画出的画，就会有个性、有特色，有的即使走形了，也可以是"形散神不散"，洋溢着"气韵"，而这正是中华传统的绘画理论中第一重要的。

即使在语文和数学这一类典型的智育课程的教学中，意象也可以发挥独特的重要作用。

比如语文的记叙文写作教学，我们努力促进学生把文章写得具体、形象、生动。可是教师总嫌学生的作文语言干瘪、套话连连，而学生的苦恼在于"没啥写的""写不出"。教师认为学生没有仔细观察、认真记录，于是花大力气教学生观察，遂见在公共展览馆里不少学生抄写解说词。可是效果不见得好。原因在哪呢？春秋郊游，游玩第一，哪可能"跳出圈外"做系统的观察？等学生回到家里写作文，不懂得生成意象做操纵，写起文章来，就只能凭概念：春天嘛，总归是新芽才露尖尖角，游玩总是很开心，一件事情总是先如此而后这般地做完了。按照这样的概念写，其实就是在编排现成的命题，而命题具有抽象性，话也只有那么几句只能那么说，这样写出来的文章又怎能不是千人一面、老调重弹呢？这在根据从展览馆里抄来的解说词而写成的作文里，表现得尤其严重。

我们的语文教师应该教会学生调用自己的意象。比如春秋郊游，先放开手脚地游玩，那是全身心地感受，为意象的生成积累资料。待到写作文时，要细细回想当时的情景，仿佛看电影，挑出中意的来剪辑，这样写出的作文才更有可能语言生动、富有细节、形象丰满、具有个性。唐代的张璪论绘画，谓"外师造化，中得心源"，前半句是讲观察，后半句讲意象操作，全句是讲如何实现艺术创新和个性表现的，重点显然落在后半句。因此小学的作文教学要重视训练学生去操纵自己的意象，如果做到这一点，那么尽管大家都观察同样的事物，每个人仍可以写出有新意、有个性的作文来。

意象也能帮助学生理解小学数学的复杂方面。比如在讲解三角形的面积公式和梯形的面积公式时，教师可以利用计算机动画技术，做出梯形的上底慢慢缩短至0的效果图，让学生看到这两个公式的实质，这属于知觉学习。学生的认知加工水平比较浅，而教师做课件相当费力，教师可以用语言来指导学生自己想象这样的画面，这就属于意象操纵的深加工了。这样的教学，学生不但容易记得牢，而且还学到一种方法，经常练习后可以成为一种很不错的个体认知技能。此外，学生这样地操纵意象，本身也是一种体验学习，如果再启发学生认识到梯形上底的形象连续缩短可以用不断减掉数值来表征，那就在帮助学生从形象地思维向抽象地思维过渡了。这样的教法很简便。

意象还是锻炼创造性思维或解决问题的能力之法宝。之所以这样说，是因为很多的创造都系于实际——实际的事物、实际的事务，它们都和实际的情境交织在一起。在这里，"实际"一词就蕴含着"空间连续""空间运动""空间变换"和"空间关系"的性质。恰好，我们在日常生活中，当遇到含有空间特征的问题时，往往会自然而然地依靠意象来解决。譬如你在一个陌生的城市里问路，你是愿意人家给你写下一串路名和左拐右弯的指示语呢，还是更喜欢为你画个草图？这样，我们调用意象来解决问题，就往往比按照语词陈述来解决问题更见效。这是因为实际问题被提炼成语言陈述后，常常略去了细节，而在创造性地解决问题时，却是很多不起眼的细节能够启发思维的。下面一个题目是一些培养创造性解决问题能力的训练班常用的，读者不妨先把题目后的文字遮掉，试着自己来解答它：

清晨，太阳刚刚升起，一个和尚就启程了，他要到山顶的庙里去朝拜。山路蜿蜒，和尚一边走，一边浏览山景，走得时快时慢，累了就歇息一会儿，最后在日落之前到达了山顶。几天后，和尚原路下山，他还是日出启程，时快时慢地走，累了就歇息，也在日落之前回到山脚。当然，总的来说，他下山的速度快一些。

请证明：在这条山路上，必有一地点是和尚两次在一天的同一时刻到达的。

1995 年，笔者曾拿这个问题给上海某小学的一班 3 年级学生来做。他们起初茫然不知所措——这很自然，因为许多成年人都试图列方程求解（这也解不出的）。但是当笔者提醒这些小学生闭上眼睛想象这道题目时，不一会儿，30 余名学生中就有十几人先后解答出来了。这些解答有一个共同的创新特点，那就是以空间换时间，表现为把一个和尚先后两次走同一条山路变换为两个和尚同时地各自上山和下山。这种杰出的变换一定是细致的意象扫描提供了启发。还有一些解答具有明显的心理旋转性质，演变为这样的解题设计创意：两名同学各执粉笔点住黑板，分别从黑板两端自定速度地相向行。于是两支粉笔在黑板上相交之处，就是题目求答的"在一天的同一时刻到达"的"地点"。

其实，意象不但能解决日常生活的具体问题，解答轻松锻炼思维能力的益智题，而且也能创造性地解决高深、抽象的理论问题，例如伟大的科学家法拉第就善于把看不见、摸不着的物理对象的抽象概念意象化；爱因斯坦在思考问题时，也是满脑子的图像在运动、变换和组合。今天，我国的教育开始重视培养学生探究、创新的能力，那么提醒、引导和教会学生使用和操纵意象，就是一个很好的抓手。

小结

一个人心中的知识虽然是看不见、摸不着的，却可以表征为三种形式，即命题、产生式和意象。

命题是话语或句子，其基本成分是"论点"和"联系"，前者提出话题，后者约束论点。一个句子可以有多个命题，如果我们觉得意思复杂难理解，就可以把它分解为多个简单的命题。这是一方面。另一方面，只要两个命题有共享的成分，就可以建立一个命题网络。可是逻辑上有可能建成一个命题网络的诸命题需要通过一种叫作"同时激活于工作记忆"的过程，才能实际地在个体的心灵里形成一个命题网络。最后，所谓命题的抽象性，是说我们听或读话语，一般总是把握意思而不去记词语顺序的。

产生式由"条件"和"行动"两部分组成，表示满足指定的条件即发生指定的行动。由于产生式的条件和行动部分都可以是内部的、个人的，因此它们的形成是意识控制的。当前一个产生式的行动结果成为后一个产生式的条件时，就构成产生式系统。这样的产生式系统既可以自动化地处理已成"例行公事"那样的事件系列，也可以在意识控制下，通过不断设立子目标来解决新而难的问题。意识控制的产生式系统可以过渡为自动化的产生式系统。

意象以视觉的最有代表性，它表现为浮现在我们头脑里的形象。意象具有物理模拟性，特别明显地表现为心理旋转和意象扫描，这表明我们可以像操纵日常事务那样地操纵意象，而知道这一点并自觉地利用这一点，对于小学教学是具有全面意义的。

研读建议

1. 本讲的三节标题，就是三个基本概念，它们都在各节的引言里定义了。建议读者注意：定义一个概念，并不是都得采取"……是……"的格式的，那样的格式只在做严密的推理时才是必要的。定义一个概念，最重要的是表明它确切地指什么，而理解一个概念也首先是知道它指什么。至于表述概念，就是用自己的话说出来，而说明的方式是多样化的。关于命题，本书是通过"7-1 命题"中开头三句话，以层层缩小范围的方式来界定的；关于产生式，则是以与命题对立的方式来界定的，因此只要真切地理解了命题这个概念，则通过排斥的方式就能理解产生式。至于意象，是以个人体验的方式来界定的。

2. 本讲讲命题和产生式，重点从讲它们的结构开始。建议读者注意，本书特别安排了这样的叙述模式：从一个概念起，分出两项结构成分，然后逐一分析，最后讨论共同的问题，比如命题的抽象性或产生式的自动化问题。

3. 关于意象的物理模拟性，本书讲了两点，它们各有一个代表性的实验来定义。研读心理学教科书，建议读者要习惯于根据一个实验来理解或定义一个概念，然后用自己的话来表述自己的理解或界定。表述的话语多一些不要紧，其实多表述几次之后，话语会渐渐变得概括而简洁起来的，重要的是表述理解了的东西，而不是背出不解其意的句子。关于命题的抽象性，也可以这样看。

4. 有一类益智题叫"脑筋急转弯"，其一部分题目是和语言性质相关的，比如要你用谐音来"急转弯"；还有一部分是"视觉—空间性质"的，这部分题目的"急转弯"几乎都可以借助于意象而成功。建议读者自行找一本这样的出版物，尽力操纵你的意象去解题，看看管用不管用。

难点解析

1. 关于命题分解技术。

命题分解技术是以英文及其语法为基础的。中、英两种文字迥异，语法也很不同，因此现有的命题分解技术并不完全适用于中文。本书介绍它，主要是供教师在帮助学生理解文句、话语时做实用的辅助手段使用的。因此读者们不要拘泥于书中告诉你的那些做法，而可以根据中文的表达方便和自己的实际目标来尝试使用。

2. 关于命题网络的一个要点。

关于命题网络，读者们要注意的一个要点是：逻辑上可以组成一个命题网络的两个或多个命题有可能实际上并没有在学生的头脑里组织成一个命题网络。密切地注意这一点，自然就产生了下面两个问题：① 为什么会这样？② 教师如何防止学生这样？为回答前一个问题，读者们将被引向"同时激活"的概念；为回答后一个问题，读者将被引向自己的工作经验。显然，这里是一个"知识包"，希望读者们能"打包"式地理解。

3. 关于表 7-4。

读者要注意，表 7-4 的例子同前几页的例 1、例 2 和例 3 不同。这种不同，实质上不在于表 7-4 是一个产生式系统，另 3 例分别是单个的产生式，而在于例 1、例 2 和例 3 都具备了解决问题的条件，而表 7-4 不是。当我们知道解决一个问题应该具备条件 A 而条件 A 实际上不具备的时候，我们就需要把"使条件 A 具备"当作低一层的子目标；如果我们知道要使条件 A 具备就需要有条件 B，而条件 B 又实际不具备的时候，就需要把"使条件 B 具备"当作再低一层的子目标，如此迤逦而下，就构成了产生式系统。所以读者要注意，产生式系统的真正价值在于解决不知"套路"的、跳出"套路"的新问题，而单个的产生式的真正价值在于解决常规问题。

4. 关于意象的名称。

本书说的意象，其实就是我国其他心理学教科书里说的表象。那么为什么要改称呼呢？这是因为表象的英文是 representation，这个英文词的含义现在扩展了，变得抽象了，而且主要使用那扩展了的抽象含义，即"表征"。表征就是表示、代表、表现之类的意思，而表示、代表或表现未必得以具体形象的方式。说英语的心理学家意识到了这一点，所以他们现在改用 mental image（心理形象）来表示"表象"了，约定俗成后，为了简便，干脆把 mental（心理的）也省略了。根据留下的那个 image 在心理学里的实际用法，正好有个现成的中文词"意象"可以般配，所以本书就这样使用了。至于读者们是用"表象"还是"意象"一词，只要所指是恰当的，都可以。

思考

1. 联系自己的教学实际，想一想自己的教学中，有哪些知识是属于命题的，哪些知识是属于产生式的，又有哪些是属于意象的？针对这些知识的表征，你又是怎样组织教学的？

2. 请根据关于命题的知识，试述课本、学生和教师的关系。

8 陈述性知识的学习

📑 **研读目标**

- 掌握陈述性知识的形态；
- 理解命题的激活—扩散过程；
- 了解陈述性知识获得的过程；
- 了解陈述性知识的提取过程；
- 掌握精制的原理；
- 掌握组织的原理。

前一讲说命题是知识的一种表征。那么它表征什么知识呢？它表征陈述性知识（declarative knowledge），包括人名、地名、器物名；事实的表述；概念的定义或解释；原理的说明；行为的规则；理论的阐述和发挥；个人经历的叙述、知情意的反思、内省、态度的宣称，诸如此类，不一而尽。大体上，陈述性知识是指一切可以用语词来表达的，甚至是能够表达清楚的知识。一般所说的"书本知识"都可以算在陈述性知识的范畴里。

陈述性知识的学习可以粗分两个方面，即知识的获得和提取。前者是"学"的一面，后者是"用"的一面。通俗地说，所谓"获得"，可以看作"记住"，而所谓"提取"，则可以看作"想起来""回忆出来"。我们在学习陈述性知识时，一个普遍的体验是——若不理解就难以记住，所以我们需要通过理解才能真正获得陈述性知识。可是，理解也不容易。当然，我们在不理解的时候也可以强记。不过强记的话，则一次输入的话语或命题不能多，句子不能太复杂，文本的篇幅也不能长，而且总的说来，陈述性知识的强记学习是效果不好的。这一切都表明陈述性知识学起来有困难，此其一。其二，你多半有过这样的经历：曾经记住的知识恰在要用的时刻想不起来，你心里明白在那一刻想起来的知识都不是正要用的，可偏是那要用的知识想不起来。这表明，陈述性知识用起来也有困难。

陈述性知识学习的这两点困难，对学生来说是一个严峻的挑战，对小学教师更是一个严峻挑战，因为身为教师，而且还是"小学的"，则按照定义，本该是最善于使学生比较轻松愉快而又牢固地获得和提取陈述性知识的专业人士。我们的教师要扮演好这样的角色，就不能不联系着知识网络来了解记忆系统的运作。

8-1 记忆系统的运作

即使小学一年级学生第一天上课学习新知识，他也不是白纸一张。在这之前的六年多生活里，他的头脑里已经储存了很多陈述性知识。那么这些知识在头脑里的什么地方呢？这些知识在那里又是什么样的呢？

8-1-1 知识网络

根据一种有利于学校教学的认知理论，一个人的所有陈述性知识都储存在他的长时记忆里，而且组成一个庞大的命题网络（参见图8-1），它可以被想象成一张渔网：网上的结头

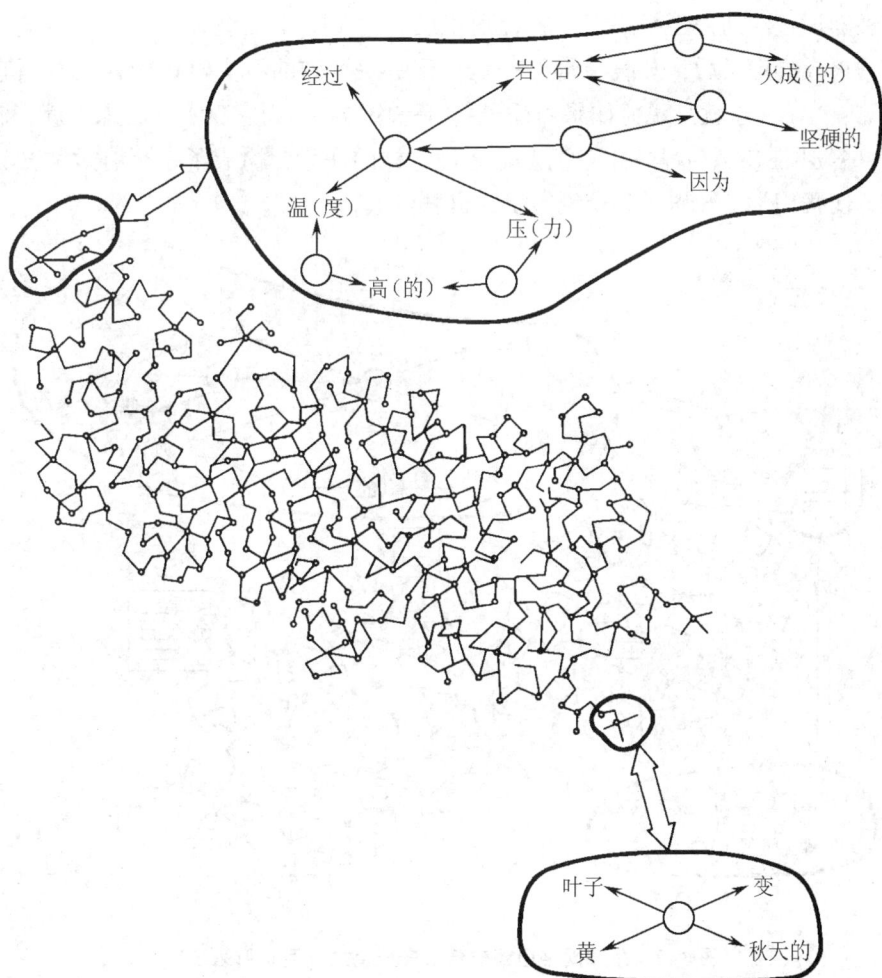

图8-1 长时记忆里的所有陈述性知识构成一个纵横交错的命题网络

好比命题的节点，从结头引出的网线好比命题的连线，两条网线连着的结头又好比两个命题共享的一个成分。你的联想能力可以证实这个比喻很合理。有的心理学家甚至认为对任何两个看起来多么不搭界的词，你都可以通过最多四五步，便从其中的一个词"合理地"联想到另一个词，不妨试一试。

这么一个命题网络可以表征为图8-1，它提示我们两个命题有可能相隔很远，比如"秋天，叶子变黄了"和"火成岩之所以异常坚硬，是因为经过了高温、高压"，但终究可以通过其他命题的过渡而在我们的意识里联结起来。因此从理论上说，每个人都可以从他的命题网络里的任何一个命题而联想到其余任何一个命题的。

认知心理学还构想这个命题网络里星罗棋布地镶嵌着很多产生式（参见图8-2），它们表征着下一讲专门要谈的程序性知识。这样的一种镶嵌表现在我们的生活里就是一种"想着想着就'悟'到该怎么做"和"做着做着就'悟'到可以总结出几条来"的现象。前者是从陈述性知识过渡到程序性知识，后者则相反。比如图8-2就表示一个人想起了作为陈述性知识的火成岩定义后，又假想自己一旦见到一块特殊的石头时该怎样去判断它"可能是"火成岩："……这就是说，如果用锤子敲打一块岩石，而它敲不碎，那么就把它划归为火成岩。"[①] 陈述性知识和程序性知识正是通过这样的联系，构成了一个有效的知识网络或知识结构，使我们学了知识以后既说得出，也做得成。

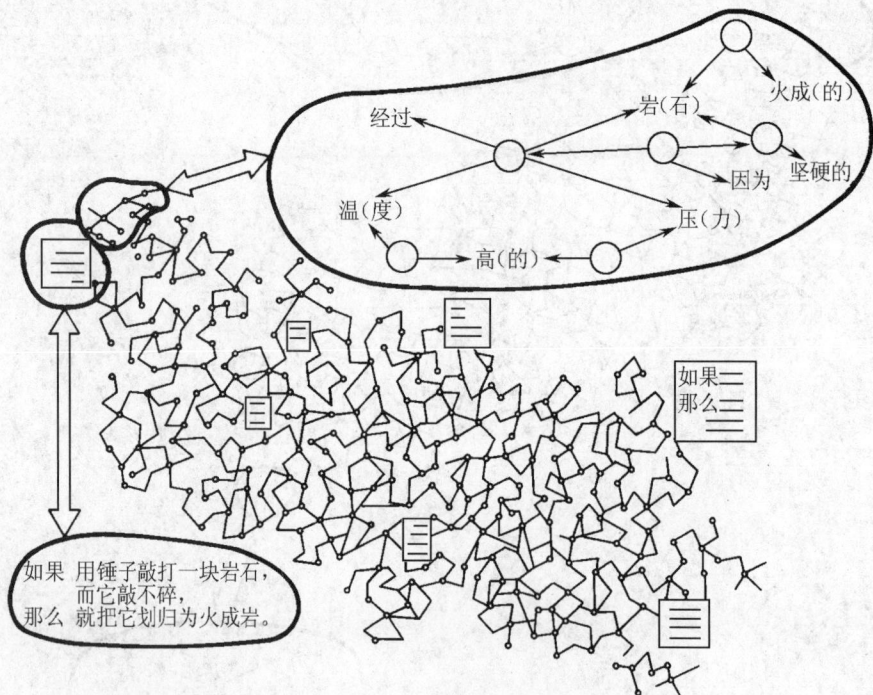

图8-2　命题网络里镶嵌着很多产生式（用矩形表示）

① 句中省略号表示此人先前在阅读火成岩的定义，这是陈述性知识。

当然，上面关于知识网络的说法都是类比性的，要是真看大脑里面，那肯定见不着这么一张网样的组织的。我们只是说大脑运作起来时，产生的效果是可以用命题和产生式交织而成的一张知识网络来比拟的。

8-1-2 命题的激活与扩散

在任何时候，知识网络中的绝大多数命题都"休眠"着，这表现为你没有想到它们，或者说它们没"蹦"到你的意识里来。比如读到这里为止，你想到过"六七四十二"这句乘法口诀吗？如果没想到，那就表明这句口诀先前在你的大脑里"休眠"着，而刚才一句话提起，你才想到它。我们从两个方面来描述你想到那句口诀的现象。

从你作为学习主体的一面讲，你想到那句口诀，就是你把它从长时记忆调到工作记忆里来加工、派用场；从那句口诀作为你的学习客体一面讲，它被你想到，就是它被"激活"了，或者说，这是一个命题本有的"活性"被你"激发"起来了。然而由于我们的工作记忆容量很小，因此在任何时候，被激活的命题总是极少数，而且都属于已有的知识，不是新知识。

把一个命题想成不是休眠着，就是激活了，这是一种简化的理解。然而一种更好的理解是设想同一个命题在你面临不同的学习时会处在不同的激活水平上。比如"六七四十二"在你头脑里全激活时，"六八四十八"或"六六三十六"之类的口诀会处在很高的激活水平上，甚至全部的乘法口诀都比你记着的一首唐诗"鹅、鹅、鹅，曲项向天歌⋯⋯"处在更高的激活水平上。命题的激活水平越高，你越能很快地想起它。

参见图 8-3，T_1 上，有人对你说"我喜欢吃肉包子"，并且假定这句话里的词语你都熟悉，那么"我喜欢吃包子"和"这包子是肉（馅）的"这两个命题就在你的头脑里激活了，"激活"在图 8-3 里用波浪线表示。更重要的是，那被激发起来的活性会沿着命题的连线扩散到其他有关的命题。于是在时间 T_2 上，"这包子是猪肉（馅儿）的"和"这馅儿里放了皮冻"两个命题也被激活了，它们又会把活性扩散到其他的有关命题，从而在时间 T_3 使你想到"这含皮冻的猪肉馅儿放在包子里挺不错"的命题。如此层层激活，可以生生不息，在现实生活里就表现为"浮想联翩"。不过由于我们的工作记忆在一时里能够容纳的命题是数量极其有限的，所以在 T_1 上激活的命题到了 T_2 时就"休眠"了，在 T_2 上激活的命题到了 T_3 时也"休眠"了，如此类推。这在图 8-3 里表征为波浪线随着时间的延续而消失了，好比你把这些命题又送回长时记忆去了。这种由于工作记忆的容量有限而造成的激活—休眠过程在生活里就表现为思想的焦点不断转移。因此在实际教学过程中，浮想联翩可以是好的，也可以是不好的；前者是符合教学目标的思维活跃，后者的思维活跃一般被我们称为"思想开小差"，或者说是"走神"了。

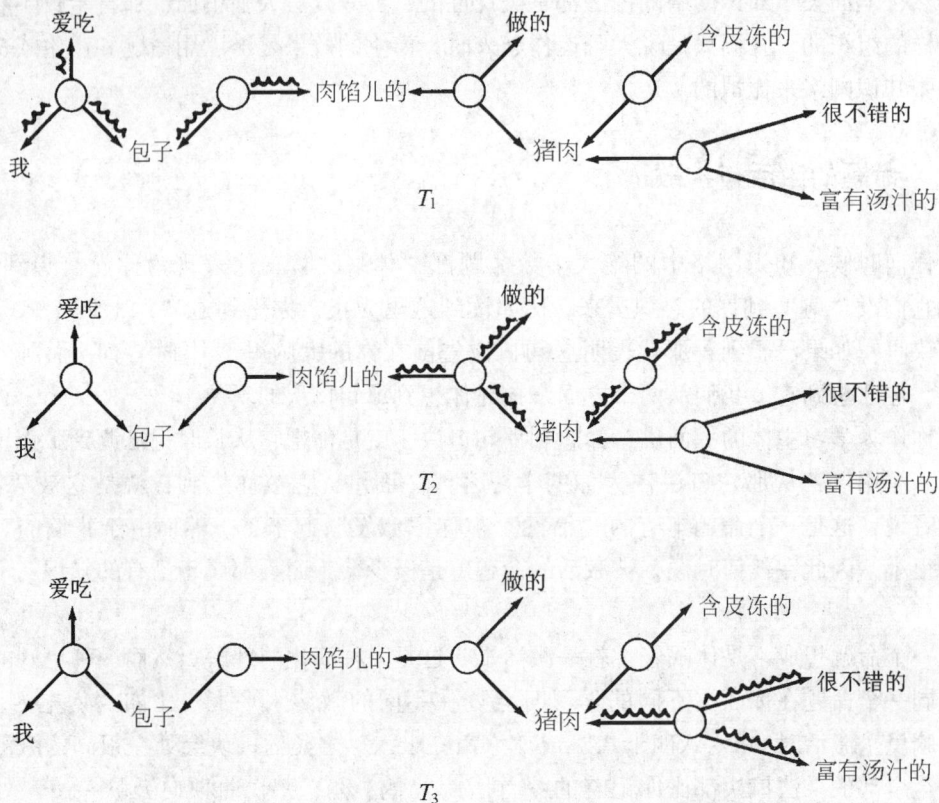

图 8-3　命题的激活扩散示意

8-1-3　教学含义

命题的激活与扩散具有微妙的教学含义。

（1）这是一个不以人的意志为转移的心理过程。既如此，则教师就要考虑如何在课堂教学活动中利用它，而不是遏制它。

（2）如果教师决心在课堂教学中利用命题网络的激活扩散本性，那就自然地形成了一个基本的教学目标——使学生在课堂上思想活跃起来。为此，教师在备课时不仅要想到该把什么新知识讲清楚，而且要想到传输的新知识该激活学生头脑里哪些已有的知识，以使本来自发的激活扩散过程尽量掌控在教师的手里，从而更好地引导学生达成预定的教学目标。

（3）自发的激活扩散过程将使我们的教师能从一个方面更好地理解学生。比如认识到从认知心理学上说，学生上课的思想开小差是一个正常的现象，教师要做的，只是及时地把那走了神的心思扳回到教学目标上来，除此之外不需要做别的事，比如没必要去训斥学生。而把走神的心思扳回教学目标上来是很容易的，比如点那个看起来走神的学生的名，问其与教学目标有关的问题令其回答，即使学生答不出，也只要心平气和地告诉他这就行了。教师这样做，可以保持一种祥和的教学气氛，加强学生对教师的亲近与信赖。在这样的教学氛围和师生关系中，教师也不妨让那走神的学生讲讲思想上开了什么小差。这样产生的幽默不但可以调节全班学生的精神，也有助于教师了解这个学生为什么思想走神：也许是因为教师、同学或课本里的话语使他联想到自己的某项生活经历。假定是如此，教师就可以利用这项生活经历来帮助他个性化地掌握新知识。

当然，如果是教师的教学过程有问题，或者是学生没有学习动机，因而学生上课时思想开小差，那不属于这里所讲之列。我们只是指出，基于认知心理学的研究，教师对学生在课堂上思想开小差的现象也要有所区别地认识。

8-2 新知识的学习

前面讲过，新的陈述性知识的学习包括知识的获得和提取两个方面，它们又可以看作时间上相继的两个阶段。下面，我们依次进行介绍。

8-2-1 知识的获得

怎样才算获得了一条新的陈述性知识呢？回答是：当一个新命题同命题网络中其他有关的命题储存在一起的时候，新的陈述性知识就算获得了。图 8-4 是一个模拟，我们分步解读。

1. 激活已有知识

在步阶 a（参见图 8-4a），学生听到教师说："实验表明维生素 C 促进白细胞（俗称白血球）的生成。"这对学生而言，是环境向他的大脑输入了信息。如果这名学生上课不用心，没听到这句话，或者虽然听到了，却没有注意"抓住"，那么教师的这句话就进不到这名学生的工作记忆里，于是也就没有后面步阶里发生的过程。我们假定这名学生是用心听课的，所以教师的话语进入了他的工作记忆。

我们还假定这名学生有能力抓住教师话语的重要部分，于是就有了步阶 b：学生的工作记忆运作起来，把教师话语的一个重要部分转译成一个命题——"维生素 C 增加白细胞"（参见图 8-4b）。图中用虚线表示的命题，对学生而言意为输入的"新"知识或者是他自行派生出来的新知识。

如果这名学生知道"促进……的生成"或"使……增加（强、多）"的意思，却从来没听说过"白细胞"和"维生素 C"，那么他对这个新命题的理解也许只能是："啊，教师讲了'某样东西使另一样东西增多了'；唔，仿佛'糖增加了粥的甜味'。"这样的理解从教学目标上看是言不及义的，表明学生缺乏理解新知识的知识基础。现在我们假定这名学生不但听说过"白细胞"和"维生素 C"，而且还有与这两个概念有关的知识。这样，为了理解教师输入的那句新知识，学生要有心回忆已有的知识，或者也可能是已有的知识自动地

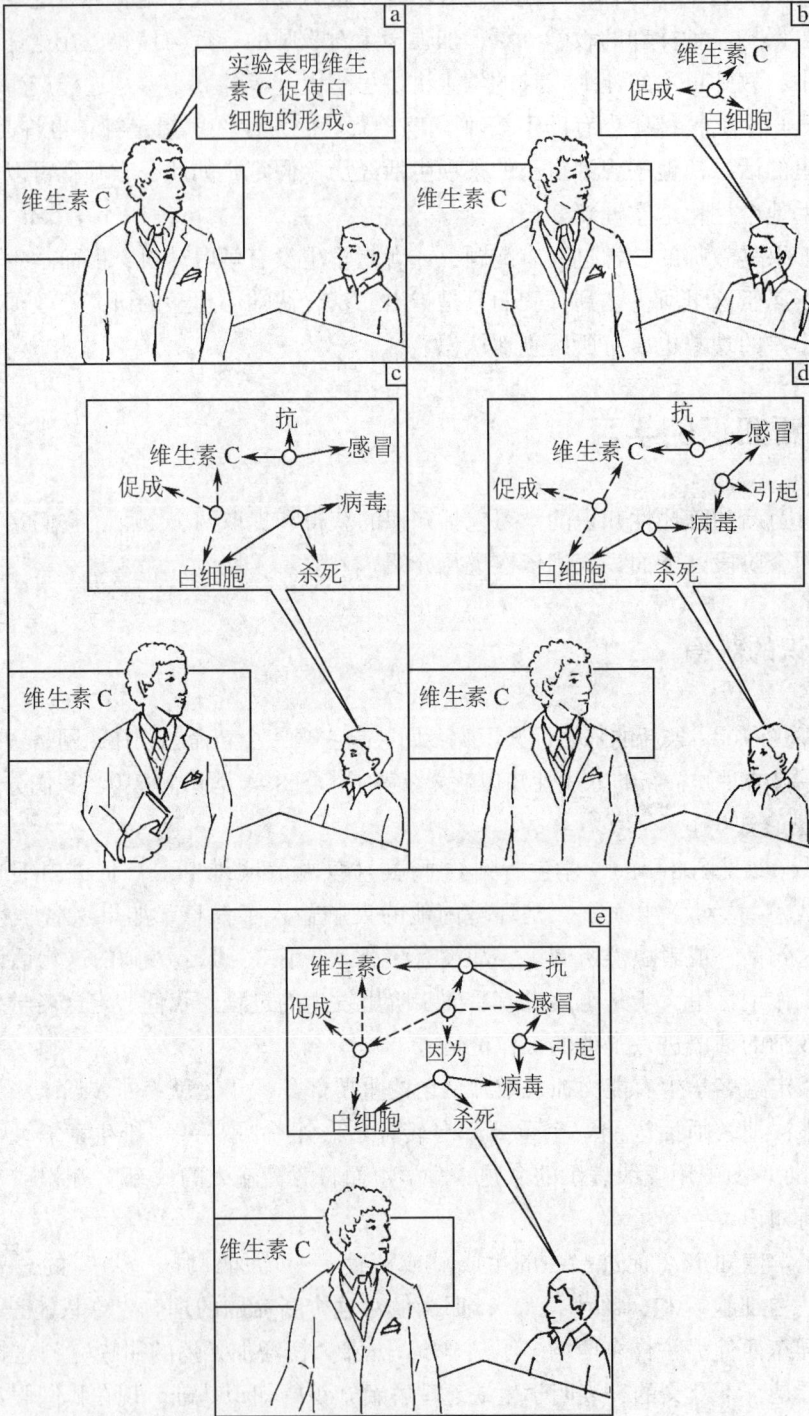

图8-4　新的陈述性知识之获得的步阶

"冒"到学生的头脑里来，这就是激活扩散。比如教师说的"维生素 C"和"白细胞"分别激活了学生头脑里"维生素 C 抗感冒"和"白细胞杀病菌"的命题（参见图 8-4c）。由于激活意味着把已有的知识从长时记忆调到工作记忆里来，在步阶 c 上，学生的工作记忆里就有了一个用虚线来表示的新命题和两个用实线来表示的已有命题（参见图 8-4c）。

　　如果这名学生一点也不知道"病菌"和"感冒"的关系，那么理解过程就结束了，学习成果是获得了关于白细胞和维生素 C 之间关系的一条新知识，它和已有的两条同类知识紧密地联结在一起，今后谁提到其中的一条知识，这名学生就能通过激活扩散过程而想到其余两条知识，甚至人们只要提到其中一个概念，他也能想到所有三个命题。但是假如这名学生知道"病菌"和"感冒"的某种关系，那么在步阶 d 上，他从长时记忆里调出来的那两个已有命题里的两个概念"病菌"和"感冒"就又激活了"病菌引起感冒"的命题。至此，在这个学生的工作记忆里，这组命题形成了一个封闭的网络（参见图 8-4d）。

　　2. 推论新命题

　　基于上述的命题网络，我们再假设甲、乙两名学生的不同情况，看看接下去会怎样。假定甲、乙都有足够的已有命题（参见图 8-4d），但是甲不善于推理，所以这些命题在他的头脑里就意思的联系而言，仍然是孤立的，尽管可以相互激活和扩散。这表现为甲可以条陈一项项事实，却不曾融会贯通。从这个意义上说，甲仍然只是简单地接受了一条新知识，如图 8-4d 所示，它和其他命题在一道，充其量是有了很多仅仅"知其然"的知识。可是乙善于推理，他利用图 8-4d 所示的命题网络可以得出一项"知其所以然"的命题，即"维生素 C 之所以能够抗感冒，是因为它使白细胞增多，而增多的白细胞可以更有效地杀病菌，由于病菌引起感冒，因此有效地杀了病菌也就有效地抵抗了感冒"。这个推论过程如图 8-4e 所示，其中"因为"这个节点把其余几个命题按因果方式联结起来。

　　我们继续比较甲和乙。甲因为不善于推理，所以即使经过命题网络的激活扩散过程，他在工作记忆里形成的学习结果也如图 8-4d 所示，四个命题中有三个是学习之前已有的，一个是教师输入的，可见甲没有派生出新命题。乙不同，他派生了一个新命题，那就是图 8-4e 中标着"因为"的虚线命题。整个新命题表现为一个因果关系，即"维生素 C 之所以抗感冒，是因为它促进白细胞的生成"。这就是说，陈述性知识学习的根本目标是学习者推导出新命题。不过这个新命题可以具有这样的性质，即仅仅对于学习者本人来说是新的，而对其他人或全人类来说，则可能是"旧有的"，比如上述学生乙自信推导出的"新"知识在医生、护士那里就是"旧"知识。

　　3. 教学含义

　　于是，从教的角度说，所谓教学要有启发性，就意味着教师要通过输入新命题来激活学生头脑里已有的命题，从而促使学生自行导出新命题——这属于形成内部表征的认知学习。比如，我们在教学新知识的时候，也很强调联系学生的已有知识，此其一。其二，当学生自行导出新命题后，教师要予以强化（比如表扬、称赞）——这属于操作性条件作用学习。其三，如果教师做出了努力，而学生还不能自行导出新命题，那么教师要把推导过程示范给学生看。学生通过观察教师展示自己的思考过程进行学习，属于观察或模仿学习。

上述的做法都属于培养学生的能力，而不仅仅是灌输知识（命题）。那么这里在培养学生的什么能力呢？我们就说培养学生"派生新命题的能力"，而不说什么"逻辑思维能力"或"形象思维能力"或"语词符号推理能力"等。这是因为就学生而言，派生新命题是他们学习陈述性知识的最终目标。至于通常说的逻辑思维、形象思维或语词符号推理等，它们都是派生新命题的手段。因此，学生为了派生新命题，什么手段适用，就可以采用什么手段。这是一方面。另一方面，就教师而言，培养学生派生新命题的能力是传授陈述性知识的最终目标，而培养通常说的逻辑思维能力、形象思维能力或语词符号推理能力等都是为培养派生新命题的能力服务的。所以，前述三种或其他能力中的哪一种在当前最有利于哪个学生发展派生新命题的能力，教师就可以调用这个学生的这种能力而因势利导。

总起来说，富有意义的陈述性知识的获得遵循三条一脉相承的基本原则：① 以别人或文本提供的新命题，通过激活扩散，提取出自己已有的旧命题；② 新、旧命题联合起来派生出更新的命题；③ 派生出来的新命题与派生前就有的新、旧命题联结成一个局部的命题网络，再编织到长时记忆里那个宏大的命题网络中去。这些原则确保了获得陈述性知识的过程不可能是完全无意义的机械学习。

4. 初始命题的有意义学习

如果说所有的陈述性知识学习都该是有意义的，而如果"有意义的"是指要把新命题联结于已有命题的话，那么第一个命题是怎样有意义地学会的呢？

我们说，这样的初始命题是因为同知觉和运动过程联结在一起而有意义地学会的。在这里，"同知觉过程联结"可以最通俗地理解为"看着具体样例"。比如教师向学生进行"全国各族人民大团结"的爱国主义教育，可这个命题对小学一年级学生来说可能完全是陌生的，他甚至不太了解每一个词语的基本含义。如果教师展现一幅以天安门为背景，我国各族人民手挽手欢欣地迎面走来的宣传画，然后再联系命题做解释，那么这就是"同知觉过程联结"的教学过程，因为学生看画的过程主要是一个知觉过程。我们是通过这样的知觉过程而学到有关方面的第一个命题即初始命题的，从而为后续的陈述性知识学习奠定了一块砖石供激活扩散、联结推导用。"同知觉过程联结"的说法可以理解为"联系着感觉经验"。例如，音乐教师播放不同的歌曲，让学生知道什么叫 2/4 拍、什么是 3/4 拍等，这里不需要教师做任何理论说明而学生就能分清楚了。至于"同运动过程联结"，则可以通俗地理解为使学生通过身体力行而知道"这就叫……"的意义。比如，学生通过参与为孤老服务的实践活动，知道了"这就叫作'献爱心'"。这样的身体力行会比课堂讲解"献爱心"的意思更能让学生回答好"什么叫献爱心？"这种陈述性知识的提问。

总起来说，当一些抽象的概念或命题作为初始的概念或命题来传授时，我们要联系着学生的生活经验，或者通过为学生创设生活经验的方式而使他们知道这些概念或命题的意思。在基于生活经验而确定了初始命题的意思之后，就可以以这些命题为基础，根据命题的共同成分而与后来的有关命题建立网络。此时，后来的命题可以由三种方式被激活。一种是语词的方式，一种是知觉运动的方式，还有一种方式是意象，因为很多命题可以转化成意象，很多知觉运动过程也可以浮现为意象。

不过，人毕竟是能够使用语言的物种。语言里最小的意义单元——词——相对于它所指的世界总归是抽象的，而儿童从进入小学后，又主要是学习文字符号，并通过文字符号而获得丰富的陈述性知识。所以就获得陈述性知识而言，以命题的激活、扩散、派生来学习，仍然是主要的方式。一个典型的例子是，我们很容易看到儿童扳着手指（知觉—运动）做加法题，却罕见儿童采取真的均分物体的方式来做除法题。后一种做法不是不可能的，而是极不方便，远远不如按照乘法口诀去做来得容易。因此我们的教师要记住，采用"同知觉和运动过程联结"的方式实施初始命题的教学，其后续的目标是导向从命题走向新的命题的学习。

8-2-2　知识的提取

陈述性知识的提取就是陈述性知识的使用。陈述性知识的使用基本上就是回答提问（question）。提问可以是听到的，比如"你叫什么名字"，这是很简单的；也可以是读到的，比如"我国的全称是什么？"，这就比较难，一定是新学习的，其中有的词语对小学低年级学生说来是很抽象的；还可以是学生自生的，比如心里想"这段话的中心思想是什么呢？"，这是相当难的，不容易回答好。不论回答提问是难是易，都属于提取知识，因此可以用统一的模式来描述，参见图8-5。

1. 流程图

图8-5的形式有一个专门的名称，叫"流程图"，一般由三种成分组成。第一个成分是方框，一个方框就表示一步确定的认知加工，比如图中的第一个方框就表示接收信息后到了这一步，学习者要做的加工就是听、读或形成问题。图中的实线方框表示这一步的确定加工是做出外显行为，而虚线的方框表示可以没有外显行为，如默读或心里自问，都没有声音发出来。第二个成分是菱形框，它表示信息加工到这一步时面临选择，因此需要判断走哪一条路，然后采取不同的行动。例如图中的一个菱形框就问"还有时间搜索吗"，若判断还有时间，则接着是一种做法；若判断没时间了，那就是另一种做法。第三个成分是箭头，它们表示信息加工的流向，因此也就表示加工的先后步骤。我们从图8-5中可见：一个方框只带一个箭头，表示这一步信息加工好了就朝箭头所指的地方输出，进入下一步加工，而菱形框有两个箭头，一个表示对框内的提问做出否定回答时信息朝哪里输出，另一个是做出肯定回答时信息朝哪里输出。

根据图8-5，我们很容易理解陈述性知识提取的一般模式是怎样的。第一是提问的输入，这可以是口头的，也可以是书面的，还可以是自己心生的；第二是理解问题的实质意思是什么——这里体现了命题的抽象性；第三是把确切的意思转换成命题，这个命题的用词或词语排列既可以和提问输入时一样，也可以不一样，因为最重要的是意思一样；第四是作为

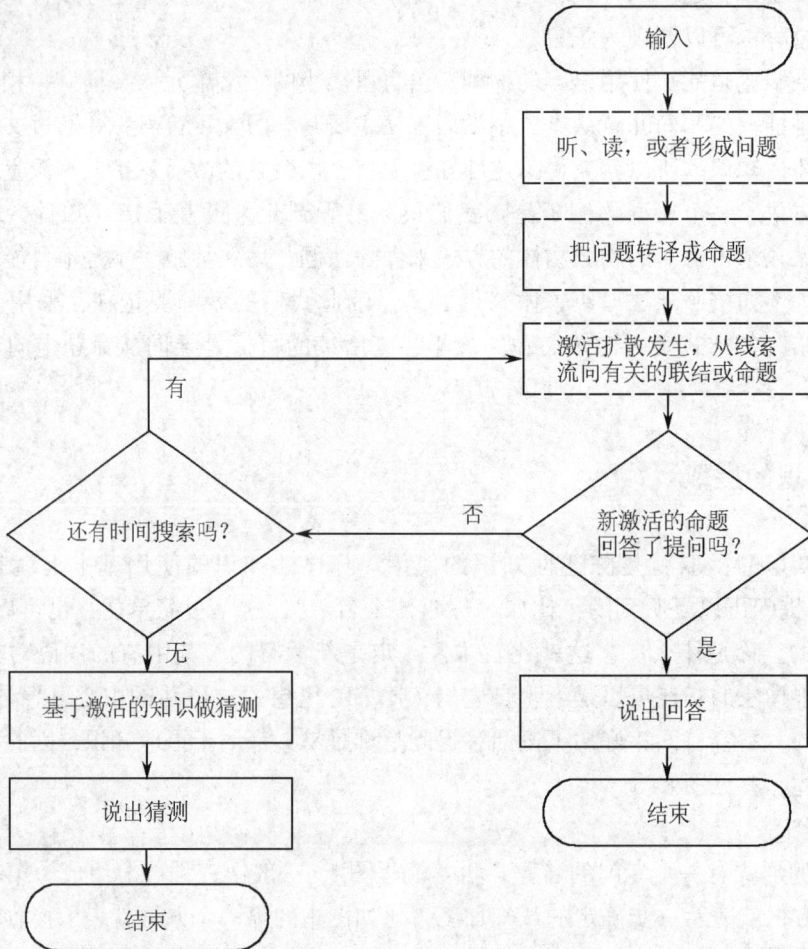

图 8-5　信息提取的一般模式

提问的命题激活长时记忆里的有关命题，这一步其实就是我们平时说的"想""思考"，直到产生一个结果来；第五步的菱形框表示要判断第四步中"想"出来的答案是否确实解答了提问。判断有两种可能的结果：如果认为"是"的，那就走第六步，把答案显示出来，或说，或写，或会心地一笑并点点头——这是在心里回答自己的提问，然后结束一次提取过程。如果认为"否"，那就另走一条路，就图 8-5 而言，走另一条路就来到又一个菱形框，需要判断"还有时间可以想吗？"，若判断为"有"，那就返回到第四步继续思考，在长时记忆里搜索合用的信息，一旦自以为搜索到，就输送到第五步再做判断，这里可能循环几次。如果在第六步上判断"没"时间了，那就确定一个大概的猜测，希望能猜对，这就是第七步。确定之后是第八步，即说出或写出猜测来。至此，一次陈述性知识的提取过程就结束了。

2. 模拟

我们可以借图8-4e来模拟这个一般提取过程。图8-4e表示学生乙在前一天的教学中自行派生了一个命题，即"维生素C之所以能够抗感冒，是因为维生素C能够促进白细胞生成"。第二天，教师在课上问道："维生素C对白细胞有什么作用？"乙听到后就形成了关于这个提问的命题。由于这个问题非常简洁明了，因此我们假定乙形成的命题在语词排序上和教师的一样。接着，乙就开始提取信息了，这个过程可以如图8-6所示。

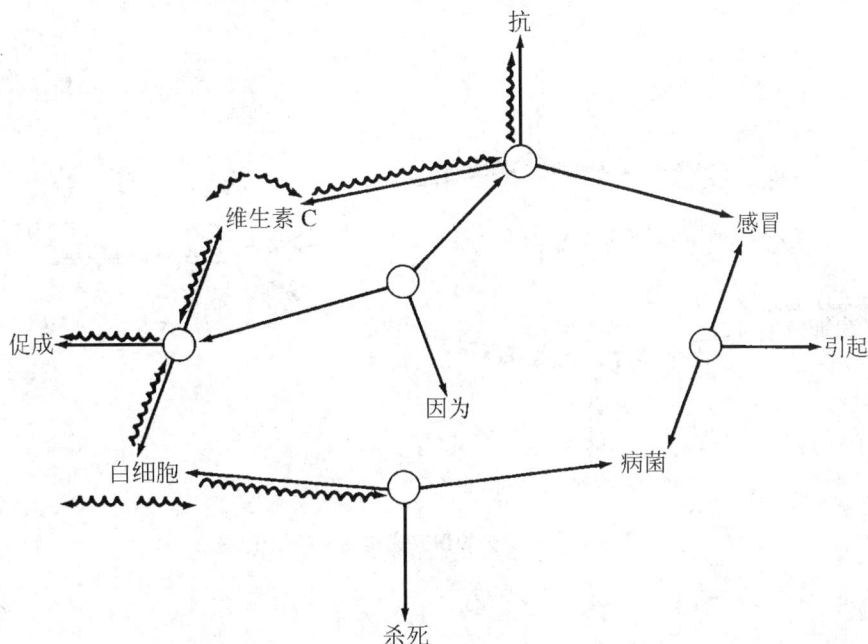

图8-6　信息提取的激活扩散

首先，"维生素C"和"白细胞"这两个概念被激活，然后扩散到有关概念，结果激活了命题MT08：

MT08：维生素C促进白细胞增加。

这个命题之所以被第一个激活，是因为激活是从命题的两边扩散的。如果要激活图示的其他命题，那只能从一个方向扩散，这样就要多走一倍的"路程"，或多花一倍的时间。现在既然激活了P1，那就先拿它来判断是否回答了提问。由于答案是肯定的，乙就朗声说出P1，师生之间的一次提问与回答也就结束了。

假如乙在回答提问时忘了P1，也就是说，假如P1一时激活不了，那怎么办？乙有两条路可走。一条路是宣布"不知道"，或者是猜测——这很可能答非所问，言不及义。如果乙自知先前的知识获取是做得很不错的，比如自行地派生了新命题，现在他又有足够的学习动机——决定设法回答教师的提问，那么他会要求"想一想"，这就是走另一条路了，如图8-7

所示。只要乙是属于"偶然忘记" P1 的，那么他会把提问对"维生素 C"和"白细胞"的激活扩散到下列命题：

MT09：白细胞杀病菌。

MT10：维生素 C 之所以能够抗感冒，是因为维生素 C 对白细胞有作用。

MT11：感冒是由病菌引起的。

这样，乙就可以通过一系列逻辑推理而得出 P1 的命题，从而回答教师的提问。

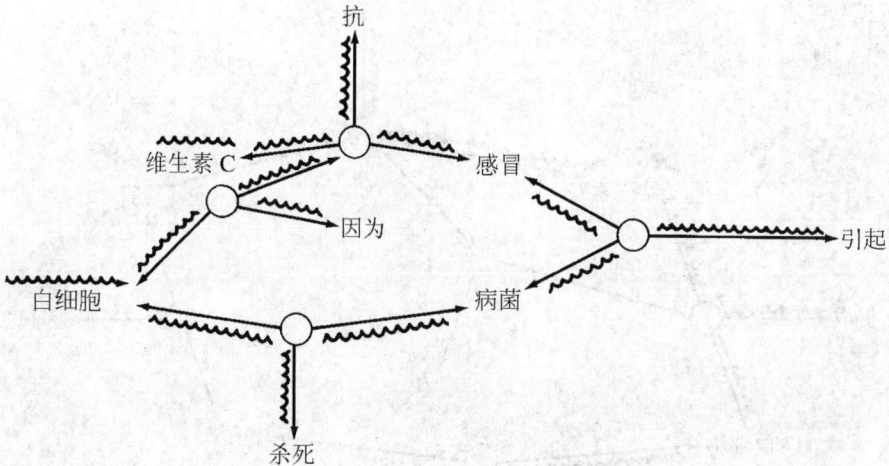

图 8-7 从部分知识来建构完整的知识

3. 比较

上面以两种情况来说明陈述性知识的提取，它们有区别。前一种是直接提取，相当于还记着的时候，或者经过熟背之后，正逢上有一个现成答案可以采用的提问，比如回答自己的姓名、个位数乘法运算、专业基本概念和原理之类；后一种是建构性提取，专门应对没有现成答案可以取用的提问。前者更多地属于"对答如流"；后者更多地属于"灵机应变"。陈述性知识的这两种提取方式各有光彩。从理论上说，一个学习者应该都具备这两种提取方式。但是从实际上看，除非事先告诉你总共有多少个关于陈述性知识的提问，而且数量不多——好比谁向你泄露了考试的题目，否则你不可能为大量的、不确定的陈述性知识提问而事先准备好现成的答案。因此建构性的提取就显得更加重要了，而所谓"建构性的提取"，其实就是推理、推论。

然而不管是属于简单提取的回忆现成答案，还是属于建构性提取的逻辑推理，都取决于激活扩散。因此，没有命题的储备、命题网络的编织，陈述性知识的提取都会产生困难，而储备命题，编织命题网络，这一切如果用日常话语来说，就是要认真地、用功地读书。

8-3　精制与组织

以上侧重于讲我们该如何顺应着命题网络的激活扩散本性来进行陈述性知识的学习，不论是教还是学。可是作为人，偏有一个特点，那就是在知道一个过程本身是怎样的之后，总还想人为地促进这个过程，我们在会做一件事之后，还想把这件事情做得更好。那么，我们是否有什么手段来促进陈述性知识的学习呢？有的，精制（elaboration）和组织（organization）就是两项基本的手段。

8-3-1　精制

1. 所谓精制①

精制（elaboration），也称作"精细加工"，简单地说，就是指对有待学习并记住的信息做增强意思的添加。在中文里，精制有一个我们最熟悉的具体做法，那就是利用谐音。比如一个电话号码，它的数字排列对一般人说来是没有什么内在意义的。你不能说因为前一个数字是 4，后一个数字就得是 3、5 或别的哪个数字，这里没有逻辑必然性和经验普遍性，所以一般得强记。但是利用谐音后，我们就对这串数字添加了汉语的发音，使得念起这串数字来仿佛在说一个词组或一句话，这就从原来的没意思变成了有意思。不少谐音还挺俏皮，这就格外添加了情绪色彩或幽默性，使意思更有味了。由于我们更善于记意思，而不是字词读音的排列顺序，因此提取经过谐音加工的信息会觉得特别容易。

不过心理学的研究表明，精制作为一种促进陈述性知识学习的手段，适用的范围很广阔，绝不止于谐音法。我们看看小学生的学习内容，概括地说，都是一些基本知识，具体地说，主要是"事实"知识。譬如一个汉字该怎么写，一个英文词该怎么念，我国的国旗叫什么名称……对学习者来说，这些都是"既成事实"，容不得随意改动，只许原样记住，还得原样提取。有的虽然未必要求一字不差，比如一篇课文的内容，可是实质意思不能走样。正是在这样的事实学习（fact learning）中，精制大有用武之地。比如，很多刚上学的小学生在学拼音时，教师都会把 a、o、e 一类的拼音字母编成儿歌，这也是一种精加工。

2. 做法一例

精制的具体做法多种多样，诸如添加细节、补充例子、顺着说下去、做个逻辑推理等。总之，只要是要求学习者好歹动动脑筋做些什么，把要一块儿记住的两个信息联结起来，使得提到其中之一就能"牵"出另一个来，这都能划在精制的范围内。下面是一个属于"踵

---

① 注意，"精制"不要写成"精致"。

事增华"的例子。

小强想要一个飞机模型。他看到爸爸的上衣口袋里有零钱。

当读到以上这两个句子时，我们要注意：① 这两个句子是可以没有关联的，但是现在假定要把它们一块儿记住。比如这两句话出自一则阅读理解材料，材料可能要读者回答小强买飞机模型的钱是哪里来的。② 每个句子里都有两个要点得联结着记住，前一句里是"小强"和"飞机模型"；后一句是"上衣口袋"和"零钱"。如此一分析，我们可以看到，这两句话就涉及了学校里阅读理解测验的常见情境，它可能只测验事实问题，可是这里面会有多少事实联系不能搞错啊！假定我们设想的这个学生是知道做精制的，那么他也许可以对这两句话这么说或想：

小强大概 8 到 12 岁，个子么，大概爸爸的上衣挂着时，口袋正好到小强的眼睛处。小强喜欢飞机模型，银亮亮的，还印着红星。爸爸有点马大哈，不大会发觉衣袋里的零钱少了。不过他要是发觉了小强偷拿他的钱，那也会发火的。

没有疑问地，在编了上面这段话之后，原来两句话就自然而然地一块儿记住了。

3. 自发精制

两句话时花的时间就比较长，平均是 1016 毫秒[1]，即

MT12：他们检查了野餐的食品箱；

MT13：啤酒是温热的。

这是因为学习者自发地精制了一个新命题：

JZ01[2]：啤酒在食品箱里。

但是学习者在理解 MT14 和 MT15 时，则花的时间就比较短，平均是 835 毫秒，即

MT14：他们把啤酒从食品箱里取出来；

MT15：啤酒是温热的。

这是因为这两个命题相对地不容易刺激出新命题来。自发精制的另一个基本证据是自由回忆时作想当然的补充，不但把记忆的漏洞补上，而且补得更合理、更连贯、更密实。

4. 精制的优点

精制的目的是什么？是为了学习者能够更方便地提取信息或回忆知识。精制从两个方面提供了这种便利。

（1）精制提供了额外的提取线索。这相当于在原有的信息通道之外又提供了一条信息通道。由于有了至少两条激活信息的通道，因此当原通道堵塞时，精制而成的通道仍可以顺

---

① 1 秒等于 1000 毫秒。
② JZ 是"精制"的汉语拼音首字母。

畅，从而帮助提取需要的信息。

（2）精制提供了额外的信息，根据它也可以建构答案。我们可以通过对比甲、乙两人学习下面一句话之后，可能形成的记忆结构来理解上述的两条便利。

MT16：政治行动委员会（political action committee，PAC）用金钱来影响国会。

我们假定甲是看着电视材料学习 MT16 的。电视材料是教师为帮助学生理解 MT16 的抽象意思而专门配备的。由于电视画面有着丰富的信息，它们一股脑儿地涌进甲的头脑，因此甲的工作记忆始终塞满来自电视画面的信息，没有多少空余来精制 MT16。但是这不妨碍甲从 MT16 联想到他已有的一条知识，即

MT17：PAC 是一个以影响政策制定为目标的小组。

我们再假定乙是读着文章来学习 MT16 的。这样，他对信息的输入就有更多的自主权，于是工作记忆里也就会有更多的空间来做精制。这样，乙在学习的成果时，不但能够做到像甲一样联想到 MT16，而且还精制了一个陈述，即

JZ02：全国妇女组织（NOW）正在组建一个 PAC。

于是甲、乙两人命题网络里围绕着 MT16 而构建起来的那部分知识结构可以如图 8-8 所示。现在我们假定教师为了考查学生几天前的陈述性知识学习是否巩固，便提问道："PAC 是干什么的?"恰当的答案是与 MT16 意思相同的话。我们于是可以想到：为回答教师的提问，甲、乙都能以 PAC 来激活有关命题，并且在命题网络里扩散开来，以提取其他必要的命题。

先说甲，在图 8-8（a）中，他有两条通路可以提取到恰当的答案。一条是直接回忆 MT16。如果忘了，甲还有第二条通路，这就是想到 MT17，其中的"影响"一词是 MT16 和 MT17 的共享成分。甲只要想到 MT17，就等于激活了"影响"一词，而"影响"的活性会扩散开来，激活 MT16。这样的内部过程表现在甲的外部行为上，可以是他拍案惊呼"想起来"等，接着就可以拿着与 P1 意思相同的话语来回答教师的提问。

再说乙，在图 8-8（b）中，甲有的两条提取通路乙也有，因此乙也可以像甲那样回答提问。但是乙还有第三条通路，那就是 JZ02，它在图 8-8（b）上是 PAC 左边的两个命题，上下排列着。乙只要想到 NOW，激活扩散过程也可以通过"团体""目标"而激活"影响"一词，从而提取到足以回答提问的答案 MT16。我们可以一般地认为自行做成的精制比简单接收的信息更不容易"忘"。因此当甲、乙不巧都忘了 MT16 和 MT17 后，甲就没辙了，而乙还有一条更不容易堵塞的精制"生路"呢。这就是精制提供额外的激活扩散通路的意思。

（3）精制为推理提供方便。比如乙从 JZ02 推论出 PAC 是干什么的，而推得的结论显然是切合提问的。且让我们假定乙把图 8-8（b）里的整个命题网络都忘了，于是在回答教师的提问时就得"想啊想"。在一段时间里，乙想出来的知识都与回答提问无关，但是在想的过程中，关于 NOW 的一件事情突然"冒"到乙的意识里来：NOW 解释过它的"平等权利

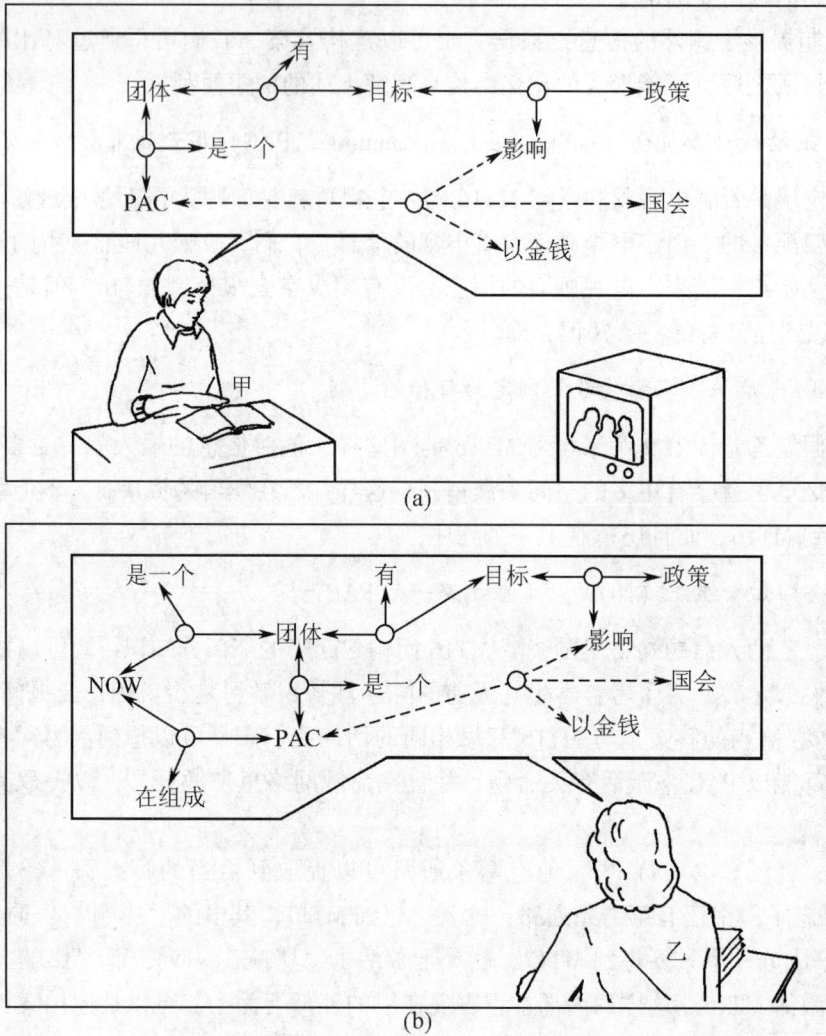

图 8-8 甲、乙两人的有关知识的结构

修正案"之所以没有被通过，是因为 NOW 无法对国会施加更大的影响。乙的头脑里冒出来这件事，那就可以促使他去推想 NOW 会组建一个 PAC，并且还可以顺流而下地推想到 NOW 组建 PAC 的目的是对国会产生更大的影响。当乙把这个推理的结论同提问做比较时，他会发觉挺切题的，于是就可以略去 NOW——因为提问并不直接要求涉及它，这样就剩下"PAC"与"加强政治影响"之类意思的联结，这个联结作为一个答案正好回答了提问。

应该指出：乙的这个推论回答实质上是一个猜测，因为他的推理过程从逻辑上看并不必然地得出 PAC 的作用在"加强政治影响"的结论，但是这个推论也不必然地排除这个结论。所以仅从逻辑上看，乙的推论有一半的概率是正确的，有一半的概率是错误的，因此是一个猜测。但是就我们举的这个学习例子的情境看，猜中的概率还是大于没猜中的概率，因此值得冒风险做一次答。当然，既然是猜测，那么甲也是可以做的。可是由于甲没有做精制，所以不能像乙那样地通过某个具体组织的一次失败行动而猜测到 PAC 是"用金钱"影响国会的——这符合提问要求。甲只能猜测到 PAC 影响国会——这不符合提问的要求，因为提问要求回答的乃是 PAC "如何"影响政策，而不是"是否"影响政策。所以，甲如果是个思维严谨的人，就会自行否定这个猜测是值得作为答案提出来的。然而这样的话，他还是没法去回答提问。甲、乙的这一差别说明了精制具有形成推理性猜测的优点。

5. 好的精制

有关精制的研究表明：在学习陈述性知识时，做精制总比不做精制好，上面关于甲乙的对比也在说明这一点。现在的问题是：所有的精制都一样好吗？研究表明精制有不同的做法，可以粗分为几类，而不同做法或类别的精制是效果不同的，有的相对好些，有的就相形见绌了。那么什么是相对好的精制？什么精制是相对差的？其间的原则区别在哪里？

（1）有逻辑联系的精制一般更好。

如果我们把需要记住的信息或成分命名为"待记项"的话，那么研究表明：好的精制把待记项"维系"在一道。这可以理解为好的精制把需要回忆的关键信息连同它与其他有关信息的联系都打成了一个"包"，从而只要提取出其中的一项，就能牵丝扯藤地"拉"出有关的一切。我们还是以分析样例的方式来说明，这些样例都来自正规严谨的认知心理学实验。

假如要你先记住没有什么意思联系却配成一对的词，如"医生—石头"；接着呈现前一项，你说出配对的后一项。你觉得这个作业容易吗？实验表明，当这样的配对词一多，比如有 8 ~ 12 对，那么你要多次做出正确的配对回忆是很困难的。这样的一对词有两个待记项。现在我们假定有甲、乙、丙、丁四人为完成这样的作业而努力学习，他们八仙过海，各显神通，做法如下：

甲：反复地阅读和背诵配对待记项。

乙：为每个配对项目再配一个词，从而形成两个命题，比如"医生是男的；石头是燧石①"。

丙：同乙，但两个命题有一项共同成分，即"医生看电影，电影里的野外有石头"。

丁：把两个配对词编成一句话，成一个精制，比如"JZ03：医生做胆结石手术"。

我们对上面四人的学习方式做个评论：

第一，甲的努力和其余三人截然不同，属于我们通常说的"死记硬背"，而余三人都属于做精制的。按照精制总比不精制好的理论，甲的回忆成绩一定是四人里最糟糕的。甲这样的人将随着学习材料增多，学习时间拉长而学习的效果明显越来越差。因此我们普遍反对要求学生死记硬背的教学。

---

① 原始人用来做工具的石头。

第二，乙的做法从某种意义上说，也可以算精制，因为他编的两句话也可以分别与"医生"和"石头"相激活。比如"男的"意味着"人"，而这里的"人"就是医生。再加上"原始人利用燧石制作工具"，这就容易把"医生"和"石头"做配对联想了。

第三，丙乙的精制具有"医生←电影→石头"的结构，因此从形式上看，无论是激活"医生"还是"石头"，都会扩散地激活"电影"，进而激活另一个待记项，这就可以很好地完成指定的作业了。只不过根据一般的经验和知识，电影和医生、石头的联系总归说不上是"强的"。比如很多的电影里没有医生；又比如虽然很多的电影里有野外场景，而野外一般有石头，可这也太普通了。因此要"电影"和那两个待记项相互激活和扩散，效果不会好，因为要记很多对这样的词。总起来说，丙的精制太随意，欠"精"。

第四，丁的精制是最好的。这是因为他精制的命题以合乎逻辑的方式把待记的两个成分联系在一道。用我们的习惯说法来说，丁的精制命题是有"内在联系"的；或者说，丁把两个原来看似不搭界的成分"有机地联系在一起"了。需要补充说明的是：如果乙并非随意地用"电影"来精制"医生"和"石头"，而是出于个人的独特经历才那样做的，那么这个精制也许不比丁的差。可问题是：如果精制不是偶然地做一两次，而是经常地、大量地、普遍地作为一种学习陈述性知识的方法来运用的，那么根据个人独特经历来做精制会显得捉襟见肘，不如做有逻辑联系的精制更实用。

（2）精确的精制一般更好。

即使是有逻辑的精制，也有精确的和不精确的之分。下面是一个实验研究里要被试予以精制的材料，两个待记项都画了线：

MT18：<u>高个子</u>的工人拿着<u>油漆刷</u>。

被试的精制可以分为两类，且以下面两个为代表，

JZ04：高个子的工人拿着油漆刷油漆天花板。

JZ05：高个子的工人拿着油漆刷油漆屋子。

在这个例子里，JZ04属于精确精制，因为蕴含着"量材使用"的含义：天花板高，如果要给天花板刷油漆，派个高个子的人去做可以少一些麻烦。JZ05虽然也是合乎逻辑的：拿着油漆刷油漆屋子是合理的，但属于不精确的精制，因为"屋子"的概念在这里也可以包括"地板"部分，而油漆地板偏要高个子工人去做，这就未免不合情理了。有意思的是，这个实验把被试按学习成绩分为高、中、低三组，每一组都是精确精制的成绩好[1]。

为什么精确精制比非精确精制好呢？我们再拿前面说的PAC的例子来解释。我们记得甲把有待精制的命题MT16同MT17联结起来，而乙则生成了另一个命题即JZ02。现在我们

---

① STEIN B S, et al. Differences in the precision of self-generated elaboration, journal of experimental psychology: general, 1982 (111): 399-405.

设想被试丙，他生成了三个命题：

MT19：石油公司有 PAC 组织。

MT20：石油公司有钱。

JZ06：石油公司用金钱来影响国会。

我们看到内同乙一样，也派生了一个新命题，即 JZ06 类似于 JZ03。但是两者仍有显著的不同。差别在于虽然两者的精制都是围绕新观念的，但是围绕的紧密程度是丙的（JZ06）比乙的（JZ02）高。我们看图 8-9，乙以 PAC 为中心，组织了两个命题，从 PAC 开始扩散。虽然一个命题可以容易地引向针对提问的回答（图 8-9 向右），这是好的，但是另一个命题也可以容易地引向 NOW（图 8-9 向左），而这是偏离提问的。因此乙的精制同等程度地引向和偏离提问。在这种情况下，乙的精制实际上是偏离还是导向提问，那就取决于其他因素影响了。如果不知道其他因素是什么，以及它（们）的作用方式如何，那么乙的精制在实际上是有利于还是无利于知识的恰当提取就不确定了。但是丙不同，他派生出来的精制仍然回过头来导向提问。

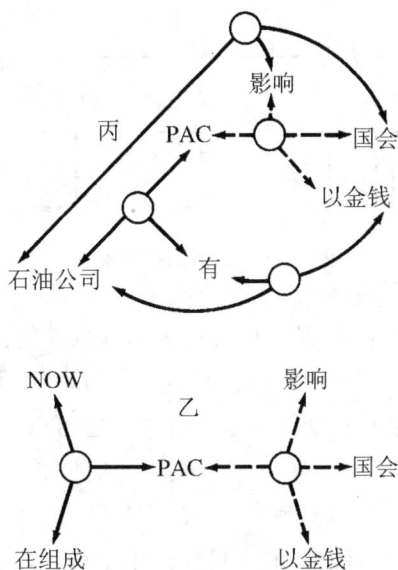

图 8-9　丙与乙的精制对比

我们看着图 8-9 做个对比。从 PAC 出发，丙的精制 JZ06 同乙的精制 JZ02 是一样的，都属于新派生的命题，且都属于容易偏离提问的。但是丙的精制 JZ06 把新派生命题同原有命题联系了起来，仿佛一个"凤回头"，回眸起飞点，而乙没有；丙的精制 JZ06 又把新派生命题与原有命题联结起来，又仿佛一记"回马枪"，"杀"回原命题的"影响"一词，并通过它而导向"国会"。于是我们看到激活扩散的原理可以解释为何精确精制比不精确精制更好地导致回忆：因为精确精制的激活扩散减少了游离于待记信息的机会。

当然，突出精确精制的优点，不等于说不精确精制总是效果不好的。比如在不要求准确回忆的时候，亦即在需要发散性思维的时候，非精确的精制是比精确精制更好的。

8-3-2 组织

1. 所谓组织

促进陈述性知识学习的这种方法是把一个大的信息集，即信息总集，划分成诸多的子集，并且表明子集之间的关系。通俗地说，这就是分门别类，甚至是分层地分门别类，可以表示为"组织结构图"，模式如图8-10所示。

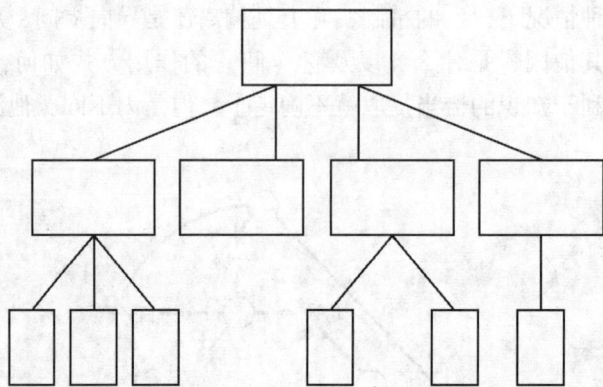

图8-10　组织结构的模式

我们从图8-10中可以看到：① 顶端的方框表示信息总集，其余的是信息子集。如果我们把总集当作一个独立的文本，不论是一篇文章还是一部书，那么子集就是其中的各部分，比如章、节、段等。② 子集的关系既可以是平行的，也可以是从属的。平行的子集属于同一层次，比如一部书的所有章，一章里的所有节，分别是同一层次的子集。当然，从属关系的子集分属不同的层次，譬如一书与诸章，一章与诸节，一节与诸段。③ 我们还可以根据经验或方便，自行定义某些子集是同层的，只要合用就行，比如可以把一个故事的"背景""主题""情节"和"结局"看作同一层次里平行的四个子集（参见图8-14）。要言之，一个信息总集的组织结构是可以多子集并多层次的，它们可以概括为：若干下层子集属于一个上层子集，而最上层的所有子集属于一个总集。

为了更具体地理解上述关于组织的解说，我们可以设想两种情形。一种情形是在我国小学的语文教学里常见的一类训练，即先对课文划分意义段，然后概括段落中心或大意，再分析每段里句子之间的意思关系，如此有序而行，直至结束。在这里，概括出来的"段落中心"就成为意义段这一层的信息子集，而"句子之间的关系"就成为从属于相应的意义段子集的下层信息子集，它们各自又统辖着集内再低一层的信息子集即句子，这可以参见图8-14，其中的数字框都是句子，文字框都是高于句子层的信息子集，它们或是对句子的意思、关系的概括，或是特定信息总集应有的结构成分。当然，上述小学语文教学里的做法未必使用如图8-10或图8-14的样式，但是使用的话，则按照认知心理学的理论，学生会更加容易理解。另一种情形是当你阅读一个文本时，你把某一项信息归入你心中已有的某个知识子网络，这些子网络也都可以用组织结构图来表示。例如，当你读到一篇关于美国的"政治行动委员会"（PAC）的报道时，你把PAC划归到自己头脑里属于"美国政府"的信息总集的"政治施压方式"子集里（参见图8-11）。这第二种情形有两个特点：第一，一个信息总集里的不同信息项可以分布到多个其他信息总集的子集里去；第二，当眼前这个文本里的某些信息项——比如PAC——被纳入一个已有的信息总集的一个子集里去时（参见图8-11），你会明显地觉得增加了"一点"新知识，比如你会拍案叹道："啊，美国人对其政府施加压力的手段除了'投票'、'拉票'和'示威'之外，还有PAC的活动！今儿个又长一点见识了。"

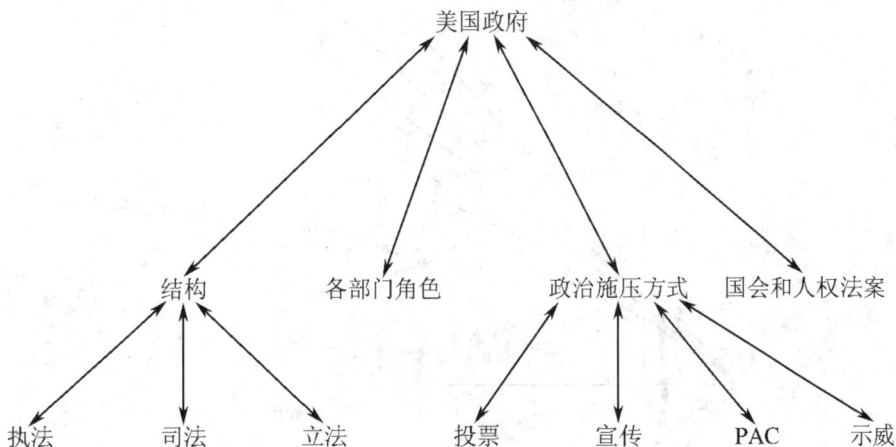

图8-11　关于美国政府的信息的部分知识结构

2. 自发的组织

上面的解说也许使你觉得组织过程很复杂，其实谁都早已自发地运作组织过程了。例如研究[①]表明，心理学教师给新生上第一节课时就列出16个随机排列的心理学术语和心理学家的名字，要求新生记住，而新生并不了解这些术语，也没听说过这些心理学家。第二天，教师要新生以自由回忆[②]的方式把那16个项目说出来，并用磁带录下来；然后教师按项目回忆的先后次序和说出两个项目时的时间间隔长短来画出组织结构图；结果发现新生即使对

---

① REITMAN J S, RUETER H H. Organization revealed by recall orders and confirmed by pause. Cognitive psychology，1980（12）：554-581.

② 自由回忆不要求按项目呈现的次序来回忆。

不解其意的项目也自发地按字母顺序来识记和回忆。

我们看图 8-12，一个粗大的弧形箭头表示按字母顺序来回忆，而图中的一个个小点则表示一个首字母子集，它们基本上包纳了以这一字母开头的术语和人名。我们且以"—"线的长短来转换其中的一部分，以做更好的理解，比如：Pandemonium－Posner—power—rank。在这个转换里，连线越短，就表示说前后两个项目时，时间间隔越短，从而表征这两个项目是更加紧密地组织在一起识记和回忆的。这个研究还表明有的学生即使不知道项目的含义，也会按照自以为是的意义准则来组织对信息的识记和回忆。例如图 8-13，从"秩次"开始到"幂"止，表明回忆者是把这些术语归在"统计学"的子集里来识记的，而图中四个小点的部分则表明回忆者是把有关项目归在"感知觉"的子集里来识记的。这名学生这样做，表明他或许浏览过心理学教科书中关于感觉或知觉的章节。

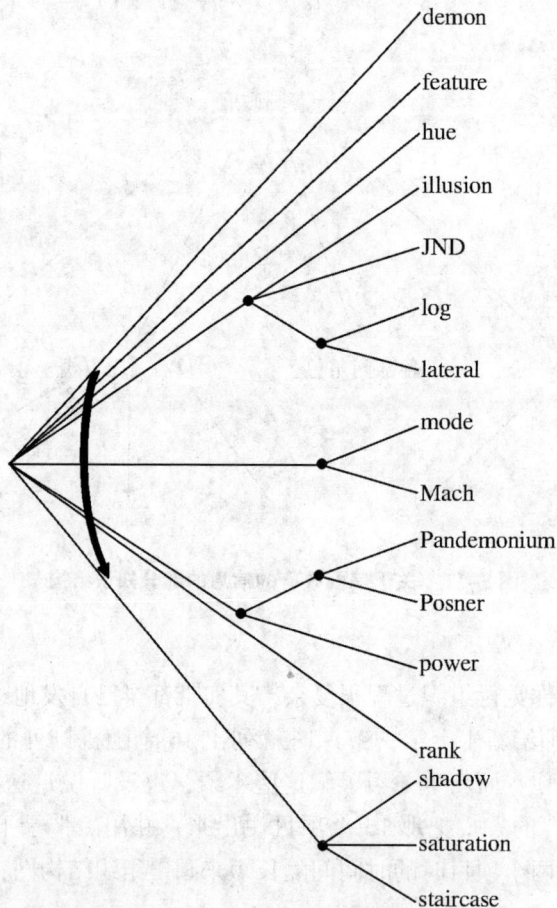

图 8-12　一学生按字母顺序来组织心理学术语

illusion	错觉	
staircase	楼梯错觉	
rank	秩次	
mode	众数	
log	对数	
power	幂	
shadow	阴影	
hue	色调	
saturation	饱和	
feature	特征	
demon	（知觉）鬼	
Pandemonium	（知觉）群鬼园	
Posner	（人名）	
JND	最小可觉差	
lateral	一侧的	
Mach	马赫	

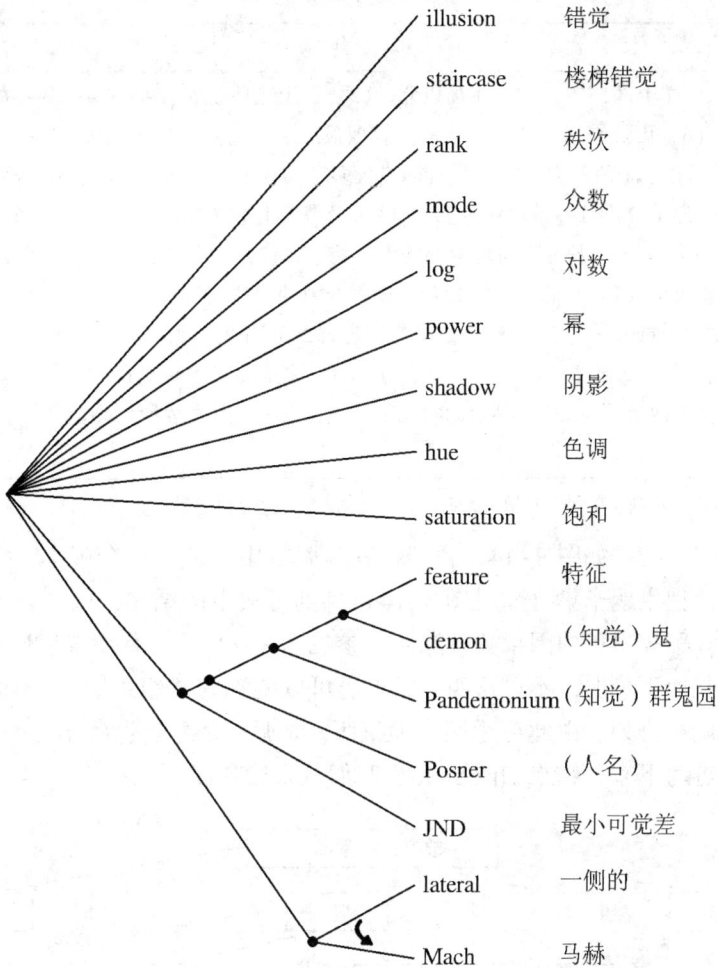

**图 8-13　一学生试图按意思来组织心理学术语（最后夹着弧形
箭头的两个项目是纯粹按字母顺序组织的)**

　　心理学的研究表明，不但成人或大学生会自发地使用组织过程，即使儿童或小学生也在某种程度上自发地使用组织过程，并且随着年龄或年级的增长或升高，自发使用的人也越来越多。这就表明人们普遍地感觉到组织过程能够促进对信息的记忆、保持和回忆，无论待记的信息是单词表还是叙事故事，抑或是广义的散文。美国心理学家 P. W. 桑迪克做过一项复杂的研究[①]，证实了组织过程的效应，他使用的材料包括如下一个故事：

---

　　① THORNDYKE P W. Cognitive structuresin comprehension and memory of narrative discourse. Cognitive psychology，1977（9）：77-110.

表8-1 桑迪克研究使用的一个故事

环形岛

（1）环形岛位于大西洋中部，（2）罗纳尔岛以北。（3）岛上主要是农牧业。（4）环形岛上虽然石油多，（5）可是河流少，（6）因此缺水。（7）环形岛的管理很民主，（8）一切大事按岛民投票的压倒多数办。（9）行政实体是参议院，（10）它的职责是贯彻绝大多数岛民的意志。（11）最近，岛上一位科学家发现了一种廉价的方法，（12）可将海水变淡水。（13）于是岛上的农民想（14）开一条通贯全岛的运河，（15）从而利用运河水（16）来灌溉岛屿中部的农作物。（17）于是农民成立了一个倡议开河的团体，（18）还劝说一些参议员（19）加入。（20）倡议团把开河的想法交付投票表决。（21）所有岛民都投了票。（22）绝大多数是赞成票。（23）然而参议院断定（24）开挖运河会破坏生态。（25）议员只同意（26）挖一条水渠，（27）2米宽、1米深。（28）小水渠开挖后，（29）岛民发现（30）不可能引来水。（31）所以这个计划就放弃了。（32）岛上的农民很生气，（33）因为运河计划流产了。（34）一场内讧看来是避免不了的了。

注：括号里的数字表示观念单元，亦见于图8-14

这个故事的组织结构如图8-14，我们称其为版本甲。基于这个版本，桑迪克又创造了三个版本。版本乙把主题子集（参见图8-14）挪到了故事的结尾；版本丙干脆去掉了主题子集；版本丁去掉了故事里的因果关系陈述（参见图8-14），只保留描述性话语。虽然组织程度不同，甲最强而丁最弱，不过这四个版本仍可以统称为"组织版"。桑迪克还把每个版本里的句子都作随机排列，由此产生四个随机版。最后，8组学生各学习一个版本的故事，然后把记得的内容写下来，结果如图8-15，我们且来读一读。

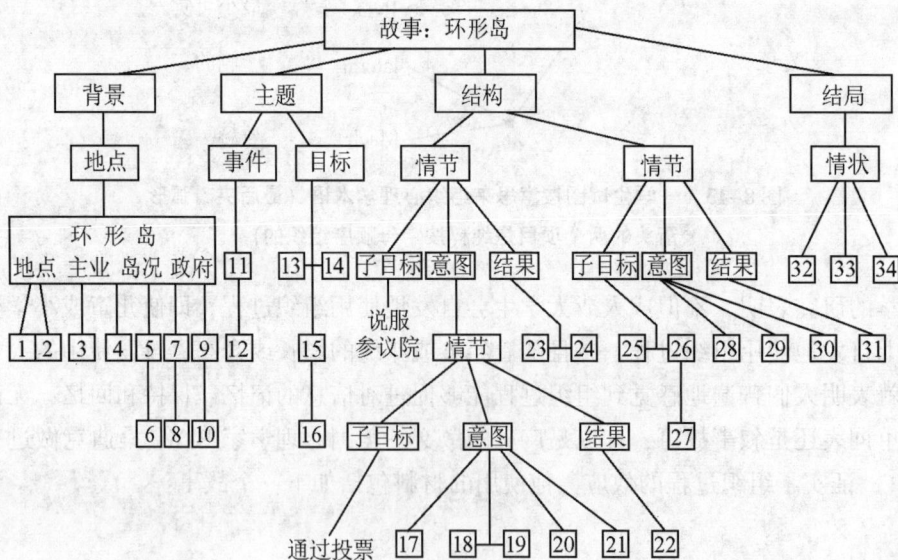

图8-14 桑迪克实验故事的组织结构

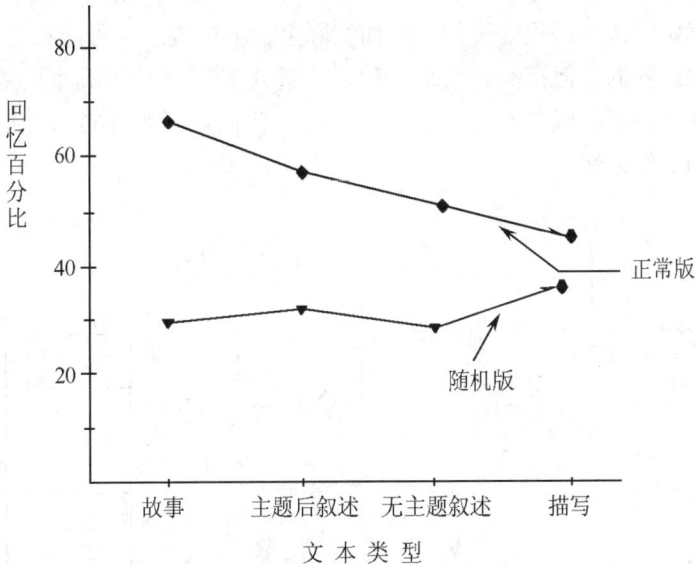

图 8-15　桑迪克实验的结果

图中的纵坐标是回忆的百分比，横坐标表示故事的四个组织版，图中有上下两条折线。下一条折线标着四个随机版的回忆量。由于这条折线基本上是水平的，因此表明在随机版之间，回忆量没有统计上显著的差别。上一条折线表示各组织版的回忆成绩，它呈下降趋势，表示从组织结构程度最好的版本 A 开始，随着文本的组织结构程度的下降，回忆量也就越来越少。但是对比上、下两条折线，我们可以看到哪怕组织结构程度不高，也比没有组织结构好。总而言之，组织过程有利于对陈述性知识的学习。

3. 组织的优点

组织过程是如何促进陈述性知识提取的呢？这有多种解释，我们详细讲一种。

第一，信息集约。我们知道组织过程要求形成信息子集，这样的子集可以有不少，如果分层，就会更多。我们可以把每个子集看作一个"包裹"，包裹着一堆信息。现在我们设想没有或不要组织过程会怎样？

没有或不要组织过程，就好比现在把"包裹"（子集）都解开，还抽去"包袱皮儿"（这相当于取消组织结构图的任何上层子集的分类名称），于是原来包裹里的信息就混成了一堆。假定我们这样地拆了五个包裹，由此混成一堆的信息又都是当前的认知加工所需的，那么它们照理都要进入工作记忆。可是我们知道工作记忆的容量小，放不了那么多信息，因此势必出现正需要的信息却不在工作记忆里的情况，这总比需要的信息正好在工作记忆里时耽误信息加工。

现在我们想象做了组织过程，这好比打了五个信息"包裹"（子集）。信息子集毕竟不是有形的包裹，前者并没有后者的体积，而只是一种无形的心理联结，即每个上层概念与诸多下层概念之间的逻辑关系（参见图8-10）。若没有上层概念，则所有的下层概念都得进入工作记忆，否则就妨碍认知过程的进行。然而实际上，下层概念不可能都进入工作记忆，因此肯定是妨碍认知过程的。但是经过组织过程后，进入工作记忆的虽然只是五个上层概念，却表征了它们所联结的下层概念都进入了工作记忆。我们看图8-16，它模拟假设的是两个学生的长时记忆和工作记忆。

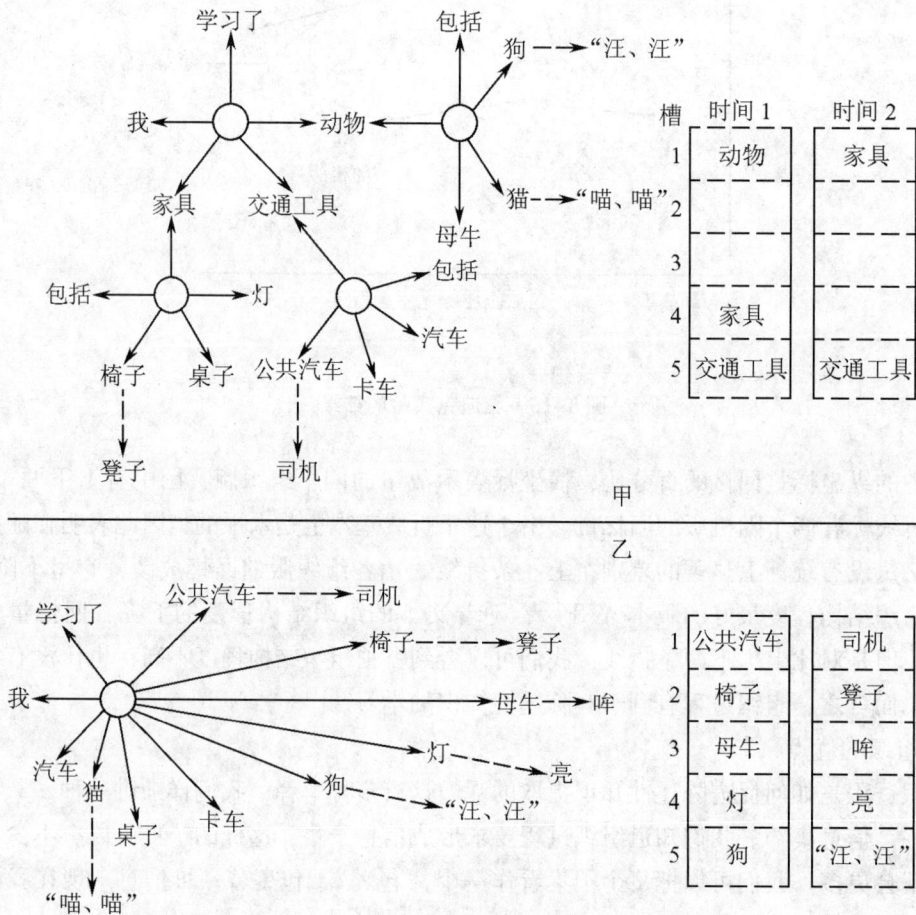

图8-16　甲、乙两人的工作记忆和长时记忆对比

我们假定工作记忆有五个信息槽。甲经过组织过程，只用了三个槽来保持"交通工具""动物""家具"这三个子集，还剩下两个空槽可以做认知运作；乙没有经过组织，所以工作记忆里的五个信息槽都充满了信息，没有空余进行认知运作。这到最后就表现为甲的回忆成绩好而乙的差。

第二，规导激活扩散。组织过程不但有效地利用了工作记忆，而且还在这个基础上规导了激活扩散的方向。我们不妨碍再设想没有组织过程的情况：少量信息在工作记忆里，大量的在长时记忆里。当然，我们可以依靠激活扩散来提取必要的信息。但要注意的是：激活扩散的方向性是不好的，好比水波，不但向四面扩散，而且是见哪儿方便就向哪儿扩散。因此在没有组织过程的条件下，激活扩散过程会带出众多的命题，其中大量的肯定不是当前工作所需要的。

但是组织过程建立了信息子集后，每一个上层概念就成了提取子集内信息的线索，激活一个上层概念后，其活性就首先或主要在这个子集范围内扩散，这就是所谓"组织过程形成内部提取线索，并规导激活扩散"的意思。仍拿图8-16来说，"动物"的观念会提示甲去想"猫""鼠""狗"之类，而不是"桌""车""灯"，这就大大缩小了信息搜索的范围。

我们把上述两点结合起来看。由于甲的记忆槽里可以运作认知过程，因此可以一一核查进入意识的具体动物名。如果来自特定动物名的激活和来自对学习情节的记忆相交，那么甲就知道这个项目是学习过的。如果不相交，甲就知道没有学习过。在甲穷尽搜索了"动物"的知识后，他还可以考虑"家具"。但是乙不能以生成自己的提取线索的方式来指导搜索过程，因为他没有用子集来组织记忆，于是其激活会向四面八方扩散。

8-3-3 教学促进

既然精制和组织都能促进陈述性知识的获得与提取，那么教学就应该设法促成这两个过程的发生。促成精制与组织的手段很多，这里举例地讲几种简便易行的。

1. 意象指导

这是说教学过程要促使学生形成意象。意象能够促进回忆。例如一项研究[①]要128名五六年级的学生阅读一篇文章，共20段，每段都要求学生利用该段的信息来回答一道填空题。填空题分两种，一种直接取自文章的原话，称"原话题"；另一种是根据意思另拟的，称"意拟题"，参见表8-2。

表8-2 库尔亥维与斯温森研究用的两种填空题

原话题	意拟题
岛民用_____做衣裳。	土著人穿的外套是用_____做的。
（棕榈树叶）	（棕榈树叶）

---

① KULHAVY R W, SWENSON L. Imagery instructions and the comprehension of text. British journal of educational psychology, 1975（45）：47-51.

表 8-3　意象指导对测验成绩的影响

	题 型			
	原话题		意拟题	
	意象组	对照组	意象组	对照组
即时测验	12.95	11.06	14.23	10.89
延迟测验	8.01	8.94	10.93	8.04

注：格子里的数字是正确回答平均值

　　研究人员把学生分为意象组和对照组，要求前者在答题时先形成意象，但对后者无此要求。这属于"学习期"。之后是"测验期"，分两种，一是即时测验，每组都有一半人在学习结束后立即做测验；二是延迟测验，两组的另一半学生都在一周后做同样的测验。测验有40题，一半是原话题，一半是意拟题。结果如表 8-3，表明就原话题而言，意象组和对照组在即时和延迟测验上差别都不大，但是就意拟题而言，无论即时还是延迟测验，意象组的成绩都显著优于对照组。由于意拟题不是从文章里直接抄来的，因此答题时没有现成的语词做线索，需要依靠对意思的理解，这就表明意象能帮助学生形成更有意义的内部表征。当然，意象指导未必适合于所有的学习材料和所有的学生，但是这种做法简便易行，因此不妨从它试起来。

　　2. 类比指导

　　意象指导比较适用于相当熟悉的或具体形象的材料，因为它们足以形成意象。对于不熟悉的或抽象的材料，类比是管用的。一项研究[1]对美国学生检验过类比指导在陈述性知识学习中的作用。比如美国学生熟悉棒球，不熟悉板球。但是这两种运动项目在很多地方有相似之处。于是研究人员要求学生用比较的办法来学习板球运动的规则。

　　他们把学生分成三组，其中的明比组和暗比组都先读一篇关于棒球的文章，然后再读一篇关于板球的文章。区别在于明比组阅读的板球文章里不时地明确对比或提示棒球运动与板球运动的同异点，而暗比组阅读的同样文章里没有丝毫的对比，研究期望暗比组会自动地做比较。第三组是非比较组，这组学生先读一篇无关的文章，而后再读和暗比组一样的板球文章。三组学生读完后都把自己记得的关于板球文章的信息写下来。结果见表 8-4，它表明明比组比另两组能回忆更多的事实性信息，它们是文章里明确告诉的，而暗比组比另两组产生更多的推论性信息，它们是根据文章里的话语而推想出来的。这表明暗比组在阅读板球文章时是不断地用先前读过的关于棒球规则的文章来作比较的，而这样的比较能够刺激推想。

---

① HAYS D A, TIERNEY R J. Developing readers knowledge through analogy. Reading research quarterly, 1982（17）：256-280.

表8-4　信息回忆量受比较和不比较以及是明比还是暗比的影响

	回忆信息类型	
	事实性信息	推论性信息
暗比组	24. 05	6. 15
明比组	27. 19	3. 43
非比组	24. 90	3. 79

3. 精制指导

上面说的类比，都是由研究人员提供的，好比教师在教学中向学生提供类比。此时会发生的一个问题是：如果学生不熟悉提供的类比，那么类比会无效。可是如果改由学生自己提供类比呢？那么他们都是拿自己熟悉的东西来类比的，这就不会发生因采用不熟悉的类比而导致不管用的问题了。一项研究①曾在一个为期三天的教学里，对一组家庭经济条件差的西班牙裔学生尝试过这一方法。

研究人员对三个故事比较了四种教法。无论采用哪种教法，每个故事都是先阅读和讨论45分钟，然后做15分钟的测验。测验分两种，一种是多项选择题，考查对故事里提到的具体事实把握得怎么样；另一种是填空题，考查学生对故事做出的推论。

学生分两大组，分别为"精制组"和"非精制组"。精制组里再分两个小组，一组是"意象—语词组"，另一组是"语词—意象组"。意象—语词组在第一天里画读过的故事内容；第二天对故事里的每一段写一两句概括的话；第三天是对读过的故事写类比或比喻。这样的学习过程实际上是从意象精制走向语词精制。语词—意象组的教学顺序则相反。非精制组也分两小组，一组叫"非指导组"，它只回答标准的提问；另一组叫"常规教学组"，专请一名教师按常规做法教学：第一天她让学生在读短文之前就做测验，意在要求学生带着问题来学习短文；第二天她要学生朗读；第三天她要学生推测短文的不同地方在"后来"会怎样。

结果见表8-5，表中显示最大的差别在推测理解方面：两个精制组都显然好。实验者考查了学生的精制，确信这些都是与故事有关联的精确精制。

4. 促进组织

在组织方面提供指导的基本做法是先提供提纲，再阅读或聆听文本。在家里，提纲起着鼓励学生组织他们的记忆的作用。一项研究②要求一组学生学习一篇有15段的短文，介绍了各种岩石的属性，内容具有等级结构的组织特点（参见表8-6）：

---

① LINDEN M，WITTROCK M C. The teaching of reading comprehension according to the model of generative learning. Reading research quarterly，1981（17）：44-57.

② GLYNN S M，DIVESTA F J. Outline and hierarchical organization as aids for study and retrieval. Journal of educational psychology，1977（69）：9-14.

表8-5　精制组与非精制组的比较

样组	测题类型	
	选择：事实回忆	填空：推测理解
精制组		
意象—语词组	27.63	28.63
语词—意象组	23.29	31.28
非精制组		
非指导组	25.14	17.71
常规教学组	21.57	21.57

表8-6　短文内容的等级结构示例

1. 金属	2. 石头
（1）稀有金属	（1）宝石
—金	—钻石
—银	—红宝石
（2）合金	（2）石材
—铁	—花岗石
—铜	—大理石

学生分两组，一组先读提纲，另一组直接读短文。两组学生都以自定的速度阅读，然后把记住的内容写下来。结果如表8-7：就文章的基本思想而言，两组的差别不大，但是提纲组回忆出更多的细节。此后开发的组织技术还有"网络法""标图法"等，它们都能促进回忆。

表8-7　两组被试回忆文章思想的百分比

	测验方面	
	基本思想	内容细节
提纲组	0.08	0.32
无提纲组	0.10	0.24

小结

一个人的陈述性知识是可以用语言表达的知识，它们以命题网络的形式储存在长时记忆里。环境的刺激将激活某些命题，把它们调到短时记忆里来，表现为你想到这些命题。被激活的命题扩散其"活性"，从而再激活长时记忆里的其他有关命题……如此连绵不断，表现为思想观念的不绝如缕。

陈述性知识的获得在于把环境输入的新命题同已有的有关命题联结起来存入长时记忆里，而好的获得是派生出新命题。陈述性知识的提取也通过激活扩散的过程，表现为回忆和猜测，其中猜测是专门用来应对没有现成答案可以直接回忆的提问情境的。猜测具有建构性，表现为推理能力。

为促进陈述性知识的获得和提取，精制和组织是两种基本手段。前者是对有待加工的信息做增强意义的添加；后者是把一个信息总集划分为子集，并表明子集之间的关系。研究表明精制总比不精制好，而有逻辑的精确精制效果更好；研究表明组织不但不妨碍工作记忆的运作，而且通过集约信息和规导激活扩散方向的方式促进陈述性知识的学习。精制和组织不但是一个自发的过程，而且我们还有很多手段可以自觉地、有意识地、更有效地促成精制和组织的发生，从而促进陈述性知识的学习。

研读建议

1. 在"8-1-1 知识网络"一节提到了"程序性知识"，这是为了使读者按照"陈述性知识"和"程序性知识"的基本分类来完整地理解知识网络的概念。由于本讲的主题是陈述性知识，因此读者仍要集中精力于命题的方面而不是产生式的方面。

2. 在"8-2-1 知识的获得"一节里，本书的叙述在文、图两方面都很有特色。就文而言，本书大量采用"如果……那么……"的格式来描述一个复杂的过程。要知道，一个复杂的过程很可能是一个分层的多岔道过程。对这样的过程做最简洁的描述，是假定每层只有两个岔道，如"丫"字，其中之一是通向下一层的。显然，能通向下一层的岔道是描述的重点，而为了突出这个重点，叙述时往往是先说另一条不通的岔道。因此建议读者注意这个叙述方式。就图而言，本节的文字解说与图配套，因此建议读者在文字说明的每一步上都对照图来阅读。

实际的学习情境远比书中的描述复杂，书中只能描述基本的模式，因此建议读者举一反三。

3. 本讲在谈陈述性知识的学习时，多次提到长时记忆和工作记忆的运作，特别是工作记忆，请始终想着"容量小"来理解它的运作。

4. 本讲采取案例分析的做法来讲学习过程。当案例实质上具有普遍性的时候，这样的讲解也就在实质上同数学和自然科学里讲解一个公式或定理时一样了。因此，建议读者参照自己学习数学和自然科学知识的经验来学习本讲的内容。另外，为使读者能够集中精力理解本讲内容的本身，我们举的例子都是比较生僻的。

难点解析

1. 关于"陈述性知识是可以用语词来表达或表达清楚的知识"。

不少书把陈述性知识概括为关于"是什么"（What）的知识。这个概括只有从完全的逻辑学意义上去理解才是正确的。但是很多人不这样做，于是容易产生误解，比如当一人头头是道地说某事该怎么做的时候，我们会以为他真有做那事的程序性知识，而其实，我们所直接知道的，还是那人谙熟那事的陈述性知识。

2. 关于命题的激活与扩散。

"激活"和"扩散"都是认知心理学的正规术语，它们既有实验基础，又形象易懂。如果在日常生活水平上理解这两个术语，那么所谓"激活"，就是你想起什么来；所谓"扩散"，就是你接着又想到了什么。

3. 关于激活扩散是"不以人的意志为转移的"。

为了真切地体验这句话，读者们不妨择一时间独处静坐，并要求自己什么都不想，让头脑空空如也。其实，如果不经过专门的练习，你很难做到这一点，甚至你越要自己什么都不想，就越有各种稀奇古怪的念头不断地冒出来。这可以看作人的自然性，个体的自发性。本书正是在这个基础上谈激活扩散的教学含义的，这含义归结起来就是"因势利导"。

4. 关于新的陈述性知识的获得。

"8-2 知识的获得"实际上介绍了四种情况，按照叙述的顺序，分别是：第一，有意义的理解学习；第二，缺乏意义的机械学习；第三，抽象概念的学习；第四，初始概念的学习。本书着重介绍了第一种和第四种，这是因为在整个陈述性知识学习中，前者是最主要的部分，后者是免不了的部分，特别是在学习一组相对独立的新知识时，我们免不了一开始就要提出学习者从来没有听说过的新概念、新命题。

5. 关于"精制"。

本书对精制做了颇为具体的解说，其要点是：① 精制适用于事实学习，而事实学习的特点就是"不走样地记住，不走样地再现"；② 精制以增强意思的添加而把两个或多个待记项在认知上联结起来；③ 事实学习中做精制总比不做好；④ 有逻辑的精制一般比任意的精制好；⑤ 精确精制一般比不精确精制好。但是这里没有提精制的方式，比如是用语词还是用意象，抑或用行为来精制，因为精制的方式是可以有个人偏爱的。

思考

从你的教学计划中任选一则要传授的新知识，然后确定：① 这个新知识的命题形式；② 估计学生会激活怎样的已有命题；③ 预设期望学生派生出怎样的新命题。完成上述三点后，把它们连贯起来写个教案的片段。

程序性知识的学习

📖 **研读目标**

- 了解各类程序性知识；
- 掌握程序性知识和陈述性知识的差别；
- 理解模式识别及其过程；
- 掌握概化与辨别的教学含义；
- 理解行动序列的形成过程；
- 掌握程序化与合成过程的教学含义。

如同命题是一种知识的表征一样，产生式及其系统也是一种知识的表征，表征程序性知识（procedural knowledge），那是关于如何做事或如何做成一件事的知识。由于做事可以宽泛地看作就是解决问题，因此程序性知识也可以看作是如何解决问题的知识。

"做事"和"说话"明显不同。一位母亲要自己的幼儿在客人面前表演数数儿，幼儿便开口，从 1 数到 10。这表明，幼儿把话说清楚了。客人随后伸出手指问这幼儿是几，结果不论客人先后伸出的指头是多少，那幼儿一律是依次报告 1、2、3、4、5……这表明，幼儿没有做成"数数儿"这件事。一个小学生在操行上做错了一件事，教师问学生事情本来应该怎么做？学生一板一眼地回答得很正确。这表明，学生是懂得道理的，却没能按照道理去解决问题。诸如此类的现象都表明，程序性知识和陈述性知识有重大的区别。

儿童少年有大量的陈述性知识要学习，而我们希望他们不但能够正确理解、牢固记住和准确回忆学过的知识，而且还能运用这些知识，把有关的事情办得妥帖和麻利，因此学校的教学也要促进学生的程序性知识的学习。

9-1 程序性知识的类型

程序性知识可以做一种 2-层嵌套的划分（参见图 9-1）：首先划分为"一般的"（general）和"特殊的"（specific）一对，再把后一类划分为"自动的"（automatic）和"受控的"（controlled）一对。下面按对分说。

程序性知识

一般的　特殊的

受控的　自动化的

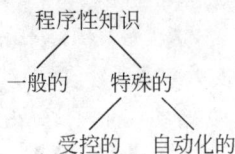

图9-1　程序性知识的2-层嵌套分类

9-1-1　一般与特殊的程序性知识

程序性知识是关于如何做（成）一件事的知识。要做成一件事，就得知道做那事的程序。程序可以用产生式及其系统来表述，而表述时会提到与这事情有关的命题、概念或术语。如果在产生式及其系统里提到命题、概念或术语与做成某事的关系越接近、越密切，那就越属于"特殊的"程序性知识；如果这样的关系越疏阔、越遥远，那就越属于"一般的"程序性知识。下面是一个可以算作"最一般的"程序性知识的例子：

表9-1　一个最一般的程序性知识

P1	如果	要达成状态 X，
		且恰当的做法是 M，
	那么	就采用 M。

表9-1的产生式之所以表征着最一般的程序性知识，是因为我们看不出其中提到的 X 和 M 和哪个具体的知识领域相关联，但是它们又可以和任何知识领域相关联；按照这个产生去"做"，那是永远正确的，可是你用它做成了究竟哪一件事情呢？可它又确实是讲如何做成事情的。因此表9-1的产生式既不针对任何具体问题的解决，又适用于解决几乎一切领域里的问题，别说小学生去解数学题、写作文，即使是伟大的科学家、政治实践家们想要成就其业绩，那也符合表9-1的格式。

我们再看表9-2，那是一个关于制订计划的产生式系统的片段，它比表9-1的具体多了，比如它是关于"制订"计划的，而不是关于"执行"计划的。因此相对而言，表9-2表达一项"特殊的程序性知识"。不过，由于各行各业要做的大量事情都得制订计划，而计划的内容很不同，因此表9-2所呈现的又可以说是相对一般的程序性知识，其中的"X""因素""条件"等关键词语可以像做代数题那样，代入各行各业里各种活动的具体术语和概念。

表9-2　一个制订计划的产生式系统（片段）

P1	如果	要制订一个实现状态 X 的计划，
	那么	就要选择与 X 有关的各因素的最佳组合。

P2	如果	要选择与 X 有关的各因素的最佳组合，
	那么	就要评价与 X 有关的各因素的不同组合。
P3	如果	要评价与 X 有关的各因素的不同组合，
	那么	就要确立评价的标准，
		并将这些标准同已知的条件做比较，
		还得列出已知各方面的限制条件。
P4-1	如果	要列出已知各方面的限制条件，
	那么	就要依次列出限制条件。
P4-2	如果	要确立评价各因素组合的标准，
	那么	就要列出与 X 有关的各种因素，
		……

我们再看表9-3，那是多位数连加题产生式系统的一个例子，它可以直接解答"614+438+683=?"的题目，因此表征一项非常特殊的程序性知识。之所以这么说，首先是因为在全部的"如果……那么……"子句里，都有一些算术的术语，因此显然不适合于解决比如写作文的问题；其次，表9-3的产生式系统显然也不适用于做减法等等；再次，即使是多位数连加题，表9-3也不能直接用于"123+321+213"或"567+678+789"之类的题目，因为前者绝无进位，而后者是步步进位，但是可以直接用于比如"514+437+673"的题目。显然，以表9-3为样例的特殊程序性知识具有很强的针对性，这就是说它直接适用的问题范围很狭窄。唯其如此，我们掌握它之后，无须别的知识补充就能干脆利索地做成它所针对的事情。这是特殊程序性知识的优点。

表9-3　一道多位数连加题的产生式系统

P1	如果	是做多位数连加题，
	那么	分别总和各列。
P2	如果	是总和各列，
		且最右一列还不曾总和过，
	那么	总和右列各数。
P3	如果	是总和右列各数，
		且有两数之和小于10，
	那么	先加这两数，
		再看还有数字要加吗。
P4	如果	还有数字要加，
		且是最后一个加数，
		且估计总和大于10，
	那么	加后写下个位数，
		并且进位1，
		并看左边一列还有数字要加吗。

P5	如果	左边一列还有数字需要加，
		且有一些数字的和等于 10，
	那么	把和等于 10 的数字先加起来，
		再看是否还有数字需要加。
P6	如果	还有数字需要加，
		且是此列的最后一个加数，
	那么	写下这个加数，
		并且进位 1，
		再看左边一列还有数字要加吗。
P7	如果	同 P5
	那么	同 P5
P8	如果	同 P6
	那么	同 P6
P9	如果	左边一列没有数字要加了，
	那么	写下进位过来的数字，
		并且查看整个答数。

然而这个优点同时也是缺点，因为表 9-3 的产生式系统只能直接应对少数多位数连加题，若要计算其他的连加题，就需要其他的特殊程序性知识。推广言之，特殊程序性知识是众多的。如果众多的特殊程序性知识都需要记住，那么记忆的负担将十分沉重。为了解决这个困难，有一条路可走，那就是趋向于自动化。于是我们就进入了下一层的分类。

9-1-2　自动与受控的程序性知识

我们在做很多事情时，往往只要明确了目标、决意行动起来，则过不了多久，那事情就做成了。回想做那事的过程，你会发现当时并没有盘算过行动步骤或具体环节。例如你从自家的这屋走到那屋，抬腿迈步就是了，并不要有意识地问自己该不该转弯、识别什么标志；又比如，用母语说话，想说啥，则张口就来，并不思考和检查话语里的语法结构。诸如此类的现象很多，而且随一个人的生活经历而发展、变化，例如你现在写字就不像初学识字时那样需要想一笔而写一笔了。归结起来，我们是"自动地"做成很多此类事情的。这一类知识被认知心理学界定为"自动的"（automatic）程序性知识，它有如下特征：① 知识的提取速度极快，快到一个或一串动作"想都没想"就做出来的地步；② 知识的应用惊人地准确，准确到足以把貌似"深思熟虑"的行为批评为"犹豫不决""优柔寡断""坐失良机"；③ 知识的运作过程难以用语词来描述，我们充其量只能用抽象的词语和形象的比喻来表达的地步。譬如"跳起来能摘到果子"之类的著名教学比喻，其意思很好懂，其贯彻十分难。一名优秀教师可以通过一次演讲、一篇论文而使成百上千的同行知道教学"应该"做到这一步。可是历时数年后，这个说法已经烂熟于胸的很多教师在很多具体教学问题上还是不如那名优秀教师做得好、做得巧。这些抽象的概括和形象的比喻就是特定程序性知识拥有者的"经验"或"体会"，其中的精微与奥妙，说不清也道不明，多半得靠自己去体认。

与自动化程序性知识相对的是受控的程序性知识，其总特征是需要有意识地控制，而具体特征是：① 知识的提取速度比较慢，表现为有意识地想到一个个的产生式，比如小学生做题时常常喃喃自语地念题目、挨着顺序地背口诀；② 知识的应用具有策略灵活性，例如当断定眼下一道多位数加法题目无须任何进位时，就从左到右地总和每一列；③ 知识的运作能用语言说清楚，比如学生们走出考场后往往相互"对答案"。他们不但核对最终的结果，而且也交流解题的思维过程、理解方式，以及操作程序，最终取得共识。

自动的与受控的程序性知识是一个连续体。这就是说，很多受控的程序性知识可以转化为自动的程序性知识，而转化的途径是练习。有的程序性知识在张三那里是受控的，可在李四那里是自动的，而在王五那里可以介于张三和李四之间。因此同一程序性知识在不同的人那里，其受控的或自动的程度可以是不同的。

9-1-3　程序性和陈述性知识的比较

我们在第 8 讲里集中谈了陈述性知识的学习，刚才又讲了程序性知识的概念和类型，现在把这两种知识做个归结性的比较讲解。

1. 彼此区别

第一，陈述性知识是关于"是不是"的知识，而程序性知识是关于"如何做"的知识。一个懂点事的小孩迷路了，会哭着把自家的地址告诉民警，这表明他在此时此地只有关于"回家"的陈述性知识。如果这小孩把地址说对了，那么他的"家"就"是"由这些语词来表征的，否则就"不是"。我们成年人有相反的情况：能轻车熟路地到达一个地方，不管怎么地曲里拐弯，却说不出准确的走法，往往是到了那里就知道该怎么继续往下走一段。这表明我们在类似的情境里更看重程序性的而不是陈述性的知识。

程序性和陈述性知识的这一对比给我们一个教育教学上的启迪是：很多知识在初学的时候要尽可能地创设条件，使学习者以做成一件事情的方式来学习这知识。这样的"做"，最简单的是识别和分辨语词所指的物、事与情境。过去对一种不好的教学结果有一句典型的批评叫"五谷不分"，讽刺旧书生。这话的字面的意思是他们虽然识得五谷的名，可面对实物认不得。这种教学的缺陷就在于忽视了程序性知识的教学。现代和当代，我国很多教育人士都直觉地认识到了这一点，远有人民教育家陶行知先生倡导"做中学"，近有我们的教师现在重视培养学生的"动手能力"。教育心理学支持这样做的基本思想，知了以后想方设法做一做。

第二，陈述性知识因为是靠词句话语来表述某事某物是否为真的，因此是变化多端、异常丰富的；程序性知识因为是"做"，而做得按照客观的规程，因此相对而言是单调、统一的。比如一物可以有多名、同样的知识讲到同样的程度却可以有不同版本的教科书，彼此间的篇章编排和遣词造句都不同；又譬如你和同事各写一份指导书，书面指导别人学骑自行车，你俩写成的文本肯定不一样，但若亲自教起来，你们的做法几乎是一样的。

程序性和陈述性知识的这一对比给我们的启迪是：小学教师在使学生把初学的知识当成一件事来做的时候，就相当于教学生用统一的操作来界定词语的含义。这样的做法体现了一种很重要的思想方法、工作方法和科学方法，非常值得从小培养起。

第三，陈述性知识是相对静态的，主要表现为回忆的性质，讲究输入和输出的信息是相同的，即使不是字词的顺序相同，也是意思相同。相对而言，程序性知识是动态的，主要的性质是"转换"，即输出的信息和输入的信息明显不同。譬如学生做算术，教师或课本向学生头脑输入的信息是"365×3"，而学生如果"做成事情"的话，则输出的信息得是"1 095"。换过来想一想，如果一名学生做不来乘法会怎样呢？他会不断地重复"365×3"这条信息，于是我们看到这名学生此时输出与输入的信息是一样的，没有转换过，只停留在陈述性知识层面上。类似的情况也可以是自己输入信息。比如一名教师想："我得把明天的英语课备好，可有什么好办法使学生发好 three（数字'三'）这个音呢？"这名教师对自己输入的信息可以看作两个分句。前一分句的信息将在整体上转换成他的教案，这和上面他想的话不一样，而如果这名教师想不出好方法，那么在教案的一个局部上，他会依然停留在第二个分句的话语上。我们在思考复杂问题时，会来回地踱步，会喃喃自语，重复着关于当前状态和提问的话语，这反映了我们于一个具体方面还停留在仅仅是陈述性知识的层面上，一时间做不下去。相反，"眉头一皱，计上心来"，诸如此类的描述正反映着从思想到行动有了"转机"，接着你就做起来。

程序性和陈述性知识的这一对比更有其鲜活的教育含义。小学生的学习是免不了要准确不差地复现某些陈述性知识的，但是我们的教育不能仅仅停留在这个层面上，而应该更上一层楼：只要有可能，就要鼓励学生做出个性化的转换。比如音乐教师对学生说"要欢快地歌唱"，而学生歌唱时的欢快神态可以是有个人特点的。

甚至测验的同一题型也可以是侧重于考查陈述性的知识还是程序性的知识。我们看表9-4，其中的1、2、3、4题分别与5、6、7、8题对比，它们的题型是一样的。我们不难发现，侧重于考查陈述性知识的题目主要是再认和回忆性的，因为这些知识讲事实，而侧重于考查程序性知识的题目主要是应用规则，因为这些知识要求做成一件事。虽然规则作为表述，比如一条规则讲什么，这本身是陈述性知识，但是规则的重要性并不在于是重复其表述形式，而是用它来解决问题，办成事情。表9-4中的第9题由两句话组成，前一句侧重于考查陈述性知识，要求答题者回想起有关的事实，后一句则侧重于考查程序性知识，因为尽管语文教师会教学生如何把文章写得有说服力，但学生若只是重复教师讲的"要领"是不够的。相反，说不出个道道来，却也有可能把文章写得有说服力。如果是这两种情况对比的话，那么人们无疑是更加看重后一种的。

表 9-4　陈述性或程序性知识可以由同样的题型来考察

考察陈述性知识的题目

题1　在上海，不满14岁的儿童骑自行车上街是不合法的。（对/错）

题2　《红楼梦》是谁写的？

　　　A. 冯梦龙　B. 汤显祖　C. 吴承恩　D. 曹雪芹

题3　请写出圆的定义。

题4　请描述卢沟桥事变。

考察程序性知识的题目

题5　下列哪个是不规则图形？

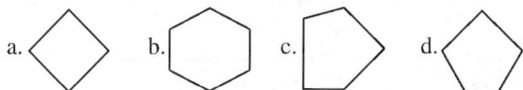

a. ◇　　b. ⬡　　c. ⬠　　d. ⬠

题6　请画出下列短文中描写心理活动的句子。（短文）

题7　请配平下列方程：$2H^+ + 2OH^- =$

题8　将下列英文词改为过去时：read；come；walk。

陈述性和程序性知识相结合的题目

题9　请写一篇短文，分析 X 事件的主要原因是什么。请尽量写得有说服力。

2. 相互支持

当然，陈述性和程序性知识也是相互支持的。我们可以从学和用两方面看。

从学的一面讲，我们在初学一项新的程序性知识时，常用陈述性知识来引导刚学或在学的程序性知识。这表现为我们每做一个单元的行为或动作之前，先要想一想那个动作的要领或操作规程，表现为复述规则或步骤，也会浮现出意象。在这里，陈述性知识促进着程序性知识的学习。反过来，有时候是程序性知识促进陈述性知识的学习。当学习者设法看一看、做一做、体验一下陈述性知识所指的物、事、情境、感受时，他们可以更牢固地保持相应的陈述性知识。

从用的即表现（performance）的一面讲，我们在表现程序性知识的时候需要陈述性知识提供资料或判别准则。比如成语"不到火候不揭锅"，这里从字面上说，"火候"是比如具体的温度，或者加热的时间长短等数据资料，也是"时机"是否到来的判别准则。这些具体的陈述性知识都以命题的方式溶解在产生式的条件子句里，使得每一个条件子句蕴含着一条陈述性知识，而一个产生式有越多的条件子句，则这个行动的认知成分就越重。在另一些时候，当一个人有了丰富的程序性知识时，则认真地学习、透彻地理解有关的陈述性知识，再与逻辑推理和想象结合起来，就容易导致创造发明。表9-5是丰富人们日常生活的一项"重要"发明，读者从这个例子可以联想到很多做出重要发明创造的实践工作者，在成就其业绩的过程中，之所以往往需要大量地学习专业教科书，就是这个道理。

表9-5　固化奶油的发明

西式的生日蛋糕很有特色：面粉制作蛋糕体，上面以奶油裱花。奶油可以堆得很高，却不会坍下来，因为它在化学上经过稳定化处理。可是新鲜奶油堆高后是很快会坍下来的，而发明稳定化奶油的人本是个厨师，这意味着他富有厨艺方面的程序性知识。但是他长久以来的苦恼是想不出办法来解决新鲜奶油裱成花式后容易坍塌的问题。

此人后来读大学，专业是食品化学。这意味着他去补充有关的陈述性知识。一次学到稳定化过程，厨师便想到了能否在奶油里添加某种起稳固作用的化学物质。这意味着陈述性知识在创新过程中起着顿悟、洞见之类的关键作用。有此创意后，接下来就是用奶油做实验，作为一个厨师，他在这方面有丰富的程序性知识。

就这样，程序性和陈述性知识相结合，产生了我们今天可以吃到的色、香、味、形俱佳的裱花奶油蛋糕。

那么如何教或如何学程序性知识呢？这里内容很丰富，而且最好是结合具体的学科及其专题讲。因此本书在这里只讲解两种最基本的教学过程，即模式识别和序列行动。

9-2　模式识别

在日常生活中，我们把那些在一个领域里善于做成事情或善于解决问题的人士称为专家（expert），不论这事情主要是动手做成的（比如修车），还是动身体做成的（比如舞蹈），抑或是动脑筋做成的（比如下棋），甚至是动嘴巴做成的（比如训练辩手）。专家，即有专长（expertise）之士，而所谓专长，就是一套套卓有成效的程序性知识，它们可以浓缩为令非专家人士羡慕、眼红，甚至渴求的"诀窍""门道"之类，例如俗语说"关公门前舞大刀！"，这不是批评"舞者"的大架势"不像"，而恰恰是说"虽然大架势貌似，可细微精妙之处全无，不能实战"，我们毕竟不是专家。

专家是相对的，我们解读"小巫见大巫"的俗话就可以明白这一点：譬如一人在某个层面上或人群里只是"听众"，而在另一个层面上或人群里却是专家。于是专长也有程度之分，最起码可以界定为技能的熟练。小学教育要训练学生熟练地运用很多基本技能，比如算术的四则运算、初级的代数运算；认字写字、阅读理解；歌唱、运动；礼貌待人；等等；我们也希望小学生能把自己锻炼成某一方面的"能手""好手"，于是在教小学生掌握程序性知识的时候，认知心理学关于专家如何解决问题的研究成果可以成为有益的借鉴。

我们看看请专家来解决问题的情境：一开始，一个难题摆在那里，众人束手无措；接着，一个专家来了，他一眼就看出了究竟是个什么问题；然后，他麻利地行动起来；不久，问题就干净利落地解决了。我们从这个描述里可以看到专家的活动由两大块组成：一是看出问题是什么，这可以归结为"模式识别"（pattern recognition）；二是做出一系列行动，这可以归结为"序列行动"（sequence action）。我们了解这两大块活动的基本过程就可以相当有效地帮助小学生学习程序性知识，分本节和下一节讲。

9-2-1　模式的描述

本书把一个模式宽泛地界定为一个刺激或一个反应的结构，其中含有若干必要的元素或成分，它们之间有一定的组织方式。于是我们可以公式化地说：① 元素或成分的增减若导致组织方式变化了，那么模式也就改变了，例如增加一个点，三角形就可以变成矩形。② 保持元素或成分的数量不变，只改变它们的组织方式，模式也会改变，例如长方形可以转变成梯形。

一个模式的诸元素及其组织方式可以十分明晰，比如基本的几何图形，也可以模糊朦胧，不过一经比较会觉得差别很显著，比如你可能说不清美声、民歌和通俗唱法的道道，可是一比较就觉得其间的差别很大。

模式既可以是完整的，如单位里的组织结构，也可以是有空缺的，但不妨碍识别，比如寥寥几笔的肖像漫画或中国的写意画。不论是模糊的还是有空缺的，只要是个模式，则不空缺的成分及其组织关系，以及在模糊中隐隐透露出来的成分，都是一些关键的特征。我们正是根据这些特征来识别出一个特定的模式，或者区分出不同的模式。因此就模式识别而言，抓住特征，或者分析出模式的特征是十分重要的。

作为刺激，模式可以是视觉的，尤其是显现为平面的形，于是画、图、字的架构都是模式；模式也可以是听觉的，比如歌曲的2/4拍、4/4拍等等，包括交响曲的不同乐章；还可以是嗅觉的、味觉的，比如香水的不同香型，又比如中国菜系之间的味道差别。

模式作为反应，可以是个人的行为方式，如写作风格、动作结构，也可以是一个团体行动起来的程序编排，比如军队的进攻与防御。然而这里要特别指出的是：在以语词为中介的学习中，一个概念也可以看作是一个模式。

9-2-2　概念作为模式

1. 概念的描述

一个概念，就其最简单的语言形式而言，是一个词，用来指一类对象或其中的一个成员。概念不能用错。指鹿为马、张冠李戴，都是说使用概念时指错了对象。因此，要正确地使用一个概念，就要正确地识别这个概念所指对象的模式之特征。例如猫和狗，作为概念"猫"和"狗"所指的对象，它俩之间一个关键的特征是叫声。

一个概念，就其最严整的语言形式而言，是一个定义，它可以规范地表现为"……是……"的陈述句，或者说命题。一般说来，在这样的规范表达中，前一省略号的位置是主词，表现为被定义的概念，比如"平行四边形"；后一省略号的位置是宾词，表现为定义项，比如"两对边平行的封闭图形"，其中会有一个或若干个关键词，比如"两对边"、"平行"和"封闭"，它们是正确定义主词概念所不可或缺的。于是这样一个定义项就可以看作一个模式，而其中的关键词就是模式的特征。

概念的定义之为模式，和概念所指的对象之为模式，它俩应该是对应的，也就是说，这两种模式的特征应能一一对应。比如在关于平行四边形的定义项中，关键词应该能在一个平行四边形的图像上一一得到落实。这样的落实之所以可能，是因为定义项的关键词来自我们对概念所指对象的特征做了正确、准确的描述。唯其如此，学生才可以根据概念的定义项来"按图索骥"，识别一个实例是否指一定概念的成员。于是学生得记住概念的定义，甚至花工夫背下来。

2. 概念学习的新看法

不过我们的教师要突破概念学习的旧看法，这样的看法以为学习一个概念就是把它的定义背下来，而考查学生是否掌握了概念，也就是要他们默写出概念的定义，然后查看是否缺少关键词。其实概念的真正价值在于我们可以利用它们对万事万物进行分类（categorizing）和归组（grouPng）①。前者是把一群事物分为至少两个子群，每个子群给一个不同的名称即概念，子群里的成员都具有与概念定义项中的关键词对应的特征，比如"人"分"男""女"；后者是把一个事物、对象、现象纳入已有的一个类别，因为该事物、对象、现象具有的特征与特定概念定义项中的关键词相对应，比如"他是共产党员吧？"因此概念学习说到底，那不仅仅是一个记住定义的陈述性知识学习，而且也是一个做出正确划分与归属的程序性知识学习。为了做到正确的划分与归属，学习者需要记住定义项，尤其是其中的关键词。但是记住定义项还是为了可以一一拈出其中的关键词来比对一个（类）对象，判断它（们）是否属于某个概念。这就是模式识别。

我们且看表9–6列的3道题，它们不但都以选择题的形式来考查学生对程序性知识的掌握，而且还更加具体地考查程序性知识中的模式识别。讲得更通俗一点，这3题都在测验对概念的掌握。请读者体会一下，在完成这些题目时，自己的认知运作是怎样的。

表9–6　模式识别测题3样例

题1	下面哪一张图片画的是青蛙？
	A. ［蛇］；B. ［蟾蜍］；C. ［蛙］；D. ［水蛭］
题2	下列哪个说法属于做"对比"？
	A. 张三矮，李四高；B. 张三笑，李四胖；
	C. 张三爱钓鱼，李四爱下棋；D. 张三去学校，李四逛商店
题3	$Y=3X+5$ 描述什么？
	A. 一个圆；B. 双曲线；C. 抛物线；D. 一条直线

注：［　］表示呈现的是图片

① 袁军，等. 心理学概论. 南宁：广西教育出版社，2001：172–176.

3. 样例分析

现在我们来具体分析做上表 3 题时的一般认知活动。

做题 1 时你会觉得很容易：那是"一眼就看出来"的。然而仔细一想，则不难发现你对青蛙的全部认识是以认识青蛙的许多特征为基础的。由于你记住了这些特征，而它们与其他图片里的动物的特征差别很大，因此你能很快地——也就是"一眼"——看出哪张画的是青蛙。

做题 2，你也许一下子会觉得宽泛地说，四个选项都可以算对比——因为都是在两人之间做比较。但是因为题目规定了只能选择一项，所以此题实际是要你从严格的意义上考虑所谓"对比"这个概念的特征是什么。于是你或许会借助于日常经验，想到"长-短"之类肯定属于严格的对比，进而把这样的经验迁移①到解答这道题目上来，于是选择 a；你也许想到"反义词"的概念，意识到互为反义的两词若并列对举，则多半属于对比，于是选择 a；你还可能想到关于"严格对比"的定义，其关键特征是比较"同一维度的两端"，于是选择 a……不论你怎样想，你都抓住了特征，然后拿着它们去对比，比得上、对得上的就正确；相对而言，比对得最为严丝合缝的就是最恰当的。

做题 3 时，短于数学的读者会犯难，因为你不知道一元一次方程的特征，所以没法去比对选项，结果只能是猜测。如果说前两题都从正面说出抓特征在模式识别中的重要性，那么就某些读者而言，这一题是从反面来说明这个道理的。

不论你是怎样抓特征的，表 9-6 里的 3 道题都可以用产生式来表征，而产生式的条件部分包含着你用于对比的特征，请见表 9-7。

表 9-7　解答前表中 3 题的产生式

题 1	如果	一动物有四条腿，
		并且该动物的身体是绿色的，
		并且该动物是善于跳跃的，
		并且……，
	那么	这只动物是"青蛙"。
题 2	如果	提到两个属性
		并且这两个属性是同一维度上的两个极端，
	那么	就是做对比。
		（注：这里采用前述第三种想法。）
题 3	如果	一个方程具有 $Y=a+bX$ 的形式，
	那么	此方程是描述直线的。

① 郭德俊. 小学儿童教育心理学. 北京：中央广播电视大学出版社，2002：100.

我们从上列的产生式可以看到，就模式识别而言：① 需要抓住的特征可以是很具体的，如题1，也可以是很抽象的，如题3；② 因为有时要抓住多项特征，所以产生式的条件子句会是多项的，如题1；③ 行动子句实质上总是只有一项的，即做"归类"的操作，表现为或说出、或写出、或指出，或是心里想到一个概念。

许多模式在儿童那里不是通过耳提面命的直接教学，而是通过耳濡目染、身体力行的经验学来的。这种学习过程的最典型例子或成果是儿童学母语。母语中的词汇学习在幼儿那里主要是学习名称，即把一个事物同一个读音联结起来。在这里，他们要完成两项基本的模式识别。一是识别一类事物的基本特征。做到了这一点，他们才不会对一事物错想一个读音。二是识别一个读音的基本特征。做到了这一点，他们才不会对一个读音错想一事物。这两方面的模式识别都做到了之后，再把它们牢固地联结起来，那就可以在最起码的程度上表明掌握了某个词。国外有研究表明，大多数儿童在入学前就已经能领会大约 7 500 个词[①]，这不过是在五年左右里不通过直接教学而学会的。作为对比，我们成年人学一门外语，要在五年里掌握 7 500 个词，而且还要能应用，这大概是相当困难的。那么儿童是通过怎样的过程取得这一成就的？认知心理学的研究表明主要的过程是"概化"（generalization）和"辨别"（discrimination）。

9-2-3 概化

1. 概化的概念

概化是以同样的方式来反应不同的对象。如果一个幼儿曾在别处见过一只白猫，现在他又看到一只黑猫，那么这两只猫就是不同的对象；如果这名幼儿对这两只猫都呼以"māo"，那么他就是以同样的方式来反应不同的对象，表现了一次概化。

概化是一个认知过程，其结果既可能对，也可能错。城里人往往把骡子叫成马，这就是一个错误的概化，相当普遍。所以正确的概化很重要，因为它关系到是否正确地形成较一般的概念。比如"猫"相对于"大猫""小猫""黑猫""白猫"而言，是较一般的概念；"哺乳动物"相对于"猫""狗""猴""人"而言，则是更一般的概念。我们的教师要努力通过教学过程，帮助儿童做正确的概化，形成正确的高位概念，也就是更加抽象的概念。于是了解概化的过程是很必要的。

2. 概化的过程

概化的过程可以用产生式来表达，其要点是对导致同一行动的条件成分做存同去异的操作，例见表9-8，而表9-9模拟了一名幼儿概化概念"猫"的过程。

我们假定这名幼儿的家里养了一只名叫"托比"的猫，父母多次告诉他"托比是只

---

① CARROLL J B. Language and thought. Engle-wood Cliffs, N J：Prentice Hall, 1964. 不过注意，这是指"领会"意思，不是指"说、读、写"。

猫",于是该幼儿会形成产生式 P1。我们再假定该幼儿的姥姥家也养了一只猫,叫"玛莉",姥姥也多次告诉他"玛莉是只猫",于是他会形成产生式 P2。P1 和 P2 是两个独立的产生式,分别用来识别"托比"和"玛莉"。如果这名幼儿对猫的识别只停留在这一阶段上,那么他可以准确地识别名叫"托比"和"玛莉"的宠物是否一只猫(因为宠物狗也可以叫这样的名字),但在见到其他的猫时却可能不知道该叫它是什么。如果是这样,那就表明该幼儿还没有对猫形成概化。

但是 P1 和 P2 为概化准备好了条件。如果这名幼儿有足够的智慧,他会试着把 P1 和 P2 里的不同成分略去,而保留相同的成分,这就有了产生式 P3。我们从结构上可以看出 P3 比 P1 和 P2 适用于更多的实例。实际上,很多概化过程是在我们的头脑里自动地进行的,只要两个独立产生式同时激活了工作记忆,概化过程的机制就会在导致同样行动的诸独立产生式之间自动地搜寻共同的条件成分,然后创建一个新的产生式,植入共同条件,这就等于去除了各独立产生式的独特条件成分。

表 9-8 概化过程的产生式

如果	有 k 个独立产生式(设 k>1),
	并且它们的行动部分是一样的,
	并且它们的条件部分有相同的成分,
	并且它们的条件部分有不同的成分,
那么	就保留相同的条件成分而去除不同的条件成分。

表 9-9 通过存同去异而形成概化的样例

P1	如果	我看见一个动物,
		并且这个动物是小的、长毛的、叫声是"喵",
		并且爸妈管它叫"托比",
	那么	我把这个动物叫作"猫"。
P2	如果	我看见一个动物,
		并且这个动物是小的、长毛的、叫声是"喵",
		并且姥姥管它叫"玛莉",
	那么	我把这个动物叫作"猫"。
P3	如果	我看见一个动物,
		并且这个动物是小的、长毛的、叫声是"喵",
	那么	我把这个动物叫作"猫"。

在上面的例子里，概化过程省略的成分是宠物猫的名字，它们是猫的偶然属性。但是概化过程也可以省略事物的固有成分。例如教师教学生"多边形"的概念。假定起先呈现的样例虽然都多于 4 条边，却少于 8 条边，再假定学生是基于 4 条边而从 1 开始数图形的边数，那么就有表 9–10 的产生式 P1；之后，教师呈现的图形有 8 条或更多条边，学生于是形成了表 9–10 中的 P2。在这里，图形的边数是"多边形"概念的固有属性，但是学生照样可以省略它们而形成表 9–10 中的产生式 P3。

表 9–10　多边形概念的概化过程模拟

P1	如果	一图形是平面的，
		且其边等长，
		且边数多于 4，
		且多出 1、2 条边，
	那么	这是一个多边形。
P2	如果	一图形是平面的，
		且其边等长，
		且边数多于 4，
		且多出 4 条或更多的边，
	那么	这是一个多边形。
P3	如果	一图形是平面的，
		且其边等长，
		且边数多于 4，
	那么	这是一个多边形。

3. 教学的含义

当学生学习一个新概念，就在获得一个新的模式识别程序，因此他们的头脑里会自动地发生概化过程。教师要帮助和促进学生做正确的概化，关键是呈现概念的恰当实例。这里，基本的做法有两条，一是紧凑呈现实例，二是呈现变式实例。以下分说。

第一，紧凑呈现实例。这里至少要呈现两个实例。如此，则按照概化理论，两个实例就在学生头脑里形成两个独立的模式识别产生式，比如 P1 和 P2，就像表 9–9 和表 9–10。两个或更多实例的呈现之所以要紧凑，是为了让至少两个实例同时激活于学生的工作记忆，这样就可能自动地发生存同去异的过程。

紧凑呈现实例的基本方式有三。一是同时呈现；二是相继呈现，但间隔不要长，要点是在第一个实例的印象还没有从学生的工作记忆里消失，后一个实例又来了；三是前两种做法的结合，可以称为同时—相继结合法，即一个典型实例始终呈现着，而其余实例相继呈现。

三种做法各有比较适合的教学情境。同时呈现比较适合于图像、图片和图形资料。因此不论上什么课，只要教师试图通过图像、图片和图形资料来促成学生正确地掌握概念，都可以采用此法。相继呈现最适用于音乐和语言教学中的听、读训练部分。比如为了让学生真切感受一个地方的民歌小调，一堂音乐课就可以连续播放这个地方的曲与歌，以使学生获得鲜明的概化印象；又比如一个英文单词的读音或一句日常用语，可以相继呈现男声、女声、老人、小孩，以及各种速度、各种语气，甚至各种腔调，以使学生适应多样的语言使用情境。同时—相继结合法可以适用于语文学习。精读甚至背诵一篇范文，之后泛读、浏览同类主题、风格、题材、体裁的篇章，在泛读、浏览时不断地想到范文，积累至多，便自然感悟。现代教学技术的发展，当今特别是计算机多媒体系统的发展，为更加精妙地使用上述三种概化方式提供了强有力的技术支持，教师要善于利用之。

第二，呈现变式实例。所谓呈现变式实例，是说就拟呈现的一组实例而言，它们应该在不属于这一概念的关键特征方面广泛变化，从而帮助学生识别出概念的关键特征，形成正确的概念。我国的教育心理学教科书常以学习"直角三角形"的概念来说明呈现变式实例的必要性。现在我们以概化过程得出一般产生式的方式，来模拟实例的变式不充分时可能导致学生产生错误概念的过程。

设一教师向学生呈现直角三角形的 k 个实例，如图9-2；一学生随着实例的呈现而形成独立的模式识别产生式，如表9-11的P1～P3；接着，按照概化理论，他会自发地搜索导致同样行动的各独立产生式中的共同的条件成分，却略去独特成分，这就概化出了P4这个关于直角三角形的一般产生式。显然，P4作为关于直角三角形概念的理解，从外延上说，是狭窄了；从内涵上说，是把一项偶然的特征当成了必需的条件；从应用上说，它的局限性太大，表现出有时正确地识别了，有时却错误地否认了一个直角三角形实例。

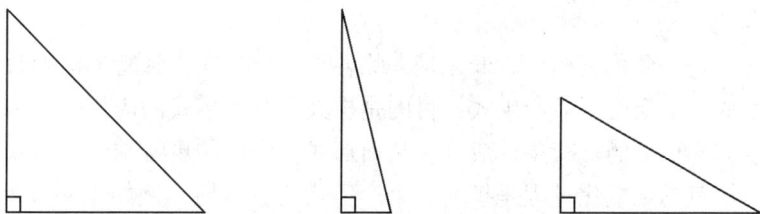

图9-2 变式不充分的直角三角形实例呈现

表9-11 对应于图9-2的错误概化过程

P1	如果	一三角形有90°的角，
		且此角在左下角，
		且此三角形看上去是"胖的"，
	那么	它是一个直角三角形。
P2	如果	一三角形有90°的角，
		且此角在左下角，

		且此三角形看上去是"瘦的"，
	那么	它是一个直角三角形。
P3	如果	一三角形有90°的角，
		且此角在左下角，
		且此三角形看上去是"躺着的"，
	那么	它是一个直角三角形。
P4	如果	一三角形有90°的角，
		且此角在左下角，
	那么	它是一个直角三角形。

进一步分析上面的例子，我们看到，教师在教学生一个新概念时，自然会考虑到概念的关键特征，并下功夫去讲解之。但是由于任何概念的实例都有自己的独特性，它们构成概念的无关特征，并且实例呈现得越多，无关特征也越多，再加上学生会独立于教师和同学来认知实例的特征，因此心思活跃而繁多，再加上概化过程的自动性，因此尽管教师再三地、重点地讲一概念的关键特征，学生中的张三或李四也会不知不觉地把某些无关特征加入识别概念的条件中去，形成窄化的概念。所以从实质上讲，呈现变式实例就是要教师善于从学生的角度去看一个新概念的教学，了解或猜想学生可能会犯的加入无关特征的错误类型，从而事先准备好有关的变式例子，以便及时地纠正学生在学习中出现的错误。

9-2-4 辨别

1. 辨别的概念

模式识别的辨别与概化正相反。概化是去除各独立产生式中独特的但导致同样结果的条件成分，从而形成一个新的一般产生式，目的是扩大一个产生式的应用范围；辨别是对一个产生式添加导致同样行动的独特条件成分，从而形成一个新的更特殊的产生式，目的是缩小一个产生式的应用范围。概化过程是扩大一个产生式的包容性，例如表9-9和表9-10中的产生式P3就包容了P1和P2，从而表明被包容的各独立产生式"实质上一样"，消弭它们之间的差别；辨别过程是缩小一个产生式的包容性，从而分离出独立产生式，表明它和原有的产生式"实质上不一样"，突出产生式之间的差别。

由于产生式的生成涉及概念的形成和使用，因此辨别过程是形成更加具体的概念，是更有针对性地使用一个概念。如果我们把正确地使用一个概念来识别对象看作是有针对性的，那么当我们用一个概念来识别对象时，有时成功，有时失败，那就表明我们对那个概念的认知是模糊的，从逻辑上说是错误的。于是模式识别的辨别过程就可以用于纠正模糊的、错误的概念，使正确的概念更加准确、更加精细起来。我们再看表9-10的P3，按其条件成分，则我们该把图9-3也说成是个"多边形"。然而这是错误的，原因在于就图9-3而言，

表 9-10 中 P3 的条件太宽泛。于是，为了避免犯把图 9-3 也算作"多边形"的错误，我们需要对 P3 添加一项条件成分，它将把"多边形"概念限制在仅仅适用于封闭图形的范围内。这样，当我们再按照一个关于多边形的产生式行动时，就足以把图 9-3 排除在外。于是有表 9-11，其中加阴影的条件项是新添的，它使表 9-11 的 P4 成为表 9-10 中 P3 的约束形式，从而成功地排除图 9-3，避免了概念的错误。

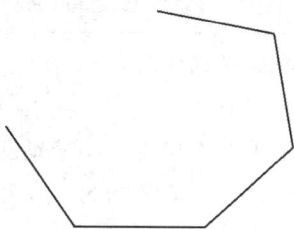

图 9-3 一个并非多边形的多边模式

从表 9-10 的 P3 到表 9-12 的 P4，我们可知：当应用一个已有的产生式如 P3 而得出错误的结果时，我们就需要启动辨别过程。具体地说，当应用一产生式而出错时，就刺激我们去观察、分析该产生式适用的情境与不适用的情境之间有什么差别，此时一名学生或者向教师求助，或者翻阅参考书，或者自行尝试—错误地探索。一旦找到并确定了差别，就修改原产生式，对有差别的双方或多方中的某一方添加新的条件成分。例如在上面的例子里，有差别的双方是"不封闭"和"封闭"的图形，而表 9-12 是对"封闭图形"一方添加新的条件成分。

表 9-12 表 9-10 中 P3 的一种约束形式

承表 9-10 的 P1、P2、P3

P4	如果	一图形是平面的，
		且其边等长，
		且边数多于 4，
		且图形是封闭的，
	那么	这是一个多边形。

2. 辨别的过程

辨别过程的原理还是反概化之道而行之。如果说在概化过程中，教师为了促进学生形成正确的模式识别产生式而着重于挑选和排列"是样例"的话，那么在辨别过程中，教师为着同样的目的，将着重于挑选和排列"非样例"。一个"是样例"是一个概念的成员，而一个"非样例"不是一个概念的成员，譬如蜻蜓就是概念"昆虫"的一个"是样例"，却是概念"鸟"的一个"非样例"。下面是一个提供非样例而达成辨别、形成关于概念"鸟"的正确产生式情节：

师：谁能说鸟是一种什么动物？

生：鸟是会飞的动物。

按：上述学生的回答可以用产生式表达如下：

$$
\begin{array}{ll}
如果 & 一种动物会飞， \\
那么 & 它是鸟。
\end{array}
$$

师［呈现非样例］：那么蜻蜓也属于鸟啦？

生［语塞］：……

师［引导学生观察］：你们看鸟有羽毛，而蜻蜓没有。

生［有所悟］：鸟是会飞的、有羽毛的动物。

按：学生的上述回答可以用产生式表达如下：

$$
\begin{array}{ll}
如果 & 一个动物会飞， \\
& 且有羽毛， \\
那么 & 它是鸟。
\end{array}
$$

应该指出，列出上述两个产生式，为的是说明教学过程里的一项进步，而不在于确定"鸟"的精确概念，因为后一个产生式不能直接应用于鸡、鸭、鹅和鸵鸟之类。为使学生形成一个能包括鸵鸟之类的"鸟"的概念，需要再一项教学进步。为达成这一项教学进步，教师需要引进辨别过程呢，还是概化过程？读者可以自行思考、研讨。

3. 教学含义

辨别的教学过程关键是提供非样例，有效的基本做法有二：一是同时呈现一个概念的是样例和非样例；二是选择"乱真的"（matched）非样例。以下分说。

第一，关于同时提供是样例和非样例。为什么要同时呈现是样例和非样例？这是为了让这两种样例同时激活于学生的工作记忆里，从而凸显出关键的差异。为达成这样的同时激活，做法有许多。教师、教科书或计算机程序可以在呈现是样例后，紧跟着呈现非样例；教师还可以连续地成对呈现是样例和非样例；教师还可以要学生挨个儿地提供是样例，而当某一学生提出的乃是一个非样例时，即暂停提供是样例的程序，转而去解释或引导学生讨论为什么那个学生提供的"样例"其实是个非样例，待解释或讨论完毕后，再继续提供是样例的活动。如此重复，直至结束。

第二，关于挑选乱真非样例。一个样例具有一个概念的关键特征和非关键特征。当一个概念具有若干关键特征时，这些关键特征是每一个是样例都具有的；一个乱真非样例将在一个概念的仅仅一项关键特征方面不同于是样例，而在其他关键特征上，甚至在所有非关键特征上，都与是样例相同。现在我们思考两个问题：① 为什么乱真非样例只应在一个关键方面不同于是样例？② 为什么乱真非样例应在所有非关键特征上与是样例相同？关于"问题

①",回答是:若乱真非样例在多个关键特征方面不同于是样例,这将增加学生辨别的难度,因为他们要考虑的方面多了,而多方面地考虑问题正是初学者感到困难的。此外,如果一个非样例在所有关键方面都不同于是样例,那就没有了识别的难度,也就起不到精细识别概念的作用。例如拿走兽作为"鸟"概念的非样例,则对学生识别鸟的"能飞"和"有羽毛"的关键特征①,几乎毫无帮助。关于"问题②",回答是:若乱真非样例在某个(些)非关键特征方面不同于是样例,那么学生就容易把这个(些)非关键特征也当成关键特征,用作识别的工具和判断的准则,这反而模糊了概念的实质。下面举个挑选乱真非样例的典型例子。

在外语的拼读教学中,提供乱真非样例可以具体化为"最小差别对比"(minimal contrast)的做法。比如为使学生正确拼读 fate 与 rode,教师分别以 fat 和 rod 作为乱真非样例来对比,如图9-4,它涉及一条读音规则,我们以其中的 fate 对 fat 一例做分析,并假定教学目标是通过学习 fate 的读音来掌握一条规则,它可以用产生式表达如表9-13:

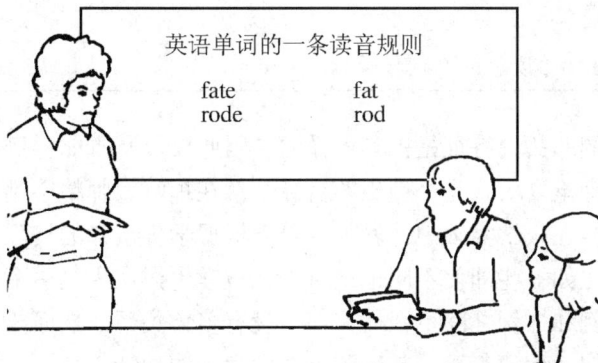

图9-4 最小差别对比法示例

表9-13 关于英文单词的一条发音规则的产生式

如果	一个英文单词是单音节的,
	且有两个辅音字母和两个元音字母,其中一个是 e,
	且 e 在词的末尾,不发音,
	且两个辅音字母夹着非 e 的元音字母,
那么	被辅音字母夹着的元音字母读它的字母表音。

在由上列产生式来表征的英文单词拼读规则中,字母 e 在单词的最后且不发音是关键特征之一;表9-13中所列的其他条件项在我们这里所举的例子里都是其他关键特征。至于具

---

① 这里把"能飞"作为鸟的关键特征之一,仍是为了说明教学过程的一步进展,而不是从逻辑上厘定"鸟"概念。

体的字母，即是否 f、a、t，则是非关键的。图 9-4 以 fat 来帮助学生明白一条读音规则，则 fat 是这条规则的乱真非样例，因为 fat 与 fate 是严格意义上的仅仅一字母之差，而这个差别又是关键特征的仅仅一个方面，在其余关键方面，甚至在所有非关键方面，两个单词都是一样的。由于 a 在 fat 里是不念字母音的，而在 fate 里却是念字母音的，这就突出了表 9-13 所表征的那条读音规则；由于是样例和乱真非样例突出了仅仅一项关键特征的差别，因此也能最大限度地抓住学生的注意，这样就容易帮助学生牢固地掌握规则。

为了通过"最小差别对比"法来更好地理解提供乱真非样例的辨别过程，我们设想以单词 fan 作为关于 fate 之类单词的读音规则的非样例。结果可能出现这样的情况，即当学生知道 fate 里的 a 读其字母表音，而 fan 里的 a 不是这样时，他们可能生成两种不同的规则，一种是正确的，同表 9-13，另一种是错误的，如表 9-14 所示。

表 9-14　关于一条读音规则的错误产生式

如果	一单词是两辅音字母夹一元音字母的，
	并且最后一个辅音不是 n，
那么	这个单词的元音字母读它的字母音。

当然，由于样例的非关键特征是极其多样的，因此要求乱真非样例在非关键特征方面与是样例一样，这是个理论要求，是个理想的目标，意在提醒教师精心挑选乱真非样例，以期收到上好的教学效果。在教学实践中，教师要善于根据学生认知的实际情况，确定应该保持相同的非关键方面，比如一些即使不同也绝对不会被学生误认为是一个概念的关键成分的非关键属性在乱真非样例和样例之间不一样，那也没有多大关系。然而要确定可以不同的非关键方面则需要教师了解学生的心思，甚至了解个别学生的独特心思。

9-3　序列行动

序列行动（sequence action）就是行动序列，指一系列或一整套行动或行为或动作。虽然序列行动有刻板、僵化之虞，但是我们在此解说它，主要是突出一组奏效的行动有条不紊地、麻利流畅地展开至结束。

9-3-1　序列行动的特点

我们看表 9-15，其中又有三道题，内容与表 9-6 的对应，但是做法不同。请你做一做，或者以意象的方式想象你真的做起来的话，会有哪些细节，然后把获得的感受同做表 9-6 的 3 题时获得的感受相对照。

表 9-15　涉及序列行动的 3 题目

题　号	题　目
1	到田里去捉一只青蛙，小心别弄死了它。
2	使用恰当的连接词和标点符号，把下面两句话写成一句话： 张三爱看电影。 李四不爱看电影。
3	在右面的平面坐标上画出 $Y=3X+5$ 的图像：

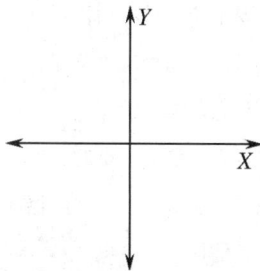

1. 认知过程的特点

做这三道题，你会觉得先要识别模式，即需要回忆和应用概念。显然，如果你没见过青蛙，那怎么去捉它呢？当然，你可以完全凭着描述青蛙的文字去捉它。可这还是模式识别（知晓青蛙的定义）发生在行动（捉）之前，并且是前者指导后者，比如关于凭定义捉青蛙的一幅漫画可以是你蹲在田里捧着一本大书，按其中的文字来比对眼前的一只癞蛤蟆。类似地，如果你不知道"连接词"指哪些词，你也没法做"题2"。譬如不会英文的读者，如果"题2"的"连接词"换为 conjunction，他会把该题的两句话连接成一句"张三爱看电影，而李四不爱看电影"的话吗？至于"题3"，某些人即使正确地回答了表 9-6 的第 3 题，也可能做不出来，因为这个十字坐标空间可以画无穷条直线，那么"$Y=3X+5$"是其中的哪一条呢？从坐标空间的哪里画到哪里呢？可见光知道这个（类）方程是画一条直线的，还不足以真的画出一条直线来。实际上，要完成"题3"，还得知道比如"平面坐标"之类的概念。由此可见，没有足够的概念知识则不能做出恰当的行动，也就办不成一件事，解决不了一个问题。

但是完成表 9-15 的题目又不仅仅靠概念，靠模式识别，而是还要执行一系列的行动。这些行动有的是在心里进行的（内部的），有的是看得见的肢体动作（外显的）。比如为完成"题2"，你得做如下一套行动：① 心想：这是要求我把两句话连成一句话，为此需要改动一个标点符号，再添加一个连接词。② 自问：改哪个标点符号，又改成哪个标点符号呢？自答：把第一个句号改为逗号。③ 你也许还会想：选用哪个连接词呢？用"但是"呢，还是"而"？抑或是"不过"？答案是都可以。④ 你动手划掉第一个句号，改写成逗号。⑤ 在逗号后面添上"而"字。

2. 产生式的特点

像模式识别一样，序列行动也可以用产生式来表征，但有两点不同：① 模式识别的产生式只有一项行动成分，即分类或归属，而典型的序列行动产生式却有多项行动成分（参见表 9-16）。② 序列行动的产生式包含模式识别产生式的条件部分（请对比表 9-16 和表 9-7），这种情况说明序列行动要管用、要奏效，就得在某些条件下发生，为此需要识别条件，以判断是否适合于采取某个序列行动，而这正是模式识别。因此，模式识别是序列行动的必要条件或先决条件。

表 9-16　序列行动的产生式表征

题1	如果	我要不让一只小动物意外死亡，
		并且这只动物有 4 条腿，
		并且它是绿色的，
		并且它是拳头大小的，
	那么	把它放在盛了一些水的器皿里，
		并且捕捉一些飞虫，
		并且以飞虫喂这只小动物。
题2	如果	我要把两个句子连为一句，
		并且每个句子都有自己的意思，
		并且这两个句子的意思属于同一维度上的极端差异，
	那么	去掉第一句话的句号，
		并且代之以逗号，
		并且在第二句话前加"而"字。
题3	如果	我按方程 $Y = 3X + 5$ 作图，
		并且我按这样的方程画一条直线，
	那么	①从 Y 轴的 0 点起，向上数到第五个刻度，确定它为点 1，

②从点 1 向右数 X 轴的 1 个单位即 $1X$，记为①，
③从上述①处向上数到第三个刻度，确定它为点 2，
④画一条直线穿过点 1 和点 2。

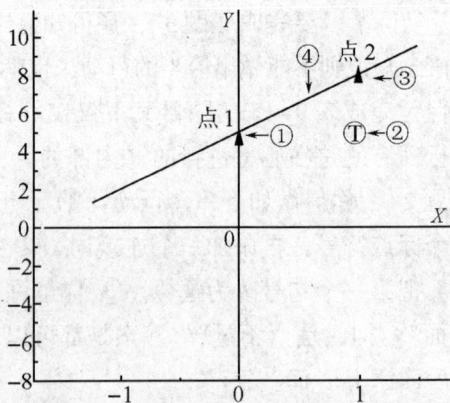

尽管模式识别与序列行动关系密切，可是两者的学习过程毕竟很不同。在前一节讲了模式识别学习后，本节讲序列行动的学习，它有两个子过程，一是"程序化"（proceduralization），另一是"合成"（composition）。

9-3-2 程序化

1. 陈述性知识指导

许多序列行动是从陈述性知识学起来的，这表现为如下基本情况：① 学习者观察他人的行动序列。小学生在学习体育运动、歌唱、绘画和劳作技能与最基本的道德行为时常常是这样。② 小学生也有很多需要"动手做"的学习并没有动作示范，甚至没有操作图解，只有文字说明和指示。此时学习者首先得知的是话语，学到的乃是命题之类的陈述性知识。③ 小学生有很多所谓"动脑筋"的学习也需要动手做，比如学语文要写作文，学数学要算答数，学英文要对动词变时态……虽然教师要求学生必须亲自把这些一步一步做出来，可是一开始往往是教师告诉学生怎么一步步地去做，或者是学生自己阅读教科书……此时学生首先接受的仍是一句句话语，或曰"序列行动的陈述性知识形式"。表 9-17 是这样学习的一个例子，它表示教师以"1/4+1/6=?"为例，告诉学生怎样做异分母的分数加法。

表 9-17 关于异分母分数加法的若干规则

步 骤	行 动
1	确定最小公分母。
2	把第一个分式的分母成倍地扩大成最小公分母。
3	把上述分母的扩大倍数与其分子相乘。
4	以步骤 2、步骤 3 的结果重写第一个分式。
5	对第二个分式重复步骤 2 至步骤 4。
6	把在步骤 5 上写成的分子加起来。
7	把步骤 6 的结果写成答数分式的分子。
8	把最小公分母写成答数分式的分母。
9	若答数分式有公因素，则约至最简分式作为最后答数。

不论上面哪一种情况，学生为了最后能够做成眼下在学的事情，都不能把示范和言语指导当作过眼烟云、耳边风，而得转换成自己的内部表征。比如把看到的示范动作序列转换成自己头脑里的意象序列——闭眼一想，就仿佛看着另一人在做这一系列的行动；再比如是转译成自己的话语，概括为"要领"；又比如学生把教师说的、教科书里写的话语，甚至把自己归纳而成的要领转换成对意思的理解和领会，它们可以用命题的节点—连线来表征（参见图 9-5）。至此，学习者获得的乃是陈述性知识，表现为他可以说得出，甚至能"比画"

一件事情该怎么做，可实际上他未必做得来。然而这是序列行动学习的第一步。

第二步，学习者根据第一步形成的陈述性知识创建产生式，即把说得出的每一个步骤落实为一步行动，表 9–18 是一个样例，它是关于表 9–17 中最初三步行动的产生式：

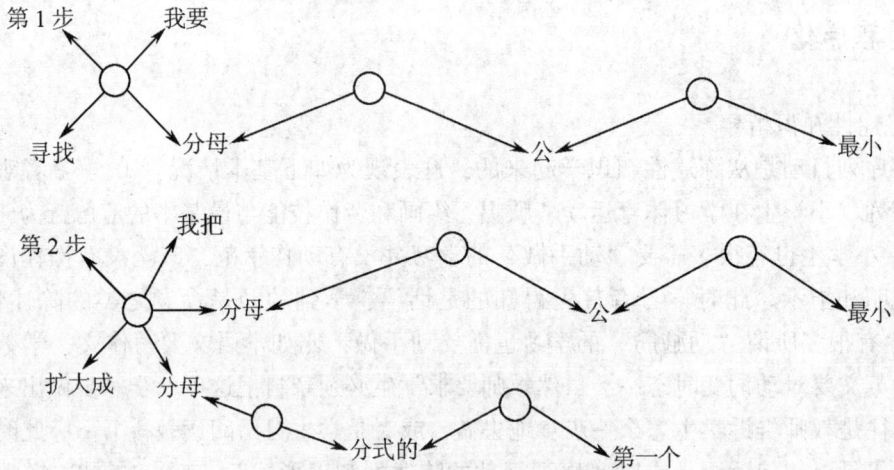

图 9–5　表 9–17 中最初两步的命题表征

表 9–18　关于表 9–17 中最初三步的产生式

P1	如果	我要加异分母的分数，
		且眼下有两个分式，
	那么	就要确定最小公分母。
P2	如果	我要加异分母的分数，
		且眼下有两个分式，
		且最小公分母已知，
	那么	把第一个分式的分母翻倍成最小公分母。
P3	如果	我要加异分母的分数，
		且眼下有两个分式，
		且最小公分母已知，
		且第一个分式的分母已经成倍地扩大成最小公分母，
	那么	把第一个分式的分母的扩大倍数与分子相乘。
……	……	……
……	……	……

我们看到表中三个产生式，一个更比一个长，长在产生式的条件部分。原来，在表9-18中，每后一个产生式都把前面所有产生式的所有条件作为自己的条件，只有当它们都满足了，才有自己仅仅一步的行动。由于产生式的条件部分都是需要注意、思想、考虑的，因此表9-18便刻画了这样一种现实情景，即每做后一步行动时，对于该行动的条件都要从头想起来，而这样的现实情景在表9-18里则表现为如此的重复，比如"我要加异分母的分数"和"眼下有两个分式"这两个条件成分，它们在每个产生式里都被想了一次。可是表9-18没有把计算异分母分数和的程序全部列出来，如果按表9-17的步骤全部列出来，那么上述两项条件就得重复想九次。显然，如此地一步步地行动只能表明技能还很生疏，办事或解决问题的效率很低，行动者还谈不上是个"会家"。

于是我们知道比上述稍好一点的行动是怎样的了，那就是不必每一步都从起始条件想起来，而是只考虑仅仅上一步的行动结果，并且仅仅把它作为当前这一步行动要考虑的条件。于是就有改进了的产生式系统如表9-19，它刻画我们在日常生活中做一件多步骤事情时的一种过程，即在每做一步之前，先把这一步完整地想一想，甚至说一遍。在这里，"想一想"和"说一遍"表明了用陈述性知识来指导程序性知识的执行。

表9-19 关于表9-18的改进了的产生式

P1	如果	我要加异分母分式，
		且有两个分式，
	那么	就要确定最小公分母；
P2	如果	最小公分母已知，
	那么	把第一个分式的分母翻倍成最小公分母。
P3	如果	第一个分式的分母已经翻倍成最小公分母，
	那么	把第一个分式的分母的翻倍数与分子相乘。
……	……	……
……	……	……

表9-19的产生式系统可以概括为"做一步，想一步；想一步，做一步"。这样地做事虽然可以算作为"会家"，却仍然不属于"熟练"的；虽然也是奏效的，却谈不上是"高效"的。那么熟练而高效的序列行动是怎样的呢？经验告诉我们应该是"不间断"地、"一气呵成"地……那么是什么打断了我们的行动呢？就是"想一想""说一遍"。于是，如果我们能把上述概括里的"想一步"都去掉，只留下一连串的"做一步"，换言之，如果我们只保留表9-19中第一个产生式P1的条件部分，而去掉其余产生式的条件部分，只留下行动部分，从而有表9-20那样单个的"大一统"产生式，就可以算"娴熟""高效"的序列行动了（详见"9-3-3 合成"一节）。

表9-20　关于表9-19产生式系统的改进形式

如果	我要计算两个加异分母分数的和，（目标）
	并且面前已有这么一道题目，（现状）
那么	就要确定最小公分母；
	把第一个分式的分母翻倍成最小公分母。
	第一个分式的分母已经翻倍成最小公分母，
	把第一个分式的分母的翻倍数与分子相乘。

2. 教学含义

但是有的教师要求学生（或者学生本人自发地）以陈述性方式强记一个个具体的行动序列，比如具体的数学题目的解题步骤，这也许没什么用，或者至少不是显著有效的。比如学生虽然记牢了上次考题的解题步骤，可这次的题目稍微变一下，他仍然做错了。这种情景表明学生不是没有理论性的陈述性知识，而是缺乏实践性的程序性知识。因此我们与其要学生花工夫去强记硬背具体的行动序列，还不如要他们花同样的时间去做练习，而在练习的过程中，我们可以不时地要学生陈述性地说一说做事、解题的程序。只是这个"说"，在学习者一方不该是脱离练习经验的"背书"，而应该具有这样的内部表征特点，比如从练习的经验里浮现出学过的法则或步骤，然后结合对书本知识的回忆，借助于陈述性知识，做出比较严谨的语言表达，至于表达得是否流畅、完整，那倒不必多讲究。教师也可以要求学生把行动序列写成一览表，放在便于参阅的地方。

总起来说，为建立起行动序列，则从数量上说，回顾陈述性知识一定是远远少于程序性地应用知识的，如果倒过来，那就很可能成为糟糕的"纸上谈兵"。只是大多数序列行动在建立的过程中需要经常去查阅它们的陈述性表征，这是令人厌烦的。然而在知识的程序化过程中，有一段时间需要这样的回顾，而且重要的是回顾基本原理，虽然它们和当前要解决的问题往往显得距离较远。唯其如此，教师要有心理准备，从而在教学教育中设法激起学生的学习动机，特别是内部的和长远的动机。

值得关注的是一些比较"奥妙的"思维过程，比如"灵机"之一动、"直觉"之闪光、"敏感"之凸显。它们虽然往往只是表现为做出一项推论、检查是否有逻辑错误，或者是冒出一项独创性的解决问题之办法，可是行动序列确实有点说不清、道不明。碰到这种情况，教师要勇于"现身说法"，不但要当场解决问题给学生看，而且最好是以出声思维的方式，把自己的思考过程和盘托出，让学生听到。图9-6是一个例子，它以漫画形式模拟了教师向学生示范一次因怀疑一个命题有逻辑错误而检查确证的过程：

图9-6的例子很简单，其他一些更复杂的解决问题事件也可以这么讲，甚至可以由学生来讲，还可以转换成小组讨论的形式。这样讲出来的思路，因为是原始的，所以会有错，显得粗糙、笨拙。但是如果没有它们，则属于上述"奥妙"思维过程的某一行动序列就会连一点儿陈述性表征都没有。此外，讲述者的讲述也为他人提供了一个观察程序性地思考问

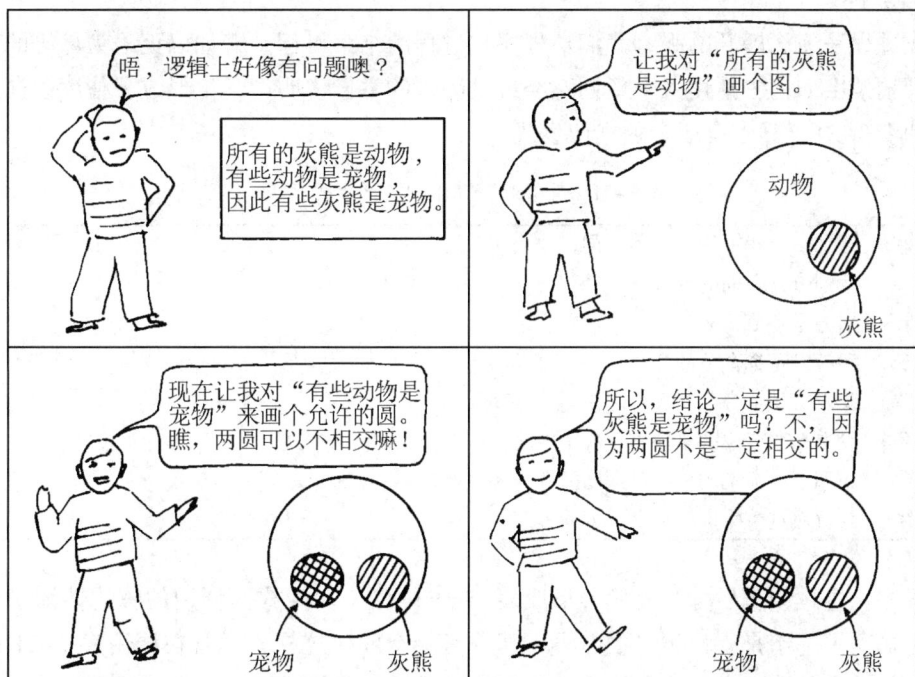

图 9-6　教师向学生示范因怀疑一推理有逻辑错误而查错的过程

题的榜样（model），而观察学习我们已经说过了，现在回想起来不难发现，它其实是学习程序性知识的一个好方法。

比较起来，教师向学生提供前提知识，以促进程序性知识的程序化，这是更容易做的。我们抛开循序渐进的一般课堂教学不论，单说个别化掌握学习的教学为什么比一般的团体（比如班级）教学效果好的道理。原来，在团体教学中，难免有一些学生一下子没听懂，而教师为了团体中的大多数成员，会继续推进教学过程。这样，当新学习的知识是以已经学习过的知识为基础、为前提的时候，原先没听懂的学生就更加听不懂了，由此恶性循环，造成积重难返。但是个别化掌握学习的教学允许学生自定学习的步调，不要求一个团体齐步前进，因此每个学生都是在掌握了必要的前提知识后才继续前进一步的。这就保证了每个学生每次学习都学有所得，而由此合成的总效果要比一般的团体教学效果好。

9-3-3　合成

在程序化过程里，学习者最初只能形成诸局部的小产生式。但是它们为合并成一个大产生式准备好了条件。而这里说的"合成"，作为学习序列行动知识的第二个子过程，它的任务就是把若干独立的小产生式组合成一个更大的产生式，乃至最后形成一个独一无二的"大一统"产生式。

1. 合成过程

合成过程是怎么展开的呢？我们从程序化过程的结束讲起。譬如以英语为母语的英语教学，教师教学生如何去猜读一个新词。经过足够多的举例说明，学生形成了猜读生词的产生式系统如表9-21，其中有四个独立产生式。

表9-21　凭经验猜读生词的产生式系统

P1	如果	遇到一个我不认识的英文词，
	那么	就划分这个词的音节。
P2	如果	划分了音节，
	那么	我就发每个音节的音。
P3	如果	我发了每个音节的音，
	那么	看看在我会说的单词里，哪个的发音像这个生词。
P4	如果	找到了我会说的一个单词的发音与那生词相同，
	那么	我就对这个生词念那个单词的音。

当程序化过程结束后，当初为了形成表9-21中诸小产生式而调用的陈述性知识就退回到长时记忆去了，于是工作记忆便有了一部分富余空间。这样，尽管在调用表9-21的产生式系统时，其中的诸小产生式是一个一个地从长时记忆里提取到工作记忆里来的，但先后提取的两个产生式有可能在一段时间里同时激活于工作记忆了。由于我们的信息加工系统会自动地注意到比如P1的行动结果与P2的条件成分实质上是一样的，因此在产生了P1的行动结果后，P2的条件也就具备了，这就没必要再重复思考P2的条件部分了。于是就会形成一个新的产生式，它包括了整个的P1，还有P2的行动部分，却抛弃了P2的条件成分。这样，新的产生式就只有原来P1的条件，却具有原来P1和P2的行动成分。由于这两个行动成分在新的产生式里是直接承接的，其间并无任何分隔，因此一旦条件得到满足，这两个行动就依序地接连发生，参见表9-22（表中还有由P3和P4合二为一的大产生式）。由此可见，合成过程就是在一个产生式系统里消除后一产生式中与前一产生式的行动项相同的条件项的过程。

表9-22　表9-21中诸小产生式的局部合成

NP1	如果	我遇到一个不认识的英文词，
	那么	就划分这个词的音节，
		并且发每个音节的音。
NP2	如果	我发了每个音节的音，
	那么	就看我会说的哪个单词的发音像这个生词的发音，
		并且对这个生词念那个单词的音。

注：NP表示新的产生式

我们还可以继续想下去：经过表9-22的局部合成后，原来的四个产生式减少为两个，工作记忆的空间又富余了一些，于是表9-22的两个局部合成产生式更有可能同时激活于工作记忆中，这样又可以进行新的合成，这个新合成的产生式将舍弃表9-22中NP2的条件成分，于是就有如表9-23里的单独的"大一统"产生式。由此可见，彻底的合成过程将最终消亡掉原来的产生式系统而回归到一个简单产生式，即大一统产生式。

表9-23　猜读英文生词的大一统产生式

如果	我遇到一个不认识的英文词，
那么	就划分这个词的音节，
	并且发每个音节的音，
	并且看看在我会说单词里，哪个的发音像这个生词，
	并且对这个生词念那个单词的音。

2. 大一统产生式的长短

就合成后的产生式特别是大一统产生式而言，有两个基本特点：一是激活的速度比先前多个产生式的激活速度快。这是因为在大一统产生式里，需要激活的对象少了，例如表9-23的行数就比表9-21的少，这就节省了时间，导致大一统产生式的反应速度显著加快，表现在日常生活里就被称为"熟练""流畅""一气呵成"等等。大一统产生式的第二个特点是"专长性"或"专家性"。我们回看表9-20，作为异分母分数加法的一个大一统产生式，除了同样具有条件成分少和多项行动成分无间排列的特点外，我们还可见其中的条件成分很"大路"，而行动成分很"专门"。说"条件成分很大路"，这是说它只有一个当前状态和一个最终目标，而任何具有分数加法程序性知识的人都看得清这个"当前状态"，也提得出那个"最终目标"；说"行动成分很专门"，那是说比如计算分数和的某一步是同计算小数和的某一步差别很大的。这样的大一统产生式运作起来将显示为这样的现实景象：人们呈现一个很"大路"的现状（譬如母亲把病孩交给医生），提出一个很"大路"的要求（譬如母亲请求医生把孩子的病看好），而专家执行一系列"专门的"行动（譬如医生对病孩做的一系列诊疗措施及其原理很可能是母亲不理解的），结果很快解决了问题（譬如医生可能很快地把病孩交还给母亲，又做了如此这般的交代，过几天，孩子就痊愈了）。这正是"专长""专家"的特征。

以上我们看到了形成大一统产生式的两大优点。但是我们也要明白大一统产生式有潜在的弱点。这个弱点的症结就在于大一统产生式的行动成分的无间排列。因为无间，所以行动可以顺流而下、一泻到底，中间无须思考，也就不做分析。这样的顺溜而下、一泻到底就容易成为"套路"，极易固定，而固定的东西容易囫囵照搬，于是难免刻板。至于中间不做思考，就容易根本不对具体情况做具体分析，刻板也就容易流为"僵化"，而僵化的东西终于会因不适应新鲜情境而走向反面：其最好的情况是，本来能够快捷地解决问题、办成事情因而是最适的（optimal）产生式，现在虽然还能解决问题、办成事情，却已经烦琐了、不经济、不简洁了；最糟的情况是原来的产生式已经解决不了问题、办不成事了，可行动者还一个劲儿地"尝试"。这种现象在心理学中叫作定势效应（set effect），它早有卢钦斯的经典实验所揭示①，此后还一再地被证实②。定势的实质是忽略了重新考虑以最适方式来应对新情境，以为曾经是最适的行动序列到现在还是"最适的"；定势的认知心理学机制在于我们形成了大一统产生式以后，对行动条件的考虑就降到了最低限度，而且总是考虑最"大路"的当前状况和结果目标这两项条件。由于这两项条件一般总是满足的，因此序列行动很快一泻而下，中间不再有"停一停，想一想"的机会，这就阻碍了用其他方法来解决问题的想法进入工作记忆。

正因为大一统产生式有"僵化"的潜在缺点，所以我们对序列行动是否要启动合成过程就应该谨慎，为此可以考虑两条准则：① 如果情境是不太可能变化的，那么可以果断地启动合成程序，否则不要轻举妄动；② 当使用合成的大一统产生式而带来的速度加快是有实质性重要意义的时候，则值得启动合成程序，否则不值得。

3. 教学含义

就小学教育而言，基本的阅读、计算、写作和待人接物的技能之合成，都符合上述两条准则，因为这使小学生腾出工作记忆的空间用于加工更高水平的信息，用于思考更复杂的、更灵活的问题。已有的研究表明，算术计算技能差使得回忆基本数量事实的速度慢下来；阅读理解的成绩差，也同解读词语的技能低下有关联。这些都是由于容量有限的工作记忆忙于加工低级的信息，因而没有更多的空间来加工高水平的信息所造成的。至于某道难解的应用题的正确而经济的解题步骤、某篇课文的语文分析步骤，都是不值得合成即固定化的，因为以后遇到完全相同的情境的机会极其罕见。因此有关的产生式要保持一定的灵活性，而模式识别要维持一定的弹性。

然而合成毕竟是一个值得重视的步骤，所以我们要掌握促进合成的基本做法，那主要是练习。每一次练习都为两个潜在关联的产生式在工作记忆里同时激活提供一次合成的机会，因此随着练习的增多，就有越来越多的产生式从潜在的关联转变成实际的合成。当然，我们千万不要忘记练习应该始终伴随着反馈，否则，没有反馈的练习只是单纯的重复，这对改进技能没什么帮助，桑代克的研究早已揭示了这一点（参见"5-1-1 桑代克猫实验"的内容）。在提供反馈的时候，我们不但要在学生做对了的时候告诉他们做对了，而且也要在他们做错了的时候告诉他们做错了，并且在告诉他们做错了的时候，最好能具体告诉他们哪些局部仍然是做对了的，而错就错在哪一点上，或者从哪一步开始出了错，由此造成以后的步步皆错。

当通过练习—反馈而帮助学生建立了合成产生式之后，另一个重要问题就提出来了，这就是如何进一步帮助学生不刻板地使用合成产生式。刻板使用合成产生式在数学学习中有一

① 郭德俊. 小学儿童教育心理学. 北京：中央广播电视大学出版社，2002：120-122.
② 吴庆麟. 认知教学心理学. 上海：上海科学技术出版社，2000：159-161.

种典型的表现，那就是学生可以快速而正确地完成式题，但是解答应用题的表现很不好。这里的症结在于序列行动没有同模式识别接上口，而解答应用题，首先是个模式识别的过程。比如加法应用题要识别的模式往往具有这样的特征：① 有两个量；② 求这两个量合起来后的一个量。至于减法应用题，要识别的模式也往往具有这样的特征：① 有两个量；② 求从其中一个量里去掉另一个量后剩下的一个量。我们可以见到加法和减法应用题的模式特征有相同之处，因此辨别其间的不同之处就十分重要，否则光注意到相同特征，就可能出现面对题而举棋不定，因而解题速度慢，甚至出现行动序列混窜，对该用加法的题目却用了减法，反之亦然。因此当合成产生式形成之后，重要的就是训练学生知道何时该用这个合成产生式，何时该用那个合成产生式。

在训练学生识别与序列行动联系在一起的模式时，同样需要采用概化和辨别的过程。比如教师要提出在无关特征上广泛变动的题目，这些无关特征在应用题里可以是数量的载体，比如"糖果""图书"等等。提供这些题目就属于从模式识别的概化过程来训练学生。至于教师从模式识别的辨别过程来训练学生，那就是提供乱真非样例的题目。比如在讲以"糖果"为数量载体的乘法应用题时也提供同样载体的加法应用题。有研究①证实，就 10 年级学生使用两条英语语法的规则而言，实验组经历了广泛的变式练习，而控制组的变式练习范围更狭窄，前者的成绩比后者的好 30%；实验组经历过乱真非样例识别训练，而控制组只经历是样例识别训练，前者的成绩比后者的高 30%。我们由此可以得出结论说：要使序列行动的程序彻底管用，就应该同有关的模式识别知识结合在一起学习。

小结

程序性知识是办事或解决问题的知识，可以二层嵌套地划分为"一般的"和"特殊的"以及"自动的"和"受控的"四种。

程序性知识和陈述性知识有鲜明的区别，因此有相对独立的学习过程，其中最基本的是"模式识别"和"序列行动"的学习。

模式识别的程序可以用来促进概念教学，主要的做法是展开概化和辨别的过程。概化过程的基本做法是紧凑呈现实例和呈现变式实例；辨别过程的基本做法是同时呈现是样例和非样例，以及精心挑选乱真非样例。

序列行动包含模式识别，却关乎程序性知识走向熟练的使用，为此要展开程序化与合成这两个基本的子过程，并完成其间的转化。程序化的过程是建立起由诸局部产生式组成的产生式系统，表征个体已经"会做"了；促成程序化过程的基本做法是进行有反馈的练习和讲述解决问题的案例。合成过程是把一个产生式系统里的诸局部产生式合并为"大一统"产生式，表征个体已经熟练地甚至自动化地做成某事了。完成从程序化向合成转化的基本方

---

① TENNEYSON R D, TENNEYSON C L. Rule acquisition, design strategy variables: degree of instance divergence, sequence, and instance analysis. Journal of educational psychology, 1985（67）：852-859.

245

法仍然是有反馈的练习，并在此过程中调用模式识别的过程。

由于大一统产生式潜在地具有刻板、僵化的缺点，因此是否要合成它，这需要慎思明辨。为此可考虑两条基本准则：① 如果情境不太可能变化；② 如果使用大一统产生式而加快办事的速度具有实质意义，那么值得合成。

研读建议

1. 程序性知识与陈述性知识既有联系，又有区别。本讲因为排在陈述性知识一讲之后，所以在"9-1 程序性知识的类型"的第3节对这两种知识做了一个归结性的理论比较。请读者注意，你是在什么情景下研读这一节的：首先，你已经学习了陈述性知识；其次，你已经学了"9-1 程序性知识的类型"的前两节，因此关于程序性知识的基本理论部分也知道了。你正是在这样的情景下研读到关于这两种知识的差别与联系的理论比较。完成这一步，你就转入程序性知识的实践部分。显然，理论比较要求你主要是思想理解，而程序性知识的实践部分要求你主要考虑如何做。因此建议读者以"9-1 程序性知识的类型"的结束为界，研读本讲的用心所向当有所不同。

2. "9-1 程序性知识的类型"的第三节，虽然主要是理论性的，却也有对实践的指导性。建议特别注意两点：① 一般通过大众媒体传播的批评性舆论，以及非教育领域的一些专家、学者做出的批评性见解认为实际教学中采用的多项选择测题只能考查"死记硬背"的知识，这用本书的术语来说，似乎充其量只能考查陈述性知识。可是我们对比表9-4的题2和题5，可知这样的舆论和见解是缺乏教育心理学素养的，因为选择题也是可以考查做事和解决问题的程序性知识的，因为像题5之类，供学生辨别和选择的样例是可以多样变换的。② "9-1 程序性知识的类型"第三节的最后一部分提到了陈述性知识在创造发明中所起的启发作用。请注意表9-5的事迹，它可以概括为"先有熟练的程序性知识，后补充系统的陈述性知识，于是有创造发明"的模式。这同我国一些学校里流行的"发散性思维"训练正相反，后者大体可以概括为"有一点陈述性知识，却没有程序性知识，结果产生一堆有趣的想法"。虽然有有趣的想法总比没有好，但是两相比较，一个仅仅是"想法"，一个是"做成的事情"，这难道不给我们以新的启发吗？比如培养学生创新的教育或教学是否可以考虑大体模式的问题呢？

3. 支持本讲"9-2 模式识别""9-3 序列行动"两节的基本理论很简单，主要是一条，就是"工作记忆容量有限"，建议读者在研读时，把涉及这条理论的有关文段汇集起来，从而总览在程序性知识学习的全过程里，究竟有哪些阶段受制于这条理论，又有哪些做法是可以化解这一制约的。如果学有余力，读者还可以把陈述性知识学习中受制于这条理论的有关文段汇集过来，这就可以在更广大的范围里做个考察。别急着问这样的考察有什么"用"，单是这样的考察本身就会富有乐趣。我们相信，大多数做了这样考察的读者会自发地尝试性构想化解这一制约的教学措施，这就走向了联系实际的创新。即使仅仅满足于考察结果的读者，也会在促进小学生知识学习中发挥重要的作用，因为他们会解释，于是可以向同事、向家长、向学生解释某些教学和学习问题的所以然，某些教学举措之所以得如此。人们接受了你的解释，就等于你在一定程度上改变了教学或学习的心理环境或氛围，这对小学生来说，总是好的。

4. 本讲的一大特色是"充满了"产生式。读者们要注意，大多数产生式都没有像讲认知心理学的其他图书那样，采用近似于计算机编程的言语风格来写，而是尽量以日常言语的方式写就。这么做，不但是为了便于读者阅读理解，而且也是为了便于读者模仿。我们建议读者在遇到以呈现产生式来解说的内容时，都尽可能地结合自己的教学实际，模拟地写出和你自己的教学有关的产生式。这样写，有几个好处。如果你是教学的专家，你将看到你自己的做法也许更高明，那就珍惜你的经验；如果你是教学的新手，你将看到严格地按照产生式去做，有助于发现你的教学弱点；而不论专家还是新手，都将发现采用产生式是毕竟能够解决问题的，因此认知心理学的理论是值得信赖的。

5. "模式识别"和"序列行动"是本讲的两大主力内容。为使读者一开始就对这两者有比较准确的感性认识，本书采用了要求读者做题目（表9-6和表9-15）体验的方式。这些题目都不难，做题目主要是为了体验认知过程的差别。因此建议读者认真做一下，能相互交流则更好。体会本身是一种程序性知识，而且属于说不清、道不明的那一类。因此只有从体会的过程来获得体会的结果，从相互叙述体会的过程中获得有助于更好体会的线索。

6. 建议读者在读"9-2　模式识别"的所谓"模式"时，最切要的，是认识到本书讲模式识别，主要是讲概念学习，特别是概念的获得，即怎样帮助学生从没有某个概念到具有这个概念；从具有不准确的概念到形成准确的概念。在本书，"模式""模式识别"是比"概念""概念学习、形成"更大的概念，前者包容后者。本书是从模式识别的一般原理推论出概念教学的一般方法的。

难点解析

1. 关于"做事"和"说话"有明显不同。

"做事"和"说话"在这里不是作为术语，而是作为日常语言来对举的。之所以用这两词，是因为它们通俗易懂，派作启发之用很好。因此读者不要去争辩"说话"是否也算一种"做事"，而要看到紧跟这两个词所举的三个例子已经彰显了对举这两词的实际用意。况且，其中第三个例子已经在事实上认可了我们在某些条件下是把"说话"也当作一种"事情"来做的。读者通过这些例子来看"做事"和"说话"的对举，主要应该联想到程序性知识和陈述性知识的差别。

2. 关于"模式是一个刺激或反应的结构"。

一般的认知心理学教科书讲模式的定义，都没有这里提到的"反应"一词，那自有道理。但是教育教学活动至少涉及教师与学生打交道，双方都是人。于是教师从学生那里获得的一项行为的刺激模式很可能是学生对教师的一项行为的反应模式。因此这里添加"反应"一词也是有道理的。

3. 关于概念。

本书对"概念"的概念，是从两个方面说的。一个方面是说一概念当有所指，此时概念表现为名称。有"名"就要有"实"，因此概念教学的最起码要求是让学生知道一"名"指何"实"，尽管所指之"实"可能是抽象的。本书说概念的另一个方面是定义，即通过"是"之类的连系词，用另一些词语来规定作为名称的概念，其中的关键词语应该与概念作为名称而所指的对象的关键特征相对应。合上述两方面，便有"名""实""定义"的三足鼎立。好的概念教学应能使学生从其中任何一"足"都可以通达其余两"足"，而教师也可以根据这样的关系来检查学生对概念的掌握。但是本书特别强调这三足鼎立关系中概念之为名称与其所指对象的关系。之所以如此，是从小学生的实际出发；如果换了高中生，那么也许该更多地强调另两面的关系。

4. 关于程序性知识的转换性特点。

文中举了两种例子。一种是"365×3"之类，另一种是比如"要欢快地歌唱"之类。显然，前者是按强硬的统一规则转换，学生没有表现个性的可能，而后者允许自由发挥，贵在显示独特个性。若着眼于学校教育教学的各个领域，则这两种转换都是需要的，而联系普遍的实际，则前一种转换比较能引起教师们自发的注意，所以后一种转化就尤其应当引起重视，并贯彻在学校教育教学的更多领域里。

思考

就程序性和陈述性知识的差别，阐述你因此而领悟的教育或教学含义。请阐述得有个性。

第四编　测量与测验

测量与测验也许，在从"应试教育"全面转向"素质教育"的历程中，最难以处理的是学校教学的一项常规工作是考试、测验和评价问题。考试和测验①从学理上说是一回事，我们只是觉得"考试"好像说得更"重"些。但是评价得有根据，有的根据比较客观，有的比较主观。虽然不论根据什么做评价，都以符合实际为好，可是教科书应该讲具有逻辑普遍性的东西，因为它更普遍地反映现实，也是各人根据自己的特殊实际做创新的基础。

教育教学中一个普遍的现实是学生终归有个体差异，于是就产生我们如何理解的问题。本编的"10 个体差异"就谈这个问题，而且参照我国现有的教育心理学教科书，本书的谈法是新的。新在它略去了纷繁万象，仅仅抓住其中的根本。这样的根本，如果我们还记得皮亚杰的"形式运算"概念，那就是"形式"的东西。"形式"这东西可能比较抽象，却可以做一以贯之的推论，推论通了，也就理解了，形成了皮亚杰所说的"图式"这种内部表征，你就可以拿它来套你的现实了。套得上，就是"同化"；套不上，则修改，就是"顺应"。

"测量的结果"，也希望读者超越日常教学里对"分数"的狭隘理解。这种理解之狭隘，甚至到了只认"59""60""100"等数字记录为分数，而否认"优""良""中""差"也是分数的地步，更不要说去承认三五行字的评语也是"分数"了。这样的认识不适应教育面向现代化的要求，因为它既形成理论混乱，又使教师在实际工作中为难。我们在第11讲里努力联系学校的实际，讨论了使用分数。在这一讲里，我们还就分数问题谈了一些在教育心理学研究中非常基本的技术。这些技术绝不超出初等数学的范围，并且都可以用图像来辅助理解，而且是我国自改革开放以来的教育类本科生都得学习的。读者理解了这些技术的概念，便可以与教育研究的专家，特别是技术专家，有更多的共同语言，也就能够更好地得到来自这些专家的帮助，搞好自己学校的教育、教学与评价。

如果对分数的理解没有基本方面的问题了，那么教师就要自己"搞出"分数来，那就

---

① 从学理上说，考试和测验是同一回事，但在我国的学校教学及其管理上，这两者往往被看成两件不同的事，比如说"不要搞期中考试，但是期中可以做些测验。"本书两面兼顾，表现为在行文上或只用其中一词，或两词都用。

要对学生实施测验。学校的教学是免不了要测验的，无论号称"××教育"，一律不例外。但是学校的常规测验是以教学内容为本的，因此本编的"12　教学与经验"就从教育内容的特点出发，逻辑地导出教学目标，最后根据教学目标，导出测验的类型。讲这些测验的类型，仍然是非技术性的，而依旧是观念性的，是希望教师以这些观念为指导，主动地调节自己的工作，而如果还能与教育研究方面的技术专家联手，那就更好了。正确的观念只有通过技术的运作才可能转变成现实，才可能改变实际。

总起来说，本编始终要求教师考虑这样的问题："我当前的工作是为了缩小个体差异，还是扩大个体差异？"这里的用心不同，则做法各异。而用心的产生，则根据实际情况。正像第一编里说的那样，环境既缩小个体差异，也扩大个体差异。教育是重要的环境影响因子，它之缩小还是扩大个体差异在很大程度上是可以由我们理性地调控的，目的最终是促进每个学生的独特发展。

10 个体差异

📖 研读目标

- 理解"个体差异是量的差异"及其意义；
- 掌握个体差异的离均差定义；
- 掌握正态分布的特征；
- 理解正态分布的个体差异含义；
- 领会影响正态分布的主要因子与学校工作的关系；
- 领会 J-形分布及其教育含义。

　　"个体差异"在别的书里也写作"个别差异"。这两个说法对应着同一个英文词语 individual difference。不过"个体差异"绝不是说两人之间在大多数方面没差异，仅在"个别"方面有差异，而是说哪怕甲乙两人只在一个方面不一样，他们各自作为一个完整的人（个体），其间仍然有差异。

　　上面一段话，三次提到"方面"这个词，它可以换作日常用语里的"特点""特征"等说法，也可以换作更加专业的术语如"性状"，像第一编里谈遗传问题时那样。可是本书按我国当代心理学界的约定俗成，在此使用的术语是"特质"，它和"性状"共同对应于 trait 这个英文词。

　　从概念上说，人的特质有很多很多，但可以粗分为两类。一类是"体质的"（physical），比如发色、肤色、瞳孔色；身高、体重、肺活量；（跑的）速度、（跳的）高度和（举重的）力气等；另一类是"行为的"（behavioral）。行为特质也可以说成"心理特质"，著名的心理特质有智力和种种个性特征。学校里的学生必有的一项心理特质表现为"学习成绩"。人和人之间的个体差异是通过这些特质差异而形成的。所以，这里讲个体差异，主要是讲特质差异，而讲特质差异，又主要是讲心理特质的差异，只不过有时为了便于说明问题，也举体质特质的例子。

　　但是这里又不谈具体的心理特质的差异，而是谈大多数心理特质差异的一些共同特点，因为它们对普通教师的教育教学工作具有一般的、整体上的指导意义。

10-1 个体差异的性质

虽然使用"个体差异"一词是为了突出一"整个儿的"人，可在讨论问题的时候，我们往往一次只涉及一项或不多的几项特质。于是个体之间的差异也是指某项特质的个体间差异，或者说是指人与人之间在某项特质表现上的差别。那么这样的个体差异具有怎样的性质呢？

10-1-1 个体差异是量的差异

1. 突破日常想法

我们在日常生活里表述个体之间的特质差异时，往往会采用"全或无"的截然二分格式，典型用语是"有"和"没有"。比如说张三"有"音乐才能，而李四"没有"。类似的用语还有"能—不能""是—不是"之类的肯定—否定式，以及"好—坏""高—低""热情—冷淡"之类的反义式。这样的表述格式表明人们在日常生活里习惯于把个体差异看成是质的差异。

如果上述的截然二分做法能够一以贯之，保持到底，那倒也好，可惜办不到。比如你刚才还嫌甲的脾气急躁呢，可见了乙，你又觉得甲的脾气真够好的了。那么甲的脾气究竟算急躁还是不急躁呢？又比如同一个人，他在此时此地的选拔中被判为"无"音乐才能而出局，可在彼时彼地同样的选拔中却被评为"有"音乐才能而入围，那么他到底算"有"还是"没有"音乐才能呢？类似的情况足供举一反三，不胜枚举。

其实稍微想一想，我们就可以突破这种截然二分的质的划分。比如，假使要你一次评判三个人，你就很可能列出一个处在中间者，他比上不足而比下有余。只是这类"高—中—低"的3档划分仍可属于质的划分。现在如果请你对自己班级里几十号学生某一特质的表现一一进行评判，你会排个序，从而逐一表示他们之间的差异。这样，除首尾两人外，你至少可以说其余的人都是"相对地"具有或没有这种特质的。如果又增加一些人要你评判，那么原先的首尾两人也有可能排到队列里去，他们于是也就从原先属于似乎"绝对地"有和没有某种特质的人，转变成现在属于"相对地"有和没有的人了。我们于是从逻辑上想：所谓"相对地'有'或'无'"，就是"绝对地'有'"，只是"有"的"程度"（degree）不一样。至此，我们推导出一个结论，即个体差异是程度的差异。

2. 确立量的差异之见解

程度的差异就是"量的"差异，这又可以从日常的说法里推导出来。比如就特质 A 而言，如果我们说甲比乙"好一点儿"，那就好比是把乙的特质 A 的表现程度确定为 0，而把甲的特质 A 的表现程度确定为 1；如果我们说乙比甲"差一点儿"，那就好比是把甲的特质 A 的表现程度确定为 0，而把乙的特质 A 的表现程度确定为（−1）。这样，原来表示程度的用语如"好（差）一点儿"就转换成了数量表示。如果此时又出现了丙，他比甲又"好一点儿"，那么按照上述的逻辑，若我们对乙的赋值是0，那么对丙的赋值就可以是2；如果对丙赋值为0，那么对乙的赋值就可以是（-2），而对甲的赋值就是（-1）。不论怎样赋值，按照上面的逻辑，我们总可以说丙比甲又好"1"点，而比乙要好"2"点。如果有一群学生，其中每个人都比某另一个人好1点，那么排成一个序列后，则在相隔了比如20人的两名同学之间，特质A的表现程度就可以相差20点。于是个体差异之为量的差异就明显起来了。

说个体差异是量的差异，就等于说是"连续的微小差异"，上面的例子足以使读者推想到这一点了。我们再表述得明白些。譬如有甲、乙、丙、丁四人，在甲—乙、乙—丙和丙—丁之间，可能都只差1点，我们于是可以说差异"很小"，这体现了个体差异的"微小"性。按照这样的设想，则在甲—丙、乙—丁和甲—丁之间，就差了2点或3点，这体现了个体差异的"连续"性。不难想象，随着人数增多，"个体差异之为连续的微小差异"就会表现得越加明显，而这时就形成一个新命题，即个体差异的微小性通过个体差异的连续性而累积成某些个体之间的显著差异或大差异。

于是可以确定这样一条推论：如果我们针对某项特质而随机地抽取个体，那么在抽取的个体达到一定数量时，则该特质的个体差异就会表现为"相邻之间是微小的、全体之中是连续的、间隔若干之后是显著的"。这方面的一个典型例子是我国学校里实行的百分制学业成绩。从理论上说，百分制的度量单位一般是1分，而设立这个分数制，就是设想学习成绩的差异会有从0分到100分共101个程度，或者说"档次"。两名同学若获得任何两个相邻的分数，不论是98与99，还是59和60，则彼此之间也许都不值得骄傲或自卑。这表现了个体差异的微小一面。当然，从实际上看，百分制学业成绩一般在实际上是不会有理论上的101档。实际上一般是从60分到100分，41档，即从"勉强及格"到"满分"；实际上常见的倒是比如从最低的53分到最高的98分共"98-53+1=46"档。只要测验的人数足够多，那么每一档分数都会有或多或少的人得到，这表现了个体差异的连续一面。正是这样的连续性，使得我们说：在得到53分和得到98分的两名学生之间，差距是"很大"的。在这里，"很大"的45分差异就是由很多1分的微小差异积累起来的。这就体现了大差异是通过连续的小差异而实现的一面。

总之，我们承认个体差异的连续微小性，这不妨碍我们看到某些个体之间有大差异，相反，承认前者倒是表现后者的基础。因此我们可以说，视个体差异为量的差异，或程度的差异，或连续的微小差异，这是一个基本的观点。

3. 教育含义

这个基本观点具有基本的教育意义。比如在考查学生的学习成绩时，我们的教师就明显地在"能力"（ability）这个特质上贯彻了个体差异之为量的差异的基本观点，这最明显地表现为百分制。虽然我们的教师有时也对学生的学习成绩打"优""良""中""差"的等第分数，可那分数也是从数量分数转化过来的，只不过有时比较粗糙，有时精细些。前者可以表现为教师凭经验、凭感觉打等第分，比如觉得甲毕竟比乙"差了一点"或"错得多些"，所以给甲评个较低的等第；又比如教师虽然也觉得丙比乙差，可相对而言，由于丙和甲之间的差距要大过丙和乙之间的差距，因此便给乙和丙同一个等第。后者可以表现为把原来的百分制分数转记为等第。

又比如我们的教师常教导学生、开导家长不要为了百分制分数的一两分之差而锱铢必较。言下之意就是说，差那么几分并不表示"实质"上的差异，而只是量的差异。即使对分数差了很多的学生，教师也启发他从"量"上而不是"质"上来看待自己，从而鼓励学生通过"一点一点地"进步而赶上来。

学习成绩作为学生的一种特质还比较容易看出量的差异，可是学生还有一些特质就不容易看出"量的"差异。尽管如此，我们的教师依然相信学生在那些特质上表现出来的差异仍然是量的差异，这很不简单。假设一个例子来说吧。"诚实"也可以看作学生在品德操行方面的一项特质。我们没有必要去设想在一个有 40 名学生的班级里会存在着这样的"量的差异"，比如有一名学生说谎的次数是 0，其余学生说谎的次数渐增，而学生 Z 说了 39 次谎。我们完全可以假定其余学生没有一个被发现说过谎，而 Z 却被查实说了 39 次谎。在这里，我们没看到"连续的、微小的、量的差异"，而 Z 的多次说谎又被认为是个"严重的"问题，不能姑息迁就。可是我们的教师又会怎样想这个严重问题呢？教师会说 Z 其实"本质上"不坏，就是说谎次数"多一些"。可见，我们的教师即使在看不见或看不清量的差异的时候仍然能够相信存在着量的差异，这很不简单。因为这样的相信或曰信念同我们虽然一般看不到细菌，却相信它是存在一样；同我们中的绝大多数人虽然一辈子也没看到过原子，却相信原子是存在的一样。这是一种基于科学的"有教养的"或曰"训练有素的"信仰（educated belief），值得坚持。

10-1-2 如何认识"质的差异"

1. 日常想法

也许有人觉得关于个体差异的性质，全面的说法似乎应该表述为"既是量的差异，也有质的差异"。比如一场高水平的运动会，一名短跑手只要跑到某个速度，哪怕比眼下的短跑世界冠军仅快 0.01 秒，都可以取而代之；或者仅快 0.01 秒就好歹还得了块铜牌，而仅慢 0.01 秒就什么奖也没有。在这里，0.01 秒是极其微小的量的差异，而是否得冠军、是否获奖牌，都是重大的"质"的差别。又比如一名高中毕业生，他仅以 1 分之差而没有被大学录取。在这里，现在的"考上"和"没考上"大学，或者将来的"上过"和"没上过"大学，不也是具有重要意义的"质"的差异吗？所以人们会很自然地想到个体差异也有"质的差异"。

按照这样的想法，我们就该去确定一个固定的"质"的关节点，它好像一道固有的栅栏，把属于此质的一个量和不属于此质的其余种种量划分开来，仿佛 100℃是划分水之"沸腾"这个"质"的一个固定量、一个关节点。然而，这样的想法未必是合理的。

2. 分析与评判

拿上述体育竞赛的例子来说吧，即使一名运动员本次纪录的确快于当前的世界冠军，可只要这个纪录不是在运动会上产生的，甚至不是在有关国际体育组织认可的比赛上产生的，那么这名运动员与其同行之间就没有所谓"打破世界纪录"或"夺得冠军"这样的"质的差异"。再说上述的考试例子，假如大学增加录取人数，那么一些原来没被录取的人就可能被录取了；反过来，假如减少录取人数，那么一些本来可以录取的人也可能不被录取。这一来，则所谓"是"或"不是"大学生的界线又在哪里呢？可见在这两例里，作为纪录，量的差异总是存在的，前一例可以是 0.01 秒，后一例可以是就差那么几分，但是"质的差异"都是忽有忽无而不固定的。因此要在人的特质的个体差异中确定一个数量点，以表示达到了还是没达到某个质，像确定水的沸点为 100℃ 那样，那是很困难的。

其实水的沸点为 100℃ 也不是绝对的，而是有条件的，比如它受大气压的制约，所以在高山顶上，由于大气压力变小，因此水不到 100℃ 就沸腾了。只因我们一般都生活在地面上，或者虽然生活在山上，可那高度相对于水的沸点变化而言毕竟还不算高，这使我们容易忽视水的沸点是受大气压制约的这个条件，误以为 100℃ 是不讲任何条件的一个绝对的"质的差异"关节点。可见，某一量的差异是否表示某种质的差异，那是得参照其他条件而定的。社会生活的条件更加多样，更富于变化，因此个体差异达到某一量时是否就具有了质的差异，那就是更加飘忽不定的。

说到底，个体差异是否具有一种质的差异，何等量的差异才算"质"的差异，那是由文化准则、社会要求乃至实际事务决定的。两人的高考分数相差 100 分，这在现代国家里会显得有实质性的差别，但在一个原始部落里，这两人之间如此大的差异却是无足轻重的，因为那里的生活可以丝毫不涉及数学、写作和外语；同样，被那个原始部落所看重的某种敏锐的模式识别能力——比如能从空气中嗅出一头成年野兽走近，或者能在森林的落叶上看出猎物的脚印和行进方向——这在现代社会里也没有重要的意义，因为那里的生活也不涉及这些能力，所以两人之间有无这样的能力并没有质的差异。总起来说，我们是在此时此地，仅仅为了达成某项工作目标，这才把个体之间某个量的差异确定为质的差异。因此某个量或某个微小的量的差异表示某种质的差异，这从本质上说，是一种偶然的、人为的联系。一旦时过境迁，工作目标变化了，则原来的数量差异就不具有某种重要的实质意义了，于是也就没了原来所谓的质的差异。

总之，关于个体差异的性质，我们在最基本的层面上只需把它理解为量的差异就够了，并无必要去考虑什么"质的差异"。我们这样地理解个体差异的性质，至少有两点好处：① 这样的理解使"个体差异"的概念具有彻底的抽象性，抽象到了有可能对个体差异做数学运算的地步；② 这样的理解又使"个体差异"的概念具有彻底的具体性，具体到我们可以联系任何一种实际事务来确立任何一条分界线，从而判定任何一种"质的差异"。

10-1-3　个体差异的定义

量的和质的差异的分析论证，都是关于个体差异的描述，只是角度不同。现在我们需要有个关于个体差异的一般定义，它应该包括这两个角度的描述。

1. 日常定义的局限性

在日常思维中，人们很容易把个体差异理解为任何两个人之间的差异。比如说，个体差异，就是指张三与李四之间的不同；又比如说，在张三、李四、王五这三人之间，就有张三—李四、李四—王五、王五—张三这样三项个体差异。日常思维就是通过这样的方式而认识到任何个体都是"独一无二的"，这实际上是把个体差异定义为"两两间差异"。

抽象地看，个体差异之为"两两间差异"的定义没什么不对，因此可以作为我们理解个体差异的思想起点。但是具体地看，则这个定义无论在理论上还是实践上，都有难以处理的问题。从理论上说，这个定义往往表达这样的意思，比如张三是数学尖子，可五音不全，而李四的音乐出挑儿，数学只是马虎过关。至于王五、赵六等人，他们的个体独特性都可以仿此构想。要言之，这是在不同的心理特质（数学才能、音乐才能等等）之间比较不同的个体，实质是强调了个体之间"各有所长，各有所短"的不可比性。如果我们立足于普通学校的普通教育来看问题，那么这样的比较就有两点不足之处：① 比较而得出不可比的结论，就意味着事情到此结束，进而意味着工作也没法做下去了。可是我们考察个体差异，是为了继续把工作做下去的。比如李四虽然数学不怎么地，可数学教师总想使他还能进步点儿，这就需要比较他和张三的数学相差的程度；同样，张三虽然眼下五音不全，可小学教育却并不因此而允许张三不上音乐课了。相反，音乐教师总想使他还能进步点儿，这就需要比较张三在音乐方面和李四相差多少程度，其余可类推。② 比较而得出不可比的结论，还意味着这是着眼于少数学生（比如尖子）的。显然，如果有个少年儿童校外教育与发展机构来遴选一名音乐才能出众的学生，我们会举荐李四；如果要选拔一名数学才能出众的学生，那我们会保举张三；其余可类推。那么还有大多数学生呢？由此可见，上述的比较只使得我们更好地了解了少数学生，却忽略了大多数学生。由此又可见，为了着眼于全体学生的提高，我们需要在一项特质上比较个体差异。

在一项特质上比较个体差异，也可以有至少两种思路。一种思路仍旧如上，于是个体差异可以定义为

$$\frac{n^2-n}{2} \text{或} \frac{n(n-1)}{2}。 \hspace{3em} [10\text{-}1]$$

我们且来图解这个表达式：设有甲、乙、丙、丁、戊五人（$n=5$），他们之间在某一特质上两两不同的个体差异可表现为表 10-1 的矩阵。

表 10-1　五个人两两间个体差异示意

	甲	乙	丙	丁	戊
甲	×	△	△	△	△
乙	▲	×	△	△	△
丙	▲	▲	×	△	△
丁	▲	▲	▲	×	△
戊	▲	▲	▲	▲	×

　　表中标以×的一列是对角线，那是五个人分别拿自己与自己比，看看是否有差异。由于自己和自己当然是没差异的，因此表中用了五个×来表示"去掉不计"，这正好对应于式10-1里的（–n）。换言之，表中除对角线以外，其余都是两个不同的人相比，这当然有差异，只是对角线两边是完全重复的差异，例如甲≠乙（▲），正同于乙≠甲（△），因之可以去掉半边，即所有的▲或△，这在式10-1里表现为1/2。结果表明在五个人的两两之间共有10项个体差异。

　　这样的比较意味着什么呢？意味着如果我们要真正理解甲的个体性，那就要做甲分别对乙、丙、丁和戊的4次比较；进一步，要真正理解这五名学生，就要做10次比较。表面看来，通过10次比较而了解了五人的两两间个体差异，工作量似乎不大。可是按照这样的逻辑，假如一个班级有40名学生，那么其间的个体差异就会有"（40×39）/2＝780"项；换言之，我们得做这么多次数的比较才能真正了解那40名学生。这个工作量就大得多了。实际上，每个教师恐怕都不会仅仅接触40名学生，于是真正认识学生间个体差异的工作量将是更大的，程序也变得烦琐不堪。何况，这还是仅仅认识"一项"特质的个体差异呢。如果一名教师要在更多项特质上认识学生之间的个体差异，那么他完成的比较次数或执行的程序步骤就立即会上升到天文数字。其数字之大，大到了实际上不可能去做的地步。于是个体差异之为"两两间差异"的定义也就成了一个听起来蛮有道理，而做起来却行不通的定义，它理论脱离实际。由此造成的现状是尽管教育中谁都知道要重视学生的个体差异，可是实际上，教师们除了凭经验而了解了少数学生的独特性之外，对大多数学生的独特性是并不能做稍微准确一点地了解的。这正是日常思维中的个体差异定义的弱点。

　　2. 离均差定义

　　科学讲究以简驭繁，所以与日常思维不同，它把个体差异定义为对平均值的距离，见式10-2：

$$个体差异 = X_i - \overline{X} \qquad [10\text{-}2]$$

式中的X_i表示某个体（i）的某一特质的表现程度（X）；$\overline{X}$（读作"X巴"或"X杠"[①]）是该特质在一群体里的平均表现程度，比如一个班级或年级的数学成绩的平均值；相对于X_i而言，$\overline{X}$从数学上被假定为是每个X_i都达到的表现程度，因此是个体之间的共同性，于是整个式10-2表征着特定个体的特质表现程度扣除了与别人的共同性后剩下的独特性，它在数学上叫作"离均差"或"离差"，即个体距离所属群体的平均值的差量。这就是个体差异的离（均）差定义。从这个定义看过去，任何两人之间的差异，就是他俩各自对平均值的差量之间的差异，见式10-3，式中的下标i和j表示两个不同的个体：

$$(X_i - \overline{X}) \neq (X_j - \overline{X}) \qquad [10\text{-}3]$$

　　个体差异的离均差定义有这样的好处：

---

　　① 巴，英文 bar 的音译，意思之一是"（小）木条儿"，所以在此可以意译成"杠"。

（1）这个定义确立了一个固定的比较点，就是平均值。于是所有的个体差异都通过与平均值的比较而显示出来。这样，要了解 40 名学生在某项特质上的个体差异，我们只需比较 40 次就行了。比较的程序简化了，也就更加实用了。

（2）这个定义以平均值为比较点，则一般就有大体一半的个体在平均值以上，一半在以下；引用式 10-2，则前一半的个体均获得正数的值，后一半是负数值。于是平均值就可以作为最粗大的"质的差异"分界线。这在日常工作中又简化了个体差异的比较，即把个体差异粗分为两类，高于还是低于平均值。于是我们判断任何一个个体，可以先考虑他落在平均值的哪一边。

（3）这个定义照样可以进行"两两间差异"的比较，因为引用式 10-2 之后，所得的差越大，就表明这一个 X_i 的这一特质的表现程度越特别，根据它的数值为正还是为负，就可以具体说明为该特质的表现是越充分还是越欠缺、越好还是越糟，从而确定是优先举荐还是重点扶助。

（4）这个定义还可以进行数学运算，从而可以更深入地分析考察个体差异，使个体差异的考察超出日常思维的范围而升入科学研究的领域。下一节就是一个例子。17 世纪艺术与科学的全才达·芬奇、18 世纪杰出的哲学家康德、19 世纪伟大的思想家马克思都说过类似的话，意思是一个领域的研究只在引进了数学分析后才成为真正的科学。

改革开放 40 年来，我国很多地区的教育主管部门都号召广大中小学教师普遍开展教育的科学研究，其中的规范研究项目往往要采用个体差异的离差定义。因此，无论从理论还是实践看，个体差异的离差定义都是更值得重视的。

10-2 个体差异的分布模型

个体差异的离差定义令我们想象一系列个体排列在一根数轴上，轴上每一点都有至少 1 名个体（参见图 10-1 的阴影部分示意）。可是轴上的每一点是未必只有 1 名个体的，这就提出了一个问题，叫作"个体差异的分布形态"，可以表述为：就某一特质而言，众个体在这根轴上一般是怎样分布的？是均匀分布的，还是非均匀分布的？如果是前者，那么个体差异将分布成一个矩形，如图 10-1 所示。

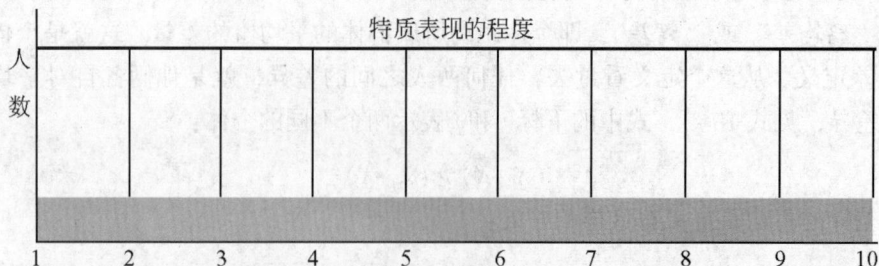

10-1　设想个体差异呈矩形分布的示意

图中的横坐标表示某项特质的表现程度，它呈连续的量的差异；纵坐标表示人数；两者合起来看，可以分别表示在该项特质的每一表现程度上有多少人。在图中的坐标空间内，一条加粗的水平线段则表示在特质表现的每一种程度上，都有同样多的个体，从而表现出个体差异呈一矩形的分布。然而实际数据往往并不是这样的，这就表明个体差异是非均匀分布的。于是我们又可以问：个体差异的非均匀分布究竟是杂乱无章的，还是有规律的？回答是"有规律的"，而且这种规律性通常体现为正态分布[①]。

10-2-1　正态分布

我们先看看正态分布可以怎样表现出来。如果我们随机地抽取一个学生样本，然后测量他们的某一特质，目的是尽可能地揭示该项特质的个体差异，那么我们该看到两点：① 该项特质在不同个体那里会有不同的表现程度，从而可以表现为不同的分数；② 对应于不同的程度即分数，会有数量不等的个体，这可以称为"频次"。我们以水平轴表示测验的分数，以垂直轴表示人数，然后对应各个分数来标示人数，这就形成一个频次分布表。表 10-2 是 1 450 名学生在一项标准化的学业成就测验上的分数的频次分布。

表[②]中的"组距"栏是把测得的 1 450 个分数归并成若干小组，每组是 50 分，即从分数全距（如图是 200～799 分）的一端（如图是 200 分）开始，把连续的 50 个分数点定为一组，比如最底下的组距是 200～249 分，其余可类推；表中的"频次"栏是每个组距里的测验分数的数目，其实也就是人数，比如得 750～799 分的只有五人，而得 500～549 分的有 330 人，等等。我们在表 10-2 里就可以看到的一个规律性的现象，那就是越趋于中间的分数获得的人越多，越趋于两端的分数获得的人越少。

表 10-2　1 450 名大学新生学业成就分数的频次分布

频次	1	2	5	34	128	257	330	291	223	119	55	5
组距	200～249	250～299	300～349	350～399	400～449	450～499	500～549	550～599	600～649	650～699	700～749	750～799

$N = 1\,450$

表 10-2 可以转换成图 10-2 的频次分布图，后者的水平轴表示分数，也按组距分隔；垂直轴是落入每个组距里的人数。频次分布图一般有两种画法，一种是"直方图"，即图中长方条构成的图形；另一种是"多边图"，即图中曲折线构成的图形。两种画法是等价的。

---

① 又名"常态分布"。
② 袁军. 个体差异心理学导引. 香港：中国香港新闻出版社，2002.

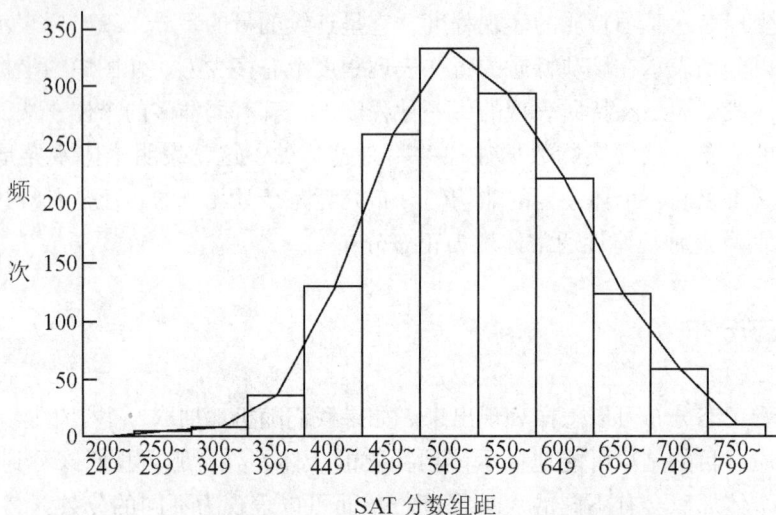

图 10-2 据表 10-2 的频次分布而制作的多边图和直方图

图 10-2 是实际采择的数据集，它总有误差成分，不过我们仍可看出它有一些明显的特征：① 多边图的折线前后接连不断，直方图的长方条彼此相依无间；② 从两端向中间，人数渐多，在中央处堆积成峰；③ 整个分布接近于对称。因此，如果我们把多边图的折线修匀，就可以获得所谓的"正态分布"（normal distribution）或"正态曲线"（normal curve），如图 10-3 所示。

由图可见，正态曲线像一只倒扣的"钟"①，因此也叫"钟形曲线"；它左右对称；中间隆起成单峰；两边从数学上说，可以无限延伸并下降，却绝不与基线（横轴）相交。正态分布由于左右对称，因此可以分为均等的两半，左半为负，右半为正，正中为（算术）平均数，赋值为 0。我们以这个平均值 0 为起点，按照正态分布的单位在基线两边做等距的划分，图 10-3 的正态分布每边划了四个单位。正态分布的单位称为"标准差"（standard deviation），其含义是"对平均值的标准偏差"，通常缩写为 SD 或 S，标记为 σ（读 sigma）。正态分布一般标出（-3σ）~（+3σ）或（-4σ）~（+4σ）作为全距（参见图 10-3）。

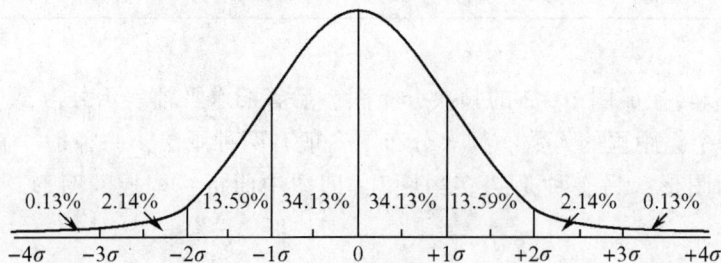

图 10-3 正态曲线

---

① 这里的"钟"指古代中国的一种打击乐器，又叫"编钟"。

10-2-2　正态分布的个体差异含义

我们从图 10-3 可以看到，正态分布包含着个体差异的离差定义（参见式 10-2），也包含着任何两个个体的差异是他们各自的离差之间的差异的意思（参见式 10-3）。除此之外，正态分布对我们理解个体差异还别有意味。

我们再看图 10-3，并且把正态曲线和基线之间的空间看作一块总面积，规定它的大小为 1.00；然后以平均值 0 为起点，以标准差 σ 为单位，把这块面积分割成小块，它们是子面积，各有固定的大小，亦即是总面积 1.00 的一个固定的百分比。例如从逻辑上看，平均值左右两块子面积各占总面积的 50%；又比如自平均值起，$\pm 1\sigma$ 的面积各是总面积的34.13%，而第 $\pm 3\sigma$ 的面积各是总面积的 2.14%，等等。

现在我们做个平行推移：把正态曲线下的整个面积看作特定的一群人，他们可以是读者所在省、市、县甚至所在学校的全体学生，甚至是某一年级的全体学生。这样的"全体"可以称为"总体"（population）。这一来就把上面讲的面积百分比转换成人口百分比了。于是我们看到在正态曲线下 $\pm 1\sigma$ 的面积里，有着占总体 68% 以上的人口，他们已经是"大多数"了，而在 $\pm 3\sigma$ 的面积里，有着占总体 99.7% 的人口，这足以表示特定总体里的"一切"个体了。于是，正态分布就成了我们观察个体差异的一个背景。下面，我们以智商为一个典型例子来说明这一点。

智商（Intelligence Quotient）的英文缩写是 IQ，全称是"智力商数"。我们每个人现在都可以通过一般说的"智力测验"而得知自己的智（力）商（数）是多少（分）。智商从一个方面反映一个人的"智力"这一特质的表现程度，通俗地说，也就是从一个方面表征一个人的聪明程度。为了方便，现在一般这么做：一是把总体智商定为 100，逻辑上的意思是：如果我们把一个总体里的所有个体的智商总和起来再求平均值，那么平均的智商是100。二是把智商的标准差定为 15，于是一个人的智商可以描写成

$$IQ = 100 + 15(\pm\sigma) \qquad\qquad [10-4]$$

具体地说，如果甲的 IQ = 100，那么他的 $\sigma = 0$，于是援引式 10-4，就是 $IQ_{甲} = 100 + 15 \times 0 = 100$；如果乙的 IQ 比总体智商低一个标准差，那么援引式 10-4，就有 $IQ_{乙} = 100 + 15 \times (-1) = 85$；如果丙的智商比总体 IQ 高 1.5 个标准差，那么援引式 10-4，就有 $IQ_{丙} = 100 + 15 \times (1.5) = 123$（四舍五入取整位），如此类推。三是规定一个人的智商分数越高，则从理论上说，这个人也就越聪明。问题是我们如何理解这个"聪明"呢？

我们先看图 10-4，它把智商分布与一般正态分布（参见图 10-3）对应了起来，于是援引上述关于正态分布的面积和人口比例的解说，我们可以这样理解：

（1）如果甲的智商是 100，那么参照图 10-4，这就意味着在甲所属的总体内，有大约 50%的人比甲聪明，同样，也有大约 50% 的人不如甲聪明，于是甲就是一个"中等"聪明的人。

（2）如果乙的智商是 115，他就处在图 10-4 的 1σ 点，这就意味着在乙所属的总体内，

绝大多数（50%+34%=84%）的人不比乙聪明，因此乙是"相当"聪明的。

（3）如果丙的智商超过130，即落在图10-4的大于2σ又小于3σ的子面积里，这就意味着在丙所属的总体里，绝大多数（50%+34.13%+13.59%≈98%）的人不比丙聪明，丙因此就算我们中国话里所说的"数一数二的"人，所以是"极其"聪明的。

（4）如果丁的智商超过145，即落在图10-4的大于3σ又小于4σ的子面积里，这就意味着在丁所属的总体里，仅有大约千分之一的人比丁聪明，于是丁就成了比"百里挑一"的人更聪明的人了。

举一反三，我们从上述关于智商的四个例子推论开去，可以这么想：如果我们扩展性地把"聪明"理解为一特质表现的"充分性"，那么正态分布就是以个体的某项特质的表现程度在其所属的总体里有多少人（%）表现得比该个体更充分或表现得不如该个体充分来体现该个体与其他个体之间的差异。这就把我们在10-1节里关于个体差异的所有说明要点通通包括在其中了。可见在个体差异问题上掌握正态分布的基本知识具有重要的理论意义。同时，如果读者把上面解说中的"智商"一词替换成学科学习成绩，也就可以理解学习成绩的个体差异了。可见在个体差异问题上掌握正态分布的基本知识也具有实用的意义。

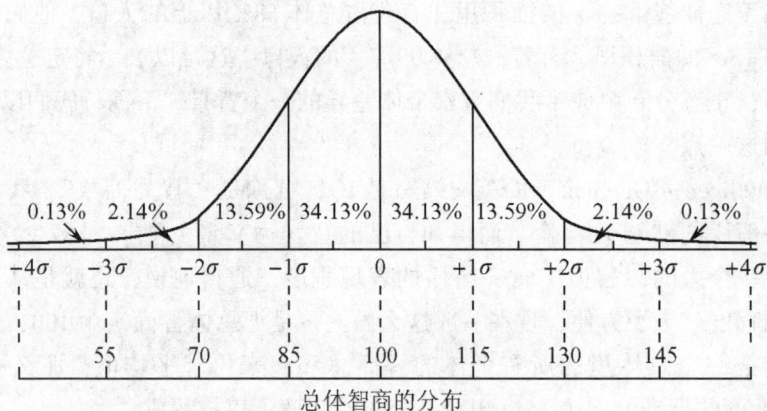

| 0.13% | 2.14% | 13.59% | 34.13% | 34.13% | 13.59% | 2.14% | 0.13% |

| -4σ | -3σ | -2σ | -1σ | 0 | +1σ | +2σ | +3σ | +4σ |

| 55 | 70 | 85 | 100 | 115 | 130 | 145 |

总体智商的分布

图 10-4　智商分布与一般正态分布的对应

10-2-3　正态分布的普遍性

也许有读者问："特质的个体差异都呈正态分布吗？"对于这个问题，我们的评论是：这是一个重要的好问题！显然，如果一切特质的个体差异都呈现正态分布，那么我们理解个体差异时只需一个模型就够了，这多么省事！反过来，如果每一种特质自有其独特的分布形态，那么有多少特质，我们就要掌握多少个模型。这不但增加我们的记忆负担，而且也增加思维的困难、实践的麻烦。现在我们能够说的是：特质的分布形态肯定不像上述的第二种情况，却不敢说都是第一种情况。对于上面的提问，我们能够确切回答的是两点：① 迄今为止，被仔细认真地观测过的个体差异大多是正态分布的，这样的观测资料汗牛充栋，足以使我们得出"个体差异普遍地呈正态分布"的陈述。② 如果一种特质是受众多因素影响的，而这些因素又是各自独立地起作用的，那么这些影响因素将形成各式组合，由此造成特质表现的各种程度，从而必然形成正态分布。下面就这两点陈述提供一些证据和论证。①

很多体质特质的个体差异呈逼近正态的分布。图10-5是8 585名男子身高的分布。我们可以见到，实测分布的形态是十分逼近标准正态分布的。图10-6是1 633名大学男生肺活量的分布。你别看此图的曲线不如上图的对称平滑，但是并没有显著地偏离理论正态曲线。

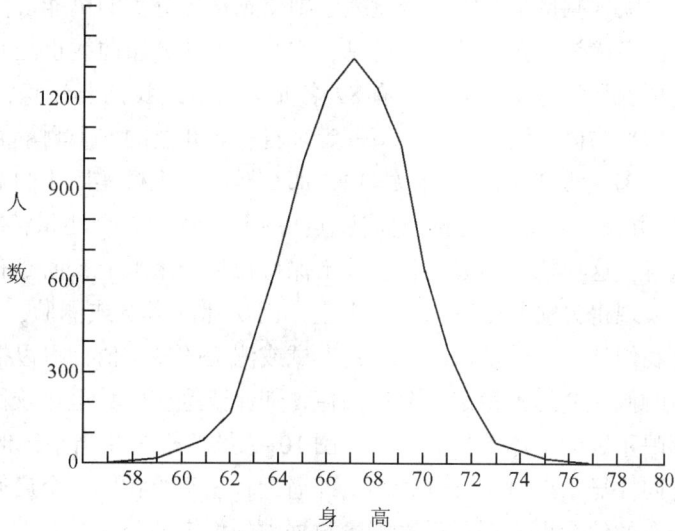

图10-5　8 585 名男子身高的分布

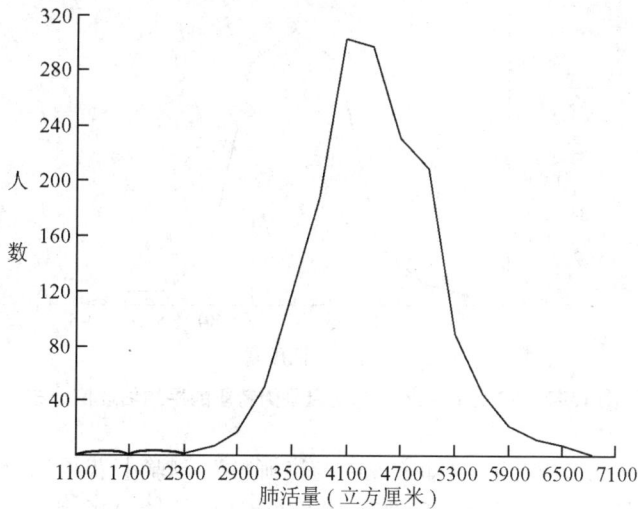

图10-6　1 633 名大学男生肺活量的分布

---

① 袁军. 个体差异心理学导引. 香港：中国香港新闻出版社，2002.

以上两图有一个特点，就是样本很大。这给我们一个启示，即个体差异在大样本的条件下容易表现出正态分布。具体地看，图 10-5 比图 10-6 更逼近正态分布，而前者的样本比后者大多了。我们由此可以想到一项特质的年级分布要比班级分布更显示出正态分布的形象。所以我们要联系样本的规模来坚持特质的个体差异成正态分布的信念。

图 10-7 是"自平衡"（autonomic balance）测量值的分布。自平衡指自主神经系统中的交感神经分支与副交感神经分支之间的协调机能，该机能的差异与个体之间的情绪表达差异和个性行为差异有关联。测量中获得高分就表示副交感神经分支的机能占优势，低分则表示交感神经分支的机能占优势。我们从图上可见，实测所得的分布曲线也是非常对称的，逼近正态分布。但是这项测量的样本不大，只有 87 名儿童。不过我们要注意，描绘本图的测量值是每个儿童提供的平均值，而一个平均值一定来自一名儿童的 k 个测量值，因此该测量的实际样本将是 k 倍于 87 个数据的。如果 $k=12$，那么样本的规模实际上也超过 1 000 了。所以图 10-7 与前两图并不矛盾。可是我们要注意：一名儿童的 k 个测量值本身是有差异的，表明他在接受测量时，这项特质的表现程度并不保持在某个水平上，而是有波动的，有时表现得更充分，有时表现得欠缺些，正像一个学生一门功课的考试或测验，有时分数高一些，有时低一些。但是我们计算这门功课的一系列考试或测验的平均值，可以把分数里因为波动而有时高一些、有时低一些的不稳定成分抵消掉，却保留这些分数里比较稳定的部分，而正是这个部分最能反映稳定的个体差异。于是，图 10-7 虽然样本相当小，但是由于使用更加稳定的数据，因此同样显示出对正态分布的良好逼近。这又给我们一个启迪，即关于特质的个体差异呈正态分布的信念也需要联系着测量数据中的稳定部分来维系的。

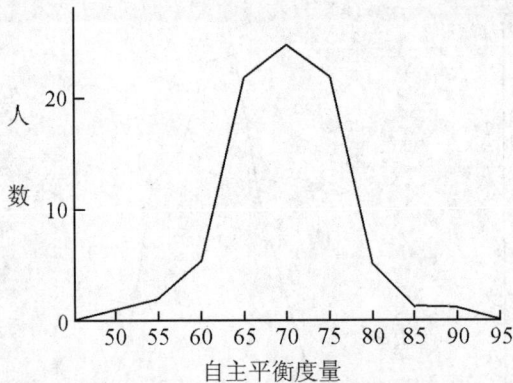

图 10-7　87 名 6～12 岁儿童自平衡特质的平均估计值分布

图 10-8 是 1 000 名大学生在"知觉速度与准确性"测验上获得的分数分布。该测验要求被试在 1 分钟里尽快地把测验纸上印刷的字母 A 划掉，划掉 1 个算 1 分。图像看上去有点偏，实际上仍落在理论正态分布范围内。

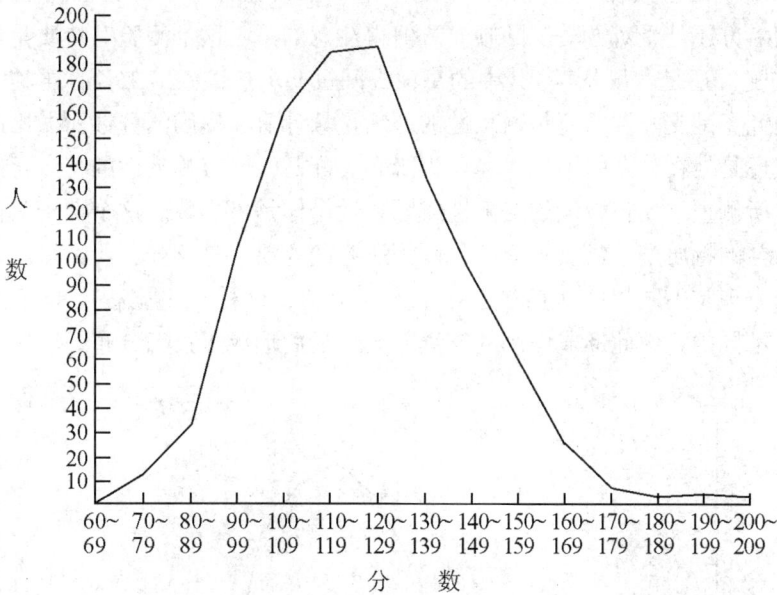

图10-8 1 000名大学生的字母划消测验的分数分布

如果说划消字母属于简单的认知活动，那么图10-9是复杂认知活动的个体差异逼近正态分布的图像，它是使用斯丹福—比奈智力量表测得的智商分布，样本为2 904名2～18岁的儿童。由图可见，拥有最多人数的智商分数在95～104这一组，越向两边的智商分数组走去，人数就越少，在35～44和165～174的两组里，各只有1的人数。

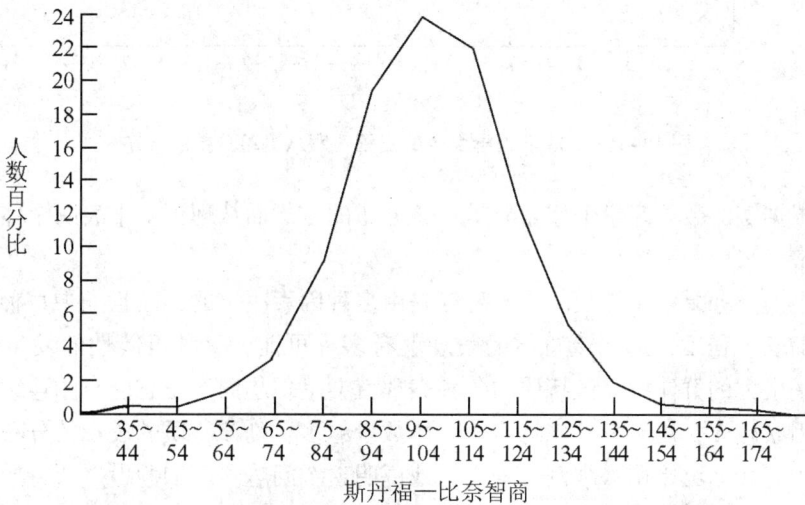

图10-9 2 904名2～18岁的儿童斯丹福—比奈量表的智商分布

图10-10刻画一项人格特质的个体差异分布，那是600名女大学生在"阿尔波特支配

—顺从测验"上获得的分数。这项测验主要考察一个人在与另一个人面对面交往时，往往表现出是支配对方还是受对方支配的倾向。值得注意的是，这个测验对特质是作二分性质定义的，即"支配"还是"顺从"，其中的每项提问也要求被试做出二者必居其一的回答。但是关于一个人究竟是支配性的还是顺从性的评断是累计每项提问的分数而做出的。我们看到绝大多数被试还是处在分布的中央，表现为既有支配性，又有顺从性的特点；或者说，支配性与顺从性有所侧重，真正极端的支配性或顺从性个体是极少数。这个例子具体地告诉我们不要对二分命名的特质产生错误的理解，以为所有的人要么是这样，要么是那样。其实特质的两端相反的表现是不同程度地存在于一个人身上的，这种"不同程度的存在"在不同的个体之间也是不同的，由此形成微小的连续差异，最后形成了正态分布。

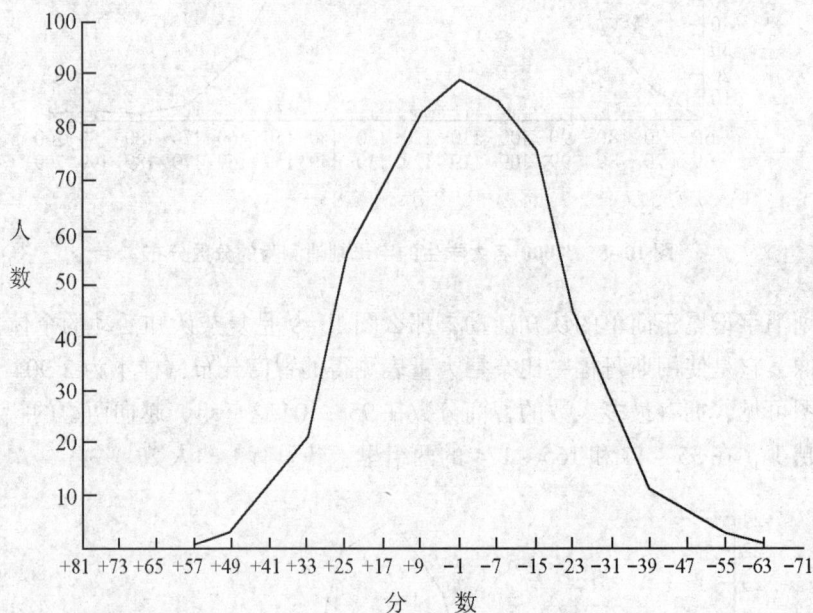

图 10-10　600 名大学女生的支配—顺从测验分数的分布

以上是根据实测数据来说个体差异呈正态分布的，下面从理论上来表明个体差异呈正态分布恐怕是最稳妥的。

从数学上说，如果一种特质的表现程度是由多种因素决定的，而且如果每种因素都独立地决定特质的表现程度，那么该特质的表现就有多种可能，每种可能性的发生频率也不一样。于是在一个大的群体中，该特质的各种表现就会呈现趋向于正态分布的连续性。起作用的独立影响因素越多，用于考察该特质的个体数量越多，则该特质的表现的分布就越趋于完美的正态分布。我们可以用一个例子来模拟地说明这个问题。例如假设一项特质由三项因素决定，在此前提下，我们继续假定：① 大写字母表示使该特质有高程度表现的作用，小写字母表示使该特质有低程度表现的作用。② 每种因素的作用大小从理论上说都一样，我们不能先验地确定哪个因素更重要、哪个因素次重要或重要性最小。③ 在不同的人那里，三对因素共六种可能的作用有不同的组合。例如在有的人那里，这六种可能的作用都表现为大写字母的组合，即 AABBCC，这是一种极端；另一种极端是在有的人那里，这六种可能的作用都表现为小写字母的组合，即 aabbcc；在这两种极端之间，是这三对六字母的大小写形式的其他组合与排列，例如 AaBbCc 与 aAbBcC 就是两种不同的排列。

在做了这样简单化的假定后，该项特质的表现程度的分布会趋向于正态分布，如图 10–11 所示：

（1）图中的基线表示特质的表现程度或水平，自左而右，随着大写字母的从无到有、由少而多，特质的表现程度也就越高。

（2）图中每个封闭的小格子可以代表一个人的该项特质表现的结构，这里只是大字母及其数目有所不同，就表示两个人之间多少有点不一样。

（3）这种封闭格子共有 27 个，除最左边的一个外，其余都显示出现了什么大写字母和什么大写字母组合及其次数，它们的纵向排列表示特质结构具有同样组合的人在人群中所占的理论比例。例如，基线最左边的格子表示大写字母为 0，而最右边的相反，表示全为大写字母，这种极端个体在人群中各占 1/44；中间最高的长方条表示大写字母分别出现三次的情况，这样的中间情况在人群中占了 7/44。如果我们按个体来计算，那么特质结构越趋于中间，人数就越多；越趋向两边，人数就越少。特质的正态分布就是这样出现的。

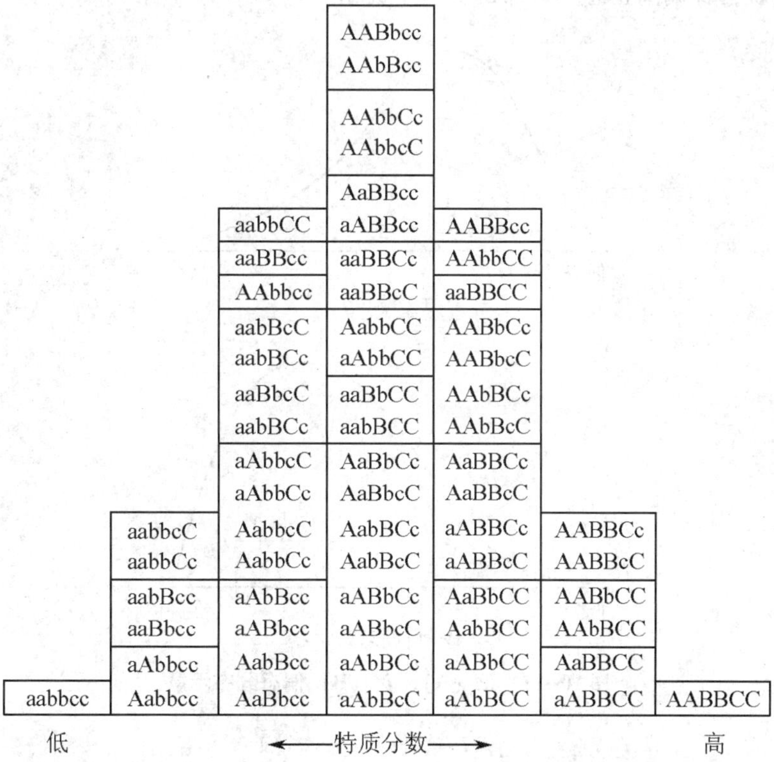

			AABbcc			
			AAbBcc			
			AAbbCc			
			AAbbcC			
			AaBBcc			
		aabbCC	aABBcc	AABBcc		
		aaBBcc	aaBBCc	AAbbCC		
		AAbbcc	aaBBcC	aaBBCC		
		aabBcc	AabbCC	AABbCc		
		aabBcC	aAbbCC	AABbcC		
		aaBbcC	aaBbCC	AAbBCc		
		aabBCc	aaBbCC	AAbBcC		
		aAbbcC	AaBbCc	AaBBCc		
		aAbbCc	AaBbcC	AaBBcC		
	aabbcC	AabbcC	AabBCc	aABBcc	AABBCc	
	aabbCc	AabbCc	AabBcC	aABBcC	AABBcC	
	aabBcc	AabBcc	aABbCc	AaBbCC	AABbCC	
	aaBbcc	aABbcc	aABbcC	AabBCC	AAbBCC	
	aAbbcc	AabBcc	aAbBCc	aABbCC	AaBBCC	
aabbcc	Aabbcc	AaBbcc	aAbBcc	aAbBCC	aABBCC	AABBCC

低　　　←——特质分数——→　　　高

图 10–11　一个由简化的、仅含三种共三对作用方式的因素的独立影响所造成的特质正态分布趋势

看了上述的证据，我们应该相信，尽管我们不敢说一切特质都是正态分布的，但是大多数受多因素影响的特质在满足一些规范的条件时，它们的个体差异的确是呈正态分布的，而学生的很多特质正是受多因素影响的。

10–3 影响正态分布的若干因素

尽管从理论上说，很多心理特质的个体差异是呈正态分布的，但在实际收集数据时我们常得到并非正态的分布，或者说实得的分布曲线偏离了正态性，这一般表现为以下三种情况：

（1）偏斜度变化。这形成偏态分布，即分布之峰——也就是大多数——显著地移到了分布一边，移到左边的称"正偏态"，移到右边的称"负偏态"（参见图10–12）。

（2）峰度变化。这要么形成尖峭分布，要么形成平顶分布。前者如图10–13的曲线A，它是因为中间分数过多而形成的；后者如图10–13的曲线B，它是因为缺乏足够多的中间分数而造成的。极端的平顶即成如图10–1所示的矩形分布。

（3）峰数变化。这形成"多峰分布"，顾名思义是一个分布里至少有两座峰，它们既可以是双峰对峙，也可以是两山连绵（参见图10–15的曲线B），还可以有所主次。

怎么会出现各种偏离正态的分布的呢？下面讲一些基本的影响因素。

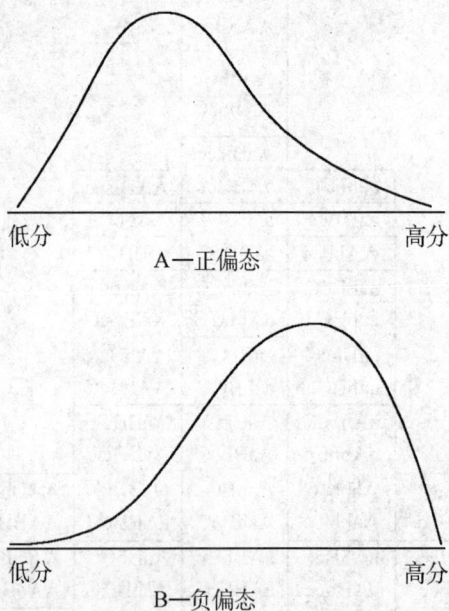

低分　　　　　　　　　　　　高分
A—正偏态

低分　　　　　　　　　　　　高分
B—负偏态

图10–12　正（A）、负（B）偏态分布示意

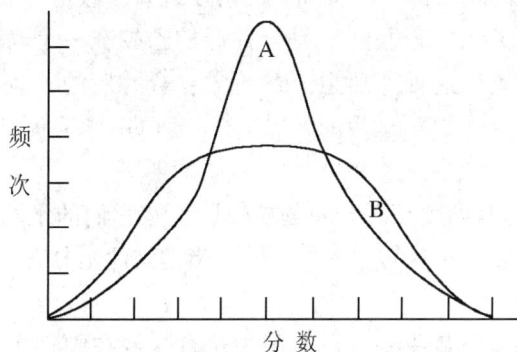

图 10-13 尖峭和平坦分布示意

10-3-1 抽样

抽样就是从一个总体里抽取一部分个体。一所学校里的一个年级的学生、一个班级的学生，以及班级里的一组学生，都可以看作该学校所在地区的同一年级的学生、该班级所在学校的这一年级的学生，以及该班级学生的一个抽样。下面讲讲抽样造成偏离正态分布的常见情况。

1. 情况一

看图 10-14A，其中的两条曲线代表两个群体，它们各自都呈正态分布，只是平均值和全距有明显的差异：分布 q 的平均值低，全距较狭窄；分布 p 相反，平均值既高，全距也宽大。如果我们把这两个分布合而为一，峰度就会偏斜，成一偏态分布，如图 10-14B。

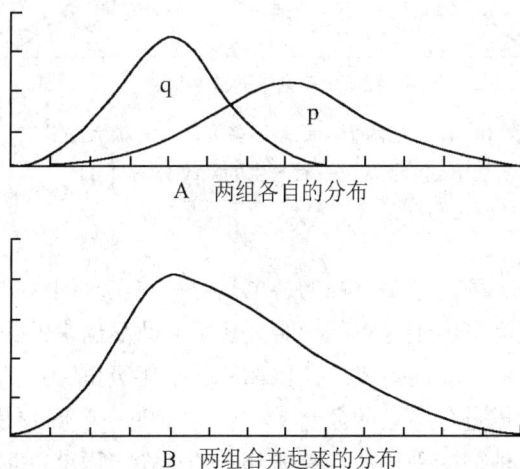

A 两组各自的分布

B 两组合并起来的分布

图 10-14 把均值和全距不同的两个分布（A）合并为一个时产生偏态分布（B）

　　我们举个逻辑上对应的现实例子。譬如甲乙两校合并。假定甲校的学习质量显著差于乙校的，那么一般是甲校"并入"乙校，于是合并后的乙校在一个时期里表现出来的学生学习状况就比合并前差。为改变这种"后退"的现象，合并后的乙校要考虑较大幅度地改革以前的教学方法，因为"大多数"学生的状况同合并前的乙校明显不同了。

　　2. 情况二

　　看图10-15A，这里也是两个正态分布的群体，虽然它们的平均值相差很远——这与上一例相同，但是全距差不多——这与上一例不同。当把这两个分布合并为一时，会出现双峰分布，如图10-15B。

　　真出现双峰分布，那是很棘手的问题。因为这意味着在同一个教学时空里存在着两个"大多数学生"，那么我们应该针对其中哪个"大多数学生"来制订教学计划呢？此时就真需要实行"分层教学"了，即把这两组学生分隔开来实施程度不同的教学，并且花较大的力气来促进其中一个群体赶上另一个群体。在同一教学时间，尤其是在同一个教学空间里，总以仅有一个分布为好。

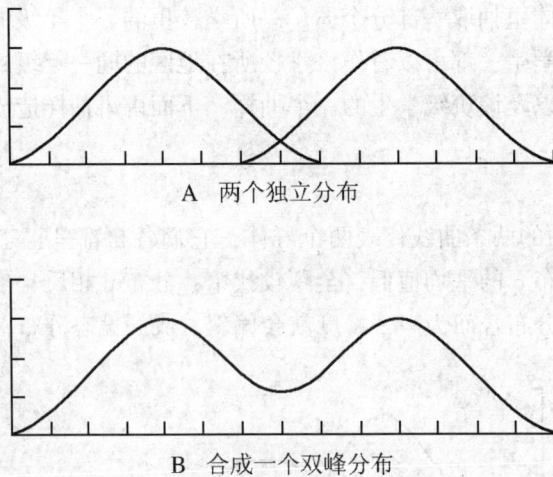

A　两个独立分布

B　合成一个双峰分布

图10-15　把两个全距差不多而均值差很大的分布
（A）合并为一时产生的双峰分布（B）

　　3. 情况三

　　想想象一座宝塔或方尖碑，它是单峰的，也是对称的，只因太尖峭，所以也是偏离正态性的。从图像看，过分尖峭是由于分布的全距太狭窄而凸显出来的；从抽样上看，过分尖峭的分布是因为抽取太相似的个体而造成的，比如从一个年级里特意抽取一批最好的或最差的或最中等的学生，都会形成过分尖峭的分布。这种分布的一个问题是难以代表总体。设想，就一批最好的学生而言，他们的平均值在总体分布的高端，而就一批最差的学生而言，他们的平均值在总体分布的低端，用其中任何一个抽样分布来代表总体，比如以为一校的全体学生大体都如此，那就会做出高估或低估。我们参观访问一所好的学校时，比较容易接触到该校最好的一批学生，于是容易高估那所学校；我们参观访问一所差的学校时，容易"盯住"该校最差的一批学生，于是容易低估那所学校。这都形成我们平时常说的"片面"看法。不过这里仍有一个辩证关系要把握好。参观访问好学校，使我们集中注意于该校最好的方面，这可以使参观者形成新的理想目标；而诟病一所差的学校，使我们认识到某些问题的严重性，这可以激发我们解决问题的决心。这两者都是实际工作所需要的，不可偏废。只是实际工作起来，要注意联系总体，以总体为参照背景来做好调节。至于根据最中间的一批学生制订教学计划，那就会发生真正的"优良生吃不饱，后进生吃不了"的情况。由此可见，因为学生之间存在着广大的个体差异，所以掌握总体分布是搞好工作的基础。

4. 情况四

抽样的图会出现"犬牙"分布，仿佛丘陵地貌的横截面。犬牙分布往往是抽样的规模太小造成的。随着样本规模的扩大，统计性变化规则会体现得明显起来，分布的曲线也就平滑了。

10-3-2　测量

学校教学里最显而易见的测量是考试、测验。考试、测验的题目是教师决定的，于是教师出怎样的考题也会影响个体差异的分布形态。为了说明这一点，我们举个对比的例子①。

图 10-16 是上海一家小学四年级学生的智商分布。智商测验的题目是经过规范科学的方法厘定的，不是该校教师确定的，结果显示在统计上是符合正态分布的。图 10-17 是同一批学生的一次数学期末考试成绩的分布，形态与前迥异，呈 J-形分布，具体表现为分数越高人数越多。

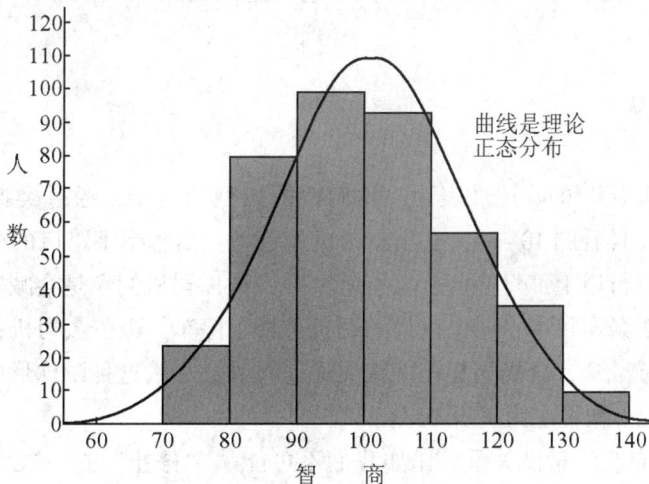

曲线是理论正态分布

图 10-16　上海一家小学四年级学生的智商分布②

---

① 袁军，高剑毓，周春芳，等. 寒假轻松过 分数降几多. 上海教育科研，2000（05）：8-10，50.

② 该图中，平均值=101.2，标准差=14.35，人数=392 名。

基于图 10-17，我们很容易做出如下推论：测验的难度影响个体差异的表现形态。具体是：测验越容易，越容易形成负偏态（参见图 10-12B），图 10-17 是负偏态的一种极端形象；测验越难，越容易形成正偏态（参见图 10-12（a）（b），图 10-17 若水平翻转 180°，就是正偏态的一种极端形象；于是中等难度的测验将形成正态分布。由于教师出试卷会影响被测量特质的个体差异的表现形态，因此教师出试卷时要考虑的一个基本问题是：本次测验主要是为了尽量揭示个体差异，还是主要为了显示个体的共同性——是共同达到了某个标准（如图 10-17），还是共同未达到某个标准（如图 10-17 水平翻转）。由此可见，教师掌握一些测验或考试的测量学知识是很重要的。

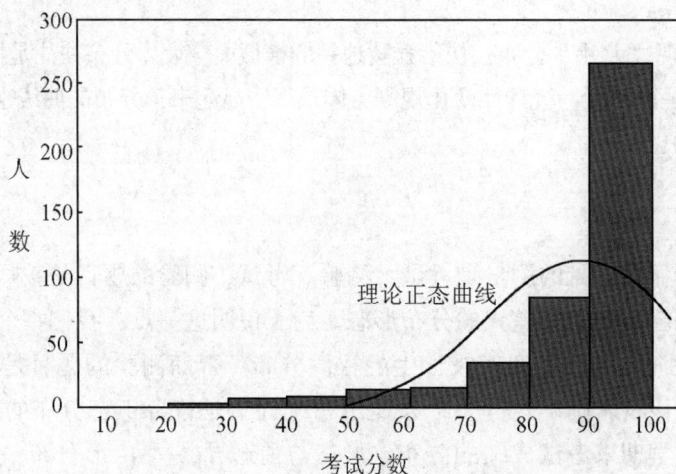

图 10-17　图 10-16 中的学生的一次数学考试分数的分布

10-3-3　社会遵从

先别管"社会遵从"的陈述性表达，我们根据典型的例子，通过类比，照样可以程序性地领悟这个概念。且看图 10-18，它刻画司机的行为：尽管十字路口的横道上目前没有车辆通行，可是因为直行道上红灯亮起，又有警察在，所以司机们还是会减速和停驶。有趣的是频次分布：在 102 名司机中，90% 以上的司机选择了停车，极少数司机在很慢地行驶，数量更少的司机只稍微减速，个别司机依旧按照原速行驶。尽管这种阶梯形的频次分布形态更像字母 L，却仍然统一地称之为 J-形分布。

这里的 J-形分布与测量没关系，比如我们不可能从"停止"这一类别中再划分出别的中间类别以消解现有的频次，使得转化成分布中间有所突起的对称分布。这里的 J-形分布与抽样也没有关系，因为任意选择某天的某个时辰做观察，都可以记录到这样的红灯—停车行为的分布。现在我们做个类比：把红灯亮比作教师发出"安静"的指令，把警察在场比作教师在场，把司机见红灯的停车行为比作学生听见教师的"安静"指令后的行为，那么在一般情况下，图 10–18 的 J–形分布就可以自左而右地描述为绝大部分学生不出声了，少数学生在匆匆结束交谈，人数更少的学生继续窃窃私语，极个别学生说笑依旧，把教师的指令当作耳边风。

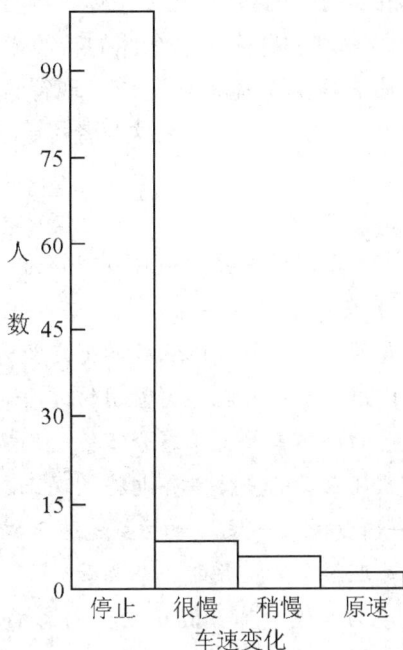

图 10–18　司机见十字路口的红灯亮起时的行为

在这两个例子里，停车的司机和安静的学生是大多数，其他司机和学生也是趋向于停车和安静，如果时间再延长一些，两例中的极个别者终究也是趋向于停车和安静的。这种大伙儿朝一个方向行为的趋势，就是社会遵从。那么社会遵从或曰 J–形分布是怎么形成、产生出来的呢？

我们设想另一种情况：红灯依然会亮起，横道还是没车行，警察不在或不管事，这样的情况持续了一段日子，于是司机的行为就不一样了。回看图 10–18，可以想象，图 10–18 中左边那根高高竖起的"柱子"将随时间的延续而矮下来，于是右边几种行为的人数会增多，整个分布渐渐逼近长方形，最后形成中间两种行为的人数凸起的正态性分布性。这样的描述可以移用于上举教师要求学生安静的例子。

对比上述两种情况，我们会想到：当一特质（参见红灯而停车，听教师指令而行事）是受众多独立因素（行为者的一贯自觉性、当时的事情要紧性、同侪的行为、伴随情景、外在约束的严紧和宽松程度）影响的时候，那么这些影响因素的自然组合所形成的"力"，将造成正态分布。这是上面说的后一种情况。但是，假如其中一个（些）因素的作用力特别大，比如指令非常严，或者自觉性普遍提高，那就会打破正态性，从而造成偏态分布，甚至 J–分布。联系学校教育，我们的教师是不会允许影响学生品德操行的众多因素各自独立作用且自由组合的，而是一定会特别加强学校对学生的思想教育、行为训练、强化与惩罚，并且努力压制某些被认为"不良""有害"因素的影响。因此在正常情况下，学校学生的品德操行特质表现程度的分布总归是J-形的，具体而简单地说，就是"绝大部分是好的，少数人是有点问题的，问题严重的是极个别"。可见在个体差异分布形态中，体现社会遵从的J-形曲线表明了少数强有力的因素对一群体中诸个体的特质表现方向所起的导向作用。无疑，学生在基本的品德操行特质方面的个体差异应该出现符合我们教育理想的J-形分布。这是德育与智育的一个基本的不同，我们不能混淆这两者，更不能颠倒它们。

小结

个体差异虽然是指完整的个人之间的差异，却可以理解为个体之间的特质差异。我们虽然可以根据实用的需要而对个体差异作"有—无"或"好—中—差"之类的性质评判，但要从根本上认识到个体差异是量的差异，它可以从数学上定义为离均差。在教育活动中，个体差异之为量的差异的观点是比质的差异的观点更管用的。

很多实际资料表明很多特质的个体差异呈正态分布；我们从理论上也可以证明当一项特质是受多因素影响的时候，其表现程度的个体差异也将呈现正态分布的形态。正态分布以总体中有多少个体（%）位于某一个体之上或之下的方式来表明该个体的独特性，从而实现在个体间做比较。因此正态分布是理解个体差异的一个背景。

很多因素影响着特质不表现为正态分布，其中主要的影响因素有抽样、测量和社会遵从。除了社会遵从因素，前两个影响因素都应该经过调整而恢复个体差异的正态分布形态。即使是社会遵从因素，我们也要认识到那是少数因素强有力的作用而导致正态分布转变为J-形分布，如果这些因素的作用力减弱，则J-形分布仍会转变为正态分布。

研读建议

1. 本章在不少地方既提到日常见解，又提到科学观点。建议读者仔细体认文中是怎样从前者出发，经过推理而揭示其不足，最后达成后者的。为了做好这样的体认，读者需要建立一个框架性的认识，即很多科学观点是从承认日常见解开始，然后通过缜密分析，最终扬弃日常见解而确立起来的。教育尤其要注意这样的框架性认识，方能除去以日常见解妨碍科学观点的弊病。

2. 为了做好上述的体认，除了要有上述的框架性认识外，还要有操作技术。因此建议读者在阅读时应该在文、图、表之间做对照落实，譬如对于表10-4，就要把它与文字逐句对照才好，最终要能够从一个图开始，对他人做明白的解说。请举一反三。

3. 在体认日常见解与科学观点之间的差别时，建议读者联系自己的工作实际，而不仅仅是逻辑推理。虽然科学观点未必都比日常见解更能应用于你的工作实际，可是本讲阐述的科学观点却都是比对应的日常观点更适用于学校教育实际的。

4. "10-3 影响正态分布的若干因素"一节讲了哪些因素影响正态分布。这个题目看起来好像离普通教师的工作"远"了，实际上却是密切联系的。建议读者关注本节提到学校工作的地方。这将使你更好地理解你的实际工作的结果从理论上说是什么原因造成的。

5. J–形曲线是很有意思的。本讲把这种曲线同学校德育工作联系起来，实际上等于提出了德育工作的技术目标，那就是经过扎实的德育过程，尽管学生个体之间仍会有差异，但是差异的分布应该成为 J–形曲线才好。另外，比较两次 J–形曲线，教师还可以判断学校德育工作是否放松了。

6. 学校里有常规的测量数据，比如学生的身高、体重、视力，还有学习成绩。建议读者模仿本讲提到的直方图或折线图，自行画出一种特质分布来，并同本讲提到的各种分布相比照，相信这可以加深你对本讲内容的理解。

7. 本讲的内容也许会使读者感到抽象。但是建议读者不要害怕抽象。抽象有一个很大的好处就是形式化，而形式化就意味着：① 要记住的"要点"就那么几条，所以记忆负担轻；② 操作性强，很容易转化为有关的程序性知识，因此实用性强；③ 概括性强，只要你真正掌握了形式，也就形成了"图式""模式"，可以用来"套"实际工作中各种具体情况，从而可以更简洁地理解纷繁复杂的具体。

难点解析

1. 特质。

你如果学习生物学，将无条件地接受"性状"这个术语。仿此，你现在学习心理学，也该同样地接受"特质"这个术语。但是本书的要求是宽松的，即如果你觉得"特质"一词难记住，那么也可以换用引言里提到的其他用词。重要的不是用哪个词，而是知道它（们）用在这里指什么。

2. 关于个体差异也是指某项特质的个体差异。

譬如我们说甲乙有差异，这是说他俩各为"整体"的人，其间有差异。如果有人问甲乙的差异在哪里，我们也许会说甲善辩而乙木讷。这就从两人作为个体之间的差异说到了两人在一项特质表现上的差异。

3. 个体差异是量的差异。

理解这个命题的关键是不要只想到两三个人，而是考虑一群人。"一群"可以以五人为起点。如果从读者的实际出发，那就要求考虑一个班级的几十名学生。

4. 连续的微小差异。

如果你把精度定为整数1，那就是以1为单位。由于这样规定了单位后就不可能有更小的单位了，因此以1为单位的变化就是微小的变化。同理，如果你把精度定为0.1，那么差0.1就是微小的差异，如此类推。承上两例，则1，2，3，…，k就是连续的差异；0.1，0.2，0.3，…，k也可以这样看。

5. 随机地抽取个体。

"随机地抽取"未可作"随意地抽取"解，因为后者可以是"有意地"抽取特定一组个体的意思。比如有意抽取最好的或最糟的一组个体。但是"随机地抽取"可以作"盲目地抽取"解，即"不随意地"抽取。但是要注意，随机地抽取一定要达到一定的数量，比如不少于 30 名个体，这才能刚刚显示出随机抽取而形成正态分布的结果。

6. "质的"关节点。

用"关节点"来表示"质的"变化即差异，大概源出于革命导师恩格斯的《反杜林论》一著，其意思是人体的关节多可弯曲成 90°。当关节无弯曲时，比如一臂伸直，好比量的延伸；当一臂弯曲成直角时，仿佛量的延伸突然折断，发生质的变化。恩格斯用"关节点"，正是为了表示量变引起质变的意思，他曾指出 100℃ 就是常态下水之沸腾的关节点。

7. 某一量的差异是否表示某种质的差异，那是得参照其他条件而定的。

譬如考试，分数本身是量的差异，只在引进了"录取"这个条件时，某两个分数之间的量的差异才有质的差别。

8. 何等量的差异才算"质的"差异，这是由……实际事务决定的。

譬如"录取"，必然涉及录取多少，而确定录取多少，是一件事务，因为这得考虑现有多少资源可供录取者使用。

9. X_i。

文科出身的读者可能不习惯下标 i。其实它和 X 一样，也表明未知数。因此可以把 X_i 解读为"第 i 个 X"。如果 X 表示个体，那么 X_i 就可以表示为"第 i 个人"。

10. $\overline{X}$……是个体之间的共同性（参见"10-1-3 个体差异的定义"中离均差的说明）。

这个命题这样来理解：如果一群个体的最低分是 60，那就意味着所有个体都起码获得了 59 分。因此这 59 分就可以看作这群个体的共同性。这个例子可以表达为 $X_i=59$，其差就是个体 i 的独特性。现在用 $\overline{X}$ 取代 59，于是可以说：既然 59 分是所有个体的共同性，那么 $\overline{X}$ 也可以从逻辑上看作所有个体的共同性。

11. 关于正、负偏态的识别。

有趣的是，不少人知道了偏态分布有正、负之后，居然长期说不准眼前的一个偏态分布究竟是正还是负。现在告诉你一招：把偏态分布拖曳的"尾巴"想象成"–"号，把横轴的左边定义为"前"，右边定义为"后"，最后口占一诀"负号在前负偏态"，就不会怕说错了。

思考

使用你在教育教学工作中能够获得的数据，画出直方图或折线图，然后估计它是否逼近正态分布。如果你觉得明显不符合正态分布，那就参照本讲的有关内容，做出说明，并且假想：如果要使眼前的数据符合正态分布，你可以怎么做。

11 测量与分数

📖 研读目标

- 理解测量的定义；
- 掌握四种测量分数；
- 领会在实际工作中该使用连续分数和等第分数的情境；
- 掌握把原尺分数转换成标准分数的技术；
- 掌握计算相关系数 r 的技术。

测量（measurement）很重要。这个重要性，不在于是什么"关键"，好像处在某个枢纽的位置上，而在于基础性。测量是生活、工作和科学研究须臾不可缺少的。当婴儿第一次认出"她"是母亲，而"她（们）"不是时，他就成功地做了人生第一次的某种测量；当幼儿第一次数了拥有的糖果时，他就第一次做了另一种测量。我们设想一下，如果眼下没了尺、秤和钟表，生活将发生何等的混乱？我们学科学，比如物理学，第一课讲的就是如何去读尺，尽管我们早在小学里就用尺子做过很多次测量了。

学校教育有常规的测量，那就是测验或考试。它们产生的分数表现为学生的学习成绩，其中含有大量的信息，可我们没有很好地、充分地利用。我们本有大量的机会来研究测验和分数的，可惜没有这么做。

我国的教育工作者应该掌握一些测量学的知识，想象尤其要在教师培训中普及测量学的基本知识，它从一个具体方面体现了我国的教育面向世界、面向现代化的新面貌，至今已有差不多 40 年了，我们要继承这种传统。

11-1 什么是测量

提起"测量"，你也许会想到拿着尺子量布料，这要做衣裳；量木料，这要盖房搞装修；等等。我们就从这里讲起来，以明确测量的通用定义。

11-1-1 测量的定义

1. 测量测什么

如果有人问你拿着尺子量什么？你答"布料"或"木料"……这些都是"东西"或"事物"。然而仔细想一想，你果真是在量事物吗？不，你在量这些东西的长短即"长度"。长度不是事物，只是一些事物的一项属性。推广想去，地磅不称一卡车的矿石，磅秤不称一袋子的米面，戥子也不称一枚金戒指……一切的秤，只称"重量"，它是一些事物的又一种属性。长度和重量，因为不能同我们感官所及的三度事物分离开，所以常被日常思维所忽略，这才使我们说出"量布料""称米面""戥金子"之类的话。不过即使在日常生活里，我们也有把属性从事物"剥离"开来的观念，从而表现为单说测量属性的，比如对"温度"（冷—热）、"时间"（久—暂）就是这么做的。至此，我们得出一个结论是：测量的真正对象是事物的属性。

这个结论具有重要的意义，它意味着凡你能够想到的事物属性，理论上都是可以测量的，而事物的属性很好找，它们在日常话语里往往表现为形容词。很多名词是抽象概念，比如"凝聚力"，比如"素质教育"的"素质"等，它们是形容词的抽象化，因此从实质上讲也是可以测量的，只要你承认它是个体的一种属性。

2. 测量怎么测

如果有人问你是怎么测量的？你也许答道：用尺，用秤，还有钟表、温度计。它们都是测量的工具即"量器"。那么量器的最重要成分是什么？是"规则"，是"法则"。考虑政府的有关部门检查商家的量器。检查什么呢？就是检查它们是否符合政府颁布或认可的规则或法则。再考虑中国传统度量的"市制"，比如尺、寸、丈，又如斤、两、钱等，在今天依然不失为"规则"。但是我国现在"法定的"规则是公制，比如克、千克或米、千米等，因此我们再得一结论：测量要依据规则或法则。

这个结论也具有重要的意义。因为规则是人制定的，所以你只要能够建立一套规则，或接受一套好规则，你就能做出测量，乃至于好的测量。

3. 测量得到什么

如果有人问你测量的结果是什么？你答道"长—短""轻—重""冷—热""快—慢"……可是这样的结论是你凭借感觉也能得出的。我们做测量，真正的目的是得到更精确的、超出我们感知觉识别范围的结果。测得的结果，如"4.56米"、"38.7度"（感冒发烧）、"0.49克拉"（钻石）、"12.91秒"……于是我们得出第三条结论：测量的目的是求得感觉所不及的精确，而这样的精确表现为数字的结果。

这个结论同样具有重要的意义。中国的全民教育以孔子为鼻祖，我们今天也在搞教育，那么我们和孔子相比差别在哪里？又该比孔子高明在哪里？有一点是可以肯定的，那就是我们将更加善于"科学地"搞教育。科学的一项特征是追求数量的精确，即使所谓的"模糊数学"，本质上也是"精确地"厘定一个模糊的范围；即使目前无法做到精确测量的科学研究领域，从整体上说，也在为精确测量而做准备——假如这个领域有良好的可持续性发展。学校教育过程中有许多地方是可以做到精确测量的，我们要努力抓起来，一时抓不起，也要理解、信仰和传播这里说的测量的定义。

4. 测量的定义

根据以上的三问、三答、三分析，我们可知测量就是"按照一定的规则而对事物的属性指派数字"。这是一个通用的定义，当然适用于学校教育。学校里由教师搞的测量最明显的是考试或测验。一次测验要出试卷，试卷就是尺、秤、钟表、温度计……教师出试卷，要议定规则，比如做对此类一题给多少分，做对那类一题又给多少分，做错一步或没做到位又该扣几分？这正像科学家为量具制定法则。教师出卷子并印刷，好比工厂里生产量具；教师拿着印刷好的卷子去施测，正好比人们拿着尺、秤去衡量。试卷考查学生掌握的知识、具有的能力。这知识和能力，都是学生的属性，恰如身高和体重。测验结束后，每个学生得到一分数，这就是对他在某方面拥有的知识之多寡、能力之高低而指派的数字。有了这样的数字，既可以了解一群个体的共同性，又可以了解其中的个体差异（参见第10讲内容），进而为调整教学的进度、难度和计划而提供依据、方向和目标。可见，测量的通用定义对学校教育有着重要的意义。

11-1-2 分数的类型

有了关于测量的通用定义后，我们也需要关于分数（score）的通用定义，因为这个问题往往没有澄清，反倒生出一些混乱来，所以亟待作普及性的正本清源、拨乱反正。

分数的通用定义是"测量的结果"。由于科学的或好的测量通常用数字表示结果，因此中文采用了"分数"这个词。然而测量的结果也可以是文字的，所以不要以为优、良、中、差就不是分数。甚至传统的学生学期评语中，教师写几行字，里面说该生在甲方面"特别出色"，乙方面"尚可"，丙方面"需要努力"，那也是给了3个分数，而且文字分数都可以转换成数字的。测量形形色色，却可归为几类，于是相应地，分数也有几种类型，下面说四种。

1. 名义分数

名义（nominal）分数是分类或模式识别的结果，它的文字表现可以是"有—无""是—否"之类，所以本讲引言里说那名婴儿认得出谁"是"母亲，谁"不是"母亲，这是做了一次测量。

名义分数的典型例子是"男"和"女"，这是两个文字分数，却可以替换成任何两个不同的数字。我们既可以用1表示"男"，用0表示"女"，也可以反过来；如果你觉得方便，那也可以写"女=365；男=563"。阳光可以分7色，于是我们可以用1～7来分别标记一种颜色。

名义分数仅仅为作区别而标记，阿拉伯数字因为写起来简便，所以是标记的好工具。可是我们见着数字往往习惯比大小，还由此引出"好—坏""优—劣""高—下"之类的评价。这个做法可不能用于名义分数。比如若标记"男＝2""女＝1"时，这丝毫不意味着我们说男性比女性"好"。既然不可以比大小、好坏，那也就不可以做算术。比如，假使我们的赋值是"黄＝3""绿＝4""紫＝7"，那绝不意味着给你一个黄皮本和一个绿皮本就等于给了你要的紫皮本。数字在此仅仅是标记，起分类作用，其他什么也不是。名义分数的作用是那么单调，所以是最简单的或最低级的分数。

2. 顺序分数

顺序（ordinal）分数是排序的结果，它的文字表现可以是"大—小""好—坏""高—低""第一、第二……"，等等。在学校里有两个典型例子：一是等第分数，比如优、良、中、差，每一个这样的文字分数都可以用任何一个不重复的数字来标记，从而形成一个数列。但是顺序分数有一条约束，即这个数列要么总是增大，要么总是缩小，万不能忽增忽缩。譬如对优、良、中、差，你既可以记为1，2，3，4，也可以标为219，34，7，6，却不能标记为736，4，219，34。学校里另一个典型的顺序分数是百分制分数，它等于划分了101个档次（包含0分）。这么多的档次由于用文字来表示是太不方便了，因此总是数字分数的。

顺序分数与名义分数的唯一不同是前者分出的类别有顺序、有等级，因此可以从性质上比较大小、高下或优劣……但是等级之间的距离应该假定为是不相等的。比如我们不能说从"中"进步到"良"所需的努力程度和从"良"进步到"优"所需的努力程度是一样的。就这一句话，便有重要的教育含义。

举个例子：老师教师评讲一次考试。她（他）表扬甲，因为甲上一次仅得43分，而这次得了63分；之后，教师批评乙"退步"了，因为乙的上次分数是95，而这次是92。对于教师如此的表扬和批评，我们要注意两个视角，一从激励学习动机的视角看，一从保持清醒理智的视角看。从激励动机的视角看，教师表扬甲，这没错，但是批评乙，那就有失恰当了。因为从保持清醒理智的视角看，甲从43分起，一下子进步20分，那是相当容易的，比如只要上课用心听讲，坚持一段日子完成全部回家作业，而乙要从95分进步1分，都可能有"蜀道之难"。再说，如果满分是100，且假定43分是属于"差到底了"的程度，那么下一次考试时，甲的分数是提高的概率大，下降的概率小；乙反之。因此，虽然甲的进步是不宜看作随机波动的，而应该理解为努力的结果，但是乙的"退步"却很可能只是随机波动，没有别的特殊原因。换言之，这位教师固然可以认为甲取得了实质性的进步，却没有必要认为乙"真的"退步了，而应该理解为"基本上"保持着原有的水平，并且还要心里明白：乙这样的保持其实是比甲的进步更加难能可贵的。因此，我们的教师今后再遇到这样的情况，完全可以单独地表扬甲，以激励其学习动机，却不该拿乙做对比，以免挫伤乙的学习积极性。

顺序分数因为单位不相等，所以从理论上说，与名义分数一样，也是不能做加、减的。若要做加、减，就需要下一种更高级的分数。

3. 区间分数

"区间"（interval）在此有两义。第一个含义是指每两个相邻分数之间的距离，它们在区间分数里是相等的，即是"等距离的"。于是区间分数可以做加减。日常生活中典型的区间分数是温度计上的刻度，它在形式上就表现出了"等距"的特点。与教育有关的典型区间分数是正态分布的 X 轴（参见图 10-3），还有智商（参见图 10-4）。学校里常规的百分制分数可以看作"凑合的"区间分数，它如果转换成标准分数，那就是更加规范的区间分数了。"区间"的第二个含义是相邻分数之间的距离可以在指定的精度上做连续的等分。比如若指定保留 2 位小数，那么从 1 分到 2 分，就不但要经过 1.1～1.9，而且要经过 1.01 到 1.99 的"中间档次"或"中间地带"。由于区间里还有"区间"，即还有连续的"档次"，因此我们无法再使用文字分数了，因此区间分数总是数字的。

区间分数虽然可以做加减，却不可以做乘除。换言之，我们虽然可以说 100 分比 50 分多 50 分，正像我们可以说 30℃比 15℃高 15℃一样，却不能说 100 分比 50 分"好 1 倍"，正像我们不能说 30℃比 15℃"热 1 倍"一样。之所以如此，是因为 0℃并不是绝对的 0 点，即不是实际的"无"温度，而只是人为规定的"冰点"，它仍有比 1℃低而比-1℃高 1℃的温度。类似地，如果一名学生的数学测验得 0 分，你也不能说他的数学能力"一点也没有"。更重要的是：虽然温度的绝对 0 点已经被我们找到了，可是人的能力的绝对 0 点我们还不知道在哪里，换言之，即使面对一个真正的智力障碍者，我们也不敢说他的能力是个"0"。

4. 比率分数

比率（ratio）分数的典型代表是长度和重量。比率分数在其他方面与区间分数一样，唯一不同的是可以采用乘、除的方式做比较，从而说明两个分数之间的关系。例如，若甲的个子是 180 厘米，乙的个子是 160 厘米，那么我们可以说前者的身高是后者的 1.13 倍，后者的身高是前者的 0.89 倍，或仅及前者的 89%。之所以能够这样说，关键在于长度、重量都有"绝对 0 点"，即有真正的"无"，比如一个身高为 0 的或体重为 0 的人存在吗？于是，无论它们的测量结果是多大的数字，比如天文学上的光年，都是从"无"即绝对 0 开始累计的。

上述四种分数是一个层层嵌套的系统。我们看表 11-1：左边两栏分别列出四种分数的名称，并标示了由低到高的级别；横行列出四种分数的特点；表中阴影标示每一种分数所具有的特点，阴影每下愈短，象征着每上一水平的分数兼有其下各水平分数所具有的特点，并且具有它（们）所没有的新特点。表 11-1 的右边纵栏把四种分数归结成两种，这对教育更加有意义。

表 11-1　四种分数的体系

水平	分数名称	分数的特点				合并	文字表现
		标记分类	等级顺序	单位相等	绝对 0 点		
高	比率分数					连续	难
↑	区间分数						
↑	顺序分数					级类	易
低	名义分数						

11-2　学校里的分数

上述四种分数在学校学习里一应俱全。比如我们会选拔各种"尖子"，于是说甲、乙"是"数学出挑儿的，而其他人"不是"；丙、丁"是"艺术见长的，而其他人"不是"……这就有了二分（是—否）和多分（数学、艺术……特长）的名义分数（参见表 11-2）；体育课的一些成绩是跑得多快、跳得多高、毽子连续踢了几下等，这就有了精细的比率分数。优、良、中、差是常见的等第分数，而百分制分数虽然理论上也是等第的，可在实际上却往往是当区间分数来用的，而且大体上是管用的。

表 11-2　n 名学生各有所长的分类

一组学生	特　　长						
	剪纸	数学	泥塑	领导	体育	歌唱	……
n	若干	若干	若干	若干	若干	若干	……

在学校里，名义分数和比率分数容易处理，教师、学生和家长对它们的争议也较少，比如自家孩子连少先队小队长都没选上（名义分数），或者跳绳数最少（比率分数），家长不会来"闹"。但是等第分数和区间分数则不然，因为不容易处理好，所以教师、学生和家长对它们的争议也较多。比如某个家长会认为自己的孩子被教师多扣了 1 分，结果没像邻家孩子那样得到 100 分或评定为优等。正是等第分数和区间分数是学校里最常使用的，因此值得专门说一说。

11-2-1　级类分数和连续分数

表 11-1 把四种分数合并成了两种。其中的"级类"（categorical）分数包括了名义分数和顺序分数，而"连续"（continuous）分数包括了区间分数和比率分数。

连续和级类分数的区别可以看图 11-1，图中标有文字的两个黑块和"高—低"两刻度可以看作两档分数。于是我们在连续分数的图中看到两档分数之间还有小档次，它们可以想象成从一个整数向另一个整数"过渡"的小数，体现了"连续性"。相形之下，在级类分数的图中，两档分数之间表现出"隔断"，体现出"是此即非彼"的分类性。

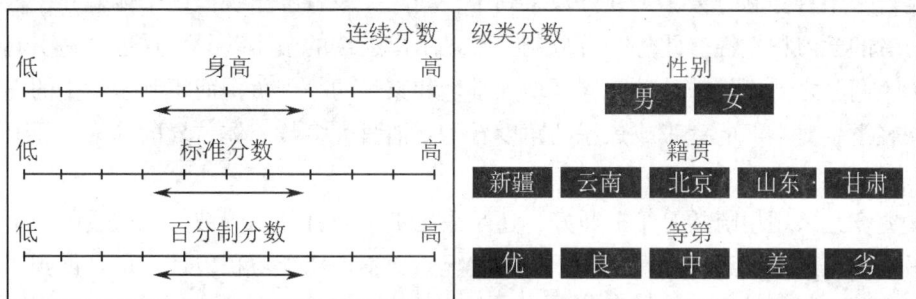

图 11-1　连续与级类分数的对比

讲学校里的连续分数和级类分数，主要是讲顺序分数和区间分数。它们典型地表现为等第分数和百分制分数。现在的问题是：在测量学生的学校表现（performance）时，这两种分数是哪一种更好？在过去，即使对于小学生，我们也多用百分制分数；现在，有的教育行政部门指令使用等第分数，从而给人的印象似乎是说"等第分数比百分制分数好"。这个印象是错误的，要纠正它，就需要对这两种分数做系统的比较性讲解。

1. 连续分数的优缺点

我们从分析分数时允许的技术变通性讲起。如果等第分数满五等，如优、良、中、及格、不及格，并且以五个连续数字如 1~5 来标示，那么这样的级类分数可以当作连续分数来处理。于是等第分数和百分制分数就没什么重大差别了。

但是学校应该激励学生的学习动机，而学习动机显然受学习成绩反馈的影响。于是为了尽量不让比较差的成绩挫伤学习积极性，教师一般会取消"不及格"这个分数的；实际上，我们连"及格"这个分数都会取消，这就剩下 3 档分数了。

虽然 3 档分数也可以计算平均值，但是援引式 10-2，那只有 3 项个体差异。可是如果采用百分制，那么即使从 60 分（及格）到 100 分，也有 40 档分数，援引式 10-2，即有 40 项个体差异。一言以蔽之，援引式 10-2，有多少档分数，就有多少项个体差异。

这里为什么强调个体差异的多少呢？那是因为有差异才有信息。个体差异越多，则关于个体的信息也就越多。于是我们知道等第分数提供的信息少，而百分制分数能提供更多的信息。由于个体差异的信息是教师了解学生、调整教学和决定是否额外地扶助个别学生的前提，因此从这个意义上看，无疑，百分制分数是比等第分数好。比如前者使教师清晰地看到 80 分的甲比之 89 分的乙还差了"一截子"，于是决定帮助甲，这显然有利于甲的进步；可是若改用了 3 档等第分数，则 80 分和 89 分就一道评为"良"，"好像"没差异了。于是，既然分数上看不出差异了，那么教师也就不大会去额外扶助甲，结果是甲非但没额外的进步，还容易"自我感觉良好"，甚至采取"混下去"的行为，这对甲的发展没好处。由此可见，教师采用等第分数，本是为了减轻学生的学习焦虑或紧张，可是这样的好心未必能产生

283

好的实际结果。等第分数虽然做到了不挫伤学生的学习积极性，却没做到使学生提高学习积极性。

可是若采用百分制分数，则在分数系列中，间隔一段就会出现大的个体差异，这也容易挫伤低分者的学习积极性。此外，百分制分数显示出连续的微小差异，这也容易引起学生或其家长为一两分之差而锱铢计较，同样增加学生和家长的心理负担而不利于学生的发展。因此，从减轻学生对学习的紧张或焦虑的角度看，则消弭大多数个体差异的等第分数无疑是比百分制分数好的。

于是究竟是采用粗疏的等第分数好，还是采用细密的百分制分数好？这成了一个两难的问题：教师本该既了解到学生间个体差异的实况，又不挫伤学习积极性，可是做到了前者就做不到后者，做到了后者又做不到前者，每一种分数都不能两全其美。怎么办？

至少有两种办法，一种是技术上的，一种是理智上的。先讲技术上的，那很简单，就是建立内外有别、外松内紧的同源两套分数报告制。"同源"是说两套分数一个源，这保证了分数的一致性。具体做法是先采用百分制精确批分，然后约定规则转换成等第分数，最后，教师向学生及其家长报告等第分数，皆大欢喜，心理安定，保护了学生的学习积极性。这是一方面。另一方面，教师自己保留百分制分数，确保了解到个体差异的真情实况。这就是"内外有别"。如果教师根据百分制分数而决定额外帮助后进生，那么这些学生由于获得了等第分数的，因此也是在良好的心态下接受额外帮助的，进而容易进步。鉴于计算机在我国已经普及了，因此具体学校的分数的转换过程完全可以委托给计算机程序而转瞬完成。于是考察学生间个体差异的实况，这个十分繁难的工作就不需要教师承担了。我们的教师只需要知道原理后，指挥计算机来完成这项工作。

2. 宜用等第分数的情况

理智上的做法，是分别考虑具体情况，相机行事。由于我们对百分制分数还有其他处理要解说，因此这里主要谈适宜采用等第分数的若干情况。

第一，如果在眼下的一群人中，某一特质的表现实际上没有很多的个体差异，那就宜用等第分数，甚至可以只有两级如"达到—稍欠"。例如对小学一年级的算术成绩就可以这么做。这是因为，我国现在小学生的父母，不论文化程度高低，一般都能教子女做基本的加减乘除运算；在幼儿上小学之前，很多幼儿园就联系实际生活，准正规或非正规地教过幼儿算数了；之后，加上小学教师的规范教学，因此考试、测验只要是考查足供后续学习之用的基本知识和技能，则一年级学生在"算术计算"这一特质上，一般已无多少个体差异了。比如在上海的小学里就出现过这样的情况：低年级一次测验的最低分数是 96，满分为 100。这样的百分制分数实际上是徒有虚名而无实义了，宜改为等第分数，甚至连等第分数都可以不要而宣称"所有的"学生都"达到教学目标"了，这是因为我们可以把 96～99 分都看作100 分的随机波动，认为它们与 100 分并没有显著的差异。但是随着年级的升高，一方面有越来越多的家庭难以对子女提供学业上的直接支援，另一方面学生在完成习题时，组合应用知识与技能的程度日益提高，出错的可能性及其类型也多样起来，此时采用百分制分数就更有利于教师发现教学问题，从而及时补救。当然这也要视各校的具体情况而定。比如虽然一般的小学大体从三四年级起就宜采用百分制了，可对于有些小学而言，因为它的学生普遍出自社会地位、经济地位相当高的家庭，家庭对子女学业的直接支援力量强，所以仍可继续采用等第分数。总之，采用哪种分数好，这得讲究实事求是，而不是"一刀切"。

第二，如果一项特质的表现是有很多个体差异的，但是我们没必要了解得这么细，于是也可以不取百分制分数而用等第分数。比如音乐、美术、体育之类科目的教学，如果我们的教学目标在于运用学校的设备、依靠专门的教师，向学生提供在平均水平上优于家庭教养的教育，那么只要学生上课时都活动起来了，就不必细究知识、技能表现上的各种差异，于是也就没必要采用百分制分数，而只需列出二三粗略的等级就行了。

第三，如果一项特质的表现从理论上讲，可能会有很多个体差异，但是我们难以制定规则来精细地测量它们，并且当我们的目标不是查看个体差异的普遍性，而是查看普遍的共同性，那么百分制分数也是不必要的，采用粗略的等第分数就行了，比如测量学生的品德操行。下面，我们加以详说。

3. 德育和智育的区别

在学校教育中，以德育科目的品德操行教养为一方面，以智育科目的知识技能教学为另一方面，两方面比较，虽有共同点，即都得晓之以基本的道理或原则，施之以起码量数的练习，却仍有一根本的不同，即是：就智育而言，我们期望每个学生都能不断地突破已有的上限或"顶点"。比如甲今天解答了昨天解答不了的题目，明天能解答出今天不能解答的题目，这起码算是突破了自己的顶点；如果乙能在规范的竞赛中创出数一数二的纪录，那就算突破其所属总体的"顶点"。但是就品德操行的教养而言，我们期望所有的学生能守住共同的"底线"，而不是突破顶点——尽管底线是可以适时提高水平的，比如从不打架、不骂人提高到积极参与班级和学校的活动。

德育和智育在我们的期望里之所以会有上述的基本差别，是有现实根源的。从现实上看，智育训练可以人为地创设各种问题情境，这落实为比如各种各样又无穷无尽的习题，它们之间可以有微小而连续的量的差异，因此在学生个体通过这些情境时，我们可以用细密的百分制分数来记录她（他）已达到的地步。但是品德操行的表现在达到基本程度后，要使学生个体做出更好、更充分的表现的情境，就是"可遇而不可求"了。例如，当我们教导学生应该拾金不昧后，他们知道和同意应该这样做（道德认知），并且在校园里捡到铅笔、图书等物件后能交给教师而不据为己有（道德行为），这就算守住"拾金不昧"的底线了。教师不可能、也不应该"故意地"遗金落物，以此考验学生个体在品德方面的知行一致性，更不能设想教师通过系统地"遗落"不同价值的钱物来揭示学生个体在知道应该拾金不昧后，仍于操行方面表现出来的广泛的个体差异——尽管我们从理论上可以设想学生个体在道德认识上有了统一的表现（说和写）后，在道德行为上（做到的程度）仍会有广泛的个体差异。因此，大多数儿童很可能在认同了比如拾金不昧的道德原则后，却于整个小学期间并无机会"突出地"实践之，以表现他知行一致。只有不可预料的极个别儿童，会偶尔拾到比如巨款而上交。在这种情况下，我们隆重表彰和嘉奖之，号召前者向后者学习，那是完全应该的。但是我们没有理由认为前者在有关的操行表现上就不如后者，于是也就没必要在常规评定品德操行时，把后者评得高于前者一等。其实，学校对于类似的事件，完全可以按"常规评定+特殊表彰"的模式来处理。其中的"常规评定"是"守住底线"性质的，其他同学完全可以被评定为是与上述极个别儿童一样的，其间并无等级差异。"特殊表彰"是属于"可遇而不可求"的性质，我们取有之则必彰显、无之则不苛求的做法。因此，只要学校切实抓好了对学生的思想品德教育，那么在学生操行的常规评定中，不但百分制分数是没必要的，即连等第分数一般也只要优、良、中三档就够了，况且得到等第分数为"中"的学生也该是极少数。

有的学校在评定学生操行时搞"多方评"的程序。比如学生个体自评、家长评子女、学生小组面对面评，再加上教师评，之后综合成最终评定。按照这样的程序，完全可以评出多于五个等级的分数的，从而形成类似于百分制分数的连续分数。但是我们如果考虑到评定学生特别是小学生的操行时要贯彻"教育性原则"，就会不忍心对一小学生的操行评以"劣"或"差"。因此学校运行上述那种操行评定的程序，真正的目的应该并不在于合成一个多级的分数，而在于通过这样的活动，使得每个学生都意识到品德操行的重要性，在这样的程序中认真反思自己，从而体认道德原则。如果教师能引导学生做好这样的程序，那么这个程序或过程本身就是一个德育过程。只要这个过程做得充分，那么最后的分数就不是重要的；如果这个过程引导得不好，变成了同学之间相互揭短、彼此攻讦，那么即使得出细密等级的分数也无益。

总起来说，在评定小学生的智育科目表现时，我们可以使用百分制分数或多等级的分数，家长对子女得到"差"的分数评定一般不会有大异议。然而"差"是不能用在小学生的品德操行评定上的，因为我们这时更要彻底地贯彻"教育性"和"激励向上"的原则。于是学生的品德操行不但是不能用百分制分数的——因为我们实际上制订不出记分的规则，而且也不宜采用多级等第分数的。

11-2-2 关于百分制分数

在智育领域里，当需要学生组合多项知识、技能来表现其学习成果时，则为了测量他们的表现程度，从而便于教师做出是否提供额外的扶助来促进特定学生的发展，使用百分制分数的确是比使用等第分数更好的。然而即使在这种情况下，百分制分数也不是没有问题的。

问题的实质不在于百分制分数本身，而在于我们的教师固守这种分数已经到了"僵化"的地步，与我国40年多来的思想解放形成了鲜明的对比。当我国在各行各业的各种具体事务里都允许"多种多样"的时候，我们的教育在分数方面却依然只认同两种：不是等第分数，就是百分制分数。其实前者已经相当灵活了（参见上述），而后者却依然死死地非"100"分不可。其实何必呢？

　　要改革，就从改变观念起。关于百分制分数，教师需要把观念改变成从连续分数的高度来看百分制分数。这就是说，要把百分制分数看作是属于连续分数的，而连续分数绝对不只是百分制一种。不但 100 以上分数如 120 分、150 分等是连续分数，不满 100 的几十分也是连续分数，有时甚至连 5 分、6 分、7 分、8 分也可以从技术上看作连续分数。因此，在需要采用连续分数而实际档次却不满 100 时，采用百分制分数就有问题。我们从实际情境看起来。

　　老师教师们出测验的卷子，总要给题目配分：答对这题给几分，答对那题给几分；做错一步或做不到位扣几分。如果固守百分制，则教师在配分时就总要凑成 100 分。这样，配分的任意性就很大，等于是任意改变测量的规则，由此造成计分和比较的误差也很大。设想同一道题，当它出现在一份题目较多的测验里时配分就相应地少，而在一份题目较少的测验里，我们对它势必多配分。于是同一道题目的配分就没了客观标准。我们假设一道题目客观上须配 3 分，而现在却配了 5 分；再假设甲、乙两人，前者全做对了，后者全做错了，那么两人本来是只差 3 分的，现在却多差了 2 分，这就是误差。虽然任何测量都免不了误差，但是现有的任何一门科学都以积极的姿态，尽可能地提高测量的精确性，包括精确厘定一个模糊的范围。我国的教育工作者恐怕都是希望把教育事业建立在科学基础上的，于是在测量与分数这个具有基础重要性的问题上，也就不能不讲究"更加准确一些"。这就从实际上提出了改革百分制分数的要求。

　　改革百分制分数可以有很多做法，我们讲最简单的一种。这要求我们首先明确用连续分数来测量或计数什么？可是日常教学并没有明确地回答过这个问题。譬如有 10 道题目，都是 4 个选项择其一的，每题配 1 分，那么得若干分，这算测量或计数了什么？回答可以是"做对的题目数"。可是如果有一道数学应用题或其他科目的论述题配以 10 分，那么得分为 0、为 10，或为其间若干，这又测量或计数了什么？如果仍答以"做对的题目数"，那就只有"做对"和"做错"这两种情况。如此，则只需要 0 和 1 两级分数就行了，为什么要配以 10 分呢？可是经验告诉我们，把一道应用题或论述题同上述选择题都配 1 分是不合理的，因此对前者需要配 10 分。可是 10 分就意味着有 10 个 1 分，意味着是以 1 分为单位来测量这道题的完成情况的。这样，实际的计分单位就不是"题目"，而是比"题目"更小的元素。那么这个元素是什么呢？日常的教学测量没有明确回答过这个问题。

　　现在我们可以做个最简单的回答或处理，那就是若以 1 分为单位，则我们测量的是"1次正确的解题行为"。在这里，解题行为的正确与否，以言说或书写出正确的语词符号为准。换言之，教师可以事先规定：说或写对了一个字、一个词，或者一个数、一个计算式子就得 1 分。这样就把上面列举的两种题目的配分准则统一起来了。比如选择题，学生只要做一项"打√"的行为就能显示出是否"做对了"，因此配以 1 分；而某道应用题，按照有利于检查教学效果的准则，学生得经过五步行为才能显示出"做对了"，于是便配以 5 分，并且精确地制定规则，如哪步做错了就扣哪步的 1 分。如此，则整个卷子总共要求学生做出多少次正确反应行为，就确定满分为多少，完全没必要囿于 100 分而不敢越雷池一步。在报告分数的时候，我们只要把学生的实得分数除以满分就能得到形同百分制的分数，它以百分比的形式显示学生掌握了多少，含义比惯常的百分制分数更明确。

上述做法因为很简单，所以仍有很大的不足之处。比如同是做 4 择 1 的选择题，表面看来都是做一项"打√"的外显行为，可是经历的内部表征会很不同，一个可能只是简单的回忆（一步内部表征），另一个是必须经过推理的（需要至少二步的内部表征），还有一个需要在短时和长时记忆之间经过多次的信息交换（需要不少于三步的内部表征）。这就是说，同样形式的题目，实际的难度是不同的，可我们对它们配以同样的分数，这就不尽合理。但是根据正确反应行为来配分的做法要比惯常的百分制配分法好，如果需要更好地配分，教师们可以向专业人士请求支援。

当然，我们也要承认，一些富有经验的教师即使按惯常的百分制配分，获得的测量效果也会比上面介绍的正确反应行为配分法好。那是因为他们在按经验配分时，已经把答题的同一行为表现所经历的不同内部表征过程考虑进去了。这说明经验也是宝贵的。但是这样的经验在这些教师那里是单纯地以程序性知识的形式存在的，未以陈述性知识的形式表达出来，这就成不了可以普遍参照的准则，最终还是妨碍它们成为更多教师的程序性知识。这很可惜！为消除这样的遗憾，教师需要科学方法来检验这些经验。如果经验做法不如上述的正确反应行为配分技法好，那就用后者；如果经验做法更好，就取前者。

11-2-3　标准分数

标准分数（standard score）相对于原尺分数[1]（raw score）而言。后者既可以是通常的百分制分数，也可以是上面介绍的按正确反应行为而配分所得的连续分数。总之，我们可以把原尺的连续分数转换成标准分数。可是为什么需要标准分数呢？我们从实际谈起来。

1. 原尺分数的局限性

学校里需要对学生的多方面学习表现（learning performance）[2] 做合成的评价，最典型的是把若干科目的成绩合成一个总成绩，比如学期总评分。类似地，任课教师也需要把同一科目的若干次测验合成一个科目的学期总成绩。为了合成分数，通用的做法是直接把各次分数相加得出总和，必要时算个平均分，从而维持百分制分数，便于学生和家长理解。这样的做法从理论上看，好似把 1 美元和 1 元人民币看成了相同的价值量，潜在的理由是它们的单位都是"元"；我们的教师直接加和各次测验的连续分数，潜在的理由也是它们的单位相同，都是"分"。可是从实际上看，人们为了挣得 1 美元和 1 元人民币，须付出的劳力或劳动时间很不同。类似地，学生为取得比如数学和语文测验的各 1 分，甚至为取得两次数学测验的各 1 分，付出的努力很可能也不同，因为我们一般没有确切的证据表明两份试卷的难度

---

① 又名"原始分数"。

② 对应于 learning performance 的"学习表现"，相当于我国学校里通常说的"学习成绩"。

是一样的。由于各位教师在出试卷的时候并不曾也没必要实质上统一计分的单位，而是各以自己的"1分"为单位来出题的，好比各个国家以自己的"元""镑""法郎"来建立本国的货币体系，因此我们把由此得到的各科目的各次测验分数称为"原（始）尺（度的）分数"。于是，正像我们早就知道不同的货币不能直接加一样，现在我们也知道不同的原尺分数也不能直接加。那么如何把不同尺度的分数合成一个分数呢？

2. 标准分数的计算

我们可以这样想：假如美元和人民币没有建立直接的兑换率，那么我们可以选择一种已经与美元和人民币建立了兑换率的第三种货币，然后把美元和人民币转换过去，再加起来。在这样的例子里，按那第三种货币计算出来的货币量就像一个"标准分数"，它的重要性在于把我们例子里的美元和人民币转换成统一的单位。那么数学和语文的考试成绩，或者两次数学考试成绩的标准分数是什么呢？我们先学会计算它，之后再理解它。表11-3列出计算标准分数的步骤，表11-4是对应的例子，请读者按照数字标号对照阅读。

表 11-3　计算标准分数的步骤

步　骤	操 作 说 明
①	准备一组原尺分数，比如一个班级 n 人的百分制分数 X_i
②	计算平均分数 $\overline{X}$
③	援引式 10-2，计算离差分数 X_i，即 $x_i = X_i - \overline{X}$
④	求离差分数的平方值，即 x_i^2，亦即 $(X_i - \overline{X})^2$，称"离差平方"
⑤	总和离差平方，即 $\sum x_i^2 = \sum (X_i - \overline{X})^2$，符号 $\sum$[①] 表示连加
⑥	将离差平方和 $\sum x_i^2$ 除以人数 n，得方差 V，即 $V = \sum x_i^2 / n$
⑦	求 V 的平方根值，就是标准差 S，即 $S = \sqrt{V}$
⑧	以离差分数 x_i 除以标准差 S，即得所谓的标准分数，标记为 Z_i，称 Z-分数

表 11-4　计算标准分数的例子

① X_i	③ $x_i = X_i - \overline{X}$	④ x_i^2	⑧ $Z_i = x_i / S$
1	−4	16	−1.55
2	−3	9	−1.16
3	−2	4	−0.78
4	−1	1	−0.39

---

① 读若 sigma，是希腊字母 σ 的大写。

①X_i	③$x_i = X_i - \overline{X}$	④x_i^2	⑧$Z_i = x_i/S$
5	0	0	0.00
6	1	1	0.39
7	2	4	0.78
8	3	9	1.16
9	4	16	1.55

$n = 9$；　②$\overline{X} = 5.0$；　⑤$\sum x_i^2 = 60$；　⑥$\sigma^2 = 60/9 = 6.67$；　⑦$S = \sqrt{6.67} = 2.58$

3. 理解标准差和标准分数

通过学习表 11-3 和表 11-4，读者会做两件事了，一是计算标准差，二是计算标准分数。下面我们来理解它们的含义和用途。

（1）关于标准差。标准差的含义很丰富，我们注意以下几点：

① 为计算标准差，我们使原尺分数的平均值变成 0（参见表 11-4 的"第②步"和"第③步"），这等于我们在没有或未知绝对 0 点的条件下，规定一个 0 点，好比我们把水的冰点作为 0℃，从而使不同测验的原尺分数有了统一的测量起点，于是可以开始比较了。

②我们采用标准差 S 作为统一的测量单位。这样，$1S$ 在不同测验的原尺分数系列里就含有不同的原尺分值。例如在表 11-4 里，$1S = 2.58$[①]（参见表 11-3 中的"步骤⑦"），而在前一讲，我们提到智商，它的 $1S = 15$。注意，尽管这里从原尺分数的单位上讲是不同的，但是从标准差作为单位讲，那是一样的。于是就实现了比较。

③引进正态分布概念后（参见图 10-3），比较的结果在实际含义上将表现为总体中有多少个体（%）在特定个体 i 的左面或右面，从而确定该个体 i 的水平相对地是高还是低，多高或多低。例如，若表 11-4 的原尺分数符合正态分布[②]，那么得到高于 2.42 分而低于 7.58 分的人应该达到约 $34.14 \times 2 = 68.28\%$（参见图 10-3 的正态分布）。

④ 利用以标准差为单位的正态分布，我们可以在不同单位的分数之间做比较。比如"千克"和"厘米"是不同性质的单位，不能直接比较。但是如果 $S_{重量} = 5$ 千克，$S_{长度} = 8$ 厘米，那就表明一个长度为 8 厘米的物体同一个重量为 5 千克的物体在各自的总体里所处的位置是一样的。由此推广开去，尽管一名 7 岁的儿童刚刚会做 20 以内加减法，而其父亲能解高等数学的题目，但是由于前者的智商高于其所属的儿童总体 $1.5S$，而父亲的智商只高于成人总体的 $1S$，因此我们仍可以说儿子比其父亲更聪明；再推广言之，如果学校里有一名

---

① "标准差是 X"的说法 = "1 个标准差（或 $1S$）是 X"的说法。说法中的 X，可以用原尺分数的单位，比如"厘米""千克""分"等。

② 表 11-4 的原尺分数是为了方便讲解而设的，并不符合正态分布。文中只是一个假设。

数学尖子、一名歌唱好手，他俩的才艺是否旗鼓相当呢？如果我们得知两人在全年级的数学测验和歌唱测验中，分别获得 $2.5S_{数学}$ 和 $2.5S_{歌唱}$，那么尽管原尺分数体系不一样，前者以 120 为满分，后者的满分为 10，并且两人获得的原尺分数也不同，前者是 110 分，后者是 8.25 分，我们还是可以说他俩的才艺在学校里是不分轩轾的。

⑤ 标准差还能测量两个群体比如两个班级在某项特质上的个体差异是否同样大。我们看图 11-2，两条正态曲线刻画两个班级在同一份数学测验上的成绩分布。我们看到两班的平均值一样，标准差的全距不一样，比较狭窄的一条曲线表明该班学生的数学知识比较整齐，而宽大曲线则显示该班学生的数学知识差距很大，因此对这两个班级上数学课，备课就该很不一样。

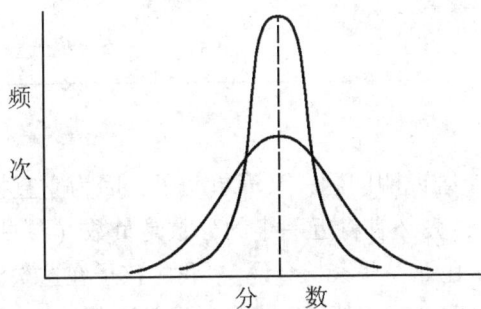

图11-2　两个群体的个体差异具有相同的平均值，不同的差异范围

（2）关于标准分数。标准分数是以平均值 $\bar{X}$ 为起点，以标准差 S 为单位的分数。标准分数有多种，Z-分数是其中的一种，它通过表 11-4 的"第③步"，规定 $\bar{X}=0.00$；通过"第⑧步"，定义 $S=1.00$，计算公式是

$$Z_i=(X_i-\bar{X})/S \qquad\qquad [11-1]$$

这样，Z-分数直接报告一个原尺分数 X_i 是在左边还是右边距离平均值多少个标准差。例如，若 $Z_i=0.00$，那就表明这个 X_i 距离平均值 0 个 S，于是我们知道这个 X_i 正好等于平均分数。如此推论，则 X_i 若在左面距离平均值，那么它是一个负数的分数，否则分数是正数。由于正态分布一般是从平均值开始向左右各列出三个标准差，因此 Z-分数最低是（-3.00）分，最高是 3.00 分，其间的各分数都可以保留两位小数。

学校可以用 Z-分数来计算多次测验的总评分。这样，各测验的测量单位就统一了，比直接总和原尺分数合理。我们看表 11-5 的例子：一开始是用原尺分数算总分或平均分，结果甲、乙的分数一样，这实际上好比我们把美元和人民币直接相加，于是当甲持有 3 美元和 7 元人民币，而乙持有 7 美元和 3 元人民币时，两人的货币持有量就被计算成一样多，这当然不合理。之后，我们采用 Z-分数，结果两人的分数就有差别了，而且相差还蛮大，其间隔着总体的 34 以上的人呢！这好比我们把两种货币转换成同一种货币后再比较，于是乙的货币持有量就高于甲的了，这是合理的做法导出的合理结果。在另一些情况下，两人的 Z-

分数高低会和原尺分数的高低正相反。

表 11-5　用原尺分数和标准分数来合成分数时可能有的差别

测验科目	原尺分数		班级分数		离差分数		标准分数	
	甲	乙	$\bar{X}$	S	甲	乙	甲	乙
语文	59	76	68	4	-9	8	-2.25	2
数学	90	100	90	5	0	10	0	2
外语	126	99	110	16	16	-11	1	-0.69
总分	275	275					-1.25	3.31
平均	91.67	91.67					-0.42	1.10

4. T-分数

Z-分数本身是很好的，既说明问题，又简单明了，因为它直接报告距离平均值的方向和差量。但是采用 Z-分数，势必有将近一半的分数是负数（参见表 11-4 的"第⑧步"），于是会引起外行人的误解。比如一些家长会说："我的孩子在这次测验中哪怕所有的题目都做错了，那也不过是得 0 分啊，现在他好歹还做对了几道题，怎么会得个比 0 分还不如的负数分数呢？"这样的见解表明外行人习惯以绝对 0 点为测量的原点，而不习惯以平均值为测量的原点。我们的教师为了便于外行人理解，可以任意确定平均值和标准差的数值，只要在交流、讨论时予以说明，在执行时按既定规则做就行。于是 T-分数就是国际上通用的一种标准分数。

T-分数定义 $\bar{X}=50$，换言之，定义测量的起点是 50 分；规定 $S=10$，换言之，以 10 分为 1 个标准差，计算公式是

$$T_i = 50 + 10Z_i \qquad [11-2]$$

这样一般就足以消除 Z-分数体系下的负数分数了。例如我们采用表 11-5 的 Z-分数，援引式 11-2，将算得 $T_甲=37.5$（标准总分）或 45.8（标准平均分）；$T_乙=83.1$（标准总分）或 61.0（标准平均分）。

按照式 11-2，在 $\pm 3S$ 的正态分布下，T-分数的全距是 20~80 分。可是我国学校百分制分数使人们形成了一个固定印象，即在正常情况下，分数的全距应该是 60~100 分。于是 T-分数的全距表现形式就还是不符合外行人理解分数的习惯。不过没关系，我们可以根据原尺分数的实际情况，把分数的报告形式调节到非常符合外行人习惯的地步。具体的做法是把式 11-2 的 50 和 10 分别设为 $\bar{X}$ 和 E，即

$$调节\ T_i = \bar{X} + EZ_i \qquad [11-3]$$

式中的 $\bar{X}$ 就是原尺平均分数，E 是标准差 S 的调节系数，可以在原尺满分和原尺平均分

数的条件下任意调节，目标是使得到原始及格分数和满分的学生获得的 T-分数看上去和原始分数一个样，或者看上去分别是绝对不低于原始及格分数，也不超过原尺满分。我们举个例子。

设原尺满分为 100，及格分数为 60，$\overline{X}=80$，Z-分数的全距为 ±2.34，那么援引式 11–3，我们要找到使 EZ_i 最逼近于 100 的 E 值，通过摸索，满足上例要求的 E 值可以是 $2.34E \leqslant 20$，即 $E \leqslant 20/2.34 \leqslant 8.55$，于是我们可以取 E 值为 8.55 分。这样，若成绩最好的同学得原尺 100 分，并且其 Z_i 右距平均值 80 分最远，为 2.34，那么调节 $T_i = 80 + 8.55 \times 2.34 = 100.01$。学校里向学生及其家长报告分数时，没必要取小数，于是本例的调节 T_i 就是 100 分。这个 100 分，就数值而言，满足了我国学生及其家长理解分数的习惯心理；就性质而言，它是标准分数，具有比原尺 100 分合理的优点，可供教师更细致地研究改进教学、测验和决定额外帮助个别学生用。一言以蔽之，调节 T-分数是新瓶装旧酒。

11–3 分数的效度和信度

教师、家长看到一个分数时，常会问它"准不准"，这是关于测量准确性的问题，包含两个方面，即效度和信度，需要分别解说。这在测验分数表征能力的时候是特别重要的，因为关于能力的测验分数很好地建立了判定效度和信度的程序。所以，如果一项表征能力的分数缺乏效度和信度，那不但没用而且还有害，害得教师错误地估计了学生的能力，于是在不该额外作为的时候盲动，由此造成学生的心理负担，而在应该额外作为的时候却不作为，错失扶助学生的机会，也不利于学生的发展。

11–3–1 效度

1. 效度的概念

如果一名教师想了解一群学生的数学能力，便要求每个学生写一篇作文，批改后，甲的作文分数为 98，乙的作文分数为 89 分，教师就认为，甲的数学能力比乙强。那么，请问你的看法如何？你想必不会认可这种评价，理由可以是：如果实施数学测验，甲、乙的得分高低有可能倒过来，所以用作文来测量数学能力是"无效的"。可是，如果丙的作文是 60 分，数学测验是 79 分，那么我们是否可以说用作文来测量数学能力还是"有效的"？理由是作文分数还是能够预言数学能力的！料想你可能还是会说：作文能力"毕竟"不是数学能力啊！这意味着你从概念上仍然坚持认为用作文来了解数学能力是无效的，或者说至少是不妥当的，而在实际上，你是不会这么做的。

从你上面的回答里，包括你的实际做法，我们可以归纳出分数效度的概念：如果你想测量能力 A，并且使用的测验的确是测量能力 A 的，那么这个测验的分数是有效的。换言之，效度是指测验是否测到了意欲测量的特质（属性、能力……）。这是关于效度的质的定义。

再考虑一个问题：如果我们急需表征简单代数能力的分数，可眼下只有表征四则混合运算能力的分数，那么我们可以用后者来表征前者吗？你也许会说"凑合吧"，言下之意是，虽然这不是"最好"，可总比用作文分数好，因为算术能力和代数能力"毕竟"都属于数学能力。根据你的这个意思，我们可以说：分数表征能力是有效还是没效，归根结底是个"程度"或"量"的问题。因此效度是指测验在多大程度上测到了意欲测量的特质（属性、能力……）。这是关于效度的量的定义，它包容质的定义，因为我们可以把根本没测到意欲测量的特质即完全无效看作效度为 0.00，而把完全测到意欲测量的特质即完全有效看作效度为 1.00。关于效度的量的定义要比质的定义好，因为一个测验虽然有可能是根本无效的，却不可能是"完全"有效的，因此当效度介于 0.00 ~ 1.00 之间时，这些分数算有效吗？这就要根据具体情况来判断了。下面我们根据质的和量的定义，讲三种具体的效度。

2. 表面效度

这是根据经验或常识来判断一种分数是否有效地表征了意欲测量的能力。在上面，我们断然否认了作文成绩可以表征数学能力，就是因为这样的做法即使从常识上也说不过去。至于用体育成绩来表征音乐能力，那么表面效度是更糟的。可是，如果我们用四则运算成绩来表征简单代数能力，那么这可以说"多少"还有表面效度的。归结起来，若用分数来表征能力而又不失表面效度的话，那就要求一项测验的题目看上去像是测量那种能力的。最通俗地说，语文测验就得像语文测验，不能像其他科目的测验，以此类推。为追求表面效度，一般可以请领域专家来查看测题，哪怕他们并不懂正规的教育测量学。

3. 内容效度

在这里，"内容"一词就做日常理解，于是在学校科目测验里，这里的"内容"就是教师教而学生学的"东西"。可是要在一次测验里把这些内容都测到，那是不可能的。我们只能从中选择一部分。于是，内容效度就是指一道测题是否超出了要测内容的范围。如果是，则这道测题及分数就是没有内容效度的；如果一次测验里有很多这样的题目，那么这次测验及其分数也就是没有内容效度的。我们常说"考试不能超纲""考试不出偏题、怪题"，这是为什么？就因为"偏题""怪题""超纲题"都是没有内容效度的，它们的分数不能恰当地表征考生的能力。内容效度还有一个方面可以这样来理解：假如你要测量学生的四则运算能力，结果在你出的卷子里却没有除法题目，那么这份试卷的内容效度也是不好的。类似地，如果你教完了除法，想看看学生掌握的情况怎样，可是试卷里出的都是除得尽的除法题，没有有余数的除法题，那么这张试卷的内容效度也是有问题的。

4. 准则关联效度

准则关联效度的字面义就是"联系某个准则来看的效度"，其基本逻辑是：先确定一个已被肯定为有效的测验及其分数作为准则，然后我们新编一个测验并获得分数，接着查看后一分数与准则测验分数是否相符。符合程度越高，就表明新测验及其分数越有效。

准则关联效度还分几种，其中与普通教师关系较大的一种叫"一致性效度"（concurrent validity）。它出现在这样的情况下：教师要减轻学生对课业的心理负担，这就包括减少测验次数、删削测验题目、缩短测验时间。可是这样做，会遗失很多宝贵信息，不利于教师细致地了解全体学生的学习情况。于是我们需要考查一个新编短测验的分数和一个长测验的分数在多大程度上是相符的，相符程度越高，就表明短测验与长测验越一致，实施这样的短测验，就相当于实施长测验。如果相符程度低，就要改进短测验，以提高测验的有效性。

5. 效度的判定

如何判定测验分数的效度呢？就上面讲的三种效度而言，前两者可以凭借经验来判断。于是，不那么有经验的教师可以听从富有经验的教师；教师和校长可以向心理或教育测量学专家咨询。但是要注意的是，前述专家也可能一时是脱离具体一所小学实际的，因此一所小学的教师和校长也可以委托本校一名受过测量学的规范训练又在这方面能力杰出的本科毕业生。至于准则关联效度或一致性效度，那是要用一类叫作相关分析的数学方法来评判的，其中还有多种技术，最普通的是以 r 为标记的相关系数，它是一切心理与教育测量学家都会的起码技术，也是一名受过测量学规范训练的本科生应该会做的。本讲将在最后一节说明此技术。

11-3-2 信度

理解信度可以从一杆（台）秤开始。假如你有一件以分量计价的物品，并且有公认的理由表明该物件没有少掉显著的一部分物质，比如一条鲜鱼没有去掉内脏，那么它两次过磅的分量不一样，你就有理由说那杆（台）秤是不可信的。又比如。若某个体经营者称出的分量与政府主管部门设立的"公平秤"所给出的分量差了一定的范围，那么我们可以说前一杆（台）秤是缺乏信度的。类似地，如果我们的测验测量能力，那么试卷就相当于秤，"秤"能力，而能力是相当稳定的，于是两份测验测得的分数应该是明显相符的、一致的，否则我们至少可以说其中的一项测验分数是不可信的，甚至两份测验都可能是没有信度的。我们由此可以抽绎出最基本的信度概念，即"重测信度"，它的定义是：同一测验重新施测于同一组学生后所得的两次分数之间的一致程度。如果一致程度高，那么这项测验是可靠的，可以继续使用，否则就是不可靠的，不能再使用，而要编制新测验。下面举例说明，请注意从上述定义导出的变化和应用含义。

如果教师在第二天把前一天用过的测验原封不动地对同一组学生重测了一次，结果发现两次测验分数很不一致，那就表明这份测验不可靠，于是两次分数都不能用来表征学生的能力而记录在案，应予废弃。如果这样的两次分数一致性高，那就表明这份测验是可靠的，分数可以留作参考。为什么呢？因为当分数表征能力时，虽然能力既是稳定的，也是随着教学和练习而提高的，可是由于第二天重测，新的教学可能还没有进行，或者虽然进行了，却还未及在学生那里产生效果，因此学生的能力没有改变，亦即能力的个体差异没变化，于是两次测验的分数应该是高度一致的，如果一致程度低，就表明该测验没能测到能力，则分数当然不作数，需要另编测验。

广而言之，如果间隔一段日子而重测，重测分数与初测分数仍有很高的一致性，那不但表明这份测验是有效的，而且表明在这一段日子内，没有必要实施第二次测验，因为我们可以有相当大的把握根据前一次测验来预言后一次测验的成绩，正像我们在预料尺子和布料都不会改变长度时，我们就不会去测量第二次，除非忘记了原来的尺寸。因此，重测信度高的测验就可以减少测验次数，这就减轻了学生对课业的心理负担如紧张、焦虑。我们由此想到所谓"应试教育"的缺点：它之所以频繁地测验，根本的原因在于教师对测验分数的信度没把握，于是不放心前一次的测量结果，这就要测第二次、第三次或更多，由此造成学生学习时心理负担重，遭到学生、家长和全社会的非议。究其根源，在于"应试教育"有机会考查测验的信度却不去考查。实际上，普通教师凭实践经验而出的试卷一般是有很高信度的，有研究[①]表明：间隔一个寒假，在小学生四年级学生全部没有在寒假里接受"补习"的条件下，用寒假前期末考试卷重测，两次分数的一致性还达到0.89，算是非常高的。

我们再设想：如果在一段时期里有系统地教学和练习，那么拿同一份卷子测两次，分数的一致性就会降低。这是因为：① 后续的学习有可能自动地弥补了先前学习的欠缺；② 教师额外扶助前一次成绩不佳的学生显著地改善这些学生的能力表现；③ 一些学生的自然成长也会无师自通地学会了先前没学会的知识技能，诸如此类因素的联合作用，会使很多学生在原先的卷子上做对了原来没做对的题目，而且原来做错题目越多的学生现在会做对越多的题目；原来做对题目越多的学生却最多只能保持越多的题目不做错，而提高分数的机会越少。这样，重测分数就会堆积在一起，与初测分数分散很开形成极大的不一致，因此这份测验就没了信度，不能再用。这就好比用四年级的卷子来测五年级的学生是不可靠的一样。因此教师要善于审时度势，理智而英明地判断什么时候该新编一份测验来了解学生的能力。如果教师做到了这一点，那么就一个学期而言，只要不多几次的测验，就能相当准确地了解学生的能力。教师要做到这一点，现在有许多机会接受培训或得到专家的帮助，而所谓"不多几次"的测验，大体上可以期中、期终考试外加必要的一些单元测验为限度。这样，我们的教师就既掌握了学生的情况，又没有因为测验而挫伤学生学习的积极性；相反，如果还辅助采用前一节说的报告测验分数的技巧，那么测验还能激发学生的学习积极性，而这样更有利于教师了解学生的学习情况。

11-3-3　计算相关系数 r

在效度一节，我们提到过相关系数 r；在信度一节，我们屡屡提到两次测验分数的"相符"或"一致"；r 就是考查这种相符性、一致性的一种数学技术，考查的结果叫相关系数（correlation coefficient）。

1. 相关的概念

相关可以从"自己和自己是完全相符的"开始理解。这个"完全相符"可以想象为两

---

① 袁军，高剑毓，周春芳，等. 寒假轻松过 分数降几多. 上海教育科研, 2000（5）：8-10, 50.

个同样大小的圆完全重叠。然后我们就从这里起步，想象两个圆开始不完全重叠，见图 11-3，于是可以根据阴影的大小来判断"相符""一致"，即"相关"的程度高低。

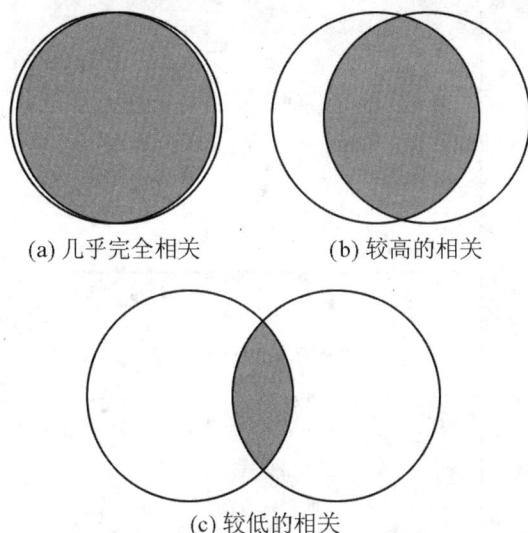

(a) 几乎完全相关　　　　　(b) 较高的相关

(c) 较低的相关

（a）几乎完全重叠，表示很高的相关；（b）重叠部分大，表示高相关；（c）重叠部分小，表示低相关。

图 11-3　两次测验的相关

那么相关怎么能够表明分数的信度呢？我们这样想：如果一项测验是十分可靠的，那么两次测验的分数就会是一样的；换言之，两人之间初测时差多少分，则重测时还差多少分。这样的思想推广到一群人，就可以画出图 11-4。

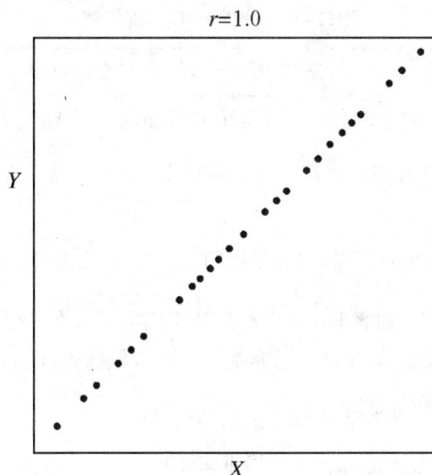

$r=1.0$

Y

X

图 11-4　每人的两次测验分数 (X, Y) 完全一样

然而实际情况将是大多数人的两次测验分数不会一样，而且两人之间的分数差距在两次测验里会不同，甚至会颠倒，但是只要我们看到大多数人在初测时得分是相对高的或低的，在重测时也是相对高的或低的，那就表明这份测验有信度，即可靠，于是图 11-5 将是更实际的图像：

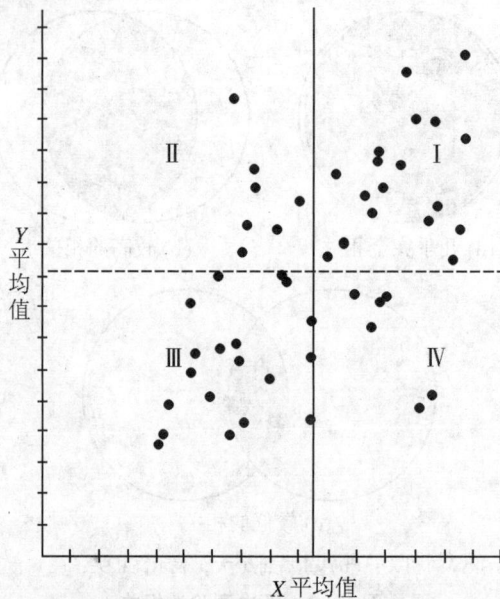

图 11-5　一群人两次测验的分数分布①

2. r 的计算程序

r 的问题。请根据表 11-6 继续理解，起点是你用一份测验对一班学生测了两次：

表 11-6　计算 r 的逻辑程序

步　骤	假如计算 r，那么你可以
1	收集一组学生两次测验的分数，作为成对观测值，即 X_i 与 Y_i，比如见表 11-7。
2	准备一个二维直角坐标，横轴为 X，纵轴为 Y，规定 X_i、Y_i 的数值分别向右、向上增长。（参见图 11-5）
3	在坐标平面上一一标点 $(X_i，Y_i)$，如图 11-6，最后形成一个散点图，类似图 11-5。
4	计算平均值 $\bar{X}$ 和 $\bar{Y}$（如表 11-7），然后从它们出发，在坐标平面上划出四个象限（参见图 11-5）；并且计算 X、Y 各自的标准差 S_X、S_Y（模仿表11-4）。
5	计算平面上每一点分别对 $\bar{X}$ 和 $\bar{Y}$ 的离差，即 $x_i=(X_i-\bar{X})$ 和 $y_i=(Y_i-\bar{Y})$；再相乘，即 (x_iy_i)。注意：若一散点在第 I 或第 III 象限内，则有+(x_iy_i)；若在第 II 或第 IV 象限内，则有-(x_iy_i)。

---

① 注意：看大体，前测分数（X）较高的人后测分数（Y）也较高。

步　骤	假如计算 r，那么你可以
6	总和积，即 $\sum(x_iy_i)$。于是可推断，若和为正数，则第 Ⅰ 、第 Ⅲ 象限内的散点多；若和为负数，则第 Ⅱ 、第 Ⅳ 象限内的散点多。和为正数是正相关，含义是：较大（小）的 X_i 往往伴有较大（小）的 Y_i；和为负数则是负相关，含义是：较大（小）的 X_i 往往伴有较小（大）的 Y_i。
7	将上一步得到的积之和除以成对数据的总数 n，即 $\sum(x_iy_i)/n$，结果叫"X、Y 的协方差"，可以写为 C_{XY}。
8	将协方差除以 X 和 Y 的标准差，即 $C_{XY}/(S_xS_y)$，得相关系数 r。

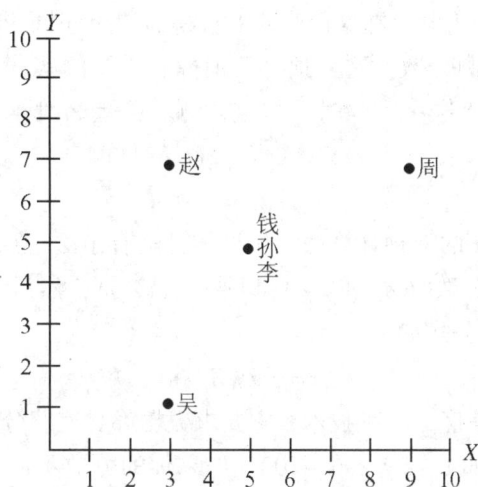

图 11-6　在平面坐标上对每人的成对分数标点①

表 11-7　计算 r 的样例子

学生 i	X_i	Y_i	x_i	y_i	x_iy_i
1	25	30	−4	0	0
2	45	42	16	12	192
3	45	45	16	15	240
4	17	27	−12	−3	36
5	21	27	−8	−3	24
6	41	30	12	0	0
7	25	24	−4	−6	24

① 图中钱、孙、李的两次分数都一样，所以 3 点重叠成 1 点。

学生 i	X_i	Y_i	x_i	y_i	$x_i y_i$
8	13	15	−16	−15	240
$n=8$	$\overline{X}=29$	$\overline{Y}=30$	—	—	$\sum x_i y_i = 756$
	$S_X=12$	$S_Y=9$	—	—	$C_{XY}=\sum x_i y_i /8 = 94.5$

$$r = 94.5/(12 \times 9) = 0.88;\ r^2 = 0.88^2 = 0.77 = 77\%$$

如果一份测验在隔了一段时间后重测，获得的两次分数如表 11–7 的 X_i 和 Y_i，并且算出的 $r=0.88$，那么我们可以说，就间隔这一段时间而言，这份测验的信度是很高的。理由可从两个方面看：① 相关系数的最大值是 1.0，此时的散点排列成一条斜直线（参见图 11–4），所以 $r=0.88$ 是很高的信度。② 表 11–7 里还计算了 r^2，结果是 0.77，转换成百分比是 77%，这是说，我们根据一组学生在这份测验上获得的初测分数，可以有 77% 的把握来预言间隔"这一段"时间的重测分数。这种预言的把握有重要的实践意义。显然，如果你的预言把握大，那就没必要在"这一段"时间里重做测验，什么时候觉得把握不大了，什么时候再测验一次。

3. 用 Z–分数计算 r

上面介绍了相关系数 r 的一种计算法。如果你已经有了 Z–分数（按表 11–4 计算），那么把每人（i）的一对 Z–分数（Z_{iX} 和 Z_{iY}）相乘（$Z_{iX}Z_{iY}$），然后总和积（$\sum Z_{iX}Z_{iY}$），最后除以人数 n，这也得到 r，公式如下：

$$r = \sum Z_{iX}Z_{iY}/n \qquad [11\text{–}4]$$

相关系数 r 只是计算信度的一种技术，它要求数据都是连续分数，换言之，分数最起码要有五种连续的取值，比如 $1\sim5$ 或 $96\sim100$。如果你的分数不满足这个条件，那么你计算信度时就得请求专家支援；即使用 r 计算信度，上面也只讲了开头一点点，如果你想获得更多的细节信息，以利于更好地决策，那也得请求专家支援。其实你自己也可以成为专家的，那就超越本书而继续学习，本讲到此为止实际上为你打开了一扇通向新领域的大门，希望有更多的小学教师走出去，具备一种新的科学"素质"。

小结

在教师培训里普及一点测量学知识，这是我国思想解放、改革开放的一项成果。

测量是按一定规则对事物的属性指派数字。这样的数字就是"分数"。分数可以归结为四种，即名义分数、顺序分数、区间分数和比率分数，它们层层嵌套。四种分数可以再归结为级类分数和连续分数，二者在学校里典型地表现为等第分数和百分制分数。

学校里的这两种分数各有其恰当的应用领域和时机。连续分数也没有必要固守"百分制"，可以按照正确反应行为的次数来计分。原尺连续分数可以转换成等距的标准分数，后者在考察个体差异与合成总分时比前者合理。

测验分数要有效度和信度。效度指一个测验在多大程度上测到了想测的特质，信度指一个测验对同一组人施测两次后的分数一致性。学校的常规教学测验要考虑表面效度、内容效度和准则关联效度中的一致性效度，要考虑重测信度。表面效度和内容效度可以凭经验来判断，而一致性效度和重测信度需通过计算，相关系数 r 是达到此目的的一种计算程序。

研读建议

1. 建议读者回阅第 10 讲，特别是其中关于个体差异是量的差异的解说和个体差异的离差定义，因为它们是本讲提到的分析技术的理论基础。

2. 本讲谈分数，在很多地方都努力结合学校的实际，建议读者对照自己学校里的实践来阅读本讲的分数理论。

3. 本讲相对于全书而言，涉及"很多"数学知识，它们不超过高中二年级水平，况且本讲安排了详细的图解和计算例子。因此读者要像教导学生一样，教导自己不但要看着读，而且要动手做。强烈建议读者用自己学生的分数，按本讲呈现的格式，照样子做一做。

4. 计算标准差。标准差是我们在前一讲里已经接触过的。当时，标准差对读者来说仅仅是陈述性知识；现在，它应该也成为读者相应的程序性知识，以作为程序性知识丰富对陈述性知识理解的一个亲历事件。

5. 在"连续分数和级类分数"一节，本讲步步为营地分析了百分制分数与等第分数的异同、变通与长短。读者应该能够系统地按假设情景作头头是道的陈述，而绝不是把其中的命题孤立起来作简单复述。

6. 在讲相关系数的时候，图 11-3 让读者知道"相关"的通俗含义；图 11-4 让读者从逻辑上理解相关是怎么能够表明信度的。到此为止，读者掌握的都是陈述性知识，而只有通过表 11-6 和表 11-7，读者才能掌握可以实用的程序性知识。

难点解析

1. 分数的类型。（参见"11-1-2　学校里的分数"）。

要系统地表述四种分数的特点，那是有难度的。但是本书只要求读者能识别特定的分数是否用得其所，因此心中有份核查表就很重要。表 11-1 就是这么一张核查表，可用三种方式来掌握：① 强记每种分数的特点；② 利用阴影阶梯，建立分数水平"上升"和分数特点"增加"之间的联系；③ 用意象来保持表 11-1，必要时随手画出来再思考核对。

2. "下一次考试时，甲的分数提高概率大，下降概率小；乙反之。"

关键在于 100 分是封顶的分数。我们可以从两个极端来考虑：设满分为 100，并且假定同一份测验做两次。于是，如果乙在第一次测验就得 100 分，那么不论乙又学习了多少，其第二次的分数也绝对不可能提高了，相反，偶尔的疏忽会导致分数至少降低为 99。假定甲在第一次得 0 分，那么他即使一点也不努力，其第二次的分数也绝对不可能下降了，相反，胡乱猜测答题也可能获得大于 0 的分数。于是教师从清醒的理智角度看，能表扬甲进步而批评乙停滞不前甚至退步吗？

3. "于是等第分数和百分制分数就没什么重大差别了。"

这是说我们可以用处理连续分数的技术来处理等第分数，比如计算标准差，标准分数，甚至计算相关系数 r。

4. "有差异才有信息。"

譬如活水是有差异的：第一种情境，可能有鱼，可能没有；第二种情境，可能此时鱼多而彼时鱼少。对于第一种情境，我们愿意尝试（联想尝试—错误学习）；对于第二种情境，我们更讲究准确地行动（联想信息加工学习）。但是我们不会如此地对一潭死水而行动，因为死水里总是没有鱼的，即没差异。

5. Z-分数、T-分数与调节 T-分数。（参见"11-2-3 标准分数"）

不要害怕这三种分数，而要看穿它们的实质。比方地说，Z-分数是一个人的本身，后两者不过是衣裳；衣裳之间，T-分数好比是制服，而调节 T-分数好比自家裁剪的衣裳。于是，我们首先要关心"本身"，之后才关心衣裳。其中，如果你跳出了百分制分数的框架，那么调节 T-分数是没必要关心的。如果你有 10 分精力学习这三个分数，那么 7 分用于 Z-分数；2 分用于 T-分数，1 分用于调节 T-分数。在用于 Z-分数的 7 分精力里，拿出 5 分按表 11-3 和表 11-4 去做。

6. "$1S$ 在不同测验的原尺分数系列里就含有不同的原尺分值……"

本来是比较原尺分数的，由于单位不同，或不等距，则不能比较。现在把原尺分数装进了叫作标准差的"盒子"里，然后比较"盒子"的大小或多少。

7. "引进正态分布概念……"（详见"11-2-3 标准分数"中的"理解标准差和标准分数"）

提到标准差，就要想到正态分布；脱离正态分布而谈标准差，就跟脱离汽车而谈发动机一样，后者将没有实际意义。用标准分数 Z 来比较，表面看是比标准差的数值大小，其实不同的数值表示正态曲线下不同的百分比面积，它们可以转换成人口百分比来想。

8. "儿子比其老子更聪明。"

可以这样地辅助理解：有些国家的版图没有我国一个省大，但是这些国家的总统照样比我国的省长"大"，因为各自在本国的地位不一样。在这里，以地位来比较，好比用标准差、标准分数 Z 来比较，而以人口多少、领土大小来比较，好比是用原尺分数来比较。

思考

某报刊报道一则关于"教育"新气象，名曰"赊分数"。情景可以模拟为这样：小华一次考试得了 75 分，便进入不了"优良"等级。她请求教师"赊"5 分，以进入"良"级。下次考试时"还"，即 85 分算 80 分。教师同意了，把小华列入"优良"级。当然，小华在下次考试里得了 85 分，师生遵守"协议"，小华这次登记在册的分数是 80 分。媒体把这说成是反对"应试教育"的"素质教育"新气象。请你发表评论。

12 教学与测验

📖 **研读目标**

- 理解三类教学内容的区别；
- 掌握教学目标的陈述通则；
- 领会三类教学内容与三种教学目标之间的对应性；
- 掌握 C 类教学目标的陈述技术；
- 领会三种教学目标是怎样处理学习者个体差异的；
- 领会本讲所列的每一对教学测验的适用性。

学校里有常规的教学测验（包括考试）。这是教学的一个有机组成部分。它向教师反馈教学的情况，以利于教学决策；它也推动学生去学习，以知自己的进步和不足。没有测验的教学就像摸黑打靶，有了测验就好比有了探照灯。

然而测验也是教学中最复杂的方面之一。教学测验塑造着学生的学习方式，如果教师习惯于测验机械记忆的内容，那么学生就会养成囫囵吞枣、死记硬背的习惯；如果教师侧重于考查学生能否把课堂上教给的知识应用于新情境，那就会引导学生为解决新问题而学习。所以，教学测验是教师应该特别关注的一个问题，也是教师应该能够专业化地妥善使用之的问题。

既然测验是教学的一个有机组成部分，那就不能脱离教学的其他有机组成部分而单独地谈，这是学校常规教学测验区别于其他专门测验（如标准化学业成就测验）的地方。显然，从最起码的意义上说，教学测验考查教学目标的达成情况，而教学目标的确定又取决于教学内容的特点。因此我们就从教学内容讲起来，然后逻辑地导出教学目标的陈述，再逻辑地导出学校常用的教学测验原理。这些内容都不是技术性的，而是思想性的、方略性的。教师们如果能够把它们同自己的工作多多少少地结合起来，那么常规教学测验是会有所改观的。

12-1 教学内容

所谓教学内容，是指教师打算教给学生或供给学生学习的材料或项目。一篇课文和加减法固然是教学内容，立正、稍息也是教学内容，思想品德的讨论题目照样是教学内容，以此类推。学校里的教学内容形形色色，我们可以从不同的角度去分类，比如语、数、外、音、体、美、品德、劳动，又比如知识、技能，等等；不同角度的分类还可以组合起来，由此形成更多、更细的分类，比如把语、数、外、音、体、美、品德、劳动与知识、技能这两种分类仅按写出来的项目组合起来（相乘），就有"8×2＝16"类。

12-1-1 分类的角度

本讲从两个角度对教学内容做分类。一个是"可说明性"，这是从教（师）的立场上提出来的，指是否容易确定教学内容的最小元素，或者是否容易厘定一项教学内容的明确边界。容易的就界定为是"易说明的"，我们就从"可以说明的"方向去考虑；否则就是"难说明的"，我们就从"不可说明的"方向去考虑。另一个是"可把握性"，这是从学（生）的立场上提出来的，只是这里的"把握"一词我们不按日常教学中采用的比喻引申义来界定，而是按这个词的字面义来界定，即所谓把握，乃指"不漏失"，比如三五颗石子是我们"完全能"把握的；一把沙子是我们"不完全能"把握的——因为沙粒会从指缝间漏掉一些；至于一捧水，那是我们"完全不能"把握的——因为会漏完，但是手掌仍然是湿的，这表征着我们还是学到东西的。于是"可把握性"也有"难"与"易"两种，我们于是可以分别从"不可把握"和"可把握"这两个相反的方向去思考学生的学习结果。

上述两向分类组合起来形成一个 4 格表（参见表 12-1），表中从两个角度都是"易"的组合开始，顺时针编码。其中的组合 D 可以表述为"教师说不清而学生能把握"，它是所谓的"以其昏昏，使人昭昭"，荒唐悖理，不合实际，故以阴影表示取消，遂剩三种组合 A、B、C，表示三类教学内容。以下分述。

表 12-1   教学内容 2-维分类

	易说明的	难说明的
难把握的	B	C
易把握的	A	D

12-1-2 A 类内容

1. 样例

这类教学内容是易说明、易把握的，样例见表 12-2：

表 12-2　A 类教学内容样例

样　例
1　我国的全名（国号）、首都、国旗形象和名称。
2　正确念出教过的 k 个汉字，达到平均 85% 的正确率。
3　听从口令正确地转向。
4　完整地唱一首歌。
5　不在课中提出上厕所的要求。

2. 论证

A 类教学内容之所以是易说明的，有两条理由：① 教师很容易列出待教项目的清单。比如表中第一行就列出了一节课里要教学的四项内容，而第二行包含着比如一周语文课上要教的确定数量的汉字，其余类推。② 教师还能确定教学之后学生将在什么条件下做出或不做出什么行为，比如表中第五行，并且达到什么程度，比如第二行，其余类推。

A 类教学内容之所以是易把握的，主要的理由是学生的学习有"顶点"。比如从"会"与"不会"，"能"与"不能"之类的性质上说，表中第三行总共只有三个方向可以转。当学生能听从口令正确转向后，就"听口令转向"这一点而言，他们同解放军仪仗队是没有差别的。此外，从数量上说，学习也有"顶点"。比如第二行，就一个班级的学生而言，可以 85% 的正确率为学习的顶点，这意味着教师可以继续往下教了；就学生个体而言，最多也不过达到 100% 的正确。

3. 特点

合观以上两点，我们可见 A 类教学内容有四个特点：① 边界分明、单元小，是此即非彼。比如说出我国国名（全称）就仅仅是准确说出七个字。②"致命基础性"，这就是说：若不充分把握这些项目，则后续学习无从谈起。比如不认识起码数量的字，则阅读从何谈起？若不会乘法，则除法怎么学？③ 教学项目一定数量少。比如阿拉伯数字总共是 10 个；英文字母不过 26 个；教给学生并期望他们能灵活应用的学习策略本身也就那么几条，等等。④ 教与学可在短时间里完成。比如 1 个教学周，1 堂课，甚至是 1 堂课的 1/3 教时，而且以后一般不会再提到这些内容了，比如当学生懂得数字 0 之后，也许只有其中很少的人将来在大学里以数学史为研读专业时才会重新认真地学习 0。教师越有经验，越是与时俱进地采用革新教学举措，就越容易确定或缩短 A 类教学内容的教时量。图 12-1 是 A 类教学内容特点的示意，它以封闭的框子表征固定的教学范围、以不多的点子表征少量的教学项目，以点子之间的分离表征教学项目的明确边界。

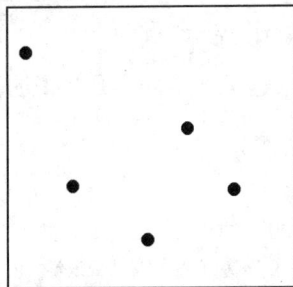

图 12-1　A 类教学内容示意

4. 教育含义

如果我们把小学、初中、高中、大学等看作学校教育的层级，那么每个低一层级的学校教育就比其上所有的教育层级有更多的 A 类教学内容；以此类推，则就小学教育层级而言，低年级拥有更多的典型 A 类内容，它们涵盖了行为守则的训练，良好习惯的养成，最基本的爱国主义思想之灌输，最基础的认知教学如识字、认数和比如 20 以内加减法，以及科学与艺术之开蒙。由于 A 类教学内容具有"致命基础性"的性质，因此它提示我们要抓好小学教育，抓好小学低年级的教学，以及在任何年级上抓好引领学生进入新领域的最初教学。

5. 指导教学的主要学习理论

许多 A 类内容由于本身没有什么内在含义，比如汉语拼音字母，或者虽有内在含义——比如国旗上的五星及其布局，可当前（小学一年级上）的教学暂不讲究之，因此教学的基本过程是形成刺激—反应的联结，落实为见信号做回应，比如对指定的图像说出"五星红旗"。A 类内容的教学虽然也应该引发学习者的内部表征活动，但主要是形成配对联想（paired-associate）①。

由于在回应、反应和配对联想时不容许做个人解释，比如不允许按英文字母来读汉语拼音字母；也无须显示个人爱好或风格，比如在画国旗时不能按自己的喜欢来排列五星和涂色，因此学习者是被动接收信息的。于是教学的主要技术有：① 准确地传递信息，比如教师口齿清楚、发音准确、行为指示仅一义；② 引起学生注意，比如讲故事、说事例、呈现图片、利用计算机多媒体系统和技术制造动画效果；③ 即时练习，比如跟着教师念单词、读课文、课堂提问；④ 课后练习。这一切大体可以用一定时间段里的"拳不离手，曲不离口"做比喻。在这里，有效的注意等于有效的练习，注意的次数就等于练习的次数。A 类内容在初次教学时，过度练习②很必要；在一段时期里，定期复习不可少。支撑 A 类内容教学过程的关键技术是强化，它促成学习成果的表现，从而便于教师评价教学目标是否达到了。

A 类内容的教学成果是养成习惯、形成自动化反应。于是总起来说，A 类内容的教学主要接受行为学习理论的指导，辅以观察学习和认知学习的理论③。

12-1-3　B 类内容

1. 样例

这类教学内容是易说明而难把握的，样例如表 12-3：

---

① 心理学中记忆研究或学习的一种经典模式。
② 所谓过度练习，可以这样理解：假如一组单词念 10 遍就全部记住了，那么就再念 5 遍以巩固，即过度练习以 150 为参照学习量。
③ 主要参考第 4 讲、第 5 讲、第 6 讲。

表 12–3　B 类教学内容样例

样　例
1　知道祖国历史的点点滴滴。
2　熟练地做乘法题。
3　有感情地朗读。
4　会打乒乓球。
5　做到友爱同学。

2. 论证

B 类教学内容之所以易说明，理由同 A 类，而之所以难把握，理由主要有两点：

（1）教会、学会有顶点，教好、学好无止境。比如课堂上讲古代中国的"四大发明"，且所有学生都说得出了，这可以标志"教会、学会有顶点"，即计划的教与学完成了。可是，难道要求小学生知道的"祖国历史点点滴滴"就这么"4 点"或"4 滴"吗？显然不是。课堂上讲不多不少的"四大发明"，其实是作为"引子"的，我们期望学生能够以此为起点，去了解更多的历史点滴，而且多多益善，没有限制。我们虽然不期望教师天天都像"输液"那样地对学生"打点滴"，可是当哪个学生想从教师那里得到更多的"祖国历史点滴"时，教师应该成为这名学生取之不尽的源泉。学生的其他方面学习可以仿此类推。又比如我们要求学生能够做到熟练运算，其中包括算得快。虽然教师按计划训练到一定的程度就结束了，可是如果有学生乐意自己再练习下去，熟练水平超出教学要求，教师也不会反对、不会阻止。要言之，小学生对祖国历史"该"知道多少"点滴"？他们的计算速度"该"有多快？这既确定不了一个"最高"标准，而制定一个"最低"标准也意义不大。因此 B 类内容是教学有限而学成无涯的。

（2）项目的衔接是非致命基础性的。比如，虽然我们可以说乘法计算的速度会影响除法的学习，因此前者对于后者而言具有基础性。但是教师一般说不出前者快（慢）一点对后者有多少影响。我们只是理论上认为快一点总归好一些。可是在实际上，我们会告诉一些学生别过于担心算得慢，因为这与学习除法毕竟是两回事。我们还会指导学生恰当分配练习时间，别光顾了练习乘法计算速度而耽搁了对除法的学习。教师这样的实际指导正表明乘法计算的速度对学习除法而言不具有致命基础性。因此 B 类教学内容像沙子，当你觉得完全可以把握的时候，你往往还可以多抓一些，而当你说已经抓了满满一把时，那沙粒却正从指缝间漏失，你很快就觉得并没有"满满一把"。B 类内容的图像示意可以借鉴图 12–1，只需思想上补充一点，即这样想象图中的点子：它有漆黑的边缘，象征着课堂上可以十分明确地教学，但是从边缘起向里，漆黑渐灰，至于圆心，完全是白，于是整个圆点黑到什么程度，那完全看个人的涂抹，由此象征着教师统一"教（教学）"了后（有了黑边），学生个体有不同的成就（圈内的灰度不同）。

3. 教学含义

显然，随着学校教育层级的提高，B 类内容越来越多。即使小学一年级，B 类内容也不少，并且各校之间可以随着具体要求和教学条件的不同而不同。比如在有的学校里，踢足球是一项有特色的 B 类内容，因为该校的体育教师擅长于此。可在另一家学校里，一项特色的 B 类内容是拉二胡，因为该校的音乐教师是此道的好手。要言之，B 类内容的教学最典型地体现在音乐、舞蹈、体育、美术、书法等才艺的教学与训练中。因此学校和教师抓好 B 类内容的教学将最能体现一校学生受教育而发展的成果特色和多样性。

4. 指导教学的主要学习理论

B 类内容的教学大体可以分为两阶段。第一阶段同 A 类。当然，"致命基础性"的底线可以提高。比如某一套基本功，在学校武术训练班里就属于 A 类教学内容，虽然对于全校学生而言并不是的。第二阶段才是真正的 B 类内容教学期，比如同样的拳脚或器械套路，武术班成员之间在表现上却显出水平高低、风格不同。这两个阶段合起来看，正用得上我国民间的一句俗话，叫作"师傅领进门，功夫靠自身"。于是对指导 B 类内容教学的理论也要做对应于上述两阶段的选择与转换。

大体说来，第一阶段的教学仍以行为学习理论为主导，而进入第二阶段教学后，应以认知学习理论为主导。此时，教学的注意中心要转移为引导学习者对行为表现做自我分析，形成个人风格。比如"枪扎一个点，棍打一片花"，类似这样的比喻性口诀容易唤起生动的意象，它同时成为武术训练中舞枪弄棒者一条独特的陈述性知识和程序性知识，通过不断地参悟、体认、反省，指导自己的有关动作技能表现出高超的水平和别有意味的风神韵致。此外，观察学习理论在 B 类内容教学的全过程里起着沟通前两种学习理论的作用，从这个意义上说，示范起着点石成金的作用。

12-1-4　C 类内容

1. 样例

这类教学内容是难说明也难把握的，样例如表 12-4：

表 12-4　C 类教学内容样例

样　例
1　初识抗日战争胜利的伟大意义。
2　体味课文 A 的景物描写好在哪里。
3　欣赏我国的民歌。
4　理解数学的基本概念。
5　公正、友善地解决同学之间的冲突。

2. 论证

C类教学内容之所以难把握，理由同B类，比如课堂教学当然要直接告诉学生中国抗战胜利的意义有几条。但是这并不意味着学生只能理解到这几条。相反，学生通过阅读和观赏影片，完全可以有自己独到的理解，而教师也应该予以赞许，这就是教有限而学无尽。又比如，一时上记不住教师讲的那几条中国抗战胜利伟大意义的学生，未必不能是同学中对一篇描写抗日小英雄课文理解得很好的人，反之一样。这就是学习的项目虽然互有联系，却不具有"致命基础"的性质。

C类教学内容之所以难说明，理由主要有三个：① 学习内容难以列出确定的行为单元。比如教学内容是"欣赏"音乐时，虽然真欣赏时会有低头闭目的行为，可是做出这样的行为却不保证是入了欣赏之境的，所以教师很难规定学生做出这样的行为，尽管可以启发、诱导和示范。② 即使能够说明行为项目，也无可周全。比如上表第一项的"初识"，教师可以开出一份单子，列出种种算是"初识"的行为，比如说出某种套话、讲一个贴切的故事、发出合适的感慨等等，可是教师一般不会说"再也列不出了"。即使会说，教师也不敢说"全部列完了"，这跟每一个教师都敢说阿拉伯数字"就10个"很不一样。于是，③ C类内容的教学，真正要求掌握的是教师言说"以外"的内容，是在课堂以外新情境里遇到的知识。这些知识从严格的意义上说是未来的，即不是课堂里当前教学的，因此需要掌握的C类内容是无穷多样的，它不但无可遍举，还因为不断地革新和生成而难以定论，所以也就无法事先说明。比如新的习题可以怎样考查学生对数学基本概念的理解？这说不尽也说不清！难道法官都能够或能够都"公正地"断案吗——如果是这样，那就不会有司法争议了！何况乎小学生处理同学之间的矛盾冲突了。

比如教师对特定的学生就一个意思不断地改变说法，意在千方百计地帮助他理解。可学生达成的真正理解又不在于输入信息的字面义或孤立的意思，却在于想开去而有所领悟，或用自己的话来表达，或通过推理而得出结论（输出）。图中的虚线框表示即使预定了内容，边界也不清晰，它们在特定的教学过程里也会和框外的知识交换，表现为学生因教师的言语而想开去，提出教师没预料的问题。可教师一旦觉得这个问题与当前教学有关联，又会借题发挥、即兴补充。这样，师生互动使同样的教学内容在不同的教学班里也显得十分不同，新鲜多样。

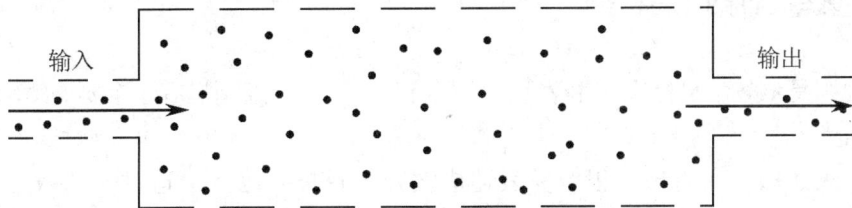

图12-2 C类教学内容示意

无论参照我国整个学校教育层级，还是参照小学教育，C类教学内容总是构成最大的教学领域，并且从小学一年级起，这个领域逐级扩大与加深，供学生纵横驰骋、上下求索。

3. 指导教学的主要学习理论

指导 C 类内容教学的主要是认知学习理论。教学的方法强调分析推理、针对不同的学生增补不同的辅助内容、小组讨论、识别新样例、解决综合性问题等等。基本的技术是"吃透"一个典型样例，参考若干有代表性的辅助样例，从而巩固模式识别的准则，建立激活—扩散的命题网络，形成可以检验思想的产生式系统。

C 类与 B 类的教学是内容不同而形式大同的。两者的形式大同在于 C 类内容的教学也可以大体分为两阶段：阶段一同 A 类，比如文章怎样划分段落、什么叫"移步换景"的描写法、抗日战争的胜利有哪几点基本的意义……阶段二是学生从教师那里接收到统一的信息后，各自生成具有个体独特性的内部表征，最终表现为特定的知识有多寡、独到的体会有深浅、专门的水平有高低、个人的风格有特色。两者的内容不同在于 B 类内容是可观测的行为，而 C 类内容重在形成思想、感情、态度。因此涉及 C 类内容教学的主导理论是认知学习理论，而观察学习理论和行为学习理论成为辅佐的两翼，比如模仿范文而写作，比如字眼的选用。整个教学的注意中心集中在形成陈述性知识和程序性知识以及这两者交织起来的系统，而个体的参悟、体认、反省造成这一系统表现出高超的水平和别有意味的风神韵致。

12-2 教学目标

我们把教学内容作如上的 A、B、C 分类，是为了更好地陈述教学目标（instructional objectives）。要做到这一点，我们分三步走：首先是定义教学目标；接着是解说陈述教学目标时应该遵守的一条通则；然后才是根据教学内容的分类来说明教学目标的种类。

我们把教学目标定义为期望的教学之结局、结果、成果、成就。这个定义简洁而通俗，却不够明确。比如我们问"是谁在期望呢？"答曰"是教师"，这是明确的；若再问"是谁的结局呢？"或者问"是谁得到成果或有所成就呢？"是教师，还是学生？这里就会有分歧。有人也许会说是"师生双方共同"达到目标，可是这个听起来很周全的回答恰恰是所指不明的典型表现。因此，我们在按照上述定义来具体陈述教学目标时，还有一条通则要遵守。

12-2-1 教学目标的陈述通则

这条通则是：教学目标应该用学生的终端行为来陈述。通则里有三个要点须阐述。

1. 学生

教师在表述教学目标时，很容易表述成教师的目标，比如"这堂课的教学目标是讲清……"那么是谁"讲清"呢？显然是教师。可是我们要注意：一名教师若没有讲清教学内容，这固然足以表明他的这一次教学过程是无效的，可是若讲清了教学内容，却不足以判定其教学过程是有效的，否则我们对小学一年级学生讲高中数学也算完成教学了，因为高中数学教师是一定能把高中数学本身"讲清"的。鉴于教学的根本目的是学生得学到、学会所教的内容，因此教师陈述的教学目标应该是学生的目标。

按照这一要点，接着的这个目标陈述从理论上说，就比上面的好："这堂课的教学目标是使学生明白……"，因为它指出了学生的目标。但是这个目标陈述实际上仍可能是含糊不清的，症结在表述里的"使"字结构，它实际上可以有二解：①"使……明白"；②"使……"。按照前者，则只要学生还不明白，教学过程就不算有效，而按照后者，则只要教师做过了估计能让学生明白的事，就算达到教学目标了。于是会引起争议，而采用后一解的教师为表示达到了教学目标，会举出教学过程里的众多证据，比如提问了多少次，练习了多少次，作了多少生动有趣的比喻，还应用了计算机多媒体技术……所有这些教学活动都表明教师的确做了估计能"使"学生明白的事情。

但是，上面列举的种种教学活动都是达到"明白"的手段，而不是目标本身；都是教学的中间过程，而不是结束点。教学的目标和结束点应该是"学生的明白"；只要学生还不明白，任你使了浑身解数、动用了"十八般兵器"，那也不算达到目标的，"这一个"教学过程就还不算结束。这就提出了下一个要点。

2. 终端

我们的手指可以看作我们思想的终端。如果我们想抓住某个东西，那么只在那东西已被抓在手里时，我们的想法才算实现了；如果我们还在抓，那么这还不能算实现了想法。因此，"终端"这个要点提示我们注意的乃是：教学目标应该陈述学生在教学过程结束时做出来的表现，而不是陈述学生在教学过程中做出来的表现。

按照这个要点，如果预定的教学目标是"回答正确"，并且以奖励一颗星来标志学生达到了教学目标，那么不论学生甲学得多积极，只要没答对，他就没有完成目标，教师也就不能奖他一颗星。有人会认为按照这样的说法去做，未免太"冷酷"了、"缺乏"激励性；教师在实际工作中往往也会说："虽然甲的回答都错了，但是因为他学得很积极，所以我还是奖他一颗星。"然而这正是思想混淆之所在。

我们要知道，我们并不在一般地谈论教学及其评价应不应该"有温情"或"有激励性"，我们在谈评价学生是否达成教学目标时要避免产生的混淆。如果预定的教学目标是"回答正确"，并以奖励一颗星为达到的标志，那么教师因为甲"学习积极"而奖他一颗星，这就是把"做到学习积极"混淆成"做到回答正确"了。教师的这一混淆将造成学生和其他教师的混淆。学生的混淆将表现为甲或其他学生可能因此而去追求表示"学习积极"的行为，而不是去追求表示"回答正确"的行为；别的教师的混淆将表现为根据甲有一颗星而以为他回答正确了，于是认为不必对甲提供额外扶助了，然而这对甲的发展显然是不利的。因此，如果确立的目标是"回答正确"，那就不应该凭"学习积极"而认为达成教学目标了。当然，我们这么说，并不意味着做出积极学习的行为不可以成为教学目标。相反，我们认为不但正确的行为是教学的目标，而且连"积极学习"之类的行为也应该成为一种教学目标，后者特别应该成为部分学生的教学目标，他们或者是过于羞怯退缩的、或者是一向积极性不高的、或者是学习成绩很差的。因此我们这样地鼓励教师：如果你真的认为在此次教学过程中，对部分学生也该奖励其"积极投入学习"的行为，那么可以在"回答正确"之外再立一个教学目标，然后分别奖励这两种终端的行为。对于学习表现一贯良好、正常的学生，你可以只奖励他们"回答正确"的行为，而对于上述另一部分学生，可以暂不刻意要求他们回答正确，只求他们做出积极学习的行为。也许教师在学生达成这两种教学目标之一时给予同样的标志，比如都奖励一颗星，但是教师要让学生明白两颗星的实际含义不一样，并且留存在教学记录里，这样就不会使学生和别的教师产生混淆了。

要言之，教师在确立具体教学目标时要分清学生的终端表现（例如回答正确）和他的达成这一终端表现的过程表现（例如学习积极），教学的评价要瞄准终端表现。此其一。其二，终端表现是教师可以自主定义的，比如把本来属于过程表现的"学习积极"也定义为另一种终端表现。这样就既不会把"积极的"表现混淆为"正确的"表现，又能确保教学具有"温情性"或"激励性"。

3. 行为

我们比较"学生能明白……"和"学生能回答……"这两个教学目标的陈述。它们都符合上述两点，但是清晰度不同。什么是"回答"，我们都明白，基本是"说"和"写"，有时是做出约定的反应行为，比如合唱，就在伴奏的器乐过门结束的后半拍里齐声起唱。

然而什么是"明白"，这就不明白了。如果一个学生说出、写出特定的话语，做出指定的姿势，这就算真的明白了？如果他没做出这些反应行为，难道就真的不明白？提出这样的问题，是想确立一条陈述教学目标的技术准则，它可以分列表达如下：

1-0：表示教学目标本身的话语都要有动词，比如"能回答""能明白"等等；

2-1：若这些动词指（教师）可（以）观察（到）的行为，比如"能回答"指"说出""写出"，则目标本身自然地得到明确的陈述；

2-2：若这些动词无法指对可观察的行为（比如"能明白""能理解""能欣赏"等等究竟指怎样的行为？），则不算明确陈述了目标本身，此时要引用另一些话语来辅助陈述教学目标，而这些话语里采用的动词必须确指可观察的行为。

3-0：因此，我们总归要用确指可观测行为的动词来陈述或帮助陈述教学的目标。

上述分列表达的关系是这样的：1-0是可以挺自然地做到的，接着就面临着在2-1和2-2之间做选择。其中2-1是理想的境地，也是简单的情况，而2-2是难以避免的复杂情况，因此值得格外注意。但是不管怎么样，3-0是检查有否明确陈述了教学目标的最后技术标准。

12-2-2 三种教学目标

现在我们按照陈述教学目标的通则，走本节引言说的第三步：联系三类教学内容来陈述三种教学目标。

1. 最小基本行为目标

最小基本行为目标是 A 类内容的教学目标。陈述要符合三点要求：① 因为是行为目标，所以教师要明确陈述学生在教学结束时，将于何种条件下，做出何种可观察的行为。② 因为是最小单元的行为，各自独立、边界分明，所以教学的内容、目标和成果应该完全对应，即教什么，学什么，成果也就是什么。于是教师要列出一份具体行为的清单。③ 因为是最基础的行为，所以教师要对清单上的行为规定统一的起码标准。表 12-5 是若干例子。

要言之，最小基本行为目标要陈述所有学习者在教学结束时应该全部做出来的可观测行为。这里要注意两点：① 所谓"全部做出来"，既指各项行为，也指重复做出一项行为的次数，但可以采用统计定义，表 12-5 里的第二项、第三项就是这样。统计定义可以是规范的，也可以是切合实际的。前者如第二项，它的标准是"正确行为的发生次数在 95% 以上"，这就等于认为那不到 5% 的失误行为是"偶然的"，也等于认为"若给予机会，一定是可以改正的"，于是就没必要刻板地做到 100% 的正确，这将减轻学生的心理负担。后者比如第三项，其中 90% 的比例，还有所谓的"完整"，都是教师自己定义的，只要不妨碍后续学习就可以。② 所谓"所有学习者"，那就是"一个也不能少"；换言之，在多少学生达成教学目标这一点上不搞统计定义，而要求 100 的学生达到。

表 12-5　最小基本行为目标陈述样例

目 标 陈 述
1　当要求识别本课教的 5 个英文字母时，学生应该全部无误地念出来。
2　当教师口述两个 1 位数之后，学生得在 2 秒内正确地说出和，并且在 20 次这样的练习中，上述行为的发生不少于 18 次。
3　两周教学结束时，90% 的学生能完整地唱完国歌。

目标陈述 1 当要求识别本课教的 5 个英文字母时，学生应该全部无误地念出来。2 当教师口述两个 1 位数之后，学生得在 2 秒内正确地说出和，并且在 20 次这样的练习中，上述行为的发生不少于 18 次。3 两周教学结束时，90 的学生能完整地唱完国歌。

不过学生的学习是有个体差异的，这怎么处理呢？最小基本行为目标要求教师先把这样的个体差异引向时间维度，即允许不同的学生可以有快有慢地完成目标，然后在一定的时间点上消除个体差异，即确保所有学生都达成教学目标。为了做到后一点，教师就得根据学生的实际情况而制定教学计划、研究教学方法，以期在恰当估计的时间点上完成教学。表 12-5 中的第 3 项就体现了这一点：显然，也许有学生在教学开始之前已经会完整地唱国歌了，而其他学生在教学一周后能在不同程度上唱国歌，这里在时间维度上显示出达成目标的个体差异。但是到两周教学结束时，就"完整唱国歌"而言，个体差异将消除。此时若还有极其个别的学生明显掉队，则教师再怎么花精力、费时间，也要扶助他达到指定的目标，因为 A 类教学内容相对于后续教学内容而言是具有"致命基础性"的。

2. 行为发展目标

行为发展目标是 B 类内容的教学目标，陈述起来更简单，只要去掉陈述最小基本行为目标时须满足的第 3 个要求①，其余可照搬。因此行为发展目标与最小基本行为目标很相似，因为两者都是"易说明的"。表 12-6 是这两种行为目标的比较：

表 12-6　最小基本行为目标和行为发展目标的陈述要求比较

最小基本行为目标	行为发展目标
学生的终端行为	
陈述行为发生的条件	
设立人人必须达到的行为标准。	不设人为标准，行为成就越高越好。

但是，正因为去掉了第 3 个要求，所以行为发展目标就不满足于人人都能达到的低标准，也就是不以时间维度来消除个体差异。比如我们不宣布从某月某日起，"禁止"所有学生提高某种技艺。尽管我们可以宣布从此日起"结束"这一技艺的常规教学。相反，行为发展目标把个体差异导向成就维度，鼓励学生按自己的兴趣、能力去做出更好的行为表现，去追求卓越。这就是这一教学目标名称里"发展"一词的含义。表 12-7 是若干样例。

表 12-7　行为发展目标样例

目 标 陈 述
1　学生能够在计算机上按要求编辑文本。
2　每个学生都阅读课外图书。
3　每人做一份手抄报。

3. 非行为发展目标

非行为发展目标是 C 类内容的教学目标，最难陈述。我们先说明两点：① 因为这也是发展目标，所以在这一点上和行为发展目标是一类，意味着教学要促进成就方面的个体差异。② 因为这不是行为目标，所以和前两类教学目标都不同，意味着我们期望学生通过教学而取得的成果不是外显的可观测行为，而是属于内部表征的"感情"（affection）和"认知"（cognition）。其中认知成果的范围相对狭窄，相当于我国教育界说的"智育"，而感情成果的范围相对广大，包括了非行为的、非认知的所有心理发展；更具体地说，小学生在品德、审美、人际交往方面的发展，他们在同情心、宽容心、友爱心……方面的发展，都属于"感情发展"的范畴。本讲为着方便，因此以"理解"和"欣赏"为例来解说如何陈述认知—感情发展的教学目标如下。

---

① 即"因为是最基础的行为，所以教师要对清单上的行为规定统一的起码标准。"

作为发展目标，我们期望学生结出的认知—感情成果比直接教学的内容来得广大和深入，具有举一反三的特点。所以当学生甲只能重复或再现课堂上直接教的内容时，我们会担心甲没有做到真正的"理解"。类似地，如果甲在聆听一首民歌时，只是模仿音乐教师由表表现出来的姿势和微妙举动，我们也会担心甲没有做到真正的"欣赏"。

于是我们在陈述非行为发展目标时，不会写"能说出和教师说的或和课文上说的一样的话"，或者"听歌曲时能做出和教师一模一样的姿态和微妙动作"。一句话，在陈述认知和感情的发展目标时，我们不会使用可观察行为的动词，只得使用"理解"和"欣赏"这样更加抽象的词。

可是与"说出"和"做样子"之类的词相比，"理解"和"欣赏"之类的抽象词就含义模糊了，这阻碍我们达成教学目标。于是我们面临一个矛盾：我们期望的教学目标因其词义模糊而难以达成，可词义清楚而能达成的教学目标又不是我们期望的。这就是 C 类内容的教学目标难以陈述的道理之所在！

目前有一个解决这个矛盾的思路，那就是先确定一个（些）被公认为做到"理解"或"欣赏"的人；然后采择他在理解或欣赏时表现出来的行为；接着核对学习者有否这样的行为，如果有，而且多，那就"算"他达到理解或欣赏的目标了。因此，我们还是要用表示可观察行为的语词来帮助表述理解和欣赏之类的教学目标。

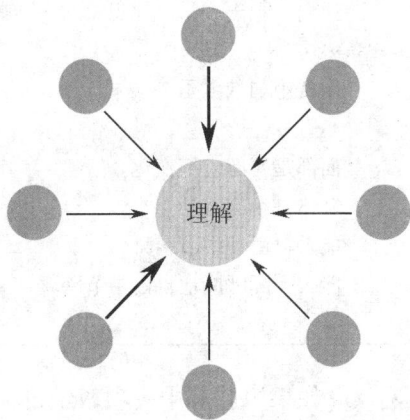

图 12-3 教学目标与其指示子之间关系的太阳模型

但是这里有两个概念要分清。一个是教学目标本身，它仍然用"理解"或"欣赏"之类的词语来表示；另一个是"行为指示子"（indicator），那是可以算"理解"、算"欣赏"的种种可观察行为。这些行为本身不是 C 类内容的教学目标，而是供我们判断是否达成此类教学目标的线索或表征。两者的关系可以图解为太阳系模型，参见图 12-3。图中间的圆表示教学目标如"理解"，周围的小圆表示多种可观察行为；箭头表示"指示"。当然行为指示子不必固定为 9 个，可多可少，据实而定。

我们再看图 12-3 里的箭头，表征着不同的行为在指示是否算达成"理解"时的准确性不同。粗箭头象征着指示更准确，是更典型的行为指示子；细箭头则反之。然而重要的是知道：即使最粗的箭头也不能100%地指示着理解。这就是评判的误差。但是我们可以相信，如果一个学习者表现出越多的指示子行为，那么他达成理解的可能性就越大。于是我们就有一个陈述非行为发展目标的策略，那就是围绕教学目标去收集多项在不同程度上指示"理解"的可观察行为，由此形成我们陈述非行为发展目标的格式，表12-8是三个例子。

表 12-8　非行为发展目标样例

例		目 标 陈 述
1	教学目标	知晓××方面的基本术语
	行 1-1	将意思相同的词语配对。
	为 1-2	选择一个最适合那句话的术语。
	指 1-3	说两个新例子，以表示这两个术语的微妙差别。
	示 1-4	对这个术语举出别人可能想不到的例子。
	子 1-……	……
2	教学目标	理解哺乳动物的概念
	行 2-1	列举哺乳动物的若干特征。
	为 2-2	写出哺乳动物的正确定义。
	指 2-3	圈出哺乳类的动物（名称或图像）。
	示 2-4	说出、画出或写出你想象的一种哺乳动物。[①]
	子 2-……	……
3	教学目标	欣赏中国秧歌乐
	行 3-1	是否专注聆听。
	为 3-2	面部是否有表情变化。
	指 3-3	肢体是否有律动。
	示 3-4	能否自由地中节踏舞。
	子 3-5	能否人际呼应地自由中节踏舞。
	3-……	……

看表12-8，我们不难想象：① 如果甲就其中一项教学目标而做到所列行为指示子的全部或大部，那么教师就很难怀疑他没达成指定的教学目标；② 行为指示子引导学生较全面地达成教学目标，比如既有教学话语的简单回忆（如2-1、2-2），也有积极的思想探索（如1-4）；既有精细的模式识别（如1-2、1-3），也有大胆的创新想象（如2-4）；既有认知上的接受，也有情感的陶冶和意绪的宣泄，还有人际和谐的操演（如3-1~3-5）；③ 教师确定教学目标，可以从俗挑选术语和说法，这很方便，只是为了搜集行为指示子，教师要内省自己、阅读生活、观察学生，还有与同事相互交流，切磋琢磨；④ 教师为了厘定更有

---

① 这实际上是考查学生在自己想象的动物身上是否画出了哺乳动物的某些关键特征，以此判断学生是否多多少少地理解了哺乳动物的概念。

代表性的一组行为指示子，就得开展科学研究，以改良常规实践；⑤ 学生在达成教学目标的历程中，下有底，上无顶，前者是因为做出最初一两项指示行为是可以按前两种行为目标来训练的，这很容易；后者是因为不同的学生个体有足够的空间展现自己的个体独特性。当我们把每一行为指示子的测量分数汇总起来时，便在学习成果上见出个体之间量的差异之分布。这个分布，从质上看，表示人人都有不等于 0 的分数，这可以用来保护低成就者的学习动机，而绵密的量的差异又有利于教师做出尽可能切合实际的决策，比如或扶助有所欠缺者，或拔擢堪可登堂入室者，还可以通过分析分数，考查不同（科目）的教学目标达成状况之间的关系，从而可以超越单个的、单科的教学目标，更加多面地、整体地或综合地制定本校教育教学的方案与策略体系，形成真正的"校本培训"体系，使得百校的发展，如百花开放，万紫千红，成为中国学校教育的特色。

总之，以采用行为指示子为基本格式的非行为发展教学目标的陈述技术普遍适用于 C 类教学内容，而后者又普遍存在于学校教学的诸多科目中。这样，非行为发展教学目标就把学校里的所有科目团结起来，塑造在思想品德、知识智慧、感情意趣和社会交往诸心理方面协调发展的美丽心灵和完好人格。

12-3　教学测验

教师根据教学内容的分类而陈述相应的教学目标后，就按照教学目标实施教学。之后，他要检查学生是否达成了教学目标，为此就需要测验。这是说测验在教学之后。但是测验也可以在教学之前，成为教学的基础。测验还可以在教学过程的中间，用以调整教学计划和方式。测验不但向教师提供反馈信息，也告诉学生在达成教学目标的历程中前进到什么地步……总之，测验的用途很多，它不仅是搞好教学的助手，而且还是良好教学的至关重要的部分。下面讲几对，它们是与教学内容和教学目标的分类配套的，因此请注意：在成对测验之间，其功能有交叠，在同一对测验之中，某一测验还有特殊的功能。

12-3-1　把握—辨别测验

这是一对测验，我们分开讲。

1. 把握测验

把握测验特别适用于检查学生是否达成了 A 类内容的教学目标。我们已经知道，A 类内容的特点是数量少、单元小；它的教学目标是不可缺一的、教什么就学什么，也就获得什么成果的。这就决定了把握测验的特点是教多少，学多少，于是也就考多少，一个不能少，一个无可多，示意见图 12-4。图中的黑点表示教学内容，包围黑点的方框示意"点点都教到"，而包围方框的圆圈示意"教到都考到"，因此把握测验的测题无所谓"代表性"。

由于 A 类内容的教学目标是可观察行为，因此把握测验的题目多为一组非言语的单项

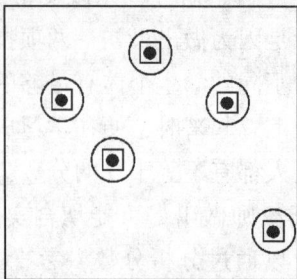

图 12-4　把握测验"点点都考到"的示意

行为，样例有比如：个人在班级队列里的 1 个位置；体育课上左右两个转向；美术课教的远、中、近 3 景布局和 7 种常备色；音乐课要训练的 8 音阶听唱；算术里的 10 个阿拉伯数字；英文 26 个字母；中国语文的百千汉字之识、读、写；还有其他种种的"基本功"，譬如中国武术初级训练的马步、弓步、虚步、仆步，二起脚、旋风腿、摆莲腿……测验的形式多取刺激—反应或照令行事的模式。

由于 A 类教学目标没有发展性，却有"致命基础性"，因此把握测验也就仅仅考查是否学"会"了，分数于是一般分两档，比如"会—不会""达标—未达标"，测验的目的是确定哪些个体可以进入下一步阶的学习，哪些个体还需要在原地继续学习一段时间再考核决定。

最后，由于 A 类内容的教学目标是达到起码的标准或水平，因此把握测验带有"例行公事"的色彩。这就意味着完满的通过测验算不得稀奇，没有通过才令人"跌眼镜儿"，由此推断至少是教与学中有一方出现了实质性的问题，从而实施补救教学。

要言之，实施把握测验就是形成"教学—检测—再教学"的循环，直至达标而接受更高水平的辨别测验。

2. 辨别测验

这里的"辨别"是指辨别人，辨别学生，也就是指辨别学生通过学习而达到的水平。辨别测验适用于非卯接榫合的，因而允许灵活排序的教学内容，无论它们的教学目标是行为的（B 类）还是非行为的（C 类）。这样，由于 B、C 两类教学内容的单元之间没有一成不变的序列，而适应于此一序列者未必同样适应于彼一序列，因此辨别测验的结果就不是"达到—未达到"的截然二分，而是有等级之别，或曰程度之差，也就容易形成连续分数，于是在成就的广度或（和）深度上显示量的个体差异，使我们正视总有一些人比另一些人要好一些。在 B 类内容上，这个"好一些"体现在行为成果方面，如跑得快一些、跳得高一些、扔得远一些、唱得好一些……而在 C 类内容上，这个"好一些"主要体现在内部表征上，却可以通过行为指示子而表现为比如说得妙一些、感情深一些、意志坚一些、行得正一些，还表现为比如知识之多寡、联想之贫富、推理之精粗、执行监控之粗细……只不过这仅仅表示在指定的时间、指定的地点、按指定的规则而体现出来的已有学习成果之差别，因此辨别测验要求接受测验的人竭尽全力地展现其能耐，譬如高考。

辨别测验的核心优点是揭示学习成果的个体差异，因此特别适用于 B、C 两类教学内容。只是这两类内容领域广大，难以做遍历检测，因此要讲究测题的抽样，于是就值得关注前一讲提到的内容效度。区别在于 B 类内容是可以说明的行为，因此测验之前应该准确地通告测验项目，以便在测验时，个体之间在共同明确的、事前经过充分练习的基础上争先超前，比如"明天测验视唱和听唱 3/4 拍和 6/8 拍"。C 类内容的教学目标是难以说明的认知、感情。测验项目不过是行为指示子，真要推断的是比如"理解""欣赏"之类的内部表征。由于内部表征的行为指示子可以说是无穷的，测题的选择就要有随机性，因此，是否通告测验的范围差别并不大，比如你问高考数学考什么？人家怎么回答你呢？可是条条大路通京畿，所以越是达到真正"理解"或"欣赏"的人，越能应对偶现的情境，仿佛从首都最能便捷地通达全国各地。因此 C 类内容测验的个体差异的位置变动不会大。

辨别测验用于考查 C 类内容的教学目标时，有一个独特之点，那就是：由于 C 类内容广大无边、富饶不竭，比如数学题目、比如阅读文本，因此即使全体学生都参加测验，也测不完 C 类内容。于是单从检查我们在日常教学里说的"教学质量"而言，就没有必要每次都令全体学生参加测验。这样，辨别测验就变化成一种"调查测验"（survey test）。调查的要义是通过样本来推断全体。因此这样的测验要讲究对学习者的抽样。调查测验的优点是明显的：因为是抽取学生样本，所以不会增加全体学生的测验焦虑，这做到了以学生为本；因为样本相对于总体而言是小的，所以测验是省事、省力、省财的；因为样本是有代表性的，所以结果可以反映全局，用于自上而下地监控教学质量是有力的。我国有的城市在各区教育局之下有所谓的"学区"或"学署"，管理一片地域内的若干学校。学区（署）有计划地在所辖的每一所学校内按比如指定的学号个位数抽取学生接受测验，从大规模统计学角度监控各校教学质量，这就是调查测验的一个实际例子。只是测验结果基本上用于内部排列学校名次，而没有用来做更有意义的教育行政管理研究，殊为可惜！

C 类内容的辨别测验或调查测验的示意见图 12-5，图中的每个小点是教学内容，它们具有飘逸性，和虚线框以外的知识点有交流互换的可能性，表现为教师和学生在课堂上即兴引进的教学内容；图中被小圈或小框围住的点子分别表示虽然在课堂上直接教到的，却未考到的，或者虽然考到的，却未直接教到的内容，而被小圈、小框双双围住的点子表示既直接教到，又考到的内容，可见 C 类内容的测题具有随机性。这样，一名学习者只有超越教学范围，拥有包纳虚线框的更大范围的知识，才能最好地应对从虚线框内形成的测验。这就要求学生在学习时做到向深度和广度拓展，并且融会贯通。于是 C 类内容的辨别测验最适合于形成"学业成就""学业能力倾向"之类的标准化测验，它们揭示每个人在有关特质的总体正态分布中所占据的地位，即总体中约有百分之多少的人位于其下或其上，从而概率地表明一个人的成就水平。

辨别测验的结果有不确定性的特点，典型地表现为踌躇满志、志在必得者失手失利失败，譬如看好的奥运金牌种子选手屡屡不如意，这为"黑马"之突出、新秀之脱颖，后来而居上提供了机会，以确保从个体上看，符合个体差异的突变性，便于奇崛决策，这是一方面。另一方面，辨别测验的信度考查于是要讲究，以确保从总体上看，符合个体差异的稳定性，避免无常混乱。这样既有助于消除测验焦虑，又能刺激人们积极应对少量而关键的测验，还便于做细水长流、步步为营的常规决策。

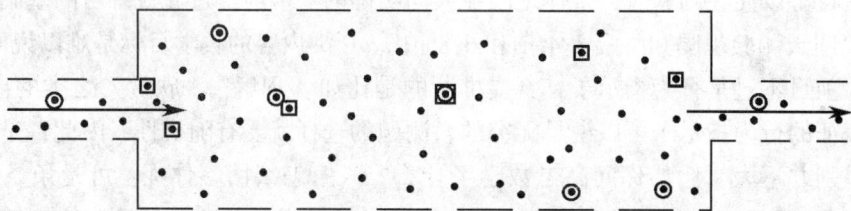

图 12-5　C 类内容辨别测验的随机性示意

12-3-2　前测与后测

这一对测验容易理解，其间隔着一个教学、训练期，通常用于任何意义上的成就测验。比如采用合适的测验施以前测后，接着是一个团体心理辅导期。之后进行后测。最后比较两次测验分数就可以判断团体心理辅导是否取得了成果。

前—后测尤其可以用于有严格阶梯性的把握学习，比如算术的加、减、乘、除。此时，比如乘法教学的后测，同时就是除法教学的前测。如果发现某一学生没有达到必要的最低标准，那就不忙对他实施除法教学，而应施以补救教学，以免教学双方陷入积重难返的窘境。

1. 前测

前测有时可以形象地称为"栅栏测验"，目的是录取（亦即淘汰）一批参加测验者。这种栅栏式的前测用于某些特殊的教学、训练和培养，它们的教学高于普通的水平，只因为目前的教学资源有限，因而要实行"好钢用在刀刃上"的原则，以期获得最大的教学效益，所以不得不对愿意接受教学者做"特质最低表现程度"的甄别。这样的前测是一种公平的措施，只是检测的项目通常要求事先告之。应该注意，这种栅栏性质的前测不同于"选拔测验"。后者可以通俗地表达为："从最好的开始挑，额满为止。"而前者可以通俗地表达为："只要达到预定的起码标准，则来者不拒，照单全收。"这是一种前测。在教学资源无虞的条件下，前测可以用作我国教师常说的"摸底测验"。测验的内容可以仅限于预定教学历程的最初部分，并且施测者做好"学习者将没有一人能通过"的心理准备，由此证明预定教学历程的最初部分是绝对必要的。这是又一种前测。这两种前测可以结合起来，表现为测验的一部分内容是预定教学历程不教的，它们是预定教学历程最初部分的前提，测验的另一部分内容就是预定教学历程的最初部分。[①]

---

① 前测当然也可以是选拔测验，只因本书是讲普通小学的普通教学，因此不考虑选拔测验的具体问题。

由上所述，可见前测用于 A 类教学内容是最贴切的，而用于 B、C 两类教学内容时，意思不大，因为这两类教学内容一般没有高度的序列性。不过仍有一种理想，它期望对 B、C 两类教学内容使用前测，然后根据前测的结果，把学生分为若干群，分别给予不同的学习材料，避免"一刀切"地提供教学内容。这显然是一种更高级的教学考虑。

2. 后测

后测用于 A 类教学内容时，主要是诊断性的，用以发现哪些学生在哪些前提知识方面未达到预定的起码水平，从而进行补救教学。应该严格注意的是：当后测作为诊断性测验时，测验的结果一般不能用来评定学生学习的成就，而主要是用来检查教学是否还有不周备的地方。其逻辑是：如果教学过程周备，那么所有学生或这名学生应该达到预定的标准，而现在既然不是这样，那就表明教学出现了始料未及的不周备，正需要通过诊断学生的欠缺在哪里、是什么，从而完善教学过程。

但是当后测用于 B、C 两类教学内容时，那是确定学生学习成就的，主要是用作评定证据的，必要时可以成为学习的档案。其逻辑是：虽然 B 类内容是可以一一教到的，而 C 类内容是可以确定其中基本的内容来教的，但是在这基础上，学习成果或水平的大小、高低是没有止境的，这取决于学习者的练习与参悟，正所谓"师傅领进门，功夫靠自身"，以及与学习者相联系的学习条件，正所谓"得天独厚"。因此，这样的后测结果从理论上讲，是与教学一方无关的，所以是学习者的成就。当然，这样的成就信息仍然是可以用作后续教学的决策依据的，所以教师应该充分利用。

12-3-3 形成性和总结性测验

形成性测验是提供有助于后续教学的信息，因此它在性质上是属于诊断性的，用于检查后续教学所直接需要的特定领域，着重发现哪些学生在哪些前提知识、技能上还没有达到预定的起码标准，于是及时予以补救，以利于后续教学。在实施 A 类内容教学时，形成性测验是经常使用的，而在实施 B、C 两类内容教学时，很少采用形成性测验。应该注意的是，即使对 A 类内容的教学实施形成性测验，由于测验是属于诊断性的，因此测验分数也不宜作为评定学生的成就水平的证据。

总结性测验是在一个教学单元结束时提供学生的"终极"成就水平的信息。如果它用于 A 类内容，那就是检查学习者是否"达标"了。如果它用于 B、C 两类内容，那就是揭示学习者在成就方面的个体差异。总结性测验的分数可以用于评定学习者的成就水平，因此也就可以用来在成就方面对学习者分等列级。高考，就是我国当前一种对中学学习的成就或水平进行"总结"的测验。

应该指出，我国有的教科书上把形成性测验和总结性测验大体对应于我国学校里常规实行的"测验"和"考试"。前者有各种说法，比如"单元测验""阶段测验"，还有"小测验"之类；后者包括"期中"和"期终"考试，主要指后者。这是一个理论与实际的错误搭配。形成性测验和总结性测验是教学测验的一种理论分类，而我国学校常规的"测验"和"考试"是一种通行的实际。鉴于我国教师培训在 20 世纪 80 年代以前是没有测量学内容的，因此"测验"和"考试"在我国学校里可以说是一种惯例，其实际状况既可能符合也可能不符合形成性—总结性测验的理论，因此不能简单地对应起来。实际上，从道理上讲，我国学校里的"测验"既可以是形成性的，也可以是总结性的，关键的区别是看测验什么和测验期望。如果是测保证后续教学的前提知识，期望在这些前提知识上，个体差异已经拉平了，那就属于形成性测验。但是，如果教师很认真地收集测验成绩，比如向家长通报其子女的测验或考试成绩，那显然是把测验当作总结性的来做的，因为教师那么认真地做这些事情，目的无非是表扬分数高的，敦促（甚至通过家长）分数低的学生，这表明分数的个体差异很大了。所以我们不能单凭"测验"就判断是"形成性的"。这是一方面。另一方面，也从道理上讲，学校考试，特别是"期终"考试，本该是总结性的，这就意味着分数应该有大的个体差异。但是由于一部分家长并不能正确对待子女获得的较低分数，致使一部分学生遭受到身体和心理的苦痛，所以我们的教师往往降低考试题目的深度和广度，致使分数成为 J-形分布，具体可以描述为：得最高段分数的人最多，次高段分数的人数次之，依此类推（参见第 10 章图 10-17）。这实际上成了形成性测验。所以，我国学校常规实行的"测验"和"考试"，并不自动地对应于"形成性测验"和"总结性测验"。这就要求学校校长和教师，参照"形成性测验"和"总结性测验"的理论，具体决定"本次"测验或考试应该是形成性的还是总结性的。

小结

教学内容的类型决定了教学目标的类型和教学测验的类型。

教学内容按照"可说明性"和"可把握性"的组合，可以分为 A、B、C 三类。A 类内容易说明、易把握，其特点是单元小、数量少，具有"致命基础性"。B 类内容易说明、难把握，其特点是把握无顶点、对其他内容的教学不具有致命基础性。C 类内容难说明也难把握，其特点是真正学到的东西应该超出直接教给的范围。

教学目标是期望在教学过程结束时学生取得的成果，因此教学目标要用学生的终端行为来表述。表述教学目标的终端行为有时是可观察的，有时是不可观察的，此时需要用可观察的行为来辅助陈述教学目标。

对应于三类教学内容，教学目标也有三种。我们为 A 类教学内容陈述最小基本行为目标，陈述时的独特性在于确立人人要达到的起码标准，学习者的个体差异于是被引向时间维度，最终是消除个体差异。对 B 类教学内容，我们陈述行为发展目标，陈述时除了不确立人人要达到的起码标准外，其余同陈述最小基本行为目标时一样，于是学习者的个体差异被引向成就维度，即要求展现个体差异。C 类内容的教学目标是非行为的发展目标，即认知和感情方面的发展目标，陈述时需要分清目标行为和它的行为指示子，前者是不可观察的行为，后者是可观察的行为；陈述的格式是在一项目标行为下条陈若干项行为指示子。

根据教学内容的分类，学校可以有若干成对的测验种类。在成对测验之间，其功能有交叠，在同一对之中，某一测验还有特殊的功能。

研读建议

1. 本讲实际上讲了三个问题，即教学内容、教学目标和教学测验。读者要注意后二者都是以前一者为前提的，因此首先要透彻理解教学内容三类型和它们各自的特点；其次，要努力根据教学内容的类型，推论出对应的教学目标和适用的教学测验。

2. 关于教学目标，重要的问题是陈述，而以陈述 C 类内容的教学目标为最难。建议读者模仿表12-8里的例子，结合自己任的课，做几个练习。因为教学目标的陈述对广大读者来说主要应该成为自己的程序性知识，而不是陈述性知识。

3. 关于教学测验，建议读者联系自己的教学测验实际来理解。

难点解析

1. "把握"。（主要参见"12-1 教学内容"的内容）

"把握"从英文 grasp 翻译过来，也可以翻译成"掌握"。中文的"掌握"主要用它的比喻引申义，在教育里也是如此。但是 grasp 在英文的教育文献里却不这样使用，而是指表现出"会"还是"不会"的行为。本书为避免读者按中国人的通常方式来领会"掌握"，因此不使用此词而改用"把握"。本讲没对"把握"做文字定义，而是连着举了三个例子，为的是便于读者领会在这里使用"把握"一词的特殊含义，即它仅仅是和 A 类内容的学习相联系的。

2. "我们把教学目标定义为期望的教学之结局、结果、成果、成就。"

"教学目标"一词里的"目标"指什么？是指教师头脑里的意图、憧憬、理想之类，比如预想学生甲做出了正确回答，还是指在教师头脑之外出现的实际情况，比如学生甲真的做出了正确回答？我们肯定地说是指后者。因此教学目标不指教师的期望、意图等主观心理，而指实际产生的结果、结局。

3. "终端"。（参见12-2-1 教学目标的陈述通则）

读者务必搞清这段文字的真实意思。为此，应该这样理解：一般说来，学生通过教学而最后表现出来的行为应该是"正确"，而行为的"积极"是达成"正确"的过程，因为如果不积极，那么"正确"是无从谈起的。但是积极了也未必一定达成正确。因此，我们不能混淆"正确"与"积极"。但是在特定的时间和条件下，不是每个人都能达成"正确"的，却可以人人都达成"积极"的。由于一个积极的人总比一个不积极的人达成正确的概率大，所以教学过程也应该激励学生积极起来，并且在学生虽然积极了，却出了差错的情况下，依然肯定其积极行为，这反映了教学的温情性。这段文字的最终意思是说：如果教师觉得这样的温情性是有必要的，那就应该服从这样的必要性而单独设立一个教学目标。

4.　"学生能明白……"和"学生能回答……"这两个教学目标的……清晰度不同。

在这里，所谓"清晰度"，不是以能否对一概念做出文从字顺的表述为衡量标准的，而是以不同的人能否从一概念想到同样的行为为标准的。如果做到前一点而做不到后一点，那就仍然是不清晰的；相反，能做到后一点却不能做到前一点，那就仍然是清晰的。当然，最好是两点都做到。举个例子：如果一名小学教师对一名学生的家长说其子女"粗心"，那么家长一般不会问"粗心是什么意思"；如果教师对家长使用了"认知监控能力差"，那么家长很可能问这是什么意思。这就表明"粗心"一词作为文字表述是清晰的。但是，当教师说这名学生"粗心"的时候，脑子想到的是他经常没把在草稿纸上演算出来的答数抄写到试卷上，而家长却想到子女忘记了点上小数点。由此例可见，"粗心"在此指什么行为是不清晰的。如果教师告诉家长其子女经常忘记誊抄答数，那么这在指什么行为上是清晰的。显然，当教师使用"粗心"这个词，并且要求家长"抓一抓"的时候，家长抓的行为很可能同教师意想的行为不一样，而当教师使用"没在试卷上誊抄答数"的词语，并要求家长"抓一抓"的时候，家长抓的行为就很可能与教师意想的行为是一样的。显然，这两种条件下的"抓"，成效是不同的，之所以如此，根源是教师使用的词语在指什么行为上的清晰度不一样。

5.　"如果他没做出这些反应行为，难道就真的不明白？"

有一个例子可以帮助读者理解这句话。唐朝诗人白居易自述其婴儿时见着字则心里知道指什么，就是嘴上念不出。意思是说他识字很早，且多少可算无师自通的。如果我们相信白居易的自述，那么他的"念不出"就是没有"反应行为"，但"心里知道指什么"却仍然算是"明白"的。恐怕谁都有"心明"而"语拙"式的明白。

思考

请结合你的任课实际，做下列事情：① 确定 A 类、B 类、C 类教学内容各一则；② 具体写出它们的特点；③ 分别陈述它们的教学目标。

参考文献

［1］郭德俊．小学儿童教育心理学．北京：中央广播电视大学出版社，2002．

［2］钱锺书．我对文学现状的一点的感想1980年11月在日本爱知大学文学部的讲演．书城，1999（05）．

［3］华生．行为心理学．刘霞，译．北京：现代出版社，2016．

［4］STEIN Z, et al. Nutrition and mental performance. Science, 1972, 178（4062）：708-713.

［5］钱锺书．旧文四篇．上海：上海古籍出版社，1979．

［6］加涅．学习的条件和教学论．皮连生，等译，上海，华东师范大学出版社，1999．

［7］RESCORLA R A. Informational variables in conditioning//BOWER G H. Psychology of learning and motivation, vol 6. New York：Academic Press, 1972：1-46.

［8］GARCIA J, et al. Evolution of learning mechanism//HAMMONDS B L. The master lecture series, vol 4. Washington, D. C.：APA, 1985.

［9］WESTEN D. Psychology：mind, brain and culture. 2nd ed. New York：John Wiley and Sons, Inc., 1997：206.

［10］BERNSTEIN I L. Aversion conditioning in response to cancer and cancer treatment. Clinical psychology review, 1991：185-191.

［11］ROEDIGER Ⅲ H L. Psychology. Boston：Little, Brown And Company, 1984：545.

［12］袁军，等．心理学概论．南宁：广西教育出版社，2001．

［13］THORNDIKE E L. Education：a first book. New York：Macmillan, 1912.

［14］THORNDIKE E L. Educational psychology, vol 2：The psychology of learning. New York：Teachers College Press, 1913.

［15］THORNDIKE E L. The law of effect. American journal of psychology, 1927（39）：212-222.

［16］TINKLEPAUGH O L. An experimental study of representative factors in monkeys. Journal of comparative and physiological psychology, 1928（8）：179-236.

［17］HAYES-ROTH B, THORNDYKE P W. Integration of knowledge from text. Journal of verbal learning and verbal behavior. 1979（19）：91-108.

［18］WANNER H E. On remembering, forgetting, and understanding sentences：a study of the deep structure hypothesis. Unpublished Doctoral Dissertation, Cambridge, Mass：Harvard University, 1968.

［19］吴庆鳞，等．认知教学心理学．上海：上海科学技术出版社，2000．

［20］ Gagné E D. The cognitive psychology of school learning. Boston：Little，Brown and Company，1985：39.

［21］ COOPER L A，SHEPARD A N. Chronometric studies of the rotation of mental images// CHASE W G. Visual information processing. New York：Academic Press，1973：95-176.

［22］ KOSSLYN S M，et al. Visual images preserve spatial information：Evidence from studies of image scanning. Journal of experimental psychology：human perception and performance，1978（4），47-60.

［23］ STEIN B S，et al. Differences in the precision of self-generated elaboration. Journal of experimental psychology：general，1982（111）：399-405.

［24］ REITMAN J S，RUETER H H. Organization revealed by recall orders and confirmed by pause. Cognitive psychology，1980（12）：554-581.

［25］ THORNDYKE P W. Cognitive Structuresin comprehension and memory of narrative discourse. Cognitive psychology，1977（9）：77-110.

［26］ KULHAVY R W，SWENSON L. Imagery instructions and the comprehension of text. British journal of educational psychology，1975（45）：47-51.

［27］ HAYS D A，TIERNEY R J. Developing readers knowledge through analogy. Reading research quarterly，1982（17）：256-280.

［28］ LINDEN M，WITTROCK M C. The teaching of reading comprehension according to the model of generative learning. Reading research quarterly，1981（17）：44-57.

［29］ GLYNN S M，DIVESTA F J. Outline and hierarchical organization as aids for study and retrieval. Journal of educational psychology，1977（69）：9-14.

［30］ CARROLL J B. Language and Thought. Engle-wood Cliffs，N J：Prentice Hall，1964.

［31］ TENNEYSON R D，TENNEYSON C L . Rule acquisition，design strategy variables：degree of instance divergence，sequence，and instance analysis. Journal of educational psychology，1985（67）：852-859.

［32］ 袁军. 个体差异心理学导引. 香港：中国香港新闻出版社，2002.

［33］ 袁军，高剑毓，周春芳，等. 寒假轻松过 分数降几多. 上海教育科研，2000（05）：8-10，50.

教育心理专题课程组

课程组长：罗洪兰

主　　编：袁　军

编写成员：袁　军　罗洪兰

主持教师：王　宇